カール・シュミット 著

ヘルムート・クヴァーリチュ 編　新田邦夫 訳

攻撃戦争論

Carl Schmitt
Das international-rechtliche Verbrechen des Angriffskrieges
und der Grundsatz „Nullum crimen, nulla poena sine lege“
herausgegeben, mit Anmerkungen und einem Nachwort versehen von
Helmut Quaritsch
Duncker & Humblot · Berlin

信山社

編者序文

この法鑑定書を、カール・シュミットは、一九四五年夏にベルリンで作成した。このテキストの執筆動機やその運命については、あとがきで述べる。この鑑定書は、一九四五年八月二五日にシュミットが仕上げ、その遺稿として保管されてきたそのままの状態で、公刊される。一九四五年の校正のさい見落とされた明白な書き間違い（極めてまれだが）は、明示しないで訂正し、欠けている言葉（同様に極めてまれだが）は括弧に入れて補った。

シュミットは、エッセイではなく、厳密な意味での法学の論文を書いたのだが、そこで提起された問題は、国際法の歴史において、とにかく未解決なものであった。容易に利用できるようにするためには、この鑑定書に、当時シュミットが断念していた学問的な考証資料が遅れ馳せながら付け加えられねばならなかった。付け加えた説明は、当時シュミットが必要と考えたかもしれないもの以上に詳しくなされた。すなわち、戦間期の政治的出来事・外交交渉・関係者たちは、ほぼ五〇年後の今日では、一九四五年においてシュミットや鑑定書の受領者たちにとって存在していたようにはもはや現存していない。実際「攻撃戦争」［Angriffskirieg］というテーマについてのシュミットのこのテキストは国際法の専門家だけが読むのではない。オリジナルからの印象を弱めないようにするため、編者の註解は、テキストの後に送った。

鑑定書の成立史を再構成するにあたっては、当時の証人が頼りであり、彼らは情報を熱心に与えてくれた。私は、あらゆる人に感謝する。シュミットが提示した出典の探索は、やや困難であり、なにもかもが成功したわけではなかった。時折シュミットはあまりにも自己の記憶や、またベルリン・フリードリッヒ・ヴィルヘルム大学での国際法の講義やゼミナールの際の覚書きを頼りにしていたように思われる。その探索に際しては、私の協力者であるトマス・メンク［Thomas Menk］博士および——イギリスの議会印刷物、裁判、文献については——ゲルノート・ビーラー［Gernot Biehler］博士が協力してくれた。議会資料は、合衆国出身で極めて協力的な同学の士であるペンシルベニア大学のエレン・ケネディ〔Ellen Kennedy〕ならびにリッチモンド大学のアーサー・B・ガンリックス〔Arthur B. Gunlicks〕が調達してくれた。カール・シュミットの遺稿へのアプローチについては、同学の士ヨーゼフ・H・カイザー〔Joseph H. Kaiser〕氏に、また一九九一年八月に彼の家に私が滞在していた際の種々の助力については、当時デュッセルドルフの国立中央公文書館長であった同学の士ヴィルヘルム・ヤンセン〔Wilhelm Janssen〕氏に、謝意を表する。ディルク・ファン・ラーク〔Dirk van Laak〕氏は、RW265〔ノルトライン‐ヴェストファーレン州デュッセルドルフ国立中央公文書館に収められているカール・シュミットが残した資料の整理番号〕のうちからのいくつかの発見物をさらにのちになってもなお送ってくれた。最もよく知られた「シュミット主義者」――フランクフルト大学のギュンター・マシュケ〔Günter Maschke〕とブリュッセル大学のピート・トミッセン〔Piet Tommissen〕――が、自己犠牲的に、その知識と蓄積とを、いちいち記せないほどしばしば、提供してくれた。

シュパイヤー大学図書館のヴェロニカ・ゲッツ〔Veronika Götz〕夫人ならびにジビレ・ロスヒルト〔Sybille Roßhirt〕夫人、ハイデルベルクの、国際法ならびに外国公法に関するマックス‐プランク研究所図書館のイルムガルド・ブーラー〔Irmgard Bühler〕夫人は、文献の収集にあたって貢献された。私の秘書ガブリエル・デンハルト〔Gabriele Denhartdt〕夫人は、タイプ印刷の新しい版をいつも仕上げ、校正刷りを読んでくれた。

最後に、完成が遅れたにもかかわらず、終始変わらず友情溢れる協力と寛容を示されたドゥンカー・ウント・フンブロット出版の支配人であるノルベルト・ジモン〔Norbert Simon〕教授に、私は感謝する。

シュパイヤーにて　一九九三年一一月

ヘルムート・クヴァーリチュ

シュミットは、自己の手記『グロッサリウム』〔訳注〕の一九四八年六月二〇日の箇所において、「もしも攻撃戦争の犯罪化についての一九四五年八月における私の表明を、当時あるいは裁判期間中に公刊できたならば、私は死んでも満足だったのだが」と記した。著者シュミットは自己の多面的な創造性の成果を発表するための出版社を見つけるのに苦労することなど後にも先にもまったくなかったから、法鑑定書公表の必要性についてのそのように無条件的かつ激情的な告白は、法学の歴史において、おそらく前例もなければ今後もないであろう。いうまでもないことだが、その鑑定書の対象もまた、前例もなければ今後もないものであろう。すなわち、一九四五年から四九年までのニュルンベルクと東京における裁判でのみ、「攻撃戦争」(「平和に対する罪」)を理由として起訴がなされ有罪判決が下されたのであるから。

〔訳注〕 グロッサリウム　一九九一年に、シュミットの遺稿の中から編集・出版された一九四七年八月二八日から一九五一年八月一四日までの日記。その内容は、日々の事実の記述ではなく、シュミットが関心を持ったりかかわった人物や問題、さらには自己についての分析、意見、考え等から成っている。

本書においては、シュミットが一九四五年夏のベルリンで書いたテキストが、何故かれの存命中に公刊できず、死後九年経ってやっと公刊できたのかが説明されている。死後の、かつ遅れ馳せの公表は、シュミットの業績をあらゆる面において知ろうと思う読者たちの法史的関心ないし好奇心を満足させるだけではない。というのは、シュミットの鑑定書は、法律的にふたたび重要なものになってきたからである。

一九九三年五月に、「国際連合」は、一九四五年以来初めて、アド・ホックに設立された「国際法廷」において、自分たちでかつ事後に創った刑法に基づいて外国の国民の犯罪行為――すなわち、一九九一年一月一日以後旧ユーゴスラヴィア地域で犯された戦争犯罪および人道に対する犯罪――を有罪にすることを要求した。このバルカンにおける戦争の残忍さに憤慨し、またあの残忍さを多年にわたり許してしまった自分たちの無為無策を恥じ入って、世界共同体の組織〔国連〕は、ハーグの刑事裁判所での威嚇に頼ろうとした。新しい犯罪はそれによっては防止されず、アメリカ合衆国デイトンにおいて署名された講和条約でもって――強大国による封鎖と兵力投入によって強制されて――終了した。思慮ある人間ならばだれでも、蛮行の刑法的訴追に異議を唱えないだろう。しかし、集団虐殺の、すなわち「国際人道法に対する広範囲、かつ目にあまる違反」の償いのためには、また「強力な、組織された、体系的な拘禁、ならびに女子へのレイプ」および「民族浄化」の恐ろしい付随現象の償いのためには、犯行の時点および現場で適用されていた法で十分なのである。暴行、殺害、撲殺、傷害、自由と財産の奪取は、ユーゴスラヴィアにおいても、罰することができたし、またできるのである。「国際法廷」は、その国に固有の法を適用し、押し通すだけでよかったのが。

その代わりに、「国際法廷」の規程は、一二以上の重大な犯罪を、四つの短い条文の中にキーワードで列挙することでよしとしている。もしも近代の刑法典ならいずれも、構成要件の記述のために、きっとこの一覧表に関して、多くの紙面を必要としたであろう。正犯者と共犯者（教唆者、幇助者）の区別は、まったく無い。しかし、（ジェノサイドの）「コンスピラシー」というアングロ・アメリカ的な違法行為は存しており、その博物館的多様さにもかかわらず、新たに国際的な評価を得ている。それに加えて、列挙されたすべての犯罪において、「ニュルンベルク諸原則」の呪縛ならびに「慣習法」への指示が認められる。このことは、既にそれだけで「法律なければ犯罪なし」という原則の要求に合致していないのだが。

刑法学の見地では信じられないこのような訴訟手続きについては、当然実際上の理由がある。つまり、この「国際法廷」の一一名の裁判官――「東京裁判」においても一一名であった――は、ユーゴスラヴィアの刑法に精通しておらず、そのため、〔それを適用しようとすれば〕ユーゴスラヴィア刑法はすべての裁判官たちの言葉に翻訳されなければならないだろう。そのうえ、それらすべての裁判官は、自己の国内刑法の伝統のみを身に纏っている。いかなる国際刑法――それは、学問的に作り上げられることになるのだろうが――も、存在しなかったし、また存在してもいない。「国際法廷」の犯罪カタログは、その簡潔なキーワードによって行為確定と訴訟手続き自体を容易にするかもしれない。たとえば、かりに個々の裁判官たちが異なった観念をこのキーワードと結ぶつけようとも、裁判官たちは、「拷問あるいは非人道的取扱い」について容易に意見が一致するだろう。しかしいずれにせよ、ドイツ人と日本人に対する一九四五年以後の裁判以来、「国際刑法」の規範的原理における進歩は、認めることはできないのである。

このデイトンで結ばれた条約は、二年まえに本書において表明した、「『国際法廷』は国際連合の『象徴的な政策』の一片である。すなわち、戦争犯罪人ならびに人道に対する犯罪人を引き渡すよう戦争当事者たちに義務づけることを、強大国は断念せざるをえない。」という私の推測（228ページ）を確証する。条約当事者たちの引渡し義務は、捕虜にのみ限定される（九条付録一a）。一九九三年のソマリアにおける重大な犯罪を咎められた種族指導者アイディッドに対するアメリカの国連軍の後味悪くも徒労に終わった追及の後に、ユーゴスラヴィアにおけるナトーの平和履行軍（ＩＦＯＲ）の指令官は、自己の軍隊が戦争犯罪人の捜索や逮捕のための権限をまったくもっていないことを経験する。ハーグの検察官は、一九九五年一一月一六日までに、一二の事件について四五名のセルビア人と七名のクロアチア人を起訴したが、これまでにたった一名の被疑者だけが逮捕され、ハーグへ引き渡された。彼が見つけられ拘禁されたのは、ドイツにおいてであった。一九九一―九五年のユーゴスラヴィア戦争の犯罪が償われるか否かは、察するに、同じような偶然に依存するのだろう。

新しい「国際法廷」について一九九五年五月二五日に安全保障理事会によって可決された規程は、罰するに値する犯罪としていかにまた何を規定しているかによって重要であるだけでなく、とりわけ構成要件のカタログの中で何が欠けているかによって重要である。すなわち「平和に対する犯罪」が欠けているのである。安全保障理事会は、大仰な表現で一九四五年八月八日のロンドン憲章を引合いに出したが、まさにこの憲章においては、平和に対する犯罪という違法行為は、筆頭の位置を占めていた。この奇妙な健忘症の原因は推測できる。「もし、セルビアの戦争当事者の指導者たちが講和条約締結後に攻撃戦争を理由として起訴されることが必然的に予想されるならば、彼らは、進んで講和条約を締結したりしないだろう」という考慮がなされたことは明白である。そのことは、「第二次世界大戦において、合衆国はドイツに対して『無条件降伏』によってフリーハンドを保持しようとしたのみならず、日本に対してもそうしようとした」という主張を裏づけるだろう。ジャクソン判事は、一九四五年六月六日に、自己の具体的な裁判計画、ならびに政治・将官・経済の指導的代表者（「主要戦争犯罪人」）の処罰を公表した。日本政府はおそくともこの時点以後には、これとは別の運命を期待できなかった。

ユーゴスラヴィアの場合に——ニュルンベルクと東京の五〇年後に——攻撃戦争を理由とする起訴を断念したことは、本書のさらに別のテーゼを——後になってからだが——裏づけている。〔ニュルンベルクと東京において〕合衆国とソ連邦は、イギリスとフランスの躊躇に対抗して、この起訴理由を貫徹しあった。ジャクソンは、戦争勃発以前のドイツに対するアメリカの政策を正当化する必要性から、攻撃戦争を理由とした刑法上の有罪判決の必要性を喜々として公然と根拠づけた（本書においては、(156)ページ註(95)）。「東京裁判」において被告たちは、一九二八年一月一日以来続いている「平和に対する陰謀」を理由として起訴され有罪判決を下された。合衆国は、日本に対する自己の中立違反的な措置——とくに一九三八年以来——について正当化しなければならない重圧の下にあった。一九四五年六月一三日に平和の仲介を要請されていたソ連邦は、一九四五年八月八日に不可侵条約を侵犯して日本に戦争を宣言した。それゆえに、合衆国とソ連邦はともに、ドイツと日本にだけ責任があることを裁判で確定することに強い関心を持っていた。かかる政治的な関心は一九九一—九五年のユーゴスラヴィア戦争の場合には欠けている。すなわち、安全保障理事会に代表を出している諸「常任理事国」はいずれも、敵対行為の勃発に関与しておらず、自己を正当化する必要がない。他方において、伝統的にセルビアに友好的な列強であるロシア、イギリス、フランスは、セルビアに攻撃者として有罪であると判断を下すことにほとんど関心がなかった。それゆえ、「国際法廷」の規程に攻撃戦争という違法行為が欠けているのは、偶然ではない。国際的な刑事裁判の欠如を、一九五〇年以来の多くの戦争の後に強大国の一致が欠けていたことで説明できたとしても、ユーゴスラヴィアの場合には、彼等は一致していたし、共同で行動していた。しかし、彼等は、かつて決定された規則に従って行動しなかったのである。国際連合の第六委員会の「ニュルンベルク諸原則」もまた一九五〇年に、「平和に対する犯罪」を人道に対する犯罪および戦争犯罪に優先して刑罰に値すると宣言していた。国際連合の特別委員会は、「攻撃」の定義のために非常に長くかつ多くの努力を捧げてきた。そして、総会は一九七四年一二月一四日の決議において、満場一致で「攻撃戦争は国際平和に対する罪である」と確定していたのであった。明らかに、一九五〇年以来の多くの戦争の場合と同様に、ユーゴスラヴィアの戦争においては、攻撃者は一人もおらず、防御者だけが存在していた。すなわち、この戦争もまた、不意に降って湧いてきたのである。

安全保障理事会は、一九九三年に、国際刑法を根拠づけさらに発展させる大きなチャンスを無駄にしただけではなかった。第二次世界大戦の勝者たち――安全保障理事会の「常任理事国」――は、ニュルンベルクと東京における「平和に対する罪」を理由とする有罪判決は「歴史的な意義を有する法」であったということを、五〇年後の世界と学問に対して立証するチャンスをも逃がした。かくして、ニュルンベルクと東京における有罪判決は、ヨーロッパにおけるドイツならびに東アジアにおける日本の、主導権を得ようとする要求を裁判という手段で事後的に犯罪化しようとする政治的裁判であったという推定は否定されないままなのである。

ヨーロッパの文献では、「東京裁判」については、大抵の場合まったく述べられないかあるいはきわめてわずかしか述べられていない。インドの法学者で裁判官であるラダビノード・パルの名と彼の意義は、本書の出版以前には、ドイツではせいぜいのところ、数人の国際法学者に知られていただけだった。しかし、東京においては、「平和に対する犯罪」が、被告の数に関しても、有罪判決一般の可能性に関しても、ニュルンベルクの場合よりも大きな役割を演じた。だから、「攻撃戦争」という違法行為の最初の適用を述べる場合に、「東京裁判」という裁判を欠くことは許されない。シュミットは、日本の指導部に対する裁判を考慮できなかった。彼は、自己の鑑定書を終戦の数日後に書き終えた。しかし私はその代わりに、日本の読者に、原子爆弾投下に対するシュミットの非凡な反応を指摘したい。そのために私は、過去に遡って始めねばならない。

シュミットは、自己の論文や小著において鋭い論陣を張った。彼は、まさに天分に恵まれた論争家でもあった。平和主義的な国際法学者ハンス・ヴェーベルクによる一九三二年の日本と中国の対決についての説明との関連において、私は一つの例を引用した。すなわち、シュミットの皮肉な反応は、その同学の人をまさに物笑いの種にした（本書(106)〜(107)ページの註解〔85〕）。しかし、一九四五年の彼の鑑定書には、嘲笑や攻撃意欲の徴候はまったくない。鑑定書が提出されるはずであった裁判所は、もしも提出されたならばそのような徴候を悪く取ったであろう。だがただ一度だけ、原子爆弾への言及との関連で、シュミットはその自制を放棄した。海賊行為の概念と特性を述べたさいに、彼は、「海賊行為は、海戦遂行の前科学的段階に分類できるし、また、戦争が科学的な問題にますますなったから、廃止された」（本書(54)ページならびに註解〔116〕）という、海戦についてのイギリスの著者が一九一一年に表明した意見を引用している。「それでもって近代の武器技術のさらなる発展の意味での科学的な進歩が意味されているのではない」という、この何か奇妙な確認をシュミットは、次のように解釈した。すなわち、「なぜならば、科学的にあまりにも遅れていたので原子爆弾を間に合うように発明できなかったという点に、ドイツが非難される本来の責任を見出そうとすることを、人はやはり認めたくないからである」と。それでシュミットは同時に、彼がこの「進歩」について評価していたことを表明した。三年後に、彼は「政治家や軍人に原子爆弾の発明を引渡したことは、科学者の破廉恥なかつ恐ろしい犯罪、すなわち『許し難い犯罪』であった」と記した（一九四八年九月一九日、『グロッサリウム』一九八頁）。

第二次世界大戦の前後に日本への関係においても一つの法律学的な役割を間接的に演じたキーワードとして、シュミットは「海賊行為」を挙げた。シュミットは、すでに一九三七年に、海賊行為の概念の採用から近代国際法に生じるに違いない帰結を述べていた（「海賊行為の概念」『立場と概念』二四〇―四三頁に再録）。イギリスと合衆国は、戦間期にしばしば、国際法的取決めによって「無制限なUボート戦争」を全面的に「海賊行為」として犯罪化することを試みた。大西洋と太平洋での海上補給ルートをもつ大海軍国は、その優越的な艦隊にもかかわらずUボートを恐れざるを得なかった。Uボートの投入を「海賊行為」として非難することは、第一次世界大戦においてすでに、アングロ・アメリカのプロパガンダの効果的なスローガンの一つであった。この意味において、合衆国大統領ウィルソンは、一九一七年四月二日にアメリカ合衆国の参戦を、ドイツのUボートの「人類に対する戦争」でもって理由づけた（本書においては一一二頁註解〔112〕）。一九二八年のケロッグ規約にもとづいて戦争から法の保護を奪うことには、海賊行為から法の保護を奪うこととの類似が押し付けられる。すなわち、法の保護を奪われた戦争を遂行するものは、自ら法の保護を奪われる〔とされる〕。彼は「アウトロー」であり、このため彼には海賊の運命がもたらされる。敗北した国家ならびにその責任ある政府の取扱いは、第二次世界大戦後には、かかる思考路線に従った。一九〇七年のハーグ陸戦規則の主要な規定は適用されず、そして、まだ生存していた政府責任者は――古い時代の海賊たちと同様に――不名誉にも絞首刑にされた。ニュルンベルクと東京での、裁判を伴った国際裁判所を用いて処理する点だけが新しかった。しかしながら、人は、世界の世論ならびに後世に向けて判決執行を法的に防護するという政治的な利益によって、かかる処理を理由付けることができるかもしれない。他の国家は攻撃者と名付けられた国家に対して国際法の規則――たとえば、中立について――を遵守する必要はないという認識をも、その裁判手続きは伝えてくれた。こうして、「攻撃者」は、自己を海賊として制圧する国家に対して、戦時国際法の規則を同様に引合いにだすことのできない海賊の地位へと移される。一九四一年一二月七日以前における、日本とドイツに対する合衆国の中立違反の行為は、それによって、正当化されるように見える。ソ連邦もまた、一九四五年八月八日に日本との不可侵条約を破ったことを、それによって正当化した。

この付説は、これまでの経緯によれば意外な事実を思い出すことによって、決着を付けられるだろう。すなわち、合衆国は一九四一年一二月七日以後すぐに、日本に対する「無制限のUボート戦争」を開始した。「日本の攻撃を打ち砕くために、我々は……二五年前に我々が第一次世界大戦に参加した近因と同じものである無制限の潜水艦戦の技術を使用することを余儀なくされた」（スティムソン、一九四七年）と。つまり、一九四一年に、敵国の日本もまた、Uボートに攻撃されやすい海上の長い補給路を持っていた。スティムソンは、戦争手段の正統性に関するアメリカの見解が変化したことの遅ればせの告白を理由づけなかった。もしも理由づけをするならば、「攻撃と防御は、絶対的、道徳的な概念ではなくて、状況に規定された経過なのである」（本書では、註解〔60〕の前の三六頁）というシュミットの鑑定書における表現は、適切だったろう。同様に、戦争手段は状況に規定されるのである。この思考を原子爆弾の使用へ及ぼすことができないのはもちろんである。原子爆弾は戦争手段ではまったくなく、絶対的な殲滅のための道具なのである。

ヨーロッパでは――ドイツでも――、世論において、ニュルンベルク裁判は、不正義に対する正義の法廷である――この法廷は、初めて「攻撃戦争は、最大の罪であり、それに責任あるものにとっては、どんな刑罰も厳しすぎることはない」と認識した――という神話へと高まった。私は、この本で、「ニュルンベルク」神話を破壊するという見込みのない大それた行為を始めようとは思わなかった。しかしながら、法律家は、ニュルンベルクと東京で始められた法的に疑問のある手段を記述する義務がある。とりわけしかし、五〇年経った今、「攻撃戦争は最大の罪である」という原則がいかに素早くまた永続的に忘れ去られてしまったかを、我々は知っている。法命題としてその原則は、この五〇年の忘却によって否定されたのである。しかし、裁判官たちは、この決まり文句によって、ただ自己の法律学的な良心の叫びをかき消そうと思ったのかもしれない。

この本を日本の読者たちに提供できることを、私は喜んでいる。私は、東京在住の、同学の士である新田邦夫氏に感謝しなければならない。彼は、感嘆に値する忍耐と素晴らしい慎重さでもってこの難解なテキストを翻訳した。

シュパイヤーにて　一九九六年二月

ヘルムート・クヴァーリチュ

目次

目　次

[一四]

凡例

（　）　原文と同じ

「　」　原文中の引用符またはイタリック

［　］　訳者が原語を特に引用したもの

〈　〉　訳者が便宜上括ったもの

〔　〕　訳者による挿入

原書の「編者あとがき」における脚註は、（　）を付して文末に一括した。

目次及び本文版面の下部に原書のページ数をゴチック体小活字に括弧を付して併記した。本文中の引用や索引のページ数は、これによっている。

攻撃戦争というインターナショナル法上の犯罪と「法律なければ犯罪も刑罰もなし」という原則

（一九四五年八月）*

* 日付は、シュミットによって手書きで付け加えられている。

概　要*

*　原文どおり。ページ数も同様に原文どおり。本書におけるページ数は( )に入れられている。

**　原文においては、手書きで付け加えられている。

序　論

「戦争犯罪」という言葉は、いくつもの異なった事態（犯行）を意味している。それらは外面的・個別的のみならず本質的にも、すなわち法的構造においても互いに異なっている。その区別は、単に理論的な類いのものではまったくなく、法律の実施や裁判の形成が問題になるや即座に、きわめて重要な実践的意義をもつようになる。そして、事態が法的に異なっていることが、あらゆる重要な点に影響を与える。すなわち、実体法の問題としては、犯罪の構成要件は何か？　正犯者は誰か？　共同正犯者・幇助者・事後従犯は誰か？　といった点に。また、手続きの問題としては、被告人は誰か？　当事者は誰か？　裁判官や裁判所は？　誰の名において判決は宣告されるのか？といった点に。

これら〔実体法上および手続き上の〕すべての問題は、さまざまな事態において、固有のさまざまな意味をもつ。裁判の意味や結果〔の適切さ〕は、これらの問題に正しく答えているか否かにかかっている。それが不明確であると、法や正義は不利益を被り、長期的に見れば犯罪者のみが利益を得るだろう。ここではまず、二種類の戦争犯罪を、論究によって画定させたい。

(1)　主として戦争遂行国家の武装権力構成員によって犯された、戦争の規則や慣例に対する侵害。そこでは、〈いわゆる戦争における〔*in*〕法〉すなわち交戦法規［jus in bello］に対する違反、例えばハーグ陸戦規則、海戦法規範、戦時捕虜法規範などの侵害が問題なのである。これらの規則は戦争を、許されたもの、合法なものとして前提している。戦争そのものが禁止される、ましてや犯罪になる場合には、これらは本質的に変わらざるをえない。しかし、この種の戦争犯罪を画定することで、原則上の困難が引き起こされることはまったくない。なぜならば、これらの〔犯罪の〕特徴は即座に認識できるからである。一九一四年以前には「戦争犯罪」〔war crimes〕について語られる場合、一般的にはこの種の違法行為のみが意味されていた。この種の違法行為は、戦争遂行国家の刑法ならびに軍事的訓令において、また国際法の文献において、ずっと以前から知られており論じられていた。前提条件〔成立要件〕に関しても、法的効果〔復仇、国家の損害賠償義務、自国ならびに敵国に対する行為者の刑法上の責任〕に関してもそうであった。正当化の根拠ないし弁明の根拠としての軍事的命令の意味もまた、多くの場合この違法行為に関して論じられていた。†

† これらの問題を、文献目録を付して教科書中で取り扱った典型的なものは、クンツ〔Josef L. Kunz〕の『戦争法と中立法』〔Kriegsrecht und Neutralitätsrecht〕、ウィーン、一九三五年、三五頁以下である。フェアドロス〔Alfred Verdross〕の『国際法違反の戦争行為と国家の処罰請求権』〔Die völkerrechtswidrige Kriegshandlung und der Strafanspruch der Staaten〕、ベルリン、一九二〇年は、特に根本的に専門学術論文的に掘り下げた内容のものである。

ヴェルサイユ条約の二二八条から二三〇条まで（サン・ジェルマン条約の一七三条、その他のパリ郊外条約においても、それに対応する条文）は、交戦法規の侵害という意味で、この種の戦争犯罪と関係がある。(1) この講和条約の規定は、ある一点においてのみ、一九一四年以前に有効性を承認されていた国際法を変更している。それは敗戦国は戦争犯罪人である自国民を敵国に引き渡すことを義務づけられるということである。ともかく、二二八条以下がこのような特性を有するにもかかわらず、自国民引渡しについての条約上の原理は固持されていたということが、注目されなければならない。「法律なければ犯罪も刑罰もなし」という原則もまた、依然として承認されている。それも、この違法行為（acts of violation of the Laws and customs of war）の前提〔成立要件〕に関しても、刑罰とその程度（punishments laid down by law）に関しても、である。

第一次世界大戦における戦争犯罪人に対する処罰のその他の経過は、——とりわけライプツィッヒのライヒ最高裁判所における手続のその後の経過も――周知のものと前提してよいだろう。[2]

(2)　ここで区別される必要がある第二の種類〔の戦争犯罪〕は、〔第一の種類とは〕本質的に別の性質のものである。それは、特有の意味での残虐行為［atrocity］であり、その犠牲者が武器を持たない人間であるような、計画的な殺人や非人間的な残忍さである。それらは、軍事的行為ではないが、一九三九年からの戦争と特定の関係にある。なぜならば、それらは戦争の準備のためと戦争の期間中に犯されたのであり、また、一九三九年からの世界大戦でついに頂点に達した特定の非人間的メンタリティーを特徴的に表明しているからである。この非行の野蛮と野獣性は、正常な人間の理解力を越えている。それらは、言葉の完全な意味での巨大な「許し難い犯罪」［scelus infandum］の構成要素であり、現象である。[3] それらは、国際法と刑法のそれまでの枠をすべて打ち壊す。このような犯罪は、行為者を法の外に置きアウトローにすることによって、完全に〈法的保護の停止に置く〉［ächten］。上官の命令は、このような非行を正当化できないし免責できない。せいぜい特定の状況において、行為者がこのような命令の結果緊急状態にあったのか否か、その緊急状態が行為者を免責せしめるか否かという疑問を提起するきっかけを与え得るのみである。[4] ここで問題となっているのは異常な非行なのだという原則は、絶対に議論の対象にしてはならない。そのような議論〔をすること自体〕が、これらの諸事象が途方もないことであるということから話を逸らし、それが異常であるという意識を弱めてしまう。この種の戦争犯罪の特殊性、つまり本来の「残虐行為」と「許し難い犯罪」には、以下の論述の過程でしばしば触れ、そして結語部分のノートで、法状態を明確化するため考慮に入れる必要のある一つの観点に論及するだろう。

戦争犯罪についてこれまで区別してきた二つの種類――交戦法規［jus in bello］の侵害と本来の残虐行為――の各々の中で、さらに多くの区別が考えられる。しかし、その区別は、ここでは深く論じたり詳論したりする必要はまだない。この二つのカテゴリーの特殊性を簡単に示すことによって、ここでは何はさておき興味を起こさせる第三番目の種類の戦争犯罪の法的な特色が極めて明瞭に現れてくる。

(3)　言葉の第三の意味における戦争犯罪は、攻撃戦争である。攻撃戦争は、それ自体端的に犯罪として、しかも国際法上の犯罪として理解されている。したがって、この場合戦争そのものが犯罪なのであり、厳密にいえば戦争犯罪［Kriegsverbrechen］が問題なのではなく、正確にいえば「戦争という犯罪」［das Verbrechen des Krieges］が問題なのである。戦争を国際犯罪として理解することにより、国際法的にも刑法的にも、これまでの法状態に対して、何か新しいもののみならず何か新種なものすら表明される。これまで承認されている国際法によれば、確かにそれぞれの主権国家は、攻撃戦争と防御戦争との区別なく、戦争を行う権利［jus ad bellum］を持っていた。攻撃戦争を国際法的に犯罪とみなすことは、――以前の、単に理念史的に重要な言説を別とすれば――第一次世界大戦やパリの諸講和条約以後に、やっと実際的な関心が持たれるようになった。一九二〇年から一九三九年までの時代において、とりわけ、ジュネーヴ連盟［Genfer Liga］(5) の強化と活性化への努力、一九二四年一〇月二日のいわゆるジュネーヴ議定書(6)のための論議、そして結局一九二八年八月二七日のケロッグ規約(7)のある種の解釈が、攻撃戦争を国際犯罪として扱うという考えの強化に、本質的に貢献した。その結果、要請やプログラムとしてのみならず、つまり、〈制定されるべき法により［de jure condendo］〉という一般的意味においてのみならず、すでに承認済みの法によっても国際犯罪とみなされるべきだという程度にまで、攻撃戦争それ自体の国際法的犯罪〔の対象〕化は、第二次世界大戦勃発の時すなわち一九三九年の夏に、進渉していたか否かという問題がまず生ずるのである。それは、「法律なければ犯罪も刑罰もなし」［nullm crimen, nulla poena sine lege］(8) という原則の観点において重要である。そのためにはまず、この原則の実践上の意味を簡略に述べる必要がある。

第一章　「法律なければ犯罪も刑罰もなし」という命題の実践上の意味

攻撃戦争それ自体は、これまでの国際法においても、また、これまでの刑法においても、刑事罰をもって威嚇された行為ではなかった。少なくともいえることは、攻撃戦争を国際的に犯罪とみなすというアメリカ側の主張が、一九三九年夏の時点ですでに完成していたか否かは、疑わしいということである。それゆえ、国際犯罪としての攻撃戦争は、――他の種類の戦争犯罪とは異なって――いずれにせよ新しい犯罪なのである。その結果、この犯罪を理由として宣告される最初の刑事裁判での有罪判決は、「法律なければ犯罪も刑罰もなし」という命題と対決せざるを得ない。普遍的かつ国際的に承認されたこの命題の内容は、行為がその実行の際にまだ刑罰をもって威嚇されていなかった場合は、刑事罰を科することを明確に禁止することである。

(18)

ナチス政権下、一九三三年三月二九日のルッベ法［Lex van der Lubbe］によって絞首刑執行が可能になり、ルッベが絞首される――彼が行ったとされる、あるいは実際に行った行為に対しては、他の種類の死刑が規定されていたにもかかわらず――ことになった時、全世界すなわちドイツの内外で巻き起こったものすごい憤激を、法律家は誰でも記憶している。(9) すなわちドイツ刑法典一三条は、死刑は斬首によって執行されるべきであると規定していた。刑罰の遡及効の禁止は、この場合、可罰性自体のみならず刑罰の執行方法にまでも適用されていた。これをきっかけとして全世界の世論に巻き起こった憤激は非常に激しかったので、ルッベはヒトラーの命令で一九三三年の夏に、絞首ではなく斧によって処刑された。さらに、私が思い出すのは、ドイツ刑法典に新しい二条が採用された際、すなわち一九三五年六月二八日の法律によって、刑法において類推が許されると宣言され、法律ならびに健全な民族感情による法創造が刑法上の決定についても許されることになった際に生じた、国際的な大議論である。(10) ここで肝要なのは、ナチス政権のこのような法律改革を、その実体的内容において評価することではない。このような法律改革が世論に引き起こした興奮は、依然として完全に記憶されており、「法律なければ犯罪も刑罰もなし」という命題が皆に承認されているということを示している。その後、自動車を突然止める仕掛けを用いて犯される追剝ぎ行為を、一九三六年一月一日に遡って死刑とする旨定めた一九三八年六月二二日の自動車襲撃法の場合には[11]、同様の憤激は、再び同じ程度には起こらなかったかもしれない。しかし、それは、一九三八年当時において、ヒトラーの統治の中に、文明化世界のあらゆる法観念を逸脱した異常さを見ることに、〔人びとが〕すでに慣れてしまっていたからにすぎなかった。

このように広く行き渡った確信や歴史的事実からすると、「法律なければ犯罪も刑罰もなし」という原則を当時あのように断固として持ち出した側の人たちが、これまでまったく刑罰による実定〔法〕的な威嚇が存在しなかった行為を、犯罪として、しかも死に値する犯罪として、今日取り扱いたがっていることは、一見奇妙である。私はここで、前述のように、戦争犯罪の他の二種類についてではなく、もっぱら「国際犯罪」〔international crime〕としての攻撃戦争という新しい国際法上の犯罪について論じているのである。このような新しい犯罪の性格に異論があるゆえに、法律家の多くは、「法律なければ犯罪も刑罰もなし」というあの命題を単に指摘することで問題の解決を、ならびに有罪判決が法的に許されない証拠を、見出す傾向が強かった。実定〔法〕的な刑法を志向するヨーロッパ大陸の法律家は、特にそのような傾向が強かった。これに対して、「法律なければ犯罪も刑罰もなし」という原則がなるほど原則として一般に承認されていても、実際は、ヨーロッパ大陸とイギリスとアメリカのそれぞれの実践上の適用においてそれがきわめて異なって現れる、ということに注意が必要なのである。

(1)　ヨーロッパ大陸の思考様式の特性は、「法律なければ……」という成句の「法律」という言葉を、成文の、正式に公布された、国家の刑法という実証主義的意味に解する点にある。このような理解は、ヨーロッパ大陸の平均的法律家にはほぼ二百年来きわめて当然のことだったので、それと異なる理解の可能性は一般にほとんど意識されなかった。あらゆる法の典型的現象形態としての法典編纂によって、ヨーロッパ大陸の法が、成文の、実定的な、国家の法律になったのに合わせて、法治国家的根拠から「法律なければ犯罪も刑罰もなし」という命題に示されていた要求もまた強くなった。その際、フランス法の発展は、多くの他の大陸の国々の模範になった。それは一七八九年の〈人間および市民の権利の宣言〉の七条と八条で始まる。いわく、

「七条　何人も法律により確定された場合で、かつ、それが規定した形式によるのでなければ、告訴され、逮捕され、あるいは拘禁されるべきではない。」

「八条　……また、何人も、犯罪に先立って制定され、公布され、かつ適法に適用された法律によるのでなければ処罰されるべきではない。」

ドイツ国家において、このような見解は、とりわけ近代ドイツの刑法学の創立者であるアンセルム・フォン・フォイエルバッハによって支配的になった。彼の名を私が挙げたのは、「法律なければ犯罪も刑罰もなし」という命題の今日世に通用している表現が、昔のローマ法的起源のものでもイギリス的由来のものでもなくて、フォイエルバッハの表現に根ざし、彼の教科書（一八〇一年）に初めて現れているからなのである。(12) 数多くの成文の憲法や法律の規定――そのなかには、一八七一年のドイツ刑法典二条(13)やヴァイマール憲法一一六条(14)がある――は、フォイエルバッハと同じ思考を同じく実定法的理解のもとに規定している。この場合、「法」という概念を国家の法律として実定化〔して理解〕することから、成文法律のみが行為に罰を科すことができるということになり、また、刑罰を基礎づけあるいは刑罰を重くするすべての慣習法、さらには刑罰を基礎づける刑法の規定の類推的な適用がすべて禁止されるということにまでなる。このため実際、法治国家的意味で正しくあろうとするならば、刑罰を基礎づける実定的な法律が、一定の刑罰で威嚇しなければならない。それゆえ、「法律なければ犯罪も刑罰もなし」という命題は、

ヨーロッパ大陸的理解によれば、三重の禁止を内容としている。すなわち、刑法の遡及効のみならず、刑罰を基礎づけあるいは重くする慣習法、そして刑法における類推を排除するのである。

(2)　イギリス的理解によれば、刑法の遡及禁止は、同様に原理的に当然のことである。それどころか、著名な教科書やコメンタールなどにおいては、「法律なければ犯罪も刑罰もなし」という命題がイギリス起源のものであり、特別にイギリス的法思考の成果であるかのごとく、しばしば主張されてきた。この命題は、通例、一二一五年のマグナ・カルタに帰せられるが、この伝統的な意見が法史的な批判に耐え得るかどうかは、ここでは問題ではない。私は、マグナ・カルタの有名な三九条の文言〔ラテン語〕を記憶に呼び戻したい。

Nullus liber homo capiatur vel imprisonetur aut disseisiatur aut utlegatur aut exuletur aut aliquo modo destruatur nec super eum ibimus nec super eum mittemus *nisi per* legale judicium parium〔suorum〕（原文ママ）vel per *legem terrae*.(15)

「国土法」〔lex terrae〕は、普通のラント法、the Law of the Land〔すなわち〕イギリスのコモン・ローである。一六二八年におけるイギリスの法的確信にとって典型的で影響力の大きな業績であるコークの教科書(16)の中で、「lex terrae」（the Law of the Land）は、「法の適正な手続き」〔due process of law〕と訳されている。それによって、「法律なければ犯罪も刑罰もなし」という命題が、「法の適正な手続き」についての包括的公式の構成部分となった。この公式から、刑法の遡及禁止とともに、被告人についてのさらに多くの法治国家的保護を引き出すことができるようになった。法治国家的思考の広範な発展に大きな影響を与えたロックは、判決は不変の規則（settled standing rules）にのみ基づかなければならず、また、刑罰は「法の定めに従って」〔with such Penalties as the Law has established〕(17)のみ許されるということを強調した。イギリス、ヨーロッパ大陸、アメリカ合衆国におけるロックの影響は、とてつもなく大きい。彼は、遡及的な〔ex-post-facto〕法律に対する原理的禁止を、すべての近代の法律家の意識へともたらしたのである。

かくして「法律なければ犯罪も刑罰もなし」という原則に関連して、イギリスやヨーロッパ大陸の法の数多くの概念や形式が一致するようになった。その結果、ややもすればイギリスの思考様式の特性が無視されることにもなる。だが、まさにこの場合、大陸とアングロサクソンとの法思考の相違は、特に重要なのである。「法律なければ犯罪も刑罰もなし」という命題の中心的意味について若干の補足をして、もう一度そこに立ち返りたい。〔大陸の法思考とアングロサクソンの法思考の〕相違は、「法律」がこの場合何を意味するかということについての理解が根本的に対立していることと関係がある。大陸の法実務や法学は、法のノーマルな現象形態として、成文の、精密に作成された国家の法律に着目する。それに対して、イギリス法、特にイギリスの刑法は、原理的にまた圧倒的にコモン・ロー、すなわち慣習法でありつづけた。確かに、個別に制定された〔成文〕法規は数多くあるが、慣習法を排除する刑法典編纂はまったくない。コモン・ローは、本質的には慣習法であり、判例によって担われ、進化する。その根底にある観念は、結局のところ依然として中世的である。すなわち法は、原則として創造されるのではなく、事件ごとの判決の中に発見されるのである。それゆえに、判例は、新しい法を創造するのではなく、すでに漠然と存在していた法を明るみに出すだけなのである。厳密にいえば、この意味において、新しい法はまったく存在しないのである。新しい判例や創造的な判例とは、少なくとも萌芽の状態で法として存在していたものの覆いをとったものなのである。

刑法においては、コモン・ローの慣習法的性格はヨーロッパ大陸の法律学の実定的な法思考と完全に異なっている。ヨーロッパ大陸の法律学が刑罰を基礎づける慣習法を拒否し、慣習法による刑罰化は許されないと明言するのに対して、イギリスの刑法は、大体において原則としてコモン・ローである。したがって、刑法の判例は、刑罰を基礎づけ「刑罰化する」刑法律の様式で可罰性を構成するのではなく、覆いをとり確定する、という意味を持つ。

では、このようなやり方で新しい構成要件をあらたに刑罰化することは、いかにして可能なのか？　それは、ヨーロッパ大陸法の法律家には、「実定刑法的」でなくむしろ自然法的と感じられるような論証の助けをかりた「構成的な」［konstruktiv］やり方によってである。「自然的正義」［natural justice］、「実際上の便宜」［practical expediency］、「コモン・センス」に論及することが、このような論証の役にたつ。このような判決理由［rationes decidendi］に基礎づけられて、「構成的な」判決と創造的な判例、いわゆる「creative precedences」が可能となるのである。伝統的なイギリス法学にも現れる古い表現によれば、可罰的行為はすべて、「自然犯」［mala in se］か、そうでなければ「法定犯」［mala prohibita］のいずれかである。そのことについては、ブリル［Hascal R. Brill］の『刑法百科事典』（シカゴ、一九二二年、八五二ページ）に次のように書かれている。

「自然犯罪［crimes mala in se］の内容は、公的な治安や秩序のいっさいの侵害、すなわち人格や財産の侵害、公的な礼儀や良き品行の蹂躙、公的な義務の故意かつ不正な侵害を含んでいる。」

「自然犯」の場合、判例が単に覆いをとるという性格をも持つことは、はなはだ明らかである。この場合、いかなる新しい犯罪も創造されないのであり、たとえ新たにかつ初めて出現した事態であろうとも、健全で人間的な法感情をもつあらゆる人にとって常に変わることなく犯罪であったものが、犯罪として明示されているだけなのである。それに対して、「法定犯」は、実定的な規定［Anordnung］によって、すなわち法規［Statut］によって初めて可罰的行為にされるのであって、いわば、「そうでなければ悪事ではない」［not otherwise wrong］のである。それゆえ、このような法規は、厳密に解釈される。「法律なければ犯罪も刑罰もなし」という命題は、ときどき、大陸刑法の法律実証主義者が技巧的かつ詭弁的とさえ感じるほどの厳密な解釈で、このような法規に適用される。エドワード六世制定法 c. 12, 38における「数頭の馬を盗む」という言葉の解釈は、その有名な例である。[†]〔これに対して〕「自然犯」の場合はまったく異なっている。伝統的に慣習法的な思考様式にとって「法律なければ犯罪も刑罰もなし」

の問題は、この場合まったく存在せず、結局のところ理解し難いものである。「自然的正義」を用いて仕事をする法律家の眼には、ヨーロッパ大陸の法律家の上述した法律実証主義的理解は、すべての犯罪を単なる「法定犯」に変えることだけを意味するように見える。

† 数頭の馬を盗んだと証拠を突きつけられるものは死刑に処せられると、法規は規定していた。裁判官たちが死刑をもはや時代に合わないと感じた時、彼らは、一頭の馬だけ――法律の原文にいわれているように、(複数の)馬をではなく――を盗んだものにはその法規は当てはまらないと判断し、一頭の馬だけあるいは一頭づつに分けて数頭の馬を窃んだ場合には通例の窃盗の刑のみを言い渡した。

(3) アメリカ的理解は、イギリスのコモン・ローによって圧倒的に規定されているが、しかしまったく同一というわけではない。ヨーロッパ大陸的な理念の影響は、この領域においても最初から非常に顕著である。合衆国は、成文憲法を持っており、また、成文法、成文刑法さえも、イギリスとはまったく別のスケールで知っている。ロックやモンテスキューの思想の影響はとても強く、ヨーロッパ大陸的な感覚で影響を及ぼしている。アメリカ諸州――メリーランド、ノースカロライナ、マサチューセッツ、ニューハンプシャー――の多くの人権宣言において、(18) 法律特に刑法の遡及効の禁止は荘重に宣言され、それによって上述の一七八九年のフランスの宣言の模範にまでなった。

「その法が存在しない時になされた事実について処罰し、有罪宣告の唯一の根拠となるような遡及法は、抑圧的かつ不当であり、自由に反するので、事後法はこれを制定してはならない」(メリーランド憲法一五条)。

このような定式化に対しても、実定的な法律概念とアングロサクソン的なコモン・ローとの基本的な相違は、無視されてはならない。アメリカの法律家の思考においても、確かに、一方において実定的な合法性と、他方における道徳的・自然法的・その他の確信とが対立していることについての明白な意識がしばしばみられる。合衆国の精神的状態は全体として、この点においても、ヨーロッパの問題点の、特に大陸的思考とイギリス的思考を分かつ大きな対立の、不明確な鏡像なのである。原則としては、刑法の遡及効を禁止することは、アメリカの法感情や思考にとって、しごく当然のことである。

しかしこの場合、イギリスの法思考に関してよりも場合によってはいっそう鋭く、アメリカの理解に関しても、一体どの点に犯罪の新規さがあるのかという疑問が生ずる。したがってこの場合、しばしば道徳的観点と法律学的観点との結合という事態になる。実証的に訓練された大陸の法律家にとって、道徳的観点と法律学的観点との分離は、ほぼ二百年来、まさに新規の構成要件の刑罰〔の対象〕化の問題において周知のことである。アメリカの法律家の場合、その〔道徳的観点と法律学的観点の〕結合により、純粋にイギリス的伝統の法律家と比べて、「法律なければ犯罪も刑罰もなし」という命題から生ずる抑制が、ほとんど機能しなくなるかもしれない。

(4)　ジャクソン〔Jackson〕氏の意図は明らかである。それは現在の戦争犯罪人裁判を攻撃戦争という新規の国際犯罪のための、特別に影響力のある創造的な判例〔creative precedent〕として利用することである。[19] この計画を、「法律なければ犯罪も刑罰もなし」という原則を一般的にもち出すことによって否定することはできない。むしろ、この新規の犯罪に内在している問題性を説くこと、〔すなわち、〕創造的な判例と「自然犯」の観点が、人道に対する犯罪つまり本来の残虐行為にはあてはまるが、攻撃戦争という新規の国際犯罪にはあてはまらないということを示すことが、必要となる。第二次世界大戦以前ならびに戦争中に行われた特別な意味での残虐行為は、実際「自然犯」と見なされねばならない。その非人間性はきわめて重大かつ明白なので、事実や行為者を画定するだけでよく、これまでの実定刑法をまったく顧慮せずに罰しうるのである。この場合、ありのままの感じ、人間的感情、理性、正義などのあらゆる論証は、まさに根源的な仕方で符合し、その結果、形式的な意味での実定的規範をまったく必要とせずに、有罪判決を正当づける。その場合、どの程度、行為者が犯罪的意図、すなわち criminal intent をもっていたかが問われる必要はない。この場合すべては自明である。このような犯罪に直面して、「法律なければ犯罪も刑罰もなし」という異議を申し立てたり、これまでの実定的な刑法規定を引用しようとする者がいるならば、その者は、憂慮すべき立場へと自らを追いやることになるだろう。このような残虐行為の特別な非人間性が、実定法の既存の構成要件で把握されないときには、古代の立法者に「なぜ、あなたは、父親殺しを特別な違法行為として刑法に取り入れないのか」と尋ねた際に、彼が与えた答えで説明される。その有名な立法者は、「このような恐ろしい犯罪に絶対に言及してはならないし、またその可能性を述べてはならない」と答えたのである。(20)

だが、そのすべては、さきに残虐行為と特徴づけられた種類の戦争犯罪にのみ関係する。そして、我々にとって、このような残虐行為を正当な処罰から遠ざけたり、その可罰性を詮議したりすることが問題なのではないということは、何度繰り返してもたりないくらいであろう。それとは別の種類の戦争犯罪、すなわち昔からの意味での war crimes に関して、「法律なければ犯罪も刑罰もなし」という命題は、一九一九年のパリの講和会議に際して、まさに「戦争責任委員会」[Commission des responsabilités]でアメリカ代表によって明確に強調された。私は、以下(S. 23)†において、その印象深い発言をあらためて引用するだろう。しかし、第三番目の種類の戦争犯罪の場合、すなわちここでもっぱら問題になっている国際犯罪[international crime]としての攻撃戦争という新規の犯罪の場合には、まったく別なのである。この場合、構成要件自体(攻撃行為と攻撃戦争)も、国際的性格と刑事的性格との結合も、ともに実際、新事実[Novum]なのである。そして、もし衡平法[equity]の、慣習法の、また先例に基づく刑事裁判の観点が守られるべきだとすれば、「法律なければ犯罪も刑罰もなし」という命題が処罰に対する抑制となるのであり、このことを示すためには、その新事実の特性がまさに認識されなければならないのである。このことは、以下の叙述から詳細に明らかになるだろう。

† このテキストでは、(27)ページ(編著)。

(24)

第二章　ヴェルサイユ条約における戦争犯罪と戦争責任

これまでの国際法と異なる新しい戦争概念へのもっとも重要な萌芽が、ヴェルサイユ条約の二つの条項――すなわち、前皇帝ヴィルヘルム二世を訴追する二二七条[21]と、いわゆる戦争責任条項である二三一条[22]――に見出される。この二つの条項は、その実定的な条約規定という点では一九一四年から一九一八年までの第一次世界大戦だけに関係するが、国際法における戦争のとらえ方が変化した兆候としても――先例とまではいかずとも――見なされなければならない。成立史の諸理由から、二二七条とならんで、二二八条もまた比較のために引用しなければならない。〔もっとも〕二二七条が、犯罪としての戦争という新しい種類のものを含んでいるのに対して[23]、二二八条は、言葉の従来の［alt］意味での戦争犯罪についてもっぱら語っているのだが。

(1)　前皇帝ヴィルヘルム二世に向けられた二二七条は、ヴェルサイユ条約第二編の「刑罰」［Penalties］という標題のもとにある。ここにおいて、可罰的行為の法性決定は、その標題によって既に意識的に表明されていた。五つの主要国だけでなく、「連合諸国」が訴追者として登場する。訴追者とは、個々の国それぞれか、多数国か、すべての国がまとまってか、については述べられていない。彼らは、講和条約そのものによって前皇帝を公的に訴追する。前皇帝が、唯一の被告人であり、かかるものとして（「ホーヘンツォレルン家のヴィルヘルム二世、前皇帝」という）名をあげて個人として指名された。一九一九年にライヒ宰相が、「ベートマン・ホールベークは、彼が宰相職（一九一四年から一九一七年まで）にあって行った皇帝の職権行為すべてについて、完全な責任を負っている」と公的に明言した時でもなお、皇帝は、この新しい種類の国際犯罪の唯一の被告人であった[24]。どの訴追者も、憲法的意味[25]においての責任あるライヒ宰相のこの明言を認めなかった。新規の戦争犯罪に関するこのような訴追は、国家元首個人に限定されたままであった。

犯罪の構成要件——それに関して起訴がなされる——として、二二七条においては、「国際道徳ならびに条約の神聖さに対する重大な侵害」(supreme offence against international morality and sanctity of treaties) と述べられている。しかし裁判所はそのほかにも、国際政策の最高動機の命じるところにしたがって (by the highest motives of international policy) 判決すべきである、という準則を、二二七条三項において課されている。そこでは、これまでの法［law］はこのような新規の犯罪を知らないという含みで、「インターナショナル法」［international law］でなく「国際政策」［international policy］という語が使われている。さらに裁判所は、国際間の約定［undertakings］に基づく厳正な諸義務を尊重させようとする。裁判所としては、五名の裁判官が職務を行う。すなわち主要連合国——この場合しかし、主要国としては表現されておらず、個々の国とのみ表されている——の各々が、ひとりずつ裁判官を任命する。(25)

手続きに関しては、被告人には弁護権に不可欠な保証が与えられる (assuring him the guarantees essential to the right of defence)旨述べられていた。刑罰に関しては、裁判所は至当と思われる刑罰を決定する(the punishment which it considers should be imposed)、とされている。

この二二七条を当時において、それまでの国際法により、また刑法に照らして批判し否定することは、極めて容易であった。(26) それまで国際法は、他の国家に対する、あるいは他の主権国家の元首に対する、一国家の裁判権を知らなかった。〈対等のものは、対等のものに対して裁判権をもたず〉［Par in parem non habet jurisdictionem］である。(27) 国際法の唯一の法主体は、国際法上の違法行為の場合においても、支配的見解によれば、国家そのものだけであった。それゆえに国際法上の違法行為は、決して国内刑法と同様の刑事的意味での犯罪を意味しなかった。戦争は個人やグループの関係としてではなく国家と国家の関係として、極めて明確に把握されていた。戦争は、国際法的には個々の人間、あるいは国家元首個人によってではなく、国家そのものによって遂行されていた。新規の犯罪の構成要件に関しては、二二七条において、極めて不明確に述べられていた。裁判官のしたがうべき準則としては、法のみでなく、道徳と政策も引き合いに出された。同様にして、刑罰も不明確であり、裁判官の裁量に完全に委ねられていた。どうやら、裁判所は〔とにかく〕刑罰を科すのだということが、前提となっていたようである。それゆえにこの場合、訴追によってすでに裁判官の行う決定が先取りされていた。「法律なければ犯罪も刑罰もなし」という原則が侵害されたのは、明白である。そのうえ二二七条は、このように不明確な構成要件や刑罰による威嚇のもとでヴィルヘルム二世という特定の人物を指名するという、あまりにも個人的な例外法という汚点を持ったのである。

攻撃戦争を国際法上で犯罪とみなすかかる萌芽が、ヨーロッパでは、諸人民や諸政府の法意識に持続的な作用をまったく及ぼさなかったということが、明らかになる。前皇帝ヴィルヘルム二世を国際犯罪のゆえに国際裁判所に引き出そうとしたこの出来事は、すべて、ヨーロッパ諸人民の世論にあっては、すぐに忘れられてしまった。本当は一九二〇年の時点ですでに、イギリスおよびフランスの政府は、このような企てを断念していたのである。

ヴィルヘルム二世は、一九一八年一一月以来、中立国家オランダに滞在していた。オランダ政府は、イギリス、フランス政府が行ってきた引渡し要求を、国際法上承認できないと拒否した。イギリス、フランス両政府は、もはやそれ以上は引渡しを主張しなかった。(28) こうして、少なくともヨーロッパにおいては、次のような確信が広まるのは必然であった。つまり、あの二二七条に含まれている新種の戦争犯罪への萌芽は、成就しないままであったのみならず、反対の方向への先例のごときものになったという確信である。

しからば、アメリカに関してはいかなる状態であろうか？　パリ講和会議の審議において、攻撃戦争を不正であると強く表明したのは、まさにアメリカの委員たちであった。(29) もちろん、このような発言には、別のアメリカの委員たちの発言が同様にはっきりと対置されており、それは、戦争そのものは非合法行為（illegal act）ではまったくないということを強調している。このような混乱は、いろいろな法的視点――ヴィルヘルム二世の処罰、戦時法規違反の処罰、賠償問題――が、戦争犯罪に関する一般論のきっかけとなる場合に、ますます大きくなる。二三一条の戦争責任条項に関しては、（以下の(2)で）さらに二、三の点につき詳述する。

この場合まず第一に、「戦争を開始したものの責任に関する委員会」［Commission des responsabilités des auteurs de la guerre］における諸意見が興味深い。(30) この委員会は、二二七条後半つまりヴィルヘルム二世の処罰、ならびに二二八条すなわち上述した従来の意味での軍事的な戦争犯罪の処罰を取り扱った。この二二八条に関して、アメリカの委員たちは、ランシング［Lansing］(31)の指導のもとに、イギリスやフランスの代表たちに対して、「交戦法規違反の処罰についてはよいが、人道に関する法律違反の処罰について語るのは許されない」と、極めて明確に論じた。(32) 彼等は、一八六五年のヘンリー・ウィルツ［Henri Wirz］の先例を引き合いに出した。その事件は、軍事裁判上の手続きに関するものである。この手続きは、南部諸州〔連合〕のある捕虜収容所長に対して南北戦争終了後に、ワシントンの軍事裁判委員会によって遂行され、一八六五年一一月にその将校に対する死刑宣告とその執行で結末がついたものであった。(33) このような戦争犯罪、すなわち交戦法規違反とその処罰に対して、「法律なければ犯罪も刑罰もなし」の原則が犯すべからざるものとして適用されなければならないということを、アメリカの委員たちは強調した。彼等はまた、一八一二年の「アメリカ合衆国対ハドソン［Hudson］判例」（7 Cranch 32）にも言及していた。すなわちこの判例は、判決が下される以前に、一つの行為が連邦の立法権によって犯罪として表示され、刑罰をもって威嚇され、さらに、〔事件を裁く〕権限のある裁判所を立法権が示しておかなければならないということを確言しているのである。(34) 従来の意味での戦争犯罪が問題である限りでは、アメリカの委員たちは、新規の〈人道に反する犯罪〉の概念を拒否する。これらの審議での声明においては、次のように言われている。「戦争の法規や慣例に対する違反を理由に、刑罰による威嚇や権限ある裁判所を表示して国際犯罪を作り上げるような、いかなる成文の国際的な法律も国家の条約も、アメリカの委員たちは知らない[35]」と。さらに続く。

「アメリカの委員たちがしばしば指摘してきたように、戦争は、本質的に常に非人間的であったし、今でもそうである。しかし、戦争の法規や慣例に背いていない行為は、かりにそれが非人間的なものであったとしても、法廷によるいかなる処罰にも服せしめられなかった。裁判所は、現行法のみに配慮し、それのみを適用し、道徳に対する違反や、人道の原則に反する行為は、より高次の裁き手に委ねる。国際的な刑事法廷を創設する計画はまったく注目に値しないという非常に確固たる感情を、アメリカの委員たちは持っている。すなわち、そのことについての判例はまったく存在せず、諸人民の慣例に一致しない[36]」

このような声明は、一義的かつ明白である。しかし、これらの声明は、具体的には、二二七条にではなく、二二八条に関係するのである。それゆえに、直接には攻撃戦争そのものの問題については適用できず、従来の意味での戦争犯罪についてのみ適用できるのである。それに対して、二二七条に関して、国家元首の処罰――しかも人道に反する道徳的な意味での犯罪としての攻撃戦争について――を要求したのは、まさにアメリカの委員たちなのであった。「戦争を開始した者の責任に関する委員会」において支配的な、典型的にアメリカ的な見解は、一九一九年三月一二日の草案の次の章句から明らかになる。

「戦争をするという道徳的権利は、国民の生命の保護、国民の権利の維持、または自由と人間性の防衛のために、力の行使を余儀なくさせられた緊急の場合にのみ存在する。

それ以外の動機によって起こされた戦争はすべて、恣意的であり無益であり、そして、国際的な道徳および正義の蹂躙に終わる。それは、正当化されえない。

この公準によって判断すれば、一九一四年に始まった戦争は、不正義であり、承認しえぬものであった。それは、攻撃戦争であった[37]」。

国家元首の責任についての比較的長い説明が、これに続いている。

「中欧列強の元首たち（このように、そこではいわれている）は、他の列強の国土や主権を我が物にしようという願望から、征服戦争［Eroberungskrieg］に携った。この戦争は、その広がり、人間の生命や所有権の不必要な殲滅、仮借のない残忍さ、耐え難い悲惨さなどにより、近代のすべての戦争をしのぐような戦争であった。人類に対するこのような道徳的犯罪についての立証は否定できないものであり、決定的な証拠があるものである。きわめてひどい被害を受けた諸国民は、正義感情に堅く結びついた遵法意識に妨げられて、犯人たちを法律という手段によって相応に罰する権力を所有しえなかった。しかし、このような恥ずべき戦争の張本人たちは、烙印を押されることなしに歴史に名を留めてはならない。それゆえ彼らは、世界に対して行われた最大の犯罪の張本人に人類が言い渡す判決を受けるために、世界的な世論の法廷の前に召還されなければならない[38]」。

この声明は、明らかに、戦争についてのこれまでの国際法上の見解からの意識的な逸脱を表している。しかし、攻撃戦争を普遍的に犯罪とみなすことについてではなく、人類に対する道徳的な犯罪——中欧列強の国家元首たちだけが行ったのであって、それ以外のものは行わなかったとのことだが——についてのみ語られるのである。〔上記の声明の〕先例としての影響については、スコット［J.B. Scott[39]］やランシングの声明の場合には、もともと非公開の審議における「内輪の」発言の問題であるということに注意しなければならない。また、このような発言は、例えば以下（S. 28†）に引用されている戦争責任問題についてのダレス［J.F. Dulles[40]］の発言——これは、明確に従来の戦争概念に固執している——のような、アメリカの他の委員たちの立場とは対立的であるということに、さらに注目しなければならない。しかし、何よりもまず、先例としての影響については、発効した最終的な講和条約のみが決定的に重要となる。しかしこの点については、合衆国はその最終的な決定において、まさに刑罰についてのこ

(28)

の第七部を受け入れなかったのである。

† このテキストでは、(30)ページ〔編者〕。

アメリカ合衆国は、周知のように、ヴェルサイユ条約を批准せず、一九二一年八月二五日にドイツと単独講和条約を締結した。(41) ヴェルサイユ条約のうち、そこから帰結する権利と利益を合衆国が自己のためにも要求する部分が、〔単独講和〕条約の二条で個別的に列挙された。その中には、第五、六、九部などがある。〔しかし〕第七部は欠けている。すなわち、二二七条と二二八条、それゆえ戦争犯罪を含んでいる部分が欠けているのである。この部分は、まったく意図的に、合衆国とドイツの間の国際法的関係の対象とされなかった。それゆえ、ドイツにとっては、〈戦争を開始したものの責任に関する委員会〉における、アメリカ委員のあの発言がもったかも知れない先例としての影響もまた、雲散したのである。

この場合、まったく別方向を向いた、合衆国で著しく流布した世論を、無視できないのは当然である。アメリカの著名な週刊誌『The literary digest』は、一九二〇年半ばにおいて、ヴィルヘルム二世に対する刑事訴訟手続きについての見解を確認するために、アメリカの裁判官に一つのアンケートを行った。(42) 三二八の回答のうち、一〇六が死刑、一三七が流刑、五八が自由刑やその他の刑、二七のみが無罪であった。それゆえ、一方における公式的態度と他方における世論との対立は、明らかである。第二次世界大戦での国際法的犯罪について、このような対立が「法律なければ犯罪も刑罰もなし」の問題とのかかわりで何を意味するのかは、後に、この対立のより広範かつ重要な事件が確認された時に、論じられるだろう。とにかく〔少なくとも〕ヨーロッパにおいては、諸政府の態度を規定するような先例の影響は、認められないのである。

(2) ヴェルサイユ条約二三一条の戦争責任条項は、「刑罰」[Penalty]ではなく、「賠償」[Reparation]という標題のもとにあり、それによって、純粋に刑法的観点よりも経済的観点のもとに置かれていた。(43) 古いスタイルの戦費補償〔Kriegsentschädigung〕ではなくて損害賠償請求権〔Schadensersatzansprüche〕である勝者の財政的・経済的な諸要求、すなわち、敗者の法的な責任に由来する法的な諸要求の問題なのである。ここで我々は、周知のようにまさに大量のあらゆる種類の出版物で取り扱われてきた戦争責任問題全般に、立ち入る必要はない。論議は、主として、中欧列強が——協商が一九一七年一月一〇日の通牒ですでに主張していたように——不正義な攻撃戦争を遂行したがゆえに、すべての損害に対して無制限に責任を負うのか否か、あるいは、ドイツは一九一八年秋にウィルソンの綱領、特に一九一八年一一月五日のランシング・ノートの綱領を受け入れ、〈このノートに準拠してのみ賠償義務がある〉という点に賠償請求の法的根拠が存するのか否か、という問題に関わる。[44] フランスの委員たちの多くは、民法的な構成から出発した。例えば、不法行為に基づく損害賠償義務を基礎づけているドイツ民法典八二三条を引証している。[45] あるイタリア人は、同盟者に対するドイツの責任を、ドイツ民法典八三〇条を引き合いに出して、犯罪の共同〔societas sceleris〕による責任として基礎づけた。[46] これらが、多数のヴァリエーションをもちつつも、ドイツの戦争は不正義な戦争かつ攻撃戦争であるという考えに基づく構成の例である。しかしその際、攻撃戦争が完全に刑法的意味での国際犯罪へと変化したと考えられていたのだと主張することはできない。中欧列強が全体としてみれば攻撃戦争を遂行したという非難は、賠償範囲の拡大に役立ち、それを(例えば、ベルギーの中立を侵犯したことに対する原状回復と、非戦闘員に損害を与えたことに対する原状回復に)限定することの拒否に役立ったのである。

戦争概念の理解の問題については一般に、まさにアメリカ代表ダレスが、二三一条を生み出した審議において、「戦争は、それ自身ならびに全体としてみれば、現行の国際法によればまったく非合法な行為ではない」という考えから出発したことが、重要である。すなわち、

「仮に戦争が全般的にみて非合法な行為に当たらないというのであれば、戦争が引き起こした損害といえども必ずしもすべてを賠償する必要はなくなる。とはいえ、この考えは、国際法（特にハーグ条約を参照）が国家の権利を承

(30)

認している事実——国家は、戦争放棄を条約上特に取り決めていなければ、なんらかの明確な方法で、他国に対して戦争を宣言し遂行する権利を有する——に鑑みて導き出した結論では決してない」[47]。

ウィルソン大統領自身は、正戦論の信奉者であった。しかし、彼が引き出した法的な結論は、はっきりしない。道徳的な戦争責任の問題においてさえ、彼の立場はまったく刑法的ではない。たとえば、一九一六年一〇年二六日の談話において、ウィルソンは次のように述べた。

「いかなる個々の事実も、戦争を誘発しなかった。結局のところ、ヨーロッパの体系が全体として、——すなわち、同盟と協調による諸国家の結合システム、また、諸人民を確実にすべて自己の網の目に捉えた陰謀とスパイ活動との複雑な構造が、——戦争に相対的に深い責任を有している」[48]。

攻撃戦争と賠償義務との関連は、結局、委員会の審議においてのみならず、一九一九年五月におけるヴェルサイユ駐在のドイツ委員と連合国諸政府との間の文書による通牒交換でも、問題とされた[49]。その通牒においてドイツ委員は、戦争の唯一の首謀者であるという非難に抗議し、そして、ドイツの賠償義務が一九一八年一一月五日のランシング・ノートの受諾に基づいているということを論拠として利用した。これに対して、連合国の回答通牒は、ランシング・ノートが「攻撃」[aggression]という言葉を含んでおり、このノートの受諾によりドイツは世界大戦についての責任も受諾したのだと主張する[50]。実際には、「攻撃」という言葉は、ランシング・ノートでは、次の関連において現れている。すなわち、

「さらに、一九一八年一月八日の下院での演説で示された平和の条件において、大統領は、侵攻された[invaded]領土は撤兵され解放され回復されねばならないと宣言した。連合国諸政府は、この言葉の意味する事柄に関してはなんらの疑問も生ずべきいわれはないと感じている。それによって、彼らは、陸海空からドイツがおこな、っ、た、攻撃[aggression]によって連合国の非戦闘員およびその財産に加えられた一切の損害はドイツによって補償されると理解

している」[51]。

ここでもまた、賠償義務の論議における多くの責任非難の場合と同様に、「『攻撃』という言葉は、この関連において、攻撃戦争を国際的に犯罪とみなすことの先例とみなされうるのか？」という疑問が生ずる。ドイツの責任について語られ、その責任が攻撃にあるとされる場合、一般的にいえば、〔そこでは〕完全に刑事的意味での犯罪を成立せしめる構成要件を有する刑事責任も想定されている、ということに本来ならばなりそうなものである。しかし、具体的な場合においては賠償のみが、すなわちドイツの経済的および財政的な支払いが問題になったのであって、ヴェルサイユ条約七部におけるような本来の刑罰は問題にならなかった。ヴェルサイユでは、新しい国際法上の犯罪を創出することについては、まったく一致がなかったのである。人々は、二〇〇年来承認され、これまでのヨーロッパ国際法すべての法構造を規定する戦争概念を、戦争遂行国や中立国に関するすべての成果とともに廃棄しようとは望まなかった。もしこのことが意図されていたならば、単に一般的な〈不正であるという〉宣言だけでなく、明確に犯罪化を表す精密な宣言を必要としたであろう。ランシング・ノートの上述の箇所は、中立化されていたベルギーへのドイツの進駐［Einmarsch］および非戦闘員の被った損害に対する賠償範囲の問題にのみ言及している。かかる〈不正宣言〉を越えて、新しい戦争概念および国際犯罪の新しいタイプを創り出すという意図が、この箇所では認識できないのである。

戦争責任問題はすべて、一九一九年以後、賠償問題との関連においてのみ論じられた。特定の人間の刑事責任というものが、財政的・経済的な法律効果のみを基礎づける国家の責任とは異なるのだという意識は、ヨーロッパのすべての国々の国内法に関しては、既に極めて強力に広まっていた。だからどの国家も、損害賠償義務を生じさせる不法行為を確定することによっては、国際犯罪のまったく新しい類型を導入することはできなかったのである。

もしもヴェルサイユにおいてそのことが目論まれていたならば、少なくとも国際連盟規約は、正式に、攻撃戦争そのものを刑事犯罪と宣言しなければならなかったであろう。しかし、そうはならなかったのである。それによって、先例としての影響力――それはドイツの戦争責任が確定されていたならば、生じていたであろう――もまた、ただちに再び麻痺させられてしまった。この点に関して疑念が依然としてありえたのだが、合衆国がウィルソン大統領の署名にもかかわらず一九一九年以来ヴェルサイユから退きヨーロッパの政治的問題から孤立した時に、ヨーロッパの法意識はこの疑念に決着をつけた。すでに述べたように、一九二一年八月二五日のドイツとの単独講和において、刑事的な責任問題との関連はすべて、意識的に避けられたのであった。

第三章　一九一九―一九三九年における攻撃戦争のインターナショナル法的刑罰〔の対象〕化の展開（ジュネーヴ議定書、ケロッグ規約、海賊行為としての戦争、一九三六年のイタリアに対する制裁、完全な中立の復活）

一九一九年から一九三九年までの二〇年間は、新しい国際法秩序の試みの時代であった。アメリカ合衆国大統領ウィルソンは、一九一九年のパリ講和会議において、このような新秩序に向けてもっとも重要な試みを行った。しかし、アメリカ合衆国はまもなくヨーロッパから撤退し、ヨーロッパの諸人民を彼らの政治的運命に委ねたのであった。以下に述べる概観は、一九一九年から一九三九年までの、混沌とした過渡期の有様を余すところなく提示しようとするものでは決してない。それは、この時代になされた戦争の廃止［Abschaffung］および違法化［outlawry］への試みが、ヨーロッパの普通の国民を刑罰の対象とする結果を本当にもたらしたのかどうか、という疑問に応えようとするものにすぎない。換言すれば、一九一九年から一九三九年における戦争違法化のこれらの提案や試みは、政治的指導層に属さず自己の経済的・産業的・その他の職業に勤しむ国民に、新しい国際法的秩序を納得させたのであろうか？　とりわけヨーロッパのどこかの国の普通のビジネスマンは、――これまでの世俗的な伝統に反して――攻撃戦争が、さまざまに論じられている構想や妥協形態にとどまらず、法的効力をもつ新しい国際的規範によって、現実の刑事的な犯罪にされたという確信を得ただろうか？　個々の国民がこの確信を持った場合にのみ、その国民に戦争という新しい国際犯罪の行為者あるいは関与者としての責任を問うことができるのである。

戦争の廃止という問題が、実際には、軍縮と安全保障の問題であるということを、どの国民も、とりわけどのビジネスマンも、知っていた。かれらは、戦争の廃止の法律学的な定式化を、その実際的な結果によってのみ評価することができた。いろいろ論じられている多くの、微細な区別を伴った構想は、国民には、多くのヨーロッパ諸国家の主権の高慢さの所産としか思えなかった。国民は、この困難な法律学的妥協的定式化の中に、ヴェルサイユ条約の修正に賛成したり反対したりして闘う諸政府の政治的策動を見出さざるをえなかった。アメリカ市民の強力な参加がそれらの〔ヨーロッパの〕国民に与えることのできた強烈な印象――私は、スコット〔J.B. Scott〕(52)、ショットウェル〔J. T. Shotwell〕(53)、ミラー〔H. Miller〕(54)等々の名を思い出す――は、アメリカ合衆国政府が強力な中立政策、さらには孤立政策をとったことによって、減殺されてしまった。合衆国における世論と公的な〔＝政府の〕政策との間の対立は、顕著であった。ヨーロッパ諸国家の国民は、公的な政策によって判断するしかなかった。

事実、戦争をインターナショナル法的に刑罰化するというこの壮大なる試みは、当時、――普通の市民の法感情にとっては不可解で、解決困難な――一連のアンチテーゼへと陥っていった。すなわち、法律学的思考様式と政治的思考様式との対立へ、また道徳的義務と法的義務との区別へ、政治的問題と経済的問題との対立へと陥っていったのである。そしてさらに、当時のヨーロッパに対するアメリカ合衆国の関係の特徴であった、私的な現在〔private Anwesenheit〕と公的な不在〔offizielle Abwesenheit〕との対立にも注目しなければならない。以下の叙述では、上記の多様なアンチテーゼに由来し、その展開のヨーロッパにおける関与者たる国民に生じた、特別な困難に注目しなければならない。

(1)　一九二四年一〇月二日のジュネーヴ議定書。一九一九年のジュネーヴ連盟〔国際連盟〕[55]規約は、戦争防止[Verhütung]のための諸規程（一〇―一七条）を含んでいた。あらかじめ規定されている手続きを厳守せずに戦争に訴える（resort to war）国家は、平和破壊者であった。このような平和の破壊に対する制裁として、金融上、経済上および軍事上の措置が、他のメンバーにあらかじめ用意されていた（一六条）[56]。戦争そのものを刑罰化することは、話題にのぼらなかった。主権の平等に基づくすべての国家の同権という思考が依然としてきわめて強力だったので、国際連盟規約は、暗黙のうちにさえも、戦争を刑法的に禁止できなかったのである。実際の解釈過程で〔戦争の刑法的な禁止に〕繋がりうる二、三の萌芽は、もしかしたら存在していたかもしれない。しかしながら、一九一九年のパリ会議において影響力を貫徹させたアメリカ合衆国は、上述のように、公的には連盟と没交渉であった。

一九二〇年から一九二四年までの時期に、国際連盟の戦争防止システムを強化するための多くの試みや提案がなされた。しかし、戦争あるいは特定の種類の戦争が、刑罰をもって威嚇される、特定の人間による国際犯罪とされるべきだということは、合意を得られなかった。ヨーロッパ大陸の思考様式を有する法律家にとっては、国際法について「犯罪」という言葉が単に使用されたとしても、構成要件、行為者、刑罰ならびに裁判所が明白な言葉で規定され解釈されないかぎり、〔それは〕「法律なければ犯罪も刑罰もなし」という命題の意味での刑罰化をまったく意味しないことは自明であった。

ただし、〈攻撃戦争は国際犯罪である〉という命題は、「国際紛争の平和的処理のための」一九二四年一〇月二日のいわゆるジュネーヴ議定書に存在している[57]。そこで初めて、戦争を犯罪とする考え方が、ヨーロッパにおいて公然たる表現を得たのである。それ以前にも、安全保障条約や相互援助条約の諸草案が提起され、そこでは、攻撃あるいは攻撃戦争は国際犯罪であるということが同様に語られていたが、これらの諸草案はいずれも、国際的な取決めとしては効力を生じなかった。さらに、ジュネーヴ議定書もまた発効しなかった。なるほどジュネーヴ議定書は、一九二四年一〇月二日に国際連盟の第五回総会で提案として採択されはしたのだが。アルバニア、ベルギー、ブラジル、ブルガリア、チリ、エストニア、フィンランド、フランス、ギリシア、ハイチ、ユーゴスラヴィア、ラトヴィア、リベリア、パラグァイ、ポーランド、ポルトガル、スペイン、チェコスロヴァキア、ウルグァイといった国家が署名したが、その議定書を批准したのは、チェコスロヴァキアのみであった（一九二四年一〇月二八日）。これは、主としてイギリスの抵抗により失敗したのであった。一九二五年三月一二日に連盟理事会でチェンバレン卿によって発表されたイギリス政府の声明は、特に重要なドキュメントであり、あとで引用する。

一九二四年のジュネーヴ議定書は、アメリカ市民の一グループの発案に端を発していた。コロンビア大学の歴史学教授で、パリ講和会議におけるアメリカの講和派遣団のメンバーであったショットウェル博士［Dr. James T. Shotwell］が、このグループの代表とみなされる。連盟理事会は、一九二四年六月の会議において、このグループの報告であるいわゆるショットウェル草案(58)を、連盟への公式のドキュメントとして回付することによって、一つの「先例のない性質の行為」［action of unprecedented nature］を決定した。それゆえに、たとえ合衆国自身が国際連盟のメンバーでなく、原則的な孤立主義によってヨーロッパのすべての政治的問題から遠ざかっていたとしても、私人としての一群の「著名なアメリカ人たち」が重要な決定に直接影響を及ぼしたのである。ショットウェルのこの草案は、「攻撃戦争の違法化」［Outlawry of Aggressive War］という表題のもとに、次の文章を含んでいる。

第一条　主要締約国は、攻撃戦争が国際犯罪であると、厳粛に宣言する。これらの国は、それぞれに、攻撃戦争を犯さないという義務を負う。

第二条　防御以外の目的のために戦争を行う国家は、第一条で述べられた国際犯罪を犯すものである。

第三条　常設国際司法裁判所は、第一条のいう国際犯罪が犯されたか否かということについて判決を下すべく、いずれの条約加盟国の告訴に対しても裁判権をもつべきである。

次いで、攻撃行為および制裁の詳細な定義が続いた。この定義は、刑法的な性質のものではなくて、主として経済的な性質のものであった。しかし、すべての調印国は、攻撃国家に対する強制措置に訴えることもできた。さらに、有責な国家は自己の攻撃が他の調印国に与えた損失を償うべきものとされた。

ジュネーヴ議定書自体も、攻撃戦争を犯罪と宣言している。そこでもまた、攻撃者としての、また新しい国際犯罪の行為者としての「国家」のみを論じており、現実の刑法的な意味における戦争の刑罰〔の対象〕化を本来妨げるものである国家主権を尊重している。「制裁」の威嚇は経済的、金融的、軍事的なものであり、国家そのものにだけ向けられている。その制裁は、戦争の特定の首謀者――例えば、国家首長、政府のメンバー、新しい犯罪の正犯者(perpetrators)として責任あるその他の人物――についてはまったく述べていない。逆なのである〔個人の責任は問われていない〕。議定書一五条二項によれば、制裁をうける攻撃者たる国家は、なるほどその支払い能力の極限まで制裁の一切の費用を負担すべきであるとされているのだが、しかし、それ以外には、〔国際連盟規約一〇条によって連盟の全メンバーに与えられた領土的保障のゆえに〕領土の保全においても政治的独立においても、侵害されてはならないとされているのである。〔議定書〕一五条二項はいう。

「しかしながら、規約一〇条にかんがみて、この議定書の批准がなされたからといって、攻撃国の政治的独立や領土の保全はいかなる場合にも制裁の対象となることはありえないだろう。」

犯罪的な攻撃者国家とその政治的独立についてのこのような配慮は、アメリカの世論にはおそらく理解できなかったであろう。ここに、代表としてジュネーヴに出席していたヨーロッパの諸政府がいかに依然として強く国家主権への配慮に汲々としていたかが、示されている。刑事罰について語ることを避けるこのような「制裁」を前にして、ヨーロッパ大陸刑法の法律家は、いかなる意識的な刑罰化も、刑事的処罰のいかなる原理も受け入れないであろう。この種の宣言において攻撃戦争がその名をもって呼ばれている「犯罪」とは、まさしく国際法上の特殊な違法行為なのである。国際法上の違法行為を別扱いすることが、ヨーロッパ国際法のこれまでの伝統に一致していた。それゆえ、「crime」という言葉が使用されていても、これまでの国内刑法のような刑罰化を意味するわけではまったくなかった。海賊行為との思い浮かぶ類似については、のちに別の節（以下の3）で述べるだろう。しかし、海賊行為については、このジュネーヴ議定書では触れられていない。

アメリカ合衆国における広範な世論が、戦争の「違法化」および「crime」という言葉を、額面通りに刑罰化・犯罪化を意味するものと思った――しかも、攻撃戦争につき責任のある主謀者がただちに処罰され得るという意味で――ことは理解できる。しかし「攻撃戦争」という新しい犯罪の構成要件はいまだ全然明確にされなかったのである。一九二四年のジュネーヴ議定書および一九三二―三四年の軍縮会議[59]における根気の要った努力を思い浮かべてみれば、戦争廃止問題に関して、ヨーロッパ大陸の法律家たちの行き方をアメリカの世論の考え方から分かつ対立がただちに明確になる。この大きな違いは、新しい国際犯罪の固有の構成要件についての法律学的問題がはっきりすることによってはじめて明確になるのである。すなわち、戦争違法化の努力にあたっては常に、戦争全体の意味での攻撃戦争が問題になっている（その場合、このような戦争に続くそれ以上の戦争の展開――例えば、同盟戦争など――が統一的な全体を形成しているか否かについてのさらなる問題が生ずるが）のか、あるいは攻撃そのもの――それに続いて多分起こるであろう戦争と法律学的に区別されるような――が特別な構成要件として考えられているのかが、厳密に考慮されなければならないのである。最初に発砲を行うこと、あるいは最初に越境することは、全体としての戦争を引き起こした者と同一でないことは明らかである。戦争という犯罪、攻撃戦争という犯罪、攻撃という犯罪は、明らかにそれぞれ異なった構成要件をもつ三つの異なった犯罪なのである。けれども、戦争に関して下された複合的な有罪判決において、それらは相互に入り交じっていた。そして、世論の大勢には、それらを分離することは、単なる法律学的な技巧と思われていた。

実際、攻撃戦争と攻撃行為との区別は、ひと目見ただけでは、技巧的で形式主義的なものである。犯罪者として処罰されるべき人間の行為は厳密にいえばどの点に存するのかという疑問が呈せられるや否や、確実な法的明確化が必要となる。法律学的には、この識別それ自体は難しくはなく、実際不可欠でもある。どんな戦争も――攻撃戦争もまた――、戦争の常として、双方的な経過であり、両者の闘争である。それに対して攻撃は、一方的な行為である。戦争――攻撃戦争も――の正不正の問題は、全体的として見れば、特定の攻撃行為の正不正の問題とは、まったく別のことを意味している。たとえこの攻撃行為が後に戦争へと至り、さらにはまた時宜を得て停止されようとも。攻撃あるいは防御は、絶対的、道徳的な概念ではなくて、状況に規定された経過なのである。

もっとも、イギリスの言語的慣用によれば、「攻撃者」〔aggressor〕は「侵害者」〔Verletzer〕と理解され、〔その侵害者は〕「法律を犯すもの」〔offender〕と同一視されることによって、この事情がしばしば無意識に隠蔽されている。こうしてたとえば、ブラックストン〔Blackstone〕の『イギリス法釈義』においては、次のように言われている。「公的な犯罪に報復するには、生命や財産を奪うより他に方法はないのだから、それと同様に、私的な悪行を事後的に償わせることなど、実際のところ、不可能である。攻撃者〔aggressor〕の総財産から賠償してもらうのが関の山である」[60]。フランス語においても同様に「attaque は、行為であり事実である。agression は、道徳的に考察された行為であり事実であるし、誰が最初に悪いのかを知るための行為であり事実である」。有名なリトレ〔Littre〕仏語辞典は、このように定義している[61]。しかしそれにもかかわらず、攻撃と防御とは、状況と共に変化する単なる手段にすぎないであろう。すべての大規模な軍事的および非軍事的な対決においては、ある時は一方が、またある時は他方が、攻撃あるいは防御に立つのである。発砲を最初に行った者あるいは国境を最初に越えた者、すなわち争闘的対決の一定の瞬間における攻撃者であるからといって、対決全体といういっそう広範な経過においても常に攻撃者であるとは限らない。上述のように、攻撃者は、事柄全体においてもまた主謀者、惹起者、有罪者であるとは限らず、また常に不正であるとも限らない。同様に、ある瞬間ある状況において防御へと追い込まれたものが、だからといって、常に全体的観点において正しいとも限らないのである。

我々は、攻撃と防御との言語上の意味を思い出さなければならないだろう。なぜならば、攻撃の禁止［Verbot］は、攻撃戦争の禁止とは別のことを意味しているからである。もともと、一九世紀には、「crimen de l'attaque」(de l'agression ではなく）としての〈攻撃という犯罪〉について語られていた――それによって、†攻撃［Angriff］が agression という（マイナス価値を負荷された）意味を持つとともに「attaque」あるいは「attack」という（価値自由的な）カテゴリーをも表しているドイツ語の場合よりも、法律学的な事態は一層明確になる――ことを、私は証明できる(62)。〔攻撃と攻撃戦争の〕双方とも禁止されている場合には、いずれもが不正であることは当然である。けれども、最初に発砲するという犯罪は、不正義な戦争という犯罪とは多少別のものであり続けている。戦争そのものが法的に禁止される場合は、明らかに不正義な戦争のみが意味されていた。攻撃戦争が禁止されるのは、不正義な戦争の場合のみである。特に、自衛権は、常に留保されたままである。全体としての戦争の正義の問題は、正当原因［justa causa］すなわち戦争原因や総体としての外政的関係の問題から切り離せないのである。ここ〔この鑑定書〕で述べられている戦争廃止［Abschaffung］をめぐるすべての努力――一九二三年の安全保障条約についての交渉(63)、一九二四年のジュネーヴ議定書、一九二八年のケロッグ規約(64)――は、法律学的というよりも政治的な意味をもつ三つの重要な実質的な問題――安全保障、軍縮、平和的変更――との関連にすぐに突き当たった。これらの実質的な諸問題への考慮から、イギリス政府は、一九二四年一〇月のジュネーヴ議定書を拒絶し、それによって挫折させた。チェンバレン

卿が一九二五年三月一二日に国際連盟で発表した上述の詳細な政府声明は、このことを極めて明確に表明していた。すなわち、

「巨大な軍備を在らしめている疑心暗鬼の恐怖［fears］は、国際的な生活に（社会的な生活にも）つきものの通常の誤解――〔すなわち、〕その処理に国際連盟が極めて適任であるような誤解――とはほとんど関係がない。この恐怖は、敵意［hostility］という根深い原因から発しており、この原因は、歴史的その他の理由から、強大国の仲を裂くのである。この恐怖は、根拠のないものであるかもしれないが、しかし、それ〔この恐怖〕が存在する時には、調査や仲裁のための機構が行う個別の争いの処理に最適の方法によってさえ、効果的に抑制されえない。なぜならば、このような場合に恐れられているのは、不正義ではなくて戦争――征服や復讐という目的のために意識的に企てられた戦争――だからである(65)」。

† フランス語においても。

戦争の実質的な正不正の問題、また戦争責任の深層での関わり合いの問題が、歴史的、政治的、社会学的、道徳的に、難しい議論を呼び起こすのは当然であり、現実的な決着を図ろうとしない限り、この議論はキリがなくなってしまう。これに対して、個々の攻撃行為の正不正の問題は容易に答えることができる――攻撃行為を法律学的な構成要件として分離させ、厳格に規定し、かかるものとして禁止することに成功すればの話だが。

数十年間にわたって攻撃と攻撃者についての法律学的に有用な定義をすべく努力がなされてきたが、それは、形式主義的な好みからではなくて、このように一層広範囲に攻撃行為を規定するためであった。攻撃および攻撃者をできるだけ明確かつ一義的に規定するために、厳密な定義が求められた。たとえば、最初に軍事的暴力の行使に訴える者、最初に相手の領土的不可侵性を侵犯する者、あらかじめ規定された期間や手続きを厳守することなく戦争を宣言する者、この者たちは攻撃者とされなければならない。この場合、円滑に事態に適用されうる単純な判断基

準——それさえあれば、複雑で、しばしば不可解な外政上の事態に踏み込むことなく、攻撃者は誰なのかが自ずから明白になるような——を見いだすことが、理想なのである。それゆえ、正当原因についての、すなわち実質的に正義の戦争についての、また戦争責任についての難しい問題を避けるために、対象を攻撃行為に限定することは、目的にかなったことであり、必要なことでもある。

したがって、特にフランスの法律家たちによって主張されたこの方法の特質は、そもそも法律学的に有用な広範な手続きを始めるために、外見上平和な現状の正不正を顧慮することなしに、何よりもまず整序された手続きが始められるという点にある。攻撃行為および暴力行為をできるだけ早く停止させて戦争そのものの勃発を避けるために、この方法の外面的で形式主義的な特質は甘受される。換言すれば、一時的な占有保護、不動産占有妨害禁止命令［interdictum uti possidetis］(66)が重要なのである。その時点の占有状態が実質的に正しいか正しくないかを顧慮することなく、また、攻撃者が正当な権利を持つのかあるいはその時点の状態を変更する道義的請求権を持つだけなのかを顧慮することなく、何よりもまず、その時点の占有状態が法的に保護されるのである。

国際連盟規約一〇条においてすでに、連盟のメンバーは、このような「攻撃」からの擁護を協定していた(67)。これは、当然最終的には戦争の防止に役立つはずであったが、しかし、「攻撃」の構成要件は、「戦争」の構成要件から十分にはっきり区別されていた。連盟のメンバーは、「戦争に訴える」(resort to war)メンバーに対して経済上、金融上、軍事上の制裁を行うということが、上述の規約一六条において規定されていた。なるほど、ここでは、「攻撃」ではなくて「戦争」という言葉が使われているが、「戦争」という言葉が、戦争を意味せず攻撃を意味しているということはただちに明白になった。なぜならば、戦争になる前に、戦争を避け攻撃をやめさせることが、まさに重要だからである。すでにこのために、攻撃は、独立の構成要件として、戦争から法律学的に分離されざるをえなかった。なぜならば、攻撃と関わって援助や制裁を行う条約上の義務は、戦争そのものが起きるのを待たずに生じるだろうからである。特に、一九二五年のロカルノ協定[68]によれば、また、ソ連邦のように当時連盟のメンバーでなかった国々も、この時期以後に締結した多くの不可侵協定［Nichtangriffspakt］[69]によれば、攻撃戦争に対する攻撃行為の法律学的特性は、少なくとも外交官や法律家たちには当然明瞭に分かるはずだった。一九三二―三四年の軍縮会議において、攻撃と攻撃者の定義についての討議は、ギリシャ委員で報告者のポリティス［Politis］の報告[70]によって、また、外務人民委員リトヴィーノフ［Litwinow］[71]が提議したソヴィエト・ロシアの宣言草案によって、さらに一層拡大され深められた。しかし、この大問題の法的核心は、ずっと変わることなく同一であり続けた。

ここで重要なのは、国際法学者なら誰でも熟知しているが、広い層の世論は必ずしも熟知せず不案内な事柄である。なんといっても、攻撃と攻撃戦争とのこのような区別の実際上の意味を想起する必要があろう。なぜならば、そこには同時に、純粋に法律学的な思考様式と純粋に政治的な思考様式との間の根本的な相違が現れているからである。攻撃行為の禁止は、なるほど――攻撃と攻撃者の定義をめぐるできる限り多くの煩瑣な妥協や尽力によって、――結果的には不正義な戦争の防止に役立つはずだが、しかしそれはなによりも、戦争そのものの正義や正当原因を意識的に度外視していることが、顧慮されなければならない。国際法上の争いをすべて平和的に規制することについての、最初でまたもっとも名望あるパイオニアのひとりであり、安全保障条約（一九二三年）の重要な草案の起草者であるセシル［Robert Cecil］卿は[72]、その相違をきわめて明確に表現した。彼は、攻撃者については迅速かつ単純に決定する必要があると述べる。〔彼によれば、〕攻撃者は、国際連盟理事会によって投票の四分の三の多数をもって確定されなくてはならない。締結されるべき安全保障条約は、故意にまた計画的に他者の領域を侵害する者を、攻撃者と名づけなくてはならない。その際、この有名なイギリスの平和のパイオニアは、以下のように強調している。すなわち、

「理事会が裁断すべき問題は、係争においていずれに正しい権利があるかを知ることではなく、どちらに初めに敵

対行為を行ったかを知ることである。このため条約は、他国の領土を意図的に侵す国家は攻撃者とみなされる、と明記するだろう。(73)」

このようにして攻撃の正確な定義が、戦争の実質的な正義の問題から完全にかつ意図的に区別されるということを、法律家ならば容易に理解できるだろう。占有の訴え［Possessorium］を本権の訴え［Petitorium］から区別することは、教養ある人々の法律学的思考様式においては、数百年来周知の事柄である。(74)同じことは、いわゆる抽象的あるいは形式的な法的事象をその原因から分離することについてもあてはまる。法律家ならばなおのこと、国家そのものに対する経済的・軍事的な制裁のみならず、特定の人間に対する刑法的な威嚇をも結果としてもたらす構成要件を正確に規定しようとする場合、〔すなわち〕「法律なければ犯罪も刑罰もなし」という命題および「法の適正な手続き」が顧慮される真の刑罰化が問題となっている場合、このような区別に気を遣うだろう。しかし、法律家のみならず、広範な世論や大衆もまた、戦争における大問題に眼を奪われる。そして彼らは、法律学的な努力を作為的な形式主義と感じ、あるいはさらに本来の大きな課題からのソフィスト的なすりかえと感じるのである。(75)

法律学的な思考方法と政治的な思考方法との間のジレンマは、この場合、特にやっかいで危険な形で現れている。戦争を刑罰化するという大目標が実際に達せられなければならない場合には、一方において、法律学的に明確に規定することが必要である。〔しかしそうすれば〕他方において（まさに広範な大衆によって強く感じられた）実質的な正不正、および戦争責任は後退する。そして、例えば全面的な軍備拡張や安全保障欠如のような、戦争のより深い原因は、攻撃者のこのような定義の場合、意図的に視野の外に置かれ続けるのである。戦争禁止の法律学的＝形式的な取扱い――その例は一九二四年のジュネーヴ議定書に見られる――と、軍備拡張や安全保障のような、戦争原因という大問題の政治的＝道徳的＝実質的な解決との間のジレンマは、ますます激しくなった。このジレンマは、戦争の問題というはなはだ巨大な問題に適用されることによって、真の悪夢へと高まった。かかるジレンマの下、一

(40)

九一九年から一九三九年までのヨーロッパのようなカオス的状況の中にいた素朴な国民は、戦争を禁止することや戦争を犯罪と宣言することは、やっかいな法律学的留保がついているが、戦争の危険そのものを根源からすっきりと除去することを意味していないという感覚を持っていた。これは、ヨーロッパのすべての人々——すなわちヴェルサイユ条約の改正論者も改正反対論者も——の、一九一九年から一九三九年までの時代における重大な経験である。この経験のために、ジュネーヴ議定書の努力はすべて失敗したのであった。

ジュネーヴ議定書を破綻させた一九二五年三月一二日におけるイギリス政府の既述の公式声明は、この困難性とジレンマを率直に表明している。攻撃者についてのこのような「紙上の」定義では、軍事的な行動が防衛目的のためのものかどうかを区別できないということに、この声明は特に言及している。

「すでに示されたこれらの条項に対する明白な反論に加えて、これらの条項があいまいであることを付け加えたいし、また、純粋に防衛のため、それだけのために企てられた軍事行動を、裏に何か攻撃的な目的を持った行動から区別するのは、どんな紙上の定義によっても本来的に不可能であるということから、これらの条項は必ずや、無実の者を保護するよりむしろ軽率な者に危険をもたらすに違いないということを付け加えたい。これらの条項は、思惑通りには機能しないだろう(76)」。

さらに、攻撃および攻撃者のこのような形式的な規定は、本来の問題——戦争の原因、とりわけ軍縮——の解決を促進せず、むしろ妨げるということが、イギリス政府の声明では言われている。なぜならば、このような形式的な規定は、予想される攻撃者との闘争に向けての準備を必要なものとし、また援助義務による戦争の拡大をもたらすからである。その場合、経済的な抵抗力が相当ある国際連盟の非メンバーに対抗して援助が向けられる場合は、特に危険になる(77)。

攻撃を自動的に禁止するという理想を持っているジュネーヴ議定書は、当時の領土的現状から出発せざるをえず、それにより、ヴェルサイユ条約の改正論者と改正反対論者との間の激しい争いに陥るのは不可避であった。このことを避けるために、ほかでもないイギリスの平和主義者たちは、戦争原因を除去することによって、戦争の形式的＝法律学的のみならず実質的＝政治的な阻止を実現しようと、平和的変更（peaceful change）の問題を議論の中心におこうと努力した。国際連盟規約のあの形式的努力についての一般的な、少なくともヨーロッパでは非常に支配的な印象は、攻撃や攻撃者のこのような形式的な定義は「罪ある者には道案内に、無実な者には陥穽に」†なる、という周知の命題の中に表明されている(78)。このしばしば引用される言葉の中に、攻撃の法的な禁止を求める法律学的努力と、戦争の即時廃止という政治的要求との間の深いジレンマがきわめてよく表れている(79)。

† この表現は、一九二七年一一月二四日の下院におけるA・チェンバレン卿の演説に由来する。この重要な言葉はつぎの通りである。「だから、私は、攻撃者を定義づけるというこの企てに反対し続けるのである。なぜならば、私の信ずるところによれば、この企ては、無実な者には陥穽に、罪ある者には道案内になるであろうから」。

一九二四年のジュネーヴ議定書は、正義の戦争〔＝正戦〕の問題という実質的な問題に答えず、またまったく答えようともしないという点で失敗した。この失敗がヨーロッパの人民や政府の見方に与えた印象、特に一九二五年三月一二日におけるイギリス政府の声明が与えた印象は、きわめて大きかった。この印象は、ヨーロッパにおいて新しい国際犯罪の成立についての法的確信が強固になるのを妨げた。しかし、「戦争の違法化」〔outlawry of war〕(80)を促進しようとするアメリカ人たちは、この失敗によって動揺することなく、一九二八年のケロッグ規約において、形式的な非難宣告〔Kondemnation〕を、すなわち「国家の政策の手段としての戦争の違法化」を達成した。我々は今や、ケロッグ規約のかかる「戦争を非とする」〔condemn the war〕〔という命題〕が、「法律なければ犯罪も刑罰もなし」という意味での刑法的な刑罰〔の対象〕化とみなされうるか否かを、検討しなければならない。

(2)　一九二八年八月二七日のケロッグ規約(81)は、戦争の廃絶［Beseitigung］の問題に対する、多くの点において典型的にアメリカ的な答えであり、一九二四年のジュネーヴ議定書のヨーロッパにおける失敗に対するアメリカの反撃である。我々は、ジュネーヴ議定書の法律学的・形式的な方法のうちに、ヨーロッパ大陸的な思考様式の典型的表現を見出すことができる。先に引用された一九二五年三月一二日のチェンバレン卿の声明——軍備と真の戦争原因の問題に対して強く注意を喚起している——は、イギリスの態度を明示している。しかし、〔これに対して〕ケロッグ規約は、アメリカの〔戦争〕違法化［outlawry］運動に由来するもので、この運動は、レーヴィンソン［S. O. Levinson］によって始められ(82)、ボラー［Borah］上院議員によって一九二七年一二月一二日に議会に提出された決議において確実に定式化されたのである(83)。そこでは、次のように述べられている。すなわち、文明の守護神は人間の争いを制御する方法を二つだけ、つまり法と戦争を発見した。そして、戦争は現代文明の下では野蛮な行為である。さらに、平和を強制する可能性として戦争に頼る要求や同盟や計画などは、自由敵対的な軍事支配をもたらすものであり、それゆえ戦争は追放［Acht und Bann］されねばならず、同時に、戦争に代わる司法的な手段が、国際裁判所のかたちで——その裁判所の判決は、戦争を伴うことなく、アメリカ合衆国最高裁判所の判決と同様、啓蒙された世論の強制力によって執行される——創出されなければならない、と。

ボラー上院議員の〔提案した〕決議は、平和の導入という方法と戦争の廃止という方法との両観念が、どれほど相違していたかを示しているだけでなく、とりわけ、アメリカとヨーロッパの意識状況が大きく相違していることをも示している。アメリカ合衆国における世論は強力だったが、ヨーロッパにおける世論は分裂していた。ウィルソン大統領のヨーロッパからの引揚げ以来、すなわち一九一九年から一九三九年までのヨーロッパ史における重大事件以来、ヨーロッパ人民の意識にとっては、仲裁裁判的権威はまったく存在しなかった。その設立にボラー上院議員が戦争の廃止を託していた国際裁判所の権威は、当時のヨーロッパには、たんに大胆な願望と思われ、全般的な軍縮を実現するものとは思われなかったし、平和のためのその他の前提を実現するものとも思われなかった。しかし、何よりもまず、ヨーロッパの諸政府や諸人民の世論は、アメリカ合衆国の世論よりも合衆国の公的な態度に注目することに慣れていた。このことは、ケロッグ規約を評価するにあたって重要なことである。

ケロッグ規約は、詳しく言えばボラー決議と同じものではない。それは、たしかに、しばしば「戦争弾劾規約」[Kriegsächtungspakt] と呼ばれ、それに応じた理解がなされているが、「違法化」[outlawry] という言葉を含んでいない。他方において、それは、ジュネーヴ議定書の法律学的な路線でも展開していない。それは、攻撃については語らず、戦争それ自体を非難している。それゆえに、ジュネーヴ議定書が攻撃の禁止に限定することによって求めた法律学的利点を断念している。ケロッグ規約は、戦争自体についてはまったく定義を与えていない。このことは、ヨーロッパの当時の意識状況にとって、どうでもよいことではなかった。攻撃行為の正確な法律学的定義がともかく可能と思われたのに対して、真の刑罰化のための基礎となりうる戦争の法律学的定義は、一九一九年以来、ヨーロッパの〔人びとの〕意識には、ますます困難で問題のあるものとなった。一九二三年一月のフランス・ベルギー軍によるルール占領は、もちろん戦争としては取り扱われなかった。一九二三年八月のイタリアによるコルフス占領もまた、戦争行為と見なされなかったし、国際連盟規約一六条の制裁手続きを発動させるような攻撃とすら見なされなかった。戦争、軍事的復仇、制裁、平和的な強制措置の概念は、互いに入り交じって溶解する恐れがあった。当時まだ国際連盟のメンバーであり、さらにはその常任理事国であった日本が、一九三一年に東アジアにおいて広大な領域を占領した時(84)、また上海付近で大戦闘に至った時、誰もそれを「戦争に訴える」[resort to war] ものとは思わなかった。平和主義の有名な先駆者であるジュネーヴのヴェーヴェルク [Hans Wehberg] 教授は、当時、指導的な平和主義的雑誌『平和の擁護者』[Die Friedenswarte] の一九三二年一月号の論文において、日本の戦争について、それは法律学的には何の問題もなく、ただ、様々な範囲での戦闘に随伴した平和措置についてのみ問題となりうるということを、多くの論拠をもって論じた。(85) ヴェーヴェルク教授は、この見解を数年後にははっきりと撤回した。(86) ここで彼の言質をとるようなことはすべきでないが、国際法上の戦争概念の混乱の兆候として、この発言に論及しないわけにはいかない。数十年来戦争廃止のための努力の第一線に立ち、また、学究肌の法律家として客観的に考察すること——これは、現役の政治家には一般的に不可能である——のできる一人の誠実な平和主義者が、すなわち一人の指導的な法律学者・平和主義者が、重要な法的概念に関する〔判断の〕不確実さを示しているのである。いわんや政治的に興奮している人たちやその世論にあっては、法的な点で、いったいどれ程の法的不確実さや混乱が生ずることになることか？

一九二四年のジュネーヴ議定書の法律学的な定義に対しても、また一九二五年三月のイギリスによるこの議定書の拒否に対しても、一九二八年八月二七日のケロッグ規約は、簡明さという長所をもっている。ケロッグ規約は、攻撃の概念規定も、戦争の概念規定も、戦争原因への言及も、断念している。戦争は、それが国家の政策の手段である限りで、非難［kondemnieren］される。(87) しかし、この非難は、ケロッグ規約に違反して遂行された戦争に対してのみ、すなわち不正義な戦争に対してのみ、なされるべきことは明白である。一九一九年の国際連盟規約によって、また一九二四年のジュネーヴ議定書によって、攻撃行為の法律学的な禁止と戦争それ自体の政治的な禁止との間に、きわめて大きな断絶が生じさせられていたにもかかわらず、「戦争」という言葉は、詳細に規定されることなく用いられている。ケロッグ規約の本文における「非とする」［to condemn］という言葉は、ヨーロッパ諸政府の法律家たちによってすぐに、規約の署名国が服すべき正確な法的義務がどの点にあるのかという観点から考察された。その義務は、国家の政策の手段としての戦争を国家が条約で断念すること［Verzicht］のみを内容としていたのか、あるいは戦争に対する完全な〈法的保護の停止〉〔弾劾〕［Ächtung］（outlawry）を内容としていたのか？　単なる断念が「戦争」という事態を刑罰化することでないのは、当然である。ケロッグ規約についてのヨーロッパで支配的な見解は、ケロッグ規約は国際連盟規約に矛盾してはならないという、公認の留保を基礎に有していた。このためケロッグ規約では、戦争の断念でしかありえなかった。„Ächtung" (outlawry) という言葉は、上述のように、ケロッグ規約にはない。しかし、たとえその言葉が用いられたとしても、その言葉は、ヨーロッパ大陸の法律家の思考様式にとっては、一九二四年のジュネーヴ議定書のそれに相応した言回しと同じように、まったく刑罰化を意味することにはならなかったろう。ヨーロッパ大陸の思考様式は、構成要件、行為者、刑罰による威嚇、刑事裁判所についてはっきりと確定させることを要求し、それはまた、いかなる一般的な違法化も知らず、少なくとも、原始的な法や中世法の意味での平和喪失［Friedloslegung］をまったく知らない。しかし、現代法は、厳密に言えば、ただ一つ海賊行為の場合にのみ、特定の人間の法的保護停止を知っている。海賊が国際法上にアウトロー〔outlawry の対象〕であることは、確かである。しかし、今日の実践において、それは、海賊に対しては、いずれの国家の裁判所も——海賊以外の場合における国家の裁判権の限界にかかわらず——、明確な手続きを経たうえで有罪判決を下すことができるということを意味するに過ぎない。そのことについては、行為者概念について記す際に（以下の第三章3、S. 62†）また立ち返るだろう。

† このテキストでは⑸⑽ページ（編者）。

戦争の概念と海賊行為のそれとが類似しているということも、法律学的には貫徹できない。なぜならば、ケロッグ規約における戦争に対するあの非難［Kondemnierung］は、正義の戦争と不正義な戦争とを顧慮することなく戦争を無条件に廃止するという意味では、絶対的なものではなかったからである。国際法の歴史には、ある種の法制度の廃止の事例がある。例えば、一八五六年四月一六日のパリ海上法宣言は、「海賊行為は廃止され、そして廃止されたままである」［La course est et demeure abolie］という言葉で、捕獲特許［Kaperei］を廃止する。(88) さらに法の歴史は、法制度としての奴隷制度の廃止を知っている。しかし、一九二八年のケロッグ規約は、「戦争は廃止され、そして廃止されたままである」［La guerre est et demeure abolie］などとは決して述べていない。ケロッグ規約は、不正な戦争として前提するある種の戦争のみを非難するが、他方、正義の戦争をそれによってまさに認可さえするのである。ケロッグ規約は、ラディカルに平和主義的な意味であらゆる戦争そのものを犯罪などと宣言しているわけではない。正義の戦争は依然として許されるのみならず要請さえされている。このようにして、ヨーロッパ諸人民の法意識にとって、戦争は、廃止されたのではなくて、ことによると正義の戦争として改めて承認されたのである。したがって、軍備拡張は完全に許容され続けており、それどころか、必要でさえある。正義の戦争と不正義の戦争との区別とともに生ずる問題点も、また同時に、一方における精確で法律学的な〔攻撃行為〕禁止と、他方における、戦争に対するさまざまな留保付きの一般的非難との間のジレンマも、なお残ったままである。

ケロッグ規約は、定義も、制裁も、組織もない規約である。戦争が災いであるということについては、人々は、原則的にはただちに一致するだろう。しかし、個々の具体的な戦争について、それが正義であるかどうかをただちに確定するための、確実でよく機能する手続きが存在しなかった以上、武器で一杯になっているカオス的なヨーロッパにおいて、いずれの国家も、あらゆる国家は、戦争に備え全般的な軍備拡張に参加しなければならなかった。このような状況において、いずれの国家も、戦争の正義の問題を、自己自身のために、また自己の責任において、決定するということに固執しなければならなかった。ケロッグ規約の場合も、いずれの国家も自己の自衛権については自ら決定するという留保が、再三再四強調されていた。一九二八年六月二三日の、他の諸国にあてたアメリカ合衆国の通牒には、次のようにはっきりと述べられていた。

「アメリカの戦争反対条約案は、とにかく自衛権を制限したり減じたりする趣旨はまったく含んでいない。自衛権は、すべての主権国家に固有のものであり、すべての条約に内在している。いかなる国家も、いつ何時でも、また条約の規定がどうあろうと、自己の領域をアタックや侵攻［invasion］から守る自由を有している。そして、国家のみが、事態が自衛のための戦争に頼ることを必要としているかどうかを決定する資格がある。(89)」

ケロッグ規約が攻撃者に対する刑罰行動へのいかなる義務も、また道徳的な義務すらも含んでいないということを、ケロッグ国務長官自身が一九二八年一二月七日にアメリカ上院外交委員会で、以下のように明言した。

「しかし、〔締結のための〕交渉において提案などがまったくない場合に、また誰も同意していない場合に、またそれをすべき義務がまったくない場合に、攻撃者を罰したり、戦争を起こす一味を罰するため、ヨーロッパへ行くことがどうして合衆国にとって道徳的義務でありうるのか、私には分からない。私には理解できない。

私が考えるには、我々に、この戦争反対条約を犯すものを罰する義務がないのは、我々が同意したいずれの条約の場合ともまったく同様である。(90)」

この上院外交委員会の委員長ボラー(91)は、一九二九年一月一三日に、上院において口頭で次のように明言した。

「その条約は、どこにおいても、どんな時でも、力の理論や刑罰的手段に基礎をおいてはいない。……いかなる制裁も存在しない。その条約は、完全に別の哲学に基づいている……

換言すれば、その条約が犯された時、合衆国は無条件に自由である。あたかもその条約が書かれなかったかのごとく、自由に道を選択できるのである(92)」。

一九二九年一月一五日に委員会が上院に提示した報告では、制裁と刑事措置に関して、次のようにいわれている。

「さらに、委員会は、明示のものであれ黙示のものであれ、条約は制裁を備えていないと理解する。もしも、どこかの条約調印国や条約を支持するどこかの国が、その条約の内容を侵犯したとしても、他のどの調印者にも、条約を侵犯した国家に対する処罰や強制に従事するいかなる義務も付託も――明示上のものであれ黙示のものであれ――存在しない。条約侵犯の帰結は、条約の他の調印者を、その条約の下で侵犯国家に対して負っているあらゆる義務から解放することである(93)」。

一九二九年三月一日にフランス議会でブリアンは、次のように明言した。

「あなたがたが望むような戦争に反対する完全無欠の内容をもった条約を、仲裁的かつ制裁力ある機関と首尾良く巧みに締結することは、彼らには不可能であった」[94]。

一九三二年八月八日に外交関係諮問委員会で国務長官スティムソンは、ケロッグ規約は世論による否認以外の制裁をまったく持っていないと述べた。すなわち、

「ブリアン‐ケロッグ規約は、力による制裁を用意していない。この規約は、それが侵犯された場合に力による方法で干渉することを、いかなる調印国にも要求していない。その代わりに、それは、世界でもっとも有力な制裁の一つともなりうる世論の制裁を頼りとしている。それ以外の道は、調印国を国際政治に巻き込む可能性によって、条約の広範でシンプルな目的を混乱させ、条約がもっとも頼りとしている世論の発展を妨げるだろう。世論は、平和の時代においてすべての国際交流の背後に存する制裁である[95]。」

この場合、世論による道徳的な否認のみをめざした、定義も制裁も組織もないこのような規約が[96]、――「法律なければ犯罪も刑罰もなし」という命題の観点のもとで、また「法の適正な手続き」の要求に顧みて――まったく新種の国際犯罪に関して、特定の人間を刑事処罰するための法的基礎となりうるのか否かという問題に、我々は関心がある。上の説明では国家や民族についてのみ語られている――ちょうどジュネーヴ議定書がその制裁を攻撃者国家そのものにのみ向けていたように――だけに、よけいそれは受け入れがたい。

そのうえ、ケロッグ規約は、その成立までと批准の際に、とても多くの基本的留保が付け加えられたので、この理由からも、刑法的な種類の刑罰化規範として妥当することは困難である。調印国はすべて、このような留保を、一部は明示的に一部は黙示的に行った。そしてそれによって、戦争への非難を重要な制約のもとに置いた[97]。すでに交渉の初めにおいて、フランス政府は、一九二八年一月二一日の通牒で正式に、ケロッグ規約が国際連盟規約上の

義務に矛盾しない場合にのみ、戦争断念に賛成できると宣言した[98]。一九二八年三月二六日の通牒で、フランス政府はさらに留保を付け加えた。すなわち、フランス政府は、戦争断念を自衛権の保持に従属させ、また、ケロッグ規約の批准者は相手がその義務や条約を侵犯した場合にはもはや条約に拘束されないということを、強調した[99]。その留保は、条約修正案に付け加えられた一九二八年六月二三日のアメリカの付随通牒[100]において〔も〕、はっきり述べられた。その他の国家も、多くの他の留保を行った。特に、イギリスは、イギリス世界帝国の交通路の安全の留保とならんで、〈国家の名誉〉の留保をも行った[101]。

これらの留保の詳細は、国際連盟批判の形で、特にまた著名なアメリカの著者、ボーチャード［Edwin Borchard］とレイジ［William Potter Lage］によって、徹底的に論じられた[102]。ここで我々にとって重要なのは、ケロッグ規約の批判ではなくて、このような留保を背負わされた取決めが、数百年来の法的確信をどこまで除去できるか、また、政治に関係のない国民を刑事的に処罰するための法的根拠にどこまでなりうるか――しかも、ケロッグ規約の二、三の主唱者の意見においてではなく、ヨーロッパ諸人民の広い層の見解において、また一九二八年から一九三九年におけるインターナショナル法的意識の当時の状態において――という問題である。

ケロッグ規約は、強力な留保を付された、定義もなく制裁も組織も伴わない取決めであっただけでなく、他の留保とは別に、国際連盟規約の諸規定の留保のもとにもあった。その結果、両方の規約を適合させる問題が生じた。一九三一年九月二五日の第一二回連盟総会の決議は、国際連盟の全加盟国の代表からなる委員会を組織することを決議した。そして、その委員会は、軍縮会議の進行中に集合し、提案を行うはずであった[103]。〔しかし〕この委員会は、まったく開かれなかった。ケロッグ規約を国際連盟規約に適合させる問題は、この決議以来毎年、持ち越されたのである。

これに対して、非政府団体である国際法協会［International Law Association］は、一九三四年九月にブダペストで開かれた第三八回会議において、一連の「ケロッグ規約の解釈条項」を決議した[104]。この条項は、アメリカの世論において、信頼できかつ実証的で、国際法的に権威ある命題として取りあげられた。官的で公的な見解表明と非政府的で私的な提案との対立――我々が常にくりかえし遭遇する対立――は、ここでも重要である。ヨーロッパの法律学的思考様式がアメリカの法律学者の確信と出会う場合、多くの誤解を生ずる可能性がある。ブダペスト条項は、ハーヴァード大学が一九三九年に公にした「攻撃を受けた際の国家の権利義務」に関する協定案に取り入れられた[105]。アメリカの国務長官スティムソンは、一九四一年一月三〇日にアメリカ上院外交委員会での審問において、この条項を示して、それをケロッグ規約の信頼できかつ実証的で重要な解釈の一つとして扱った[106]。特に、戦時における中立についての従来の国際法はケロッグ規約によって廃止されたか否かという根本的な疑問において、このブダペスト条項は、従来の中立概念を除去するための決定的証拠としてしばしば引用される。従来の中立法は、正義の戦争と不正義の戦争とをまったく区別しなかった。したがって、従来の中立法に固執するかぎり、攻撃戦争を国際法的に刑罰化することは不可能である。このことはすべてとても重要なので、私はここで、ブダペスト条項の全文を、以下に挿入する。

「ケロッグ規約が多数国参加の立法条約であることから、各主要締結国は、相互に、また他の主要締結国のすべてと、拘束力のある合意を形成する。

そして、六三の国々は、その規約に彼等が参加しているがゆえに、国家の政策の追求のために相手国に圧力を及ぼす正当な手段としての戦争観念を廃止し、それゆえに、国際紛争解決のために武力を用いることをまったく放棄した。

（1）締約国は、規約の廃棄通告あるいは不遵守によって、規約上の義務を免れることはできない。

（2）国際紛争解決のため武力に訴えると威嚇する締約国は、規約に違反している。

（3）違反国を援助する締約国は、それによって、規約に違反したことになる。

(4) 一締約国が他の締約国に対して武力あるいは戦争に訴えることによって、規約に違反した場合には、他の国々は、規約あるいは国際法のいかなる規則に違反することなく、以下のことのすべてないし一部を行ってよい。

(a) 規約に違反する国による、臨検・捜索・封鎖などのような交戦権の行使を拒否すること。

(b) 規約はさておき、国際法に規定された交戦国に関する中立国の義務を、規約違反国に対して遵守することを断ること。

(c) 攻撃されている[attacked]国に、軍需品を含む財政的、物質的援助を与えること。

(d) 攻撃されている[attacked]国を、武力で援助すること。

(5) 締約国は、規約違反の手段によって事実上獲得したなんらかの領土的あるいはその他の利益につき、これを合法的に獲得したものであるとして承認する権利を与えられない。

(6) 違反国は、規約に違反することによって生じたあらゆる損害を、どの締約国とその国民に対しても補償すべきである。

(7) 一八九九年と一九〇七年のハーグ条約、一八六四年と一九〇六年と一九二九年のジュネーヴ条約、捕虜の待遇にかんする一九二九年の国際条約の如き、一般条約に含まれているような人道主義的義務に、規約は影響を及ぼさない。」

このブダペスト条項さえ、「違反国」についてのみ語っている。ブダペスト条項についてもまた、それが「法律なければ犯罪も刑罰もなし」という命題の意味において、特定の人間に関して攻撃戦争を刑罰の対象とすることを含んでいるか否かという問題が依然としてある。ヨーロッパ大陸的な思考様式の法律学者ならば、含んでいないと否定するだろう。それはそうと、当時政府の公的見解の根拠となることなどなかった一九三四年の国際法協会のこのような解釈は、戦争が勃発してしまえば、実定的に妥当して全国家を拘束して国民をすら直接に義務づける規則とは見なされえないということは、ヨーロッパのどの法律家にも自明であったろう。(107) 先に引用した説明——そこからケロッグ規約は明らかに制裁なき規約として締結されたということが明らかになった――から、ヨーロッパの法律家ならば、戦争の勃発後に何らかの制裁を事後的に導入することは許せないと結論を出すだろう。このことは、刑法的な制裁についてあらゆる場合に当てはまらなければならない。むろん、まさにこの点において、先に述べられ何度も言及された対立――それは、西半球の思考様式を古いヨーロッパのそれから分かつのだが――がたぶん差し迫ったものとなるだろう。しかし、ヨーロッパ国家の個々の所属員をこの対立に巻き込み、この対立をはらんだ根拠に立って刑事犯罪人にしてしまうようなことがあれば、たとえこの思考様式が貫徹されても、〔それは〕不正であろう。ここでもまた、我々は国際犯罪としての攻撃戦争のみを問題にしているのであって、残虐行為への関与や従来の意味の戦争犯罪を問題にしているのではないということを、もう一度繰り返しておく。

新規の犯罪の問題が人々の法意識にほとんど影響を与えなかったことは、戦争を犯罪とするこれまでの議論において、犯罪としての攻撃戦争が政治的な犯罪または通例の犯罪のどちらであるべきかについて、まだ一度も説明されなかったという点にも結局現れていた。通例の刑事的な犯罪とは異なる特別な犯罪としての政治的な犯罪の概念は、どの法律家にもよく知られている。政治的な犯罪の概念は、国内法においては、例えば憲法上で大臣弾劾とか「権利剝奪法案」〔bill of attainder〕の問題とかに結びつく一連の特別な構成に行き着いた。国際法的には、政治的犯罪の特別な取扱いは、庇護権ならびに犯罪人引渡し権において知られている。[108] 高度に政治的な出来事である戦争が犯罪であると宣言されるならば、この犯罪は今述べた特別な意味での政治的犯罪であるのか否かという疑問にも答えられなければならない。構成要件、行為者、また彼の判断の問題すべてに関して、最後にまた手続きに関して、新規の犯罪の政治的性格が影響を及ぼさなければならないだろう。ケロッグ規約や戦争の犯罪化についての議論はとても膨大であるが、私は、この重要な疑問についての議論をこれまで聞いたことがない。

このようにして、定義や制裁や組織を持たず、ジュネーヴの国際連盟規約への留保と関わりを持ち、結局、世論を重要な制裁として用いるケロッグ規約が、新種の犯罪であるがゆえに、刑事処罰のための法的根拠ではまったくないということを、ヨーロッパ大陸法の法律家に納得させることは、困難ではない。しかし、まさにこの点で、アメリカの法律家と折合いをつけることは、難しくなるのだ。なぜならば、ここには、これまでの叙述において何度も述べなければならなかったあらゆる対立が堆積しているからである。すなわち、法律学的と道徳的との、法律学的と政治的との、実証的と理性法的との、思考様式の対立であり、それに加えて、国際法における二元論的見解と一元論的見解との様々な対立、さらにはヨーロッパの法律家がこの場合に特に痛切に感じるであろうような、政府の態度と世論との対立である。結局、アメリカとヨーロッパの政治状態の大きな相違が、これらのあらゆる対立にさらに加重的にかつ根深く付け加わった。アメリカの法律家は本来的に、ケロッグ規約がすべての国家や人民を人類という普遍的な確信に結びつけるということ、また、この確信からすれば、戦争は間違いなくヒトラーやその共犯者達の犯した犯罪であるということを、ずっと主張し続けるだろう。それに対して、ここでは残虐行為への関与について語っているのではなく、そのような残虐行為に関与していない政治に関係のない国民が、政府の遂行した戦争のゆえに、攻撃戦争という新規の国際犯罪の関与者として処罰されうるか否かについて語っているのだということを、くりかえし思い出してもらうよう務めるしかないだろう。

〔戦争〕違法化運動の支持者にとって、戦争は海賊行為と同じような犯罪であり、戦争に関与するものはまさに海賊である。ラディカルな戦争違法化論者［outlawry-Mann］にとって、これは単なる決まり文句ではなく、人類の現代的かつ普遍的意識を基礎とした法なのである。そこにいかなる深い対立が作用しているかは、海賊を戦争と似たものとする以下の叙述において明らかになるだろう。

(3) 国際犯罪の模範事例としての海賊行為。個人が国際犯罪の正犯者あるいは共犯者でありうるのか否かという問題は、いくつかの重要な例を通してかなり以前から肯定的な答を得ていたように思われる。すなわち、多くの国際法の叙述において、――特にアングロサクソン系の著者の場合に、――「国際犯罪」という特定のカテゴリーがみられるが、この国際犯罪とは、これまで通例いわれてきたような、純粋に国家関係の意味での「国際法上の違法行為」ではなくて、国際法規範が個々の人間に直接適用されるという特性をもつものなのである。この場合、正犯者とは、――国内法にではなく――直接国際法規範に違反したために、裁判上それも刑事裁判的にもその責任を負わされる、何らかの国籍を持った個人である。もっとも、この刑事裁判権が、国際裁判所ではなくて、個々の国家の国内裁判所のそれであるということは、即座にまったく自明である。しかしともかく、かかる特別な場合について、今日でもなお、「国際犯罪」として、しばしば語られている。ここで主としていわれているのは以下の犯罪構成要件である。すなわち、海賊行為(奴隷売買のような他の構成要件に等置される)、海底電線の破壊、さらに海戦の際の中立国民による封鎖侵破や戦時禁制品輸送貿易である。ここでの叙述にとって重要で、またある意味でさらに決定的なのは、海賊行為の場合である。封鎖侵破や戦時禁制品輸送は、中立に関する海戦法の分野に属し、ここでの問題にとって重要ではない。さらに封鎖侵破者や戦時禁制品輸送者は、広く普及した見解によれば、まったく違法でも非合法でもなく、自己の危険においてのみ、〔すなわち〕「危険負担的に」〔riskant〕のみ、行為するから、なおさら重要でない。それゆえに私はこれらの場合は措いて、海賊行為を原因とする刑事処罰を、攻撃あるいは攻撃戦争を原因とする刑事処罰と等置すること――少なくとも類似するものとみること――が、どの程度可能なのかという問題を取り扱う。

アングロサクソン的法思考とヨーロッパ大陸的思考との違いは、とりわけ海賊行為を国際犯罪として把握する際に明らかになる。ヨーロッパ大陸的な思考は、法を国家の実定的な法律として理解する傾向が強い。同時に国家化でもあるこの実定化は、刑法においては、国家の法律のみが刑罰化の根拠たりうるという確信に通ずる。ヨーロッパ大陸の法律家の場合、そのことは、他の見解との違いに——往々にして——気が付かないほど、ほとんど自明の確信になっている。このような実定化に則して、ヨーロッパ大陸刑法の法律家は、海での略奪行為を、多くの国家の刑法典において他の様々な略奪とならんで刑罰をもって威嚇されている略奪の一つと見なしている。たとえばドイツ刑法典の二五〇条三号では、海賊行為は「公海上での略奪」として、「公道、街路、鉄道での略奪」とともに〔罪の重い〕加重強盗とされており、全く国際犯罪とは考えられていないのである。[109] ただし、公海上で、すなわち国家主権の領域の外で、略奪が行われることは、他の諸国家の管轄権に対して一定の実際上の帰結をもたらすことは確かである。〔すなわち、〕海賊は世界のあらゆる国家から処罰されうるようになる。しかし、そのことは、ヨーロッパ大陸国家の——数十年来支配してきた——見解によれば、海賊行為を特別な意味で国際犯罪にするのではなく、一般に承認された成句によれば、単に「国内的な規範・審級の管轄領域の拡張」を意味するだけのことなのである。

これにより、ヨーロッパ大陸の見解にとって、海賊行為という犯罪の特別に国際的な性格は失われた。それに対してイギリスの見解は、たしかにアングロサクソン法に基づく海賊行為をも——イギリスの法令〔statutes〕に規定されている構成要件に関する限りで——知っているが、それと並んで、国際犯罪として、国内法上の海賊行為とは本質的に区別される伝統的な「万民法上の海賊行為」(Piraterie jure gentium)も存置している。万民法上の海賊は、全人類の敵であり、古い成句が言っているように、hostis generis humani〔人類の敵〕である。彼〔海賊〕の略奪目的は、無差別にすべての国家に向けられた。だから、それぞれの国家は、彼を処罰できる。いかなる国家も——彼が属する国家も——、彼を守ってはならない。海賊は、その海賊行為のゆえに、国籍を剝奪されたのである。彼自身も自己の属する国家による保護を当てにすることもできなければ、その国家も彼を保護する権利を持たない。[110]

実際、少なくともヨーロッパ大陸国家の法律家の法意識にとっては、それが、この違法行為の例外的特質なのである。人類の敵や「国籍剝奪」などという上述の成句を眼にすると、戦争を弾劾しそれを国際犯罪と宣言する努力がまさに万民法上の海賊にその端緒を有するということが理解できる。戦争、少なくとも不正義な戦争と攻撃戦争は、海賊行為の例に従って、国際犯罪として扱われることになっている。「戦争」という新しい国際犯罪の正犯者は、まさに海賊であり、かかるものとしてアウトロー〔outlaw〕である。両者は、多くの反戦論者にとって、すこぶる明白に類似しているのである。このようにして、海賊行為は、国際犯罪の一例さらには類型にさえなり、また、ポリティス〔N. Politis〕が命名するように、(三)「模範事例」〔exemple type〕になる。戦争を刑罰〔の対象〕化すべきだとする多くの提案は、海賊行為の例を引き合いに出す。海賊と戦争犯罪人とを等置することは、世論には宣伝を通じて理解されやすい。しかし、法律家もまたこの等置を、――先例とはみないが――類似例、すなわち――その助けによって、個々の国民を、国家や政府の頭越しに、国際法的にも刑法的にも直接に捕捉できる――「模範事例」と見る。

ここで、戦争を刑罰〔の対象〕化する可能性――そのこと自体、ドイツでは完全に無視されたままになっている――について論ずるために、いわゆる国際法上の海賊行為にいくらか深く踏み込まなければならない。戦争犯罪の問題と海賊行為との関連は、今日ではもはや誤解されてはならない。この場合、単に国際法上の諸計画や改革のための理論構成が問題というわけではなく、海賊行為の概念を用いることの重要で典型的な意味は、むしろ、ただちに思い浮かぶ四つの事例において、理解される。その四つの事例のうち、初めの二つは、一九一四年から一九一八年までの第一次世界大戦の時代に存在し、Uボート戦争の国際法的問題に関係する。イギリスで広まった見解によれば、Uボートの艦長と乗組員は、海賊と見なされた。なぜならば、彼等は海戦法の伝統的ルールを守ることなく商船を沈めたからである。彼らは、他の捕虜から区別された。そして、〔特に〕海賊行為を理由としたいかなる刑事裁判も行われなかったとしても、彼等は特別の収容所に抑留され、少なくともそれによって他の捕虜とは差別された。第二の例は、一九一七年四月二日のウィルソン大統領の演説である。この場合なるほど「海賊行為」という表現は使われていないが、ドイツのUボート戦争は、「人類に対して遂行された戦争」――〔すなわち〕すべての国家に対する戦争――という、海賊行為にとって通例の表現で言い表される。[112] 第三に、ここで重要な海賊行為の概念は、一九二二年二月六日のワシントン会議の協定において突然現れる。[113] そこで、戦争遂行中のUボートは商船捕獲についての海戦法の一般規則に従わなければならないという原則が定められる。その際三条で、この規則を犯す、何らかの権力に仕える者は誰でも「上官の命令のもとにあろうとなかろうと」[whether or not such person is under orders of a governmental superior]、「あたかも海賊行為のゆえであるかのごとく」[as if for an act of piracy]、責任をとらされるとはっきり規定されている。ここでは、それゆえに、戦争規則に対する違反の意味での戦争犯罪は、海賊行為に正式に等置される。この一九二二年のワシントン協定は、批准されなかったが、[114] その予兆的な意味は明らかであり、それは第四の事例によって、一層強められる。一九三七年九月一一日に開催されたニヨン会議は、「海賊行為会議」(conference on piracy)と言われるが、その際にも、一九三七年九月一四日に署名された決議の公文書において、Uボートによる商船のある種の撃沈は「海賊行為」[acts of piracy]として扱うべきだと述べられている。[115]

それゆえに、海賊行為の概念というものが、戦争の国際犯罪化や刑罰化が始まりうる点であるということは、明らかである。このことは、国際刑法協会[Association international du droit pênal]のいくつかの提案において、またポリティスのような幾人かの著者たちにおいて、――当然、国家の裁判所ではなく、この新規の戦争犯罪のために特に設立されるべき国際的な刑事裁判所に権限があるものとされて――実際すでに現れていた。それにもかかわらず、一九二四年のジュネーヴ議定書も、一九二八年のケロッグ規約も、その他の公的なドキュメントも、官庁の提案さえも、そのことについて考慮していない。すなわち、戦争と海賊行為との類似には、厳しい限界があるのである。戦争が禁止され、犯罪であると宣言される場合、それは、決して防御戦争には当てはまらないのである。ケロッグ規約もまた、不正義な戦争のみを否認する。それゆえに、戦争は、絶対的に犯罪とされるのではなくて、正義の戦争と不正義の戦争とが区別されるのである。何人かの絶対無抵抗のラディカルな平和主義者やその支持者たちにとってだけ、戦争は、正や不正に関係なく、どんな場合でも、いずれの側においても、犯罪なのである。これに対して、海賊行為においては、正義の海賊行為と不正義の海賊行為とを区別することは、不可能である。海賊行為は絶対的な意味で、「それ自体悪」［malum in se］であり、防御としても許されない。

その他の相違は、戦争が内外に向かって政治的性質をもっているという点にある。非政治的な戦争は考えられない。それに対して、海賊行為の本質は、非政治的性質のものである。海賊は、少なくとも伝統的な見解によれば、非政治的な動機、単なる利欲から行為する。彼は、強盗、泥棒、略奪者である。彼は窃盗意思［animus furandi］をもっている。彼が政治的な動機から行動するや否や、彼はもはや海賊ではない。内乱を引き起こした者［Hochverräter］は海賊ではない。反逆［Treason］は海賊行為ではない。そのため、合法政府の軍艦を捕獲する革命家、叛徒、謀反人たちは、公海上で他国の船を奪って略奪しない限りは、国際法的な意味ではいまだ海賊ではない。海賊行為は国際的な違法行為であると一般に認識されているにもかかわらず、その処罰が個々の国家の国内［national］裁判所に任され続けるということが可能となったのは、海賊行為のこのような非政治的性格のゆえである。

今日までの見解に本質的なことは、海賊の行動は国際法的な意味では決して戦争ではなく、逆に海賊に向けられた国家の行動も同様に戦争ではないということである。海賊が刑事的に普通の犯罪人として罰せられることにより、まさに国際法的な意味において戦争との違いが、従来の見解によって強調された。これまでの国際法的確信によれば、戦争が犯罪とはまったく別のものであるということは、戦争と海賊行為との違いによって、もっとも明瞭に証明されるのである。

しかし、我々がここで直面する真の対立はあまりにも深刻なので、このような法律学的議論では克服できない。ここでは、進歩、文明、人間性についてのある種の信念が、力を持ってくる。違法化［outlawry］運動にとって、戦争は、文明の今日の状態においては、野蛮や単なる先祖帰り以外の何ものでもなく、また、それは今日では、——かつて海賊行為がなくならなければならなかったように、——なくならなければならないのである。『海の戦略原理』[principles of maritime strategy] の著者、コルベー [Julian Corbett] 卿の一文——「海賊行為は、海戦遂行の前科学的段階である[116]」——は、この重要な類似を、どんな法律学の理論よりも良く解明している。それによって、戦争と海賊行為との類似が本来何を意味するかが、認識できるようになる。戦争や軍事的意向を放棄しない国は、自らを現代の「万国共通の良心」[conscience universelle] の埒外におき、——海賊が、自己の方法が文明的に時代遅れになった時に行ったように、——自己を人類の劣等な敵となす。ドイツ本来の犯罪は、万国共通の良心に対することのような侵害のうちに見出される。しかしここでも実際にそれに該当するのは、本来の残虐行為のみである。なぜならば、科学的にあまりにも遅れていたので原子爆弾を間に合うように発明できなかったという点に、ドイツが非難される本来の責任を見出そうとすることを、人はやはり認めたくないからである。

(4) 国際的な刑事裁判権。国際刑事裁判所は、これまでひとつも存在しなかった。海賊行為や同様の国際犯罪の場合には、国内裁判所が判断を下す。現今の国際法における国際的裁判権や仲裁裁判権の困難な諸留保はよく知られている。原則的には、政治的争いは、裁判可能あるいは仲裁可能とは見なされない。戦争が政治的な、さらには高度に政治的な事態であるということは、自明のことである。事案における政治的性格という留保が、非刑事的な国際的裁判権や仲裁裁判権に広範囲に当てはまるならば、攻撃戦争という新規の犯罪に対する国際的な刑事裁判権について生ずる困難は、ますます大きくかつ明白になるだろう。

国際的な刑事裁判所を創設しようとする提案がいくつかある。ヴィルヘルム二世処罰の試み (二二七条) は、裁判所の設立にすら至らなかった。一九二〇年のハーグにおける常設国際司法裁判所規定の審議の際に、デカム [Descamps］男爵は、国際犯罪を裁くべき国際刑事裁判所（の設立）を提案した。その提案は、なるほど、法律家委員会による二、三の疑念とともに、国際連盟理事会による審査に委ねられた。しかし、国際連盟の第一回総会において、あまりにも困難な、またほとんど差し迫っていない問題として保留された。[117] その際アメリカ側から、シカゴのレーヴィンソン［S.O. Levinson］氏によって一九二二年に、一つの提案がなされた。そしてその提案は、一九二三年に、ボラー上院議員を戦争違法化の既述の構想へと向かわせることになった。その構想によれば、戦争は国際法に反する犯罪として弾劾されるべきであり、また、――アメリカ合衆国憲法が国際犯罪を処罰するため議会に与えているのと同様の規定に基づいて――自国の戦時利得者を処罰する義務が、すべての国家に課されるべきものなのである。[118] 国際法協会は、何度かその事案を採り上げたが、一九二六年八月のウィーン会議で、ベロット［Bellot］教授の提案を承認した。[119] 国際議員連盟は、その問題を、一九二四年のベルン会議で、また一九二五年のワシントン会議で採り上げ、問題検討のための常設委員会を組織した。しかも、普遍的な国際刑法典を計画したルーマニアのペラ［Pella］教授の提案に基づいてである。[120] 国際連盟の法律家として有名なポリティスは、一九二六年のコロンビア大学での講義において、ハーグの常設国際司法裁判所に五人の裁判官からなる刑事部門が組織されるよう提案した。[121] ハーグの国際司法裁判所を刑事裁判所にするという考えは、しばしば表明された。さらに、新旧の一般的な性格をもった一連の諸提案が加わる。それらの提案は、確かに膨大な文献をもたらしたが、国際刑事裁判所の創設の萌芽にすら至らなかった。ケロッグ規約を国際連盟規約に適合させようとする努力は、この点においても、また他の点においても、実際上の成果に至らなかった。裁判権の組織化に関しても、攻撃戦争を刑罰化する試みは、一九三九年まで決着に至らなかったのである。

国際的な刑事裁判所は、国際刑法の一部をなしている。事後法の禁止は、少なくとも曖昧で異論のある規範については、事後の刑事裁判の禁止をも含んでいるのである。ここでもまた繰り返しておきたいのだが、ここでは「国際犯罪」としての攻撃戦争についてのみ述べているのであって、非人間的行為や残虐行為について述べているのではない。

(5) 重大な事実。諸人民の法的確信は、過渡期においては、単純で基本的な体験によってのみ規定される。いろいろな意見の対立、多数の国際規約の複雑な妥協表現は、ヨーロッパの諸人民の〔法的〕確信を、これまで混乱させてきただけだった。それだけに、いくつかの重大な事実が、いっそう強烈な印象を与えたのである。それらの重大な事実のうち、ここでは、特に重要な二つの例のみを取り上げる。

(a) 宣告された攻撃者〔proclaimed aggressor〕の、最初にして、これまで唯一のケースとしては、一九三五―三六年におけるイタリアによるエチオピア征服(Eroberung)がある。その出来事は、よく知られている。イタリアは、国際連盟の多くのメンバーから、――念入りに考え抜かれた法律学的な表現をもって、――調整された制裁システムが向けられるべき攻撃者〔Angreifer〕と呼ばれた。刑事的な意味での国際犯罪については、一言も述べられなかった。イタリアによるエチオピア占領の後、攻撃者〔イタリア〕に対する制裁は、一九三六年七月四日の国際連盟総会の決議によって、廃止された[122]。いくつかの国際連盟のメンバー、とりわけ大英帝国とフランスは、イタリアによるエチオピアの併合を承認した。その他のメンバーはその決心ができなかった。イギリス政府はエチオピア併合を一九三六年一二月に事実上、一九三八年四月には法的に承認した。のみならず、国際連盟理事会の次の会議の際に、エチオピアに対するイタリアの主権を他の連盟加盟国が承認することへの――なお存する――障害を取り除くために影響力を行使することを、イタリアに約束したのである(一九三八年四月一六日の英伊条約のための通牒交換)[123]。その結果、イタリアの動議に基づいて、一九三八年五月一二日の理事会の議事日程に「エチオピアにおける現状から生ずる帰結」[124]、がのせられた。討議は、イギリス外務大臣ハリファックス卿によって開始された。彼は、自己の政府の名において、国際連盟のいくつかのメンバーがイタリアの併合をすでに承認してしまったのに、他方でそれ以外のメンバーがまだ承認を決心できないでいることから生ずる「不自然な状態」に、理事会の注意を向けさせた。〈エチオピア戦争の間に国際連盟によってとられた措置は、メンバーに、国際連盟が満場一致で決議するまではイタリアによる併合を承認しないという義務を課した〉という見解に、自己の政府は与しないということを、このイギリス外務大臣ははっきりと付け加えた。逆に、メンバーは適当であると思われる時点においてイタリアの立場に承認を与えてよい――それは規約違反ではない――というのが、イギリス政府の見解であった。〔その見解によると、〕イギリス政府は、なるほど、このイタリアの併合を形式的に承認する前にこの問題について他の連盟のメンバーと協議する義務はないのだが、エチオピア戦争にあたってメンバーがとった共同行動の結果、イタリアによるエチオピア征服を個々の国際連盟のメンバーが最終的に承認するかしないかということは、すべてのメンバーに関係する事柄となったのである。そうして、ハリファックス卿は、エチオピアにおける現状――そこには、いかなる組織された土着の権力ももはや存在せず、その国を取り返す見込みもない――を示し、また、平和維持への関心は、崇高な目標への不変の献身や抽象的な国際法的原則への固執よりも重要であり、そして、人が非現実的な世界に生きようと思わないならば、遅かれ早かれ、イタリアが完全にエチオピアを支配しているということを承認せざるをえないのだ、と付け加えた。一九三八年五月一二日のイギリス政府のこの声明は、一九三八年の『国際連盟公報』[Journal Officiel]（三三三―三四五頁）[125]に見出される。エチオピア国王の抗議は、イギリス政府と同じ見解を有する連盟理事会のその他のメンバーの見解を、――中国、ボリヴィア、ソ連、ニュージーランドの代表を例外として――変えられなかった。理事会議長のムンタース[Munters]（ラトビア）は以下のように明言した。すなわち、理事会における論議は、メンバーの大多数がエチオピアにおけるイタリアの地位の承認の問題を、個々の連邦構成員の決断事項と見なしているということを、明確に示していた、と。

「次のことが明らかになる。遺憾の意が表明されているけれども、現在議論になっている問題については、理事会のメンバーの大多数は、それぞれの状況と義務に応じて自らの態度を決することが、連盟の個々のメンバーに委ねられている、という意見であった。」

既に一九三六年九月に、全権［Vollmacht］について検討する委員会の報告が採択されていた。それによれば、政府の全権の有効性の判断基準として「国家権力を表す国家元首による国家権力の実効的執行」が述べられていた。それに続く新たな争点は、〔すなわち〕エチオピア国王が実際にその合法的な権限としてこのような「完全に実効的な行使」［exercice suffisamment réel］を有するか否かという問題であった。ハリファックス卿は、一九三八年一一月三日のイギリス上院の会議において、この事件について以下のように述べている。すなわち、

「誠にごもっともだが、どうしても元に戻せない過去の出来事をくよくよしても始まらない、と申し上げたい。それ（すなわち、イタリアの実際の主権）は、事実である。それを合法的な事実として認めよう。そして、生ずる無数の未解決の懸案を今回限りで、決済しよう」[126]。

イタリアがイギリスに対する戦争に加わった後になってやっと、イギリス政府は、下院（一九四〇年六月一九日）[127]と上院（一九四〇年八月一三日）での質問に対して、自己がエチオピアに関して完全な行動の自由を保持する権利を当然有すると説明した[128]。エチオピア問題についてのイギリス政府やその他の政府のこのような態度が、諸人民の――少なくともヨーロッパの諸人民の――見解や確信に、一九三八年と一九三九年において、非常に強い印象を与えたのは当然であった。

(b) 新しい国際法秩序によって、それまでと異なる地位を戦争に与えることに、――一九二四年のジュネーヴ議定書や一九二八年のケロッグ規約での努力にもかかわらず、――成功していないという確信は、それまでの国際法の主要な制度である中立が一九三六年以来完全に復活した時、さらに一層強まった。国際問題におけるその模範的

な公正さが一般に承認されていたスイスは、国際連盟の行う制裁にもはや参加せず、完全な中立に復帰するということを、一九三七年に宣言した。「近年の経験は中立の原則を国際連盟自体に対して主張するよう、我々に迫っている。」当時のスイス連邦大統領モッタ［Dietrich Motta］教授は、一九三七年八月一日にこのように宣言した。[129] そして、名望あるスイスの国際法学者のシンドラー［Dietrich Schindler］教授は、一九三八年に次のように書いた。すなわち「国際法上使用可能な判断基準によって、正義の戦争と不正義な戦争とを区別できるという信念は、国際連盟の挫折後はもはや維持されえない」[130] と。スイスの連邦議会は、一九三八年四月二九日に国際連盟理事会に覚書きを手交した。そこでは、スイスは、その永世中立に鑑みて、連盟規約上の制裁規定のいかなる適用にも参加せず、また一九二〇年の宣言後に義務づけられたような制裁規定の適用にも参加しないであろう、と告知されていた。国際連盟理事会は、一九三八年五月一四日に、この意図を理解し、スイスが制裁への参加を要求されない旨決議した。[131]

一九三九年秋に、すべての中立国は、従来の国際法の意味での中立を確認したが、その中には、アメリカ合衆国もあった。そのことは、上述のブダペスト条項に違反しており、また、ケロッグ規約も——少なくともヨーロッパに関しては——戦争についての伝統的な見解を新しい秩序によって改めることに、一九三九年夏までに成功しなかったということを証明しているのである。

第四章　「攻撃戦争」という国際犯罪の正犯者と共犯者（英語ではprincipals and accessories）*

＊「概要」（上述(13)ページ）では「『戦争』というインターナショナル法上の犯罪の正犯者」（編者）

戦争はすべて、正義の戦争も不正義の戦争も、攻撃戦争も防御戦争も、本質的には、集団的なプロセスである。

数百万の人々が軍事的には戦闘員として、経済的には産業家や労働者として参加する現代の戦争は、きわめて高度なレベルにおいて、すべての個人を集団的に把握する非常に徹底的な現象形態である。そして、現象が巨大ですさまじいものであればあるほど、個人それぞれの関与は小さく現れる。現代の世界戦争は全体戦争であると言う場合、そのような戦争〔の背景〕には、――個々の刑事上の殺人者、泥棒、その他の犯罪者の状況とは比べようもない――内政的および外政的状況が必然的に存在するということを顧慮すべきである。ここでも、新しい刑事犯罪の構成要件としての攻撃戦争について語っているのであって、残虐行為の意味での戦争犯罪について語っているのではないということを、繰り返しておく。

現代の世界戦争を国際犯罪であるとして裁き、概括的な集団責任の確立では満足しようとしない刑事裁判官は、このような集団的な過程の真の正犯者ならびに共犯者とみなされるべき個人を確定しなければならなくなる。刑事裁判官は、これらの主犯者や共犯者が、厖大な全過程の原因にどのように関与したかを、客観的および主観的側面に亘って、具体的に確定しなければならない。それはいくつかの場合、また特定の政治的重要人物については容易かもしれない。その場合は、個々の人間を、主要犯罪人として、顕著な責任に基づいて罰することはできる。しかし、さらに他の正犯者や共犯者の範囲が問題になり、本来政治的には活動せず経済的・非政治的に活動した人々について判断を下さなければならなくなるや、少なくとも「法の適正な手続き」が守り続けらるべきだとすれば、新奇な問題が生じる。違法な命令への服従義務〔の問題〕もまた、戦時法規違反の行為や非人間的行為を命じられた場合に服従を拒否する権利や義務があるのか否かという問題とは、まったく別の法状況に関係するのは明らかである。こうして、違法な命令に対する服従拒否の問題は、我々が既に区別した戦争犯罪の三つのケースのそれぞれで、まったく異なった仕方で生ずる。

自己の政府の攻撃戦争に対する個々の国民の立場を法的に検討する場合、以下の二点が主として問題になる。すなわち、①国際法における国家と個人の関係という一般的な問題、特に国家による個々の国民の陪臣化(Mediatisierung)、②戦争というインターナショナル法上の違法行為について問題となる、正犯者あるいは共犯者の範囲の区画、である。

(1)　いろいろな国際法の教科書に書かれている、有力でよく知られた理論によれば、国家は、国際法の唯一の主体であり、少なくとも唯一のノーマルで典型的な主体である。この理論は、国内と国外とを極めて厳格に分離する。国際法は、特別かつ分離された法領域として、国内法から区別される。個々の国家官庁や個々の国民は、すべて直接的な国際法上の責任から切り離された。それらは、いかなる国家間的な（インターナショナルな）地位も持たず、国内的な（ナショナルな）地位のみを持つ。その結果、ドイツと他の大陸の国々で理論的かつ実践的に支配的な、厳密に二元論的な見解によれば、個々の国民は、いかなる国際法上の犯罪も犯すことはありえない。個々の国民は、国家機関としてのみ、自己の国家自体の国際法上の責任を、他の国家自体に対して引き起こせるだけである。したがって、国家自体だけが、国際法上の違法行為の唯一の正犯者でありうる。それゆえ、これまでの理論や実践において「国際法上の違法行為」と呼ばれていたものは、言葉の刑事的な意味での違法行為とは本質的に別物である。国際法上の違法行為は、ある種の財政的・経済的な、あるいは政治的・国際法的な帰結——損害賠償義務、制裁、復仇、戦争——を、国家と国家との関係においてもたらす構成要件にすぎない。国家そのものは、国際法の同権的で主権的な主体と見なされる。同権とは、本質的に各々が戦争への同じ権利（jus ad bellum〔戦争を行う権利〕）と中立への同じ権利を持つという点にある。国際的な裁判権は、自由な条約に基づく国家間の服従という基礎の上にのみ、また仲裁条約あるいは裁判条約の厳密な基準に基づいてのみ、存在した。この見解によれば、刑事的な意味での国際的な刑事裁判（Strafjustiz）は、本来考えられない。それはこれまで存在しなかったが、もし存在すべきだとするならば、このような国際的な刑事裁判は、特別で明確な条約上での服従に基づいてのみ可能であろう。

少なくとも指導的な政府や法律家の見解によれば、一九〇七年のハーグの陸戦規則と一九一九年のジュネーヴの国際連盟規約には、主権国家同権の思考が根底にあった。しかも、完全に、国際法のこれまでの構造は不変のままであるという意味において。戦争を遂行するのは、政党やその他の団体や個々の個人ではなく、国家そのものだけであった。国家そのものだけが、ジュネーブ議定書における意味での攻撃者あるいは制裁の対象であった。一八―一九世紀において国際法が人類にもたらした最大の進歩は、戦争を純粋に国家的な出来事とした点にあると考えられた。個々の国民は、特に、自国による戦争の中に吸収同化されてしまったわけではないが、陪臣化［mediatisiert］された。そのことは、実際には、国際法規範が、個々の国民を決して直接には把握できず、あらゆる場合に、国際法的な規範、権利、義務を、個々の国民の国内的な規範、権利、義務へと切り替えたり変形しなければならないということを、意味した。

一九一九年以来、国内と国外との、国際法と国内法［Landesrecht］との明確な分離は、しばしば学問的議論の対象とされてきた。特に、国際法と国内法［innerstaatliches Recht］との二元論に対しては、いわゆる一元論――その多くは国際法の優位を主張していた――が押しせまってきた。一元論では、大抵は――常にではないが――国内団体と個々の国民を直接、国際法的に把握するものと解されていた。その議論〔一元論〕は、しばしば、非常に理論的であり、外見上は抽象的である。個々の国民はもはや、すべての直接的に国際法的な責任から、これまでのようには、国内の立法と政府によって切り離されないという点に、その議論〔一元論〕の重大な実践的な意味がある。厳格な二元論は、アングロサクソン的理解には決して相応しない。アングロサクソン的理解は、「国際法［international law］は、国内法［the law of the land］の一部である」という命題に固執する。アングロサクソン的理解にとっては、問題を個人主義的側面から考えること、また、個人が国際法においてもあらゆる権利や義務の担い手でなければならないとともに、そうあり続けなければならないと強調することは、当然である。典型的な例として、私は、第一次世界大戦前の偉大な権威者であるウェストレイク［Westlake］について述べる。彼は、「国家は、なるほど、国際法の『直接の主体』であるが、個人は、『国際法の究極の主体』である」という定式を作った[132]。アングロサクソンの著作者たちの多くの表現は、もっと個人主義的に聞こえる。

国家と個人とのこのような対照に関しては、まさにオッペンハイム［Oppenheim］による優れたイギリスの国際法教科書が、——ドイツの著者たちと同じ仕方で極めて鋭利にまた正確に——国際法と国家法［staatliches Recht］との厳格な二元論を、また個人の完全な陪臣化さらには吸収同化を主張していたことを見落としてはならない。「国際法は、国内法の一部である」という命題は、イギリスの裁判官が、国家の命令と国際法規が衝突した場合に、国家の命令に依拠することを決して排除しない。既に述べたように、一九二四年のジュネーブ議定書では、攻撃者としての国家についてだけ語られ、また、国家そのものだけが責任を負わされている。ケロッグ規約もまた、かかる純粋に国家的な戦争概念を明白に否定する言葉をまったく含んでいない。さらに、すべての国々の国際法的実践における良き秩序という根拠からしてすでに、国家と個人が厳格に区別されるというのが、一般的事実である。当然アメリカの実践においても、例えば、国家の請求権と個人のそれとの区別、national claims と individual calims の区別は、知られており、そして、その区別は、アメリカの混合請求委員会［Mixed Claims Commissions］の多くの決定において展開された。同様に、国家の責任［Verantwortung］と私的な責任［Schuld］・私的な犯意［malice］とを区別するのは当然であり、実際不可欠である。特に何か取決めがなければ、原則的には国家だけが、国際的な裁判所や仲裁裁判所に当事者として登場できる。ハーグの国際裁判所にも、一九二〇年の規約三四条により、国家だけが当事者として登場するのである。

しかし、国家と個人との、国際法と国内法との、国外と国内との、厳格な法律学的分離のかような例は、典型的な戦争違法化支持者たちには、法律学的・技術的な構成の例に過ぎないと思われている。問題が法律学的・技術的であることを止め、原則的かつ道徳的な意味を得るや否や、現代における世界戦争の問題のように、国家と個人の関係の問題もまた、原則的かつ道徳的な緊張へと高められる。この点において、この問題は、道徳哲学的、世界観的、さらには宗教的な論議へと容易に入りこんでいく。まさに、アメリカの著者たちは、国家〔という〕団体や他の団体ではなく、人間のみが、国際的な権利と義務の担い手として考慮されるということを、強い道徳的なパトスをもって強調することを好む。このような普遍的な問題が、国家と個人との、集団と個との対立という原理的問題へ焦点を合わされるならば、雰囲気は完全に変わるのである。数十年来、ドイツやドイツ民族に対して、国家の神化、ヘーゲル主義、軍国主義といった非難が、向けられてきた。その場合、国家に関連する概念や構成は、——自由でないことや奴隷的性向の徴候とまではいかなくても——国家最優先主義的［etatistisch］哲学の表現のように言われる。こうして、従来からの問題は、戦争犯罪化の問題と結びつくことによって新たに激化する。形而上学的・道徳的対立が現代戦争における殲滅行為についての並外れた責任と関連させられる場合、その厄介さは実際、予測できないものにならざるをえない。

先に、ヴィルヘルム二世の責任（ヴェルサイユ条約二二七条）問題について論じたが、〔そこでも〕こういう深刻な対立が重大な影響を及ぼしていた。一九一九年の当時においても、ヨーロッパでは依然として、国家主権の強力な伝統および同等の主権に基づく国家の同権の伝統が存在していた。だから、当時においては、一つの政府を他の政府が刑事裁判所で裁くことは国際法的に不可能であるということは、比較的容易に法律学的に証明できた。[133]ヴェルサイユ条約二二七条自体もまた、敗れたドイツが条約で同意することを依然として必須と考えていた。人びとは、ドイツ国家による署名を不要とするつもりはなかったし、また、「ホーエンツォレルン家のヴィルヘルム二世」という個人に対するインターナショナル法上の刑事裁判を直接に基礎づけるような、直接的効力のある国際法規範を決して受け入れようとしなかった。しかし、第一次世界大戦以来、これらすべての問題は、まさにアメリカの法律家たちによってさらに押し進められた。当時ドイツ皇帝に関して不成功に終わった試みは、今次の世界大戦の有責者に関して、一層増大した怒りとともに繰り返される。一九一九年にヴィルヘルム二世の刑法上の責任〔追及〕は、国家と主権についての当時の国際法的概念によって挫折したけれども、今度こそ、新しい見解のための偉大な先例が創造されなければならない〔と考えられた〕。新しい犯罪［novum crimen］は、「法律なければ犯罪も刑罰もなし」という命題によって再び挫折させられてはならない〔とされた〕。それが、この第二次世界大戦の勝利者の確固たる決意なのである。この決意に法律学的議論をもって対処するには、この場合は新しいというだけでなくまったく新種の犯罪の問題なのだということ、すなわち、単なるnovum crimenではなく、その国際的な性格にかんがみてcrimen novi generis〔新種の犯罪〕――顕著な法的・道徳的特性によって、戦時法規違反や本来の残虐行為とは区別される――の問題なのだということを、何度でも想起する必要がある。

こうして、国際法的には国家そのものだけが戦争を遂行し、国家そのものだけが攻撃者になりうると指摘するのは、従来の国際法に照らしてまったく正しいのであるが、そうだとしても、戦争のこの新しい国際犯罪を他の二種類の戦争犯罪からきわめて明確に区別し、きわめて固有の特殊性において際だたせようとする際に、このような論拠を中心に据えることは、当を得たものではないだろう。なぜならば、戦争はすべて、攻撃戦争も正義の戦争も、それ自体の本質として、「集団的」という言葉の卓越した意味において集団的な過程だから。それに対して近代の刑法観によれば、責任と刑罰は、もはや集団的な責任や集団的な刑罰ではなく、一人ひとりの有責な個人のみに負わさるべきである。そのように明白な集団的過程自体が刑罰〔の対象〕化され犯罪化されるならば、刑事裁判官は、新種の試みの前に立つこととなる。たとえ戦争が犯罪であるとしても、殺人や窃盗が犯されると同じように戦争が「犯される」と言うことに、人類はまだ慣れていないのである。戦争における行為と行為者の関係は、まったく新種の独自の問題である。そのことは、このような新しい国際的犯罪の正犯者と共犯者の範囲を区画する問題が提起される場合に、特別な方法で現れてくる。

(2)　「戦争」という国際犯罪の正犯者は誰か、またその正犯者の範囲はいかなる観点のもとに区画され得るのか？法人としての国家そのものが、この場合、正犯者として選ばれるべきである。〔しかし〕攻撃戦争の犯罪化を主張する者は、このような論理構成を概して拒否し、それを、罰せらるべき本来の犯罪人を処罰から逃れさせることに役立つだけの術策であると説明する。

法律学的意味での国家の他には、全体としての民族が、犯罪の正犯者として、考慮され得るだろう。特に民族が民主的な統治のもとで戦争に同意した場合にはそうである。このような民族の集団的責任が成り立つならば、すべての兵隊、すべての軍需労働者、すべての納税者、要するに民族を構成する者はすべて、――それぞれの場合について自己を無罪と弁明できないかぎり――正犯者として罰せられねばならないだろう。戦争と海賊行為とを似たものと考えるならば、それをこのような集団主義的な帰結に利用することは、容易に思いつく。つまり、海賊行為の本来の担い手は、親玉とか手下とかの個々の海賊ではない。海賊は、古い考え方によれば、船全体である。海賊船に乗っている者は、捕虜として、または他にどんな形であれ被害者として抑留されていることが明白でない限りは、海賊として扱われる。

全民族をこのように集団的に処罰するということは、素朴な考え方にふさわしい。それは、単なる結果責任であって、責任主義に基づく責任〔Schuldhaftung〕ではなく、今日では一般に否定されている。著名な法律家たちは、これまでの国際法によれば国家自体だけが、〔それも〕結果に対してだけ責任を負うという点に、まさにその法の素朴な性格の徴候を見る。現代の考え方は、「あなた方は、国家を、起訴［禁止］できない」［You cannot in[ter]dict a nation］というしばしば引用される周知の命題で言い表される。[134] そのうえ、トータルな集団的責任は、本来の有罪者や責任者たちを処罰から免れさせるのに適している。この点については、ナポレオンの「集団犯罪は、個人に責任を負わせるものではない」［Les crimes ccollectifs n'engagent personne］という言葉を引用しておく。[135] それゆえに、新規の犯罪の正犯者や共犯者を詳細に確定させるという課題が依然として残っている。

新規の国際犯罪の本当の正犯者を確定させる場合、戦争の政治的性格は無視できない。戦争は、国内的にも対外的にも、高度に政治的な事象である。戦争に導く重要な決断はすべて、政治的な決断であり、政治的な職務にある人々によってなされる。したがって、攻撃戦争を宣言する国家元首に、まず第一に責任がある。その他に、戦争を宣言した政府のメンバーは、正犯者として責任を負わされるだろう。戦争が戦争遂行国家の憲法に則って法律の形式で、すなわち議会の決議によって宣言されるならば、立法団体のメンバーもまた、少なくとも明示的に戦争反対の投票をしなかった場合には、直接に責任がある。このような一定の政治的な範囲が、文献においては、「統治者」［gouvernants］の範囲として記されている。

正犯者の範囲の画定について検討を始めればすぐに、攻撃戦争を行う国の国内的憲法状況に注目する必要性が生ずる。それによって、形式的に誰が国家元首、政府、その他の責任ある正犯者であるかが明らかになるだけではない。戦争を遂行する政治的決断についての実際の責任も、また、刑事裁判官が判断するために解明する必要のある因果関係も、戦争遂行国家の具体的な憲法状況を考慮してのみ確定されうるのである。絶対主義的体制下では、「国家元首」や「政府」という言葉は、責任ある大臣がその副署によって国家元首の命令について政治的責任を負う立憲主義的憲法の場合とは、政治的に別のことを意味している。どの程度までこのような立憲主義的責任が考慮されるかは、その先の問題なのである。ヴィルヘルム二世の場合、国家元首だけが国際法上の責任を負わされ、立憲主義的に責任のある帝国宰相フォン・ベートマン・ホルヴェークは問題にされなかった。(136) しかしそれは多分、ヴィルヘルム二世が個人的、権威主義的、独断的な統治を行ったということ、また、この個人的な統治こそが世界大戦における彼の責任の本質的な構成要素とされる〔べきだ〕ということについての、確信の現れに過ぎなかった。

上述の観点を、ヒトラー体制［Regime］に適用するならば、——そこではあらゆる権力や責任をヒトラーの手中に集中させていたゆえに——ドイツが問題になる限り、ヒトラーは第二次世界大戦の唯一の戦争犯罪人であるに違いないということになるだろう。しかし、新しい国際法上の犯罪の正犯者の範囲がさらに広くされるべきであることは明らかである。ヒトラー個人のみならず、彼の「体制」もまた、刑法的に責任を負わされる。「体制」という表現は、この場合に特徴的であり、やむをえないものであると私は信じている。それによって、特別な種類の政治的・社会的支配が他の国家形体や政府形体から区別される。この表現〔体制＝Regime〕は、一般的ではあるが、特別な仕方で、ファシズム体制についてもナチズム体制についても、その政治的意思形成の特殊な方法を示すものとして使われる。この二つの体制の特性は、政治的意思形成が一つの党の長——彼は、この党の助けによって、国家と社会全体に浸透し、それらを自己の意思に従属させた——のもとに集中されたという点にある。こういう体制は、指導するものと指導されるものとの、また、統治するものと統治されるものとの区別に基づいており、体制の意思中枢に属するもののみが政治的な意思形成に参加した。そのことは、「戦争」という国際犯罪の正犯者とその範囲についての問題に適用して考えれば、実際に政治的意思形成の意味で体制に参加したものだけが、正犯者として考慮されるということを意味する。

ここでもまた、いかなる人間がこのことに関して〔正犯者として〕考慮されるかは、体制の具体的な内政状態に依存しているのである。ヒトラー体制は、一人に権力を集中した政治的意思形成というものが、特に興味深いがしばしば不透明なものであるということを、まさに示していた。絶対的な統一の完結的外見の背後に、いくつかの権力集団が入り乱れて戦っているというのが、このような体制の本質なのである。形式的な全能の中心点の回りに、比較的狭いサークルが形成され、このサークルは、国家や公衆の中には意図的に登場しないが、他のものがトップに接近することを効果的な仕方で阻止する。それは、一八—一九世紀の絶対主義においては、宮中顧問［Camarilla］および追従者［Antichambre］と呼ばれていた。そして、ヒトラーの体制においても、よく言われる指導者原理は、〔実際には〕極めて広範囲に側近［Vorzimmer］原理になっていたということは、容易にみてとることができた。そこでは、指導者の周囲に、犯罪的な意味での本来の陰謀や謀反が形成された。ヒトラーが特に好んで「結託した共同体」について語ったということは、このような状況の法的評価にとって兆候的な重要さがある。このような体制の下では、「戦争」という国際犯罪の意味での正犯者は、ヒトラーその人の周囲に形成された、この狭い「結託した共同体」に属する者のみでしかあり得ないというのが、私の見解である。この本来の陰謀、この「ギャング」、この政治犯罪結社［association politico-criminelle］、この完全に具体的な「結託した共同体」そのものを突き止めて、世界に示すことに成功しないならば、ヒトラー体制に対する刑事裁判に関して世界の世論や数百万人の法感情が抱いている期待は、多くの裁判にもかかわらず、悲劇的な仕方で幻滅へと帰すだろう。

それゆえに、こういう体制の特性は、常に念頭に置いておかなければならない。そうでないと、異なる憲法状況についての法律学的概念が上記のような裁判手続きに混ざり込み、真の実状を識別し難くしてしまうということは、ほとんど避けられない。この危険は、「政府」［Regierung］という言葉においても最もよく認識できる。人は一般的に、「政府」という言葉のもとに、——国家元首を除けば——単独または合議体として、最高の国家的な職務と機能を担う資格を持った大臣を考える。私は、ヒトラー体制の大臣を決して弁明しようとは思わないが、しかし、現実の正犯かどうかの客観的な評価について、ヒトラー体制における多くの大臣が、これまでの国法——立憲君主主義的なものであれ、共和主義的なものであれ、あるいは啓蒙専制的絶対主義のものであれ——の上で、「大臣」と称せられた、責任をもって指導を行う人とは完全に異なっていたということに、注目しないわけには行かないのである。前世紀の憲法概念の意味での大臣は、自己の管轄部門に責任をもちうる者だけである。なぜならば、彼は自己の管轄部門に関し排他的に権限を有しているからである。このような大臣は、自己の管轄権の問題に関して、国家元首の所に自由に出入りでき、直接上申するという重要な権利を持っている。彼は、責任のない第三者が国家元首の意思形成に影響を及ぼそうとする干渉や影響力を拒絶し、また退けることができる。彼は、自己の管轄権の内部において、自己の省や管轄部門の官僚たちを――次官から末端の職員に至るまで――ほかからの協力を排して自ら規制しうるという面においても、「自己の家の主人」である。

これはすべて、ヒトラー体制の多くの「大臣」には、あてはまらない。「総統との接見」は、特別な問題であった。[137] 他からの、特に党事務局、全国指導者、大管区指導者その他の多くの人々の干渉や影響力は、当然のことであり不可避であった。官僚の任命は、――省官僚の任命も――党事務局の賛成を必要とした。党事務局の指導者は、大臣よりも重要で強力な影響力を持っていた。事務局（党事務局、内閣官房、大統領官房、総統官房）の長たちは、事情に応じて、超内閣的な審級であった。ライヒ内閣の会議は、数年来まったく開かれなかった。多くの特別委員たちが、様々の管轄権に基づいて、流動的な事実的権力をもって統治した。大臣は、国家元首への謁見がかなうまで数カ月間待つこともしばしばであった。このような状況に耐えたことに関して、大臣たちに責任を負わせうるか否かは、それ自体問題である。しかし、国際犯罪の正犯者は誰かという問題に答えるには、そういった体制内部の状況やその政治的意思形成の方法について明確なイメージを持つことなしに、多数の個人に対して「戦争」という国際犯罪を理由として刑を宣告することは許されないのだということを示すために、私が想起させたこのような実状を明らかにしておくことが必要なのである。

「党」という言葉もまた、様々な内政的状態において様々な意味をもっており、客観的な審査なしには判断基準として無造作に利用することはできない。一党制の三つの良く知られたケース――ソ連邦における共産党、イタリアにおけるファシスト党、ドイツにおけるナチス党――において、党は、それぞれ非常に異なった機能をもつ。ドイツにおけるナチス党のように、党員が一千万人へと膨れ上がった組織は、数字的にすでに、共産党の如き絶えざる「浄化」[Epurationen] によって引き締められた党のような、あるいはイタリアにおけるずっと党員数の少ないファシスト党のような、〔修道会のような〕「結社」[Orden] や「エリート」ではありえない。ヒトラー・システムにおける党と比べると、SSのような組織の方が、むしろはるかに〔修道会のような〕「結社」の性格を持っていた。ここでは、「結社」や「エリート」のこのような一般的な社会学的問題を示唆するに留めたい。なぜならば、それに興味があるのは、誰が「体制」に、また体制の「取巻き」[équipe] に属するかの問題に答えるためだから。[138]

リベラルな憲法システムにおける、自由な勧誘に基づく党とは名称のみを共通にする、これら新しい党についての社会学は、これまでのところ残念ながら欠けている。外国の、特にアメリカの文献を私は入手できないし、また一九三三年以前のドイツの文献における萌芽（ミヘルス『政党社会学』一九一〇年のような）は、残念ながら後が続かなかった。[139] 私の知る限りでは、学術論文で魅力的なものは、「政治的自由主義のシステムにおける政党の概念」という、一九三三年のケンツィオラ [J. Kendziora] がベルリン商科大学に提出した学位請求論文である。[140] しかし、この論文は、その題名が示しているように、その時代の憲法状況に内容が限られており、しかも、行動政党の過渡的類型をすでに取り扱っているけれども、独特で予想外で、かつしばしば洞察しがたいヒトラー体制の展開はまだ取り扱っていない。ヴェーバー [Max Weber]、ソレル [Georges Sorel]（政治犯罪結社について）、パレート [Vilfredo Pareto] のような、より年長の著者たちの社会学的文献からは、多くの個々の認識や定式化が利用できる。ここでその例として、パレートによる「エリート」の定義、「エリートは、最大の収入を得る際に、最小の公課を支払う者である」[141] を、引用する。財政のカテゴリーに照準を合わせた、パレート社会学に典型的なこのような定式化は、何ら政治的な影響を及ぼすことなく、「侵入の代価を払うために」［pour se racheter de l'invasion］、寄付、分担金、貢租を支払わなければならなかった多くの犠牲者の〔エリートとは〕逆の状態に対しても重要な判断基準を含んでいる。新しい問題の社会学的側面へのこのような簡単な論及でもって、私は、かかる一般的論議のレベルに満足するしかない。

戦争の事実上の結果は、民族全体と各個人の両方に影響を与える。封鎖、占領、復仇、その他の行動効果は、善人と悪人、正義の者と不正義の者を区別することなく影響を与える。正義の者も不正義の者も区別なく、戦争と敗戦に見舞われたのである。それは、大きな不幸であるが、しかし、法と道徳の概念の動揺では決してない。しかし、人間が他の人間に対して行う現世の刑事裁判では、それらの者を区別することが必要である。厳粛な形で手続きが進められる刑事裁判が、このような決定的な点において過誤を行うならば、それは、人がまま犯しやすいという理由で我慢できるような、普通の裁判における間違いとは訳が違う。このような過誤の不正や不幸は、世界犯罪——その償いのために大規模な裁判が定められた——の大きさに匹敵するであろう。

(3) 攻撃戦争は、外政的な出来事である。攻撃戦争が国際犯罪であるならば、それは、内政的のみならず外政的にも、国際犯罪になる。それは、正犯、共同正犯、共犯のすべての問題がここでも外政的問題として現れるということを意味する。攻撃国家は、同盟者を持つことがありうる。そこで、同盟者の政治的な指導層のメンバーは、国際犯罪の共犯者となる。事情の如何によって、彼らは、第一級および第二級の共同正犯者すなわち principals of the first degree または principals of the second degree、あるいは幇助［aids and abets］である。刑法的行為への関与についてのアングロ・アメリカの理論と実践は、多くの点において、ドイツの法律学と相違する。[142] 主な相違は、法典化された刑法がないので、各則と区別された刑法総則が欠けており、そのため、我々の意味での構成要件理論が存在しないという点にある。昔のイギリスの法学は、正犯者すなわち actual perpetrator を共犯者すなわち accessories から区別していた。共犯者の区別について、人々は、犯罪行為より事前の協力、同時的な協力、事後の協力を区別する（concursus antecedens, concomitans および subsequens）昔の普通法的な見解を持っていた。しかし、正犯者と共犯者との区別は、第一級の犯罪すなわち反逆罪［treason］の場合には実行されなかった。第二級すなわち重罪［felony］の場合には、一八六一年の〈共犯者および教唆者法〉［Accessories and Abettors Act］以来、正犯者と共犯者との区別は、除去された。それゆえ、アングロ・アメリカ法のすべての種類の犯罪にとって、あらゆる関与は――それが単に因果的に重要である限り――正犯とみなされ、正犯者の刑をもって罰せられる。コンスピラシー［conspiracy］が実行犯とならんで処罰されうるのは当然だが、しかし、それは（現今のドイツ刑法における「陰謀」［Komplott］のように）完全に独立の違法行為ではなくて、共犯者規定の補足であり、しかも、普通刑法における Komplott の方式においてである（Komplott をラテン語で conspiratio という）。その基本思想は、犯罪的故意を相互に強めあうことを――同一の効力の適用にこだわることなく――把握することであった。コンスピラシーの概念は、未完成の犯罪においてもすべての関与者を処罰することを可能にする。「コンスピラシーは、犯罪を目的とした協力である」。すなわち、一八八六年のイギリスにおける女王対マルカヒー［Mulcahy］事件判決での裁判官ウィリス［Willis］の古典的な定義によれば、コンスピラシーは、「二人ないしはそれ以上の人による、不法な行為を行おうとする合意」である。(143) 犯行後の犯人蔵匿は、ドイツ刑法（ドイツ・ライヒ刑法二五七条）の場合と同様に、共犯行為としてではなく特別な違法行為として扱われる。実際に犯行（offence）を行う、以前の行為者［actor］あるいは実際の加害者［actual perpetrator］は、今日„principal of the first degree"〔つまり〕「第一級の正犯者」とされ、また、犯行の際に現場に居たとか現に居る、あるいは犯行を援助する（aids and abets）、昔の「現場に居た共犯」［accessory at the fact］は、今日、„Principal of the second degree"とされる。

ここでは、犯罪における共犯と関与についての刑法理論を、これ以上深く探究する必要はない。しかし、犯罪について語る場合、犯罪における共犯についても語ることを避けられない。また、国際的な、すなわち外政的な性格の犯罪が問題である場合には、外政的な共同正犯者、共犯者、犯人蔵匿の問題が、このような外政的な問題のあらゆる困難と共に、生ずる。それが実際に刑事裁判にとって何を意味するかは、accessory とコンスピラシーについての上述の刑法概念が一九三九年の外政的状況に適用され始めるや、すぐに明らかになる。国際犯罪としての戦争に関するこれまでの叙述で――原則においてはしばしば驚くべき首尾一貫性をもちながら、具体的外政面においてはまったく論理的な帰結のない――事柄のこの側面も話題になったのでなおさら、私は共犯理論のいくつかの基本的な概念の想起を促さざるをえなかった。

だから、攻撃戦争犯罪化の先駆者たちは、この新規の犯罪の外政的な「共犯者たち」[complices] についても語る。彼等は、国際法が正戦を許し、不正義な戦争を犯罪として取り扱う場合、従来の国際法的な意味での中立はもはや許されないということをも、意識していた。そしてさらに、一九〇七年のハーグ陸戦規則のこれまでの中立法を引合いに出して、不正義な戦争を行っている戦争遂行国家との交易を自国民に禁じない中立国を、攻撃戦争の不正への共犯者と主張するまでに至る。先に五八ページ†で触れた、一九三四年九月の国際法協会の会議で採択されたブダペスト規定によるケロッグ規約の解釈では、「違反国を助ける国家は、それ自体、規約違反の罪を犯している」と言われている[144]。さて、中立国であってもこのように国際犯罪の共犯者になるならば、攻撃者と不可侵条約を締結し、かつ遵守している国家は、さらに一層、国際犯罪の共犯者になることは、明白である。なぜならば、事情の如何によっては、不可侵条約は攻撃者を援護するからである。そして、国家そのものではなくて、責任ある首謀者が刑法的に責任を負わされるべきならば、その審査は、中立的な国家ないし不可侵を義務づけられた国家の国内的な憲法状況に相応して、〔範囲を〕拡張されなければならないだろう。

† このテキストでは(48)ページ（編者）。

だから、新規の国際犯罪の観点のもとで見るなら、一九三九年夏のすべての不可侵条約は、関係者が不可侵条約を疎んじてきたか否かについて探求されなければならないであろう。当時ドイツは、ソ連と、一九二六年四月の中立条約を補完し拡張する一九三九年八月二三日の条約を締結していた。(145)この条約は、ドイツ側からは、「両国がそれに基づき、かつ密接な協力関係に至る、確固不動の基礎とされた」。ロシアの側からは、この不可侵条約は、重要な国際的な意味と歴史的な影響力をもった条約とされた。それどころか、ヨーロッパの歴史の、またヨーロッパだけに留まらない歴史の転換点とされた。この条約に続いて、一九三九年九月二八日の独ソ国境条約と独ソ友好条約が成立した。この条約は、両国の利害の境界をポーランド国家の領域内部に確定し、その境界を最終的なものとして承認し、「この取決めに対する第三国の干渉をすべて」拒絶していた。(146)一九三九年九月二八日におけるドイツとソ連の交換書簡では、達成された政治的合意に基づいて、またその精神に則って、あらゆる手段を用いて、ドイツとソ連との間の経済関係ならびに商取引を展開し、経済綱領――この綱領によって、ソ連は、工業生産物と交換にドイツに原料を提供することになっていた――を作成することが合意された。この計画の進展の中で、両国間に、一九四〇年二月一一日に経済協定が、一九四一年一月一〇日に拡大経済協定が締結された。(147)〔これに対して、〕例えばアメリカ合衆国政府は、一九三九年の九月に、はっきりと中立を宣言した。(148)これらを示唆するだけで十分であろう。とにかく、戦争という犯罪の新しさの基盤となっている国際化と刑罰〔の対象〕化との結びつきに直面して、外政的状況とそこから生ずる共同正犯者と共犯者の問題をまったく無視することはできないのである。

第五章　個々の国民、特に経済的に活動している普通のビジネスマンの立場

政治的指導者のサークルに属さず、戦時法規違反にも非人間的行為にも関与しない個々の国民は、攻撃戦争という国際犯罪の正犯者としても共犯者としても、問題になることは通常はないだろう。しかし、個々の国民は国際法上の直接的義務に基づいて責任を負わせられうるという意見が、何人かの著者によって主張されてきた。それは、個々の国民は、不正義の戦争を遂行する政府に対して兵役や服従を拒否することを、国際法的に義務づけられているという理由からである。

ドイツにおいては、個人が直接に国際法上の法的地位にかかわる刑法問題は、主に以下の問題設定のもとに扱われた。すなわち、個々の国民が、自己の政府による国際法違反や条約違反の行為に基づく国家機密を外国政府に知らせる権利を――国家反逆罪に対する国内的な刑罰規定にもかかわらず――有するか否かということである。国民のこの権利は、特に一九一九年以後に、ハンブルクの刑法学者リープマン〔Moritz Liepmann〕により主張された。(149) リープマンの弟子のヴェーグナー〔Artur Wegner〕は、『刑法上の不法、国家の不法、諸国民の不法』〔Kriminelles Unrecht, Staatsunrecht und Völkerunrecht〕（ハンブルク、一九二五年）という著書において、以下のような結論に至る。すなわち、「個人は、反逆に関する国内的な刑法規定にかかわらず、自己の政府の国際法違反行為を、外国政府に知らせることは許されないが、国際的共同体――この場合は国際連盟によって代表されるであろう――に知らせることを許されている」(150)。そうなると、工業家や商人は、自己の国家の軍拡が国際法的な義務に違反していると思う場合、自己の国家の軍事機密を国際連盟に知らせる権利を持つことになる。しかし、ここでのインターナショナルな刑法問題においては、国内的に禁止された行為とりわけ国家反逆罪に関して、インターナショナル法的にそれを

基礎づける正当化根拠が重要なのではない。個々の国民が、不正義な戦争に当たって、戦争という新規の国際犯罪の関与者と見なされたくないならば、すべての協力や服従を拒絶することをインターナショナル法的に義務づけられているのか否かの問題が重要なのである。この点に関して、有名な平和主義的な国際法学者のヴェーヴェルクは、例えば、その著『戦争の弾劾』[Die Ächtung des Krieges]（ベルリン、一九三〇年）において、「ケロッグ規約を批准したすべての国家の国民は、今後、攻撃戦争の際に、兵役を拒否することを正当づけられ義務づけられるということが」ケロッグ規約の帰結であるというテーゼを主張した。(151)

この見解は、ヨーロッパでは、完全に例外的なものであった。この見解に対してはこれまで、地上のすべての国家において、個人は、戦争の際に自己のナショナルな政府に忠誠や服従を義務づけられ、また戦争の正・不正についての決定〔権〕は個人にではなくナショナルな政府に帰属するという、支配的な見解や実践が対立している。ここでも、問題となっているのは残虐行為[atrocity]すなわち非人間的行為への関与のケースではなく、戦争そのものが国際犯罪だという問題なのだということに、注意しなければならない。ヴェーヴェルクのような著者の極端に平和主義的な見解が人々の確信や実定法の状態を変えられなかったことは、国際連盟の有名な法律家ポリティス――このテーマについてニューヨークのコロンビア大学で講義を行い、それを『国際法の新傾向』[Les Nouvelles Tendances de Droit International]（一九二六年）という題で公刊した――の詳論するところからも、明らかである。個人が国際法上で直接に義務を負わされるということは、重大な実践上の困難に出会うし、その義務に対立する「世俗的な伝統」[tradition séculaire]とも衝突するということを、ポリティスは強調する。(152) この世俗的な伝統は、私的な〔立場の〕著者による提起や提案の中で攻撃されることも何度かあったが、いかなる政府の公的声明や実践も、これに疑問を投げかけることはたえてなかった。地上のすべての政府は、国民が――他の点で政府の行動に同意しないとしても――戦争の際に政府への忠誠や服従を義務づけられるということに固執してきた。

このような一般的な理論と実践とは、スコラ哲学的な自然法の論証によっても、取り除かれはしなかった。ここ数十年来、著名な著者たちは、正戦についての議論において、中世と十六世紀のスコラ哲学者たちの理論に言及している。とりわけそれは、アメリカの指導的な国際法律家のスコット［James Brown Scott］――アメリカの国際法協会の会長であり、カーネギー財団の国際法部会長、ならびにコロンビア大学の国際法の教授である――によってなされた。スコットは、多くの講義や公刊物において、特にスペインのドミニコ修道会士のヴィトリア［Francisco de Vitoria］と新トマス主義者のイェズス会士のスアレス［Suarez］を、現代国際法の創立者ならびに戦争に関する現代的見解の創始者として称えた。(153) スコットは、一九一九年のパリ講和会議において既に、ヴィルヘルム二世の刑事訴追ならびに戦争責任の問題について、「正戦」理論によって著名であった。アメリカならびに全世界の世論に対する彼の強い影響力に鑑みて、少なくとも、いくつかの指摘をもって、スコラ哲学的理論の復興を取り上げてその利用可能性の若干の限界を指摘しておくことは、適切なことである。(154)

かのスコラ哲学的神学者たちは一般に、憲法上の抵抗権を伴った、依然として中世的に組織され著しく封建法的・身分法的な共同体か、そうでなければ一六―一七世紀の宗教的内戦状態かのいずれかを前提としている。明らかに不正義な戦争の際には、個人（しかし大抵、彼等は、個人を依然として身分的束縛の下にイメージする）は抵抗権と服従拒否権とそれに相応した義務を持つということを、彼らは承認する。このような理論が今日引用される場合は、状況と社会組織の基本的な変化を無視してはならない。あのスコラ学者たちは、教会という確固とした精神的秩序［ordo spiritualis］の中に立ち、公認の超国家的権威、すなわち教会という精神的権力［potestas spiritualis］の前提のもとで議論する。服従を拒否する個人は、自己の教会、すなわち自己の聴罪司祭と教会の権威において、確かな超自然的拠り所を有する。個人は、空虚な空間［Raum］の中で指示されたり、自己の個人主義的な判断に指示されるのではなく、明確な制度によって指示されるのである。そして、自ら自己の良心に関して、聴罪司祭によって代表される確かな内的法廷［forum internum］を持っているのである。

要点［punctum saliens］を知るためには、スコラ哲学的な理論のこの非常に具体的な前提を、今日の地上の状況と比較しさえすればよい。すなわち、個人が情報や保護に関して頼ることができる、確固とした国際的制度が創設されない限り、戦争に当たって個人を自分の国や政府に対して抵抗するよう義務づける、個人の直接に国際法的な状況を、要求することはできない。不正義な戦争の際の抵抗権や服従拒否について極めて注意深く語る（ここで問題となっているのは、罰せらるべき行為を要求する個々の命令に対する服従拒否ではない）スコラ哲学的な神学者たちは、国家政府の法律家ではなくて、教会的な良心の助言者であり、また、その者たちの教師であった。スコラ哲学的な神学者たちは、自分たちがあらゆるナショナルな国家や政府の上に高く立つ神的な制度から受けた教育委嘱、すなわち布教辞令［missio canonica］に基づいて、講義した。彼等の言葉はいずれも、教会的信仰の確固とした根拠に基づいて、また良く組織された教会の揺るがぬ枠の中で語られていた。世界の現今の状況に関して、自己の政府に対する個人のこのような直接的で国際的な権利義務を提起する現代の著者たちは、（上記の教会に）相応して類似の権威や強さに超政治的な精神性を有する国際的諸制度を指し示すことができなければならないだろう。ヨーロッパの人々の考えの中では、国際連盟は、このような制度へと高まることはできなかった。ウィルソン大統領のヨーロッパへの登場によって国際連盟に与えられた権威の萌芽は、ウィルソンのヨーロッパからの撤退とともに即座に失われた。ハーグの国際司法裁判所は、戦争の問題に関して権限がなかった。それに加えて、戦争の勃発後すぐに、大英帝国、フランス、オーストラリア、ニュージーランド、南アフリカ、インドの政府は、国際連盟の事務総長へ当てた書簡（一九三九年九月七日から二七日まで）において、任意条項（常設国際司法裁判所規程三六条）の義務から離脱した。[155] 戦争が終わるのを待つことなく、勃発あるいは開始の際に、戦争の実質的な正不正について、刑事裁判の形で確実に決定できるような一般的な国際刑事裁判所は、依然としてこれまでまったく存在していない。一九三五―三六年のイタリア、すなわち「宣告された攻撃者」の唯一つの場合[156]においてさえ、このような宣言、攻撃者国家の国民への呼び掛け、あるいは国際犯罪の共犯者として国民を刑事裁判所で追及することには至らなかった。

それゆえ一九一九年から一九三九年にわたる戦争防止への努力の歴史は、現今の世界が、中世キリスト教会の「精神的秩序」と幾分かでも比較可能な秩序からさえ、かなり隔たっているということを示している。我々は先に、一九三九年夏時点のヨーロッパの諸人民や諸政府の意識において、攻撃戦争というものが一般に不法としてのみならず、刑事的な意味で他国の刑事裁判権に服する犯罪としても考えられていたか否かの問題を、詳しく述べた。我々は、この問題に賛成できなかった。一九三九年九月当時に、戦争を遂行していなかったいずれの国家政府もまた、正式に自己の中立を宣言し、数多くの中立法規を自己の国民のために発効させた[157]。そのことによって〔それらの国家政府は〕、少なくともヨーロッパ的な国家概念において、正義の戦争と不正義の戦争とを国際法的にまた公的に区別しないということを表明したのである。そしてこの対応には同時に、これらの政府が、戦争の正・不正についての判断を、個々の国民のではなく政府のなすべき事柄と見なしていたということが表わされていた。なるほど、正戦論の先駆者たちは、この完全中立という態度を、厳しく批判した。こうしてウィットン［John B. Whitton］は、一九三八年に、アメリカの中立立法を、攻撃者とその被害者とを同列に扱い、集団安全保障体制を守ろうと試みようとさえしなかったと非難した[158]。それによって彼は、数多くの著名なアングロアメリカの著者たちの意見を言葉に表現した[159]。そして、アメリカ合衆国政府自体の公的な態度と反中立的な世論との相違は、ここにも現れている。このコントラストは、戦争遂行中のヨーロッパ国家の国民に、自己の直接的なインターナショナル法上の地位というものが単なるプロジェクトや要請に過ぎなかったということを、自覚させたに違いなかった。一方ヨーロッパ国家の国民は、実際の現実においては、それぞれの運命に——しかもインターナショナルではなく、ナショナルに決定された運命に——委ねられたままであった。

一九三九年に自己の政府が行う戦争を不正義な行為であるとして抵抗しようと決心した個々の国民には、国内的にも国内法的にも、何らの支えも保護もなかった。その国民は、現代の産業社会の高度に特殊化され分業化された組織へと組み込まれていた。彼は、個人的に情報を手に入れることのできない状況下、自己リスクによる抵抗によって、国や国民〔Land und Nation〕に及ぶはかりしれない外政的帰結についての決断を行わねばならなかった。このような世界状況における差し迫った世界大戦を目の前にして、自己の政府に抵抗するインターナショナル法上の――刑事罰の伴った――法的義務を、個々の国民に課すことができたであろうか？〔できないに違いない。〕おまけにその全体状況が、国際政党による内戦によって、また援助条約や不可侵条約の不透明なシステムによって、さらに国際連盟の明白な崩壊によって特徴づけられていたヨーロッパにおいては、なおさらである。

このような状況において、一定の政治的範囲に属さない国民、特に経済的活動を行っている商人や工業家は、戦争の正不正についての判断を自己の国家政府に委ねなければならなかった。そのことは、実際には、ヨーロッパ大陸のすべての民族のもとで何世紀もの間支配し、確固たる新しい制度によってのみとって替わられうる世俗的な伝統に一致していた。この伝統には、宗教的ならびに道徳的な原因と根拠があり、特にドイツ民族のルター派の地域でとても強かった神学的教義を根拠としていた（ロマ書一三―一）。偉大な哲学者カントの名が、あらゆる平和主義的文献において、戦争に反対する権威として引用されるということを顧慮するならば、まさにそのカントが、政府に対するすべての抵抗権を否認し、また民族の義務について、「最高の権力の耐え難いほどの乱用すら、なお耐える」と述べているという事実もまた、無視しえないだろう。(160) 危急の場合において戦争の正不正についての決定を国民に対して保持できることを、これまで世界のいかなる国家も放棄しなかったというのが、国民に対立するもう一方の側の状態である。(161) 戦争の際に服従を拒否して動員を妨害したり、戦争の道徳的・法律学的評価のために必要な情報を調達するために外国と通じようとする国民は、これまで依然として、すべてのヨーロッパの政府から、国家反逆者、大逆者、怠業者としてあるいは他の仕方で、最も重い刑事罰をもって責任を問われた。ここでも、問題になっているのは、法に反する特定の命令に対して服従を拒否する権利や義務ではなくて、戦争全体の正・不正についての決定、またそこから生ずる刑法的な帰結なのである。

戦争の際に特に厳格に個々の国民を国家政府に拘束するこの世俗的な伝統は、強力な歴史的な根源を持つ。ヨーロッパ大陸の近代国家は、中世の抵抗権を除去して、それを国家の合法性と合法的な法律上の異議申立権とで置き換えることによって成立した。近代国家のすべての合法性は、すべての統治行為や行政行為の合法性の推定に基づいている。結果として、ヨーロッパ大陸の近代国家は、格別な特権を持つ。その特権を、すべての国法学者や行政法学者は強調し、フランスの偉大な法律家であるオーリュウ[J.M. Hauriou]は「先決的服従」[obéissance préalable]への権利と呼んだ。(162) 国民は、法的な救済可能性の留保の下、形式合法的な命令に対して服従を義務づけられた。戦争の際には、法的手段や法的救済はきわめて広範囲に失われる一方で、この服従義務はさらに無限に強められた。すべての近代国家は、国家の命令に対する法的救済手段を創り出した。しかし、ほぼすべての場合に、アメリカにおいてマーシャル最高裁長官の有名な〈マーベリ対マディソン事件〉判決（5. U.S. Cranch 166/67）に基づいて「政治的問題のドクトリン」[doctrine of political questions] と呼ばれていた原則が、何らかの形で通用している。(163) それは、統治行為が、とりわけ宣戦布告のような高度に政治的な性質のものが、裁判的コントロールに服さないということを意味する。多くのヨーロッパの国々、特にフランス、イタリア、スペイン、ルーマニアには、司法に対する政治的行為の独立についてのこのような理論があり、(164) 民事裁判的審査も行政裁判的審査も不可能な、「統治行為」[actes de gouvernement] の実践を発展させた。そしていかなる国においても、政府の発した宣戦布告に対する個々の国民の法的救済手段は存在しないのである。

個々の国民の国内における地位が、直接的な国際刑法的追及に対応しうるようなものではまだ全然なかったことを示すために、この場合特に、政治的問題の特性に注意を喚起したい。兵役の拒否が重罰で威嚇される違法な行為であるということに、世界中の国家や政府は固執した。もっとも、良心上の理由による兵役拒否者、〔英語で言う〕Conscientious Objectors は、若干の国では、特別な配慮を受け、寛大に取り扱われる。しかし、ある特定の戦争を正義か不正義かという問題で拒否する場合は、宗教的な動機による普遍的な兵役［Waffendienst］拒否の場合とは本質的に異なる。この戦争は不正義であるという理由で兵役を拒否する国民の意図は、あらゆる戦争自体やあらゆる武器使用自体に向けられているのではなく、この特定の、現下の戦争が、自己の国家の側では不正であり、それに対して外政上の相手の側では正であるということに向けられているのである。したがってこの場合、個々の国民は、特殊宗教的な決定ではなく、――自国に反対し自国の外政上の相手に直接役立つ――特殊政治的な決定を、自発的に下すのである。(165)

この点において、アメリカ合衆国での実践は、私の見る限り例外ではない。なるほど、個人に抵抗権を与えるというケロッグ規約と結びついた努力は、世論においては特に強力である。それにもかかわらず、最終的には、官庁や最高裁判所の態度は明白である。そのことは、次の場合において明らかとなる。

シュヴィンマー［Schwimmer］夫人の帰化事件において、合衆国最高裁判所は、一九二九年五月二七日の判決［Entscheidung］で、アメリカ合衆国憲法の基本原理について、「合衆国市民は、いつでも必要が生じた時には、あらゆる敵に対して武力でもって政府を護る義務がある」と言明する。(166) 憲法原理や政府を擁護するうえで、軍事力使用に反対することへの良心上の理由による兵役拒否者［Waffendienstverweiger］の影響が、単なる武器を取ることの拒否よりも一層有害であるということを、裁判所は、その判決決定理由において強調する。もちろん、この判決の際に、三人の裁判官は、ホームズ［Holmes］裁判官にリードされて、少数意見を発表し、思想の自由の原理と兵役拒否の権利を与える山上の垂訓を引証した。シュヴィンマー事件における決定は、すべての兵役の宗教的動機による拒否についてのみ述べているがゆえに、本来は我々の問題と関係はない。しかし、この判決は、まさにだからこそ間接に、大きな論証力を持つ。なぜなら宗教的に動機づけられた拒否の事件には本来の政治的な厳しさ――特定の戦争が不正義であるという理由による拒否が最高度にそれを含んでいる――が欠けているからである。これに対して、マッキントッシュ［MacIntosh］事案についての一九三一年五月二五日の最高裁判所の判決は、まさに我々の問題に該当する。その判決は、ラウターパクト教授によって編集された『国際公法事件年報ダイジェスト一九二九／一九三〇年』［Annual Digest of Public International Law Cases］という形で刊行されたことにより、すべての国の法律家の間で有名になった。(167) この判決は大きな実際的意味があるので、次にこの事件についていくらか詳しく引用したい。

カナダ市民として生まれ、かなり長期間合衆国に定住していた神学教授のマッキントッシュは、帰化を申請した。帰化法（34 U.S. Sta. L. 596, 598）によれば、彼は、「自分は、合衆国の憲法と法律を、国外と国内のあらゆる敵に対して、支持し擁護するだろう」という宣誓宣言をしなければならなかった。この点について、マッキントッシュは、「自分は、自己の信念に従って、国の利益に合致するすべてを実行するだろうということ、しかし、自分は、戦争の場合に、その戦争について判断する権利を留保しておくということ、また、自分は、自己の戦争に関する判断を顧慮することなしには、いずれの戦争にも出征する義務を負わない」と宣言した。その申請は、第一審で拒否された。その理由は、戦争批判を留保しておくことが、申立人が合衆国憲法の原理に服さないということを立証しているということであった。申立人は、巡回控訴裁判所へ控訴した。巡回控訴裁判所は、一九三〇年六月三〇日の判決において、第一審の決定を破棄し、申請者は帰化を認められねばならないと命じた。この判決決定の告知においてマントン［Manton］裁判官は、「良心上あるいは宗教上の理由から、自己が不正義とみなす戦争で武器を取りたくないと考える市民は、良心上の理由からあらゆる戦争に反対する者と同様に取り扱われるべきである。国際法は、道徳的に正当とされる戦争と正当とされない戦争との区別を承認する。最近締結されたケロッグ規約で、このような承認が表明された」と告げ、以下のように付け加えた。兵役拒否者の良心の咎めは、それが誠実なものでありさえすれば、宗教的なものである必要はない、と。しかし、巡回裁判所のこの判決は、最高裁判所の一九三一年五月二五日の判決によって破棄された。ただしその際、全部で九人の裁判官のうち四人が反対意見を公表した。その最高裁判所の判決決定においては、次のように述べられている。

「市民が戦時において武装した軍隊での勤務から解放されるべきか否かは、議会の意思に依存しており、そして――その旨の議会の規定があれば別だが――個人の良心の咎めには依存しない。この団体〔議会〕は、今まで、良心に基づく兵役拒否者の部類に属する人々を武器をとる義務から除外することを、明白な決定によって正しいものと認めてきた。良心に基づく兵役拒否者は、憲法の明白あるいは暗黙の規定に基づいて武器をとる義務から解放されるのではなく、彼をそこから解放することが議会の政策に一致するという理由で、またそういう理由だけで、解放される……。その国に生まれた良心に基づく兵役拒否者の、武器をとる義務からの解放という特権は、憲法に基づくのではなくて、議会の法律に基づくのである。この申立人は、それがその国に生まれたすべての市民の義務であるように、良心に基づく誠実な兵役拒否者の武器をとる義務からの解放という長らく存続し実証されてきた実践に議会が固執するだろうと期待するのではなく、将来国が実際に巻き込まれるどんな戦争においても、もし、彼の見解ではその戦争が道徳的に正当化されないものである場合――議会が逆の国家的見解を表明していたとしても――は、道徳的武装的援助を拒否する断固として確固たる意志を公然と表明する。彼の説明やそこから引き出されうる帰結によって示されるこの申立人の態度が、帰化を認められるための適性の問題にとって重要でないと考えられるならば、いったいどこに限界を引くことができようか？」

このようにして、個々の国民は、戦争の不正についての自己の判断を自己の政府に対して押し通す法的可能性を、国内的にはまったく持たない。彼の良心は、世俗的な伝統によって認められたナショナルな古い義務と、まったく新しいインターナショナルな義務——それは、単なる良心の義務ではなく、法的義務であると主張する——との葛藤の中に存在する。しかし、インターナショナル法的には、彼は、依拠可能な、整備された審級や制度をまったく見出さない。内戦の企てあるいは殉教を決心することしか残されていないのである。それは、ナショナルな義務とインターナショナルな義務との間の恐ろしい葛藤であり、個々の国民に国際刑法上の帰結を伴った直接に国際的な地位が与えられる場合、彼はこの葛藤に巻き込まれてしまうのである。そして、全体的な一党システムの国民は、リベラルな憲法を持った共同体〔国家〕の市民よりもずっと困難な状態にある。全体主義的な一党国家においては、政府に対する抵抗の企てはすべて、裏切りやサボタージュを理由として直ちに抹殺されることを意味する。このような全体主義的システムに隷属する個々の国民に抵抗を義務づけるならば、それは事実上、内戦という見込みのない企てへの法的義務あるいは殉教への法的義務を、彼に課すこと以外のなにものも意味しないのである。

当然、このような義務をナショナルな国家の反戦論者に課すことはできない。それをできるのは国際的な審級だけである。国際的な審級が存在するとすれば、それは、戦争の勃発の際に、すべての国民に明確な宣言と命令を発しなければならないだけでなく、法や道徳のすべての原則に従って、その〔国際的な審級が課す〕命令を守る人間をなんとか十分に保護するように配慮する義務もあるだろう。我々は〔上記のような〕義務を定めることはできないし、また、義務を負わされた者をそのことで血腥い運命へ押し込むなどということもできない。保護される状況にない者は、永久的にまた危急の場合に、義務づけられる状況にもないのである。このことは、まさに自然法の理論家たちによって強調された保護と服従の関係、「mutual relation between obedience and protection」に一致する。(168) 保護する者は義務づけもするということ、そして逆に、有効な保護がなければいかなる法義務も永久に存立しえないということも、すべての人間の共同生活の基本的な原理である。有名なイギリスの社会主義者であり、多元主義的国家論の代表的論者であるコール〔G.D.H. Cole〕は、しばしばこの関連を指摘し、国家の〔国民を〕義務づける力を、〔国民を〕有効に保護する力に依存させ、そのために、「私は保護する。それゆえに、私は義務づける」[Protego, ergo obligo] という慣用句を利用した。(169)

これは覚えやすい印象深い表現であるのみならず、法的かつ道徳的に重要な原則である。この原則は、ナショナルな法にもインターナショナルな法にも妥当するが、特に、ここまで論じてきたような、ナショナルな義務とインターナショナルな義務との葛藤のケースにあてはまる。そういう観点から見ても、厳密な構成要件も行為者の範囲の正確な画定もなく、また疑わしいケースについて決定を下す裁判組織も、義務づけられた者を有効に保護する組織もない、そういったインターナショナル法的な義務づけは、刑法上の有罪判決の原理とはなりえない。少なくとも、一九三九年の戦争に関して、確固とした制度に基づくナショナルな法と、かなり異論のあるインターナショナルな法との葛藤において、自己のナショナルな政府の側に身を置いた非政治的な個々の国民に関してはそうである。このことは、その政府がテロリスト政府である場合は、より一層当てはまる。なぜならば、この場合、個々の国民を処罰することは、テロリストたちのみならずテロの犠牲者たちをも刑事的犯罪者であると宣告することになるということが、さらに付け加わるだろうから。

結　語

ヨーロッパ国家の国民と普通のビジネスマンの法概念にとって、攻撃戦争そのものは、一九三九年夏においては、インターナショナルな刑事裁判権に服する犯罪的不法とみなすことはできなかった。攻撃戦争を犯罪化し刑罰〔の対象〕化する思考は、一九一九年から一九三九年までの時代における困難な諸関係のなかでは、まだ法規へと実定化されていなかった。政治的指導に関わっていない忠実な国民には、一九三九年夏の時点ではまだ、攻撃戦争という新しい国際犯罪を、ナショナルな刑法に前からあった犯罪、すなわち自己の政府に対する大逆、国家反逆、サボタージュと同一の次元で捉えることはできなかった。戦時における自己の忠誠義務に関する国民の観念は、世俗的な伝統、すなわち大逆や国家反逆のゆえの重い刑罰を正当化する伝統に基づいていた。これまで、刑事司法の組織は、純粋に国内的な性格のものであり、国際的な性格のものではなかった。刑法や刑事訴追や刑事裁判所は、国家的な制度や概念であって、国際的なものではなかった。これまでもっぱら国家的・国内的なものであったこれらの制度や概念が、国家的な領域から国際的な領域へと移されるならば、個々の国民の法的立場は相対的、根本的に変えられるだろう。これまでは国内的な義務の履行であった行為は、今や犯罪になる。そして、これまでは国内的に犯罪であった、例えば大逆、国家反逆、抵抗、サボタージュとして処罰された行為は、今や国際的な義務の履行――その不履行は、忠実な国民を国際的な犯罪者にする――に属することになるだろう。諸義務の葛藤が生ずるが、このように厳しく残酷な諸義務の葛藤は、これまでは非常に恐ろしい内戦の状況においてのみ考えることができた。政治的な指導層に属さない通常の国民をこのような葛藤――ましてや、過去への遡及効をもって――に直面させることがあるとすれば、すべての衡平〔equity〕は損なわれるだろう。新しいというだけでなく完全に新種の国際的な犯罪の創出に直面して、「法律なければ、犯罪も刑罰もなし」という原則の力は高まる。この原則は、現行の実定法の命題であるのみならず、残虐行為に関与しない国民が無条件に引合いに出すことのできる自然法的、道徳的な格率なのである。

ノート＊〔この部分はすべて英文〕

戦争一般の問題そして特に攻撃戦争の問題には、長く複雑な歴史がある。一九二四年のジュネーヴ議定書と一九二八年のケロッグ規約に関する議論においても、攻撃者の定義、軍縮や平和的変更についての多年にわたる紆余曲折におけると同様、その諸困難は一部分しか明白にならなかった。

この第二次世界大戦の終わりに、人類が、ヒトラーと彼の共犯者たちの「許し難い犯罪」［scelus infandum］に有罪判決を下すように義務づけられたことは明らかである。この判決は、その形式においては荘重に、その効果においては強烈でなければならない。一八一五年のナポレオンの敗北後に、ヨーロッパの政府は、ナポレオンを非難するための荘重かつ効果的な形式を発見した。ヒトラーの犯罪はナポレオンの犯罪を凌駕しているのだから、ナチズムに対する今日の非難は、それだけ一層厳しく印象的なものでなければならない。

その上、ヒトラーの「許し難い犯罪」および特にSSとゲシュタポの極悪非道の残虐行為は、通常の実定法の規則や範疇によっては、本質的に分類不可能である。すなわち、昔からの国内の刑法や憲法の助けを借りても、現在の国際法――これは、ヨーロッパ公法［jus publicum Europaeum］、換言すれば、一六世紀から一九世紀におけるヨーロッパのキリスト教的独立国の間の関係に起源があるのだが――の助けを借りても、分類不可能である。

しかし、まさにヒトラーのようなタイプの人間の異常さ、SSのような組織の異常さが、この問題の法律的側面に関していくつかの異なる問題があるということを明らかにしている。とりわけ、国際犯罪としての攻撃戦争という一般的国際問題は、ヒトラー政権の他の犯罪とは区別されなければならない。一九三九年九月に、ヒトラーがジュネーヴ議定書あるいはケロッグ規約の意味での攻撃戦争に訴えたという所説が、ナチズムやSSや彼等の残虐行為を全体として公然と烙印をおして非難するという、より大きい特殊な課題と同一でないことは明白である。これら二つのアイテムは同一ではない。それればかりではなく、それらを結合すること――あの裁判の重点及びジュネーヴ議定書あるいはケロッグ規約の視点を変えるというような――は、賢明であるとは思えない。それによって、裁判を準備している時すでに、また裁判そのものの期間中はさらにいっそう、注意が特殊な課題から大幅に逸らされ、国際法の複雑な問題へと移されてしまうだろう。評決が厳密に定式化されたものであったとしても、思い違いが結論になるだろう。ヒトラーと彼の共犯者たちは、彼等の行動の異常さや悪逆非道さを比類ないものとする事柄を消し去ってしまうルールや観念のもとに包摂されてしまうだろう。

「許し難い犯罪」は、決して先例になってはならない。刑法に属する「crime」のような術語は、正犯者と共犯者、幇助、共犯、隠匿などのような刑法の他の術語を使用することにつながり、それらの術語が、一九三九年九月のポーランド分割などの外交政策の行動に適用されると、前代未聞の帰結といった問題にもつながってしまうのである。

カール・シュミット††

ベルリン　一九四五年八月二五日†

＊　鑑定書のいくつかにおいては、「『攻撃戦争というインターナショナル法上の犯罪』に関する法学博士カール・シュミット教授の見解の結論としてのノート（一九四五年八月）」。

†　タイプライターで行間を詰めて書かれたノートにおいては手書きの付記。

††　上述のノートにおいてはタイプライターで書かれている。

編者による註解

(1) 引用された条項は、以下のような内容である。

二二八条　「ドイツ政府は、戦争の法規と慣例に対する違反を理由として訴追された人々を軍事法廷に召喚する連合諸国の権限を容認する。それらの人々が有罪の判決を下されたならば、予め法律的に予定されていた刑罰が彼等に適用される。本規定は、場合によってはありうる訴訟手続きや訴追を顧慮することなく、ドイツあるいはその同盟国の法廷において、適用される。

ドイツ政府は、戦争の法規と慣例に対して違反したという訴追に基づいて、氏名を挙げてであれ、その官等によってであれ、彼等にドイツの官庁から委ねられた職務権限によってであれ、その他の使用によってであれ、指定されているところのすべての人を、連合諸国あるいは当該の提案をしたそれらのうちの一国に対して引き渡さなければならない。」

二二九条　「連合諸国中の一国の国家所属員に対して可罰的な行為が犯されたならば、その行為者は、軍事法廷に召喚される。多数の連合諸国の国家所属員に対して可罰的な行為が犯されたならば、その行為者は、関係諸国の軍事法廷のメンバーから構成される軍事法廷に召喚される。

いずれの場合においても、被告人には、自己の弁護士を自由に選ぶ権利がある。」

二三〇条　「ドイツ政府は、訴追されている行為の完全な究明のため、責任者の捜査のため、責任問題の極めて詳細な評価のため、その提出が必要と見なされるあらゆる種類の証拠や情報を提供することを義務づけられる。」

ヴェルサイユ条約の二二八条~二三〇条については、以下を参照せよ。ニーマイアー［Niemeyer］／シュトルップ［Strup］編集、Jahrbuch des Völkerrechts, VIII. Bd., Sonderband 6 (1922), S. 158ff., Text des Versailler Vertrages vom 28. Juni 1919: RGBl〔『ライヒ官報』〕1919, S. 701。非常に重要な規定は、グレーヴェ［Grewe］、Fontes III 2, S. 683ff. において。その文献は、グンツェンホイザー［Gunzenhäuser］、S. 168, 236-238によって包括的に証明された。最近では、フィッシュ［Fisch］、Krieg und Frieden im Friedensvertrag, Stuttgart 1979, S. 207-220。シュヴェングラー［Schwengler］、S. 71ff.。

サンジェルマン条約一七三条「オーストリア政府は、戦争の法規と慣例に対する違反を理由として訴追された人々を軍事法廷に召喚する連合諸国の権限を容認する。それらの人々が有罪の判決を下されたならば、予め法律的に予定されていた刑罰が彼等に適用される。本規定は、場合によってはありうる訴訟手続きや訴追を顧慮することなく、オーストリアあるいはその同盟国の法廷において、適用される。

オーストリア政府は、戦争の法規と慣例に対して違反したという訴追に基づいて、氏名を挙げてであれ、その官等によってであれ、オーストリアの官庁から委ねられた職務権限によってであれ、その他の使用によってであれ、指定されているすべての人を、連合諸国あるいは当該の提案をしたそれらのうちの一国に対して引き渡さなければならない。」

一七三条については、以下を参照せよ。Niemyer/Strupp (Hrsg.) Jahrbuch des Völkerrechts, a.a.o., S. 294ff.。一九一九年九月一〇日のサンジェルマン条約の非常に重要な規定は、Grewe, Fontes III 2, S. 701ff. において。

（2） 西側連合諸国は、八五四名のいわゆるドイツの戦争犯罪人――それらの中には、多くの著名な将軍たちがいた――の名を記したリストを提示した。ドイツの世論における憤激は極めて激しくかつ一致していたので、ライヒ議会やライヒ政府は、その者たちの引渡しを拒否した。しかし引渡しの強要に対する敵意の再発は、連合諸国にあまりにも高い代償と思われた。彼等は、このようなことをそのさい真面目に検討すべきだったのだ。他面において、ライヒ政府やライヒ議会は、敗者として、善意を示さなければならなかった。すなわち、ドイツの戦争犯罪人の断罪は、ライヒ最高裁判所に委ねられた（一九一九年一二月一八日のライヒ法律、『ライヒ官報』二一二五頁およびそれを補足する一九二〇年三月二四日の法律、『ライヒ官報』三四一頁と一九二一年五月一二日の法律、『ライヒ官報』五〇八頁）。連合諸国の引渡しリストに基づく全部で九〇七の手続きのうち、九つが判決によって決着をつけられた。その判決の内容は、五つの事例において無罪判決、四つの事例において自由刑であった。他のすべての訴訟手続きは中止されるか、それと類似の処理がなされた。告発に基づくその他の七〇〇の手続きのうち、三つの判決が下され、他のすべての訴訟手続きは中止された。かかる量的にお粗末な結果になったのは、通例では刑の宣告にとって証拠状況が不十分であることが原因であった。すなわち、連合諸国は、どっちみち、その引渡し要求を四五名のいわゆる小リストへ限定した。参考文献は、ミュラン [Mullins]、The Leipzig Trials, London 1921。その他のアングロ・アメリカの文献は、ツトロフ [Tutorow]、S. 103f. (Nr. 800-815)。シュトシュ [Stosch]、Die Kriegsbeschuldigtenfrage, Hannover 1924、(個々のケースの叙述を含む)。プットカムマー [Puttkammer]、Die Haftung der politischen und militärischen Führung des Ersten Weltkriegs für Kriegsurheberschaft und Kriegsverbrechen, Archiv des Völkerrechts 1 (1949), S. 424ff. 所収。ブリューゲル [Bruegel]、Das Schicksal der Strafbestimmungen des Versailler Vertrages (Art. 228-230 u. 227), Vierteljahreshefte für Zeitgeschichte 6 (1958), S. 263ff. (270) 所収。ウィリス [Willis]、S. 126-147。フーバー [Huber]、Verfassungsgeschichte, Bd. 7, S. 25ff. (広範な立証を含む)。現在、詳細に、シュヴェングラー、S. 303ff., 344ff.。シュヴェングラーの解釈的、決着的な評価を批判して、クヴァーリチュ、FS H-J Arndt, S. 241, 247ff.。

（3）「戦争犯罪」と、「許し難い犯罪」[scelus infandum] すなわち「特別な意味での残虐行為」[atrocities in einem spezifischen Sinn] との区別を、シュミットは、伝統的に処罰できる戦時国際法――それゆえに、戦時法規、戦争慣例（„jus in bello"）、およびモスクワにおいて一九四三年一一月一日にルーズベルト、チャーチル、スターリンによって発せられた「ドイツの残虐行為に関する宣言」――への違反によって規定した。一九四五年一〇月六日の国際軍事裁判所憲章の六条は、"war crimes"と"crimes against humanity"との間を分離した。同様に、一九四五年一二月二〇日の管理委員会法律第一〇号二条（bおよびc）は、戦争犯罪を、「人道に対する犯罪」から分離した。人道に対する犯罪の構成要件は、「国外追放」［Deportation］を、含んでいた。他方、シュミットは、「残虐行為」と「許し難い犯罪」とでもって、後に「集団殺害［Völkermord］」（ジェノサイド）と命名されることになったもの――すなわち一九四八年一二月九日の集団殺害の防止および処罰についての条約（『連邦法令集』一九五四年、第二巻、七三〇頁）、および刑法典第二二〇条aに在る――を考えていた。

シュミットによって概念として使用された「許し難い犯罪」［scelus infandum］は、古典ラテン語において既に示されていた。しかし、それは単に語の偶然的な結合としてなのだが（Thes. ling. Lat.第七巻一三四四／四五頁を参照せよ）。scelusは、神を恐れぬ所業、たとえば虐殺や反逆のような特別に重大な犯罪であり、infandusは、かかる関連において、「忌まわしい［abscheulich］、名状しがたい［unsäglich］」と訳すことができる（Georges, Bd. 2, 11. Aufl., Nachdr. 1962, S. 227, 2522/23）。それゆえに、「許し難い犯罪」は、内容に関する二つの最上級を繋ぎ合わせており、このために、シュミットは、意図された事態に関して役に立つと思ったかもしれない。すなわち、シュミットは、どっちみち、このような最上級を強めることに影響を受けやすかった。

シュミットは、とかく、自己の読者をして、自分が使用した引用文そのものの著者や原典箇所を探索させたがる。もしもこの場合にそれをしたならば、謎は、極めて深刻なものだったろう。かくして、シュミットは、彼の手記『グロサリウム』の一九五〇年一月九日の箇所において、「infandum scelus という表現は、コルティウス［Cortius］編集の『パルサリア』［Pharsalia］（別名内戦）の私の所有している版の第八巻（ライプチッヒ、一七二六年、二三一頁）の内容説明のなかに在る」と、自己の発見の箇所を指示する（手書きの稿本では、このように正しく書かれているが、『グロサリウム』二八八頁の印刷されたテキストでは、「Cortini, Leipzig 1826」と間違って書かれているし、また、同書六七頁の脚注1では、「Kortini」と間違って書かれている）。シュミットによって利用された冊子の正確なタイトルは、「Gottlieb Cortius, Marci Annaei Lucani, Lipsius 1726」（遺稿 RW 265-231）である。コルティウスのこの版を、ヴェルナー・ヴェーバー［Werner Weber］が、一九四〇年一二月一九日にシュミットに贈呈した（その本の見返しにシュミットの自筆のメモ）。ヴェルナー・ヴェーバー（一九〇四―一九七六）は、シュミットのボン時代の教え子で、博士試験受験者（Parlamentarische Unvereinbarkeiten, AöR, n.F. 19, 1930, S. 161-254）、一九三

○年以来、プロシヤ官僚で、一九三五年それに加えて、ベルリン商科大学の正教授。一九四二年ライプチッヒ大学、一九四九年ゲッチンゲン大学。彼は、シュミットの七〇歳と八〇歳の生誕祝賀論文集の共同編集者であった。また、シュナイダー［H. Schneider］ならびにゲッツ［Götz］編集のヴェルナー・ヴェーバー祝賀論文集（一九七四年）およびヴェーバーの著作目録（同書一〇〇五〜一〇三三頁）を見よ。

そのテキストは、シュミットに特徴的な数多くのアンダーラインを含んでいる。内戦についてのルカヌス［Lucanus］のドラマティックな、しばしば誇張された記述は、パルサルスにおける戦闘やポンペイウスの殺害において頂点に達し、ルカヌスによってあらゆる修辞的な手段で嘆かれているが、「scelus infandum」を用いていない。シュミットが正しく指示したその内容説明は、『パルサリア』の本来のテキストには関係ない。以下のものを参照せよ。ホジウス［Hosius］（三版、ライプチッヒ、一九一三年）ならびにハウスマン［Housman］（オクスフォード、一九二六年）の有名な版。エーラース［Ehlers］（ミュンヘン、二版一九七八年）ならびにルック［Luck］（二版、ベルリン、一九八九年）ならびにヴァハト［Manfred Wacht］［Concordantia in Lucanum］（ヒルデスハイム、一九九二年、三五〇、六六九頁）。その概念〔scelus infandum〕は、実際には、編集者のコルティウスが、第八巻で一二行にわたって前置きとした内容説明の中においてのみ見出される。そこでは、二三一頁の九〜一二行に次のように言われている。

子供であった王は、間違った忠告を聞いて恐れをなし、
たちまち取り返しのつかぬ残忍な犯罪に突き進んでしまった。
王は、王国の擁護者を斬首の刑に処し、
不正にも勝利者に褒賞まで与えたがった。

つまり神を恐れぬ所業は、紀元前四八年九月二八日のペルシオン［Pelusion］近くの海岸での無抵抗なポンペイウスの殺害と斬首であった。ルカヌスにとって、ポンペイウスの殺害が極めて恐ろしいものであったのは、比較的身近で起こったが故に言語道断であっただけでなく、とりわけ、一人のローマ人——ましてや、ポンペイウスほどのローマ人——が、少年王プトレマイオス一三世とその廷臣一味を含めた、軽蔑されているプトレマイオス家の人々の犠牲者になったからであった。周知のように、カエサルは、エジプトに到着した時、自己の敵ポンペイウスの首を完全な栄誉をもって埋葬し、殺人者を処刑することを命令した。それゆえに、「scelus infandum」は、まったくルカヌスの表現ではないが、しかし、ポンペイウスに加えられた犯罪の恐ろしさについてのルカヌスの理解に一致する（第三巻五三六〜八七二行を参照せよ）。

鑑定書において、scelus infandum は、「特にSSやゲシュタポの極悪非道の残虐行為」を意味している（『ノート』を参照せよ）。『グロサリウム』においては、シュミットは、その概念を別の関連においても使用している。同書八七頁の一九四八年一月一九日の記録および一九八頁の一九四八年八月一九日の記録を参照せよ。

ルカヌスの『パルサリア』を読むことは、一八世紀の半ばから二〇世紀の六〇年代まで狭い意味での専門学者たちのグループ以外ではまったく行われていなかったのだが、その読書をシュミットは五〇年代に新たに取り上げた。すなわち、シュミットは、見返しにある自筆の記録によれば、一九五六年八月三〇日に、一九四七年にパリで出版された二巻本の版（Lucain, La guerre civile ── La Pharsale, ブルジュリィ［A. Bourgery］およびポンチョント［M. Ponchont］編集）を入手し、それに、ラテン語のテキストにおいてもフランス語のテキストにおいても、一貫して、多くのアンダーラインを付けた（遺稿 RW 265-231）。──ルカヌスのパルサリアについてのシュミットの関心は、二重に基礎づけられていた。すなわち、内戦は、彼の一生のテーマの一つであった（クヴァーリチュ『立場と概念』三九頁以下を参照せよ）。またラテン語の著作者たちを──ルカヌスのような「扱いにくいもの」と見なされる者も含めて──、シュミットは若い時から親しみ頼りにしていた。

(4)　「命令に基づく行為」は、軍刑法においては、全面的であれ部分的であれ、責任阻却事由であった。イギリスやアメリカ合衆国の、そしてまたフランスやイタリアの、第二次世界大戦に至るまで通用していた軍刑法によれば、戦争犯罪の行為者たちは、戦争犯罪が「自己の政府や指揮官の命令あるいは同意の下で犯された場合には、処罰されなかった。このような行為を犯すことを命令したり、あるいは自己の権威の下でこのような行為を軍隊によって犯されてしまったところの上官は、交戦国の手中に落ちた時には交戦国によって処罰されうる」（アメリカ陸戦法規三四五条、またイギリス軍法マニュアル四四三条も本質的に同じ）。なるほど、ドイツの軍刑法によっても、「公務における命令の執行が刑法に違反する」場合、命令する上官のみに責任があったが、「服従する部下は、一、彼が与えられた命令を越え出た場合、あるいは、二、一般的あるいは軍事的な犯罪や非行を目的とする行為に上官の命令が該当するということを、自分が知っていた場合、共犯者としての刑罰を受けた」（一九四〇年版・軍刑法典四七条）。アメリカやイギリスの軍刑法の広範な責任阻却事由の援用［の可能性］を、ドイツの戦争犯罪人に対する裁判における今後の被告人たちから奪うために、一九四四年に、イギリスやアメリカ合衆国は、彼等の固有の軍刑法を変更した。そのことについて、エーリッヒ・カウフマンは、一九五七年に、「堪え難い」［peinlich］と感じた（全集第二巻四五七頁）。他方、テイラー［Taylor］は、その関連を認めもしなければ暗示もしなかった（Vietnam, S. 46ff. ドイツ語版五〇頁以下）。さらに「もっと堪え難い」ことだが、五〇年代の初めに、イギリスの軍刑法は、軍隊が軍紀を心配したので、以前の状態［Status quo ante］

に復帰した（それについては、クニーリエム〔Knieriem〕S. 267）。軍法違反を理由としてアメリカの軍人に対して行われた手続きにおいて、三四五条の一九四四年以来通用していた解釈は、無視された。そのことについては、後述の〔あとがきの脚註〕〔354〕以下で。国際軍事裁判所憲章八条および管理委員会法律第一〇号の二条四号は、事後的かつ遡及的に、拘束的命令の刑罰除外理由を、有罪判決を下さるべき犯罪行為について全面的に廃棄した。すなわち、「誰かある人が自己の政府や上官の命令の下に行動したという事実は、犯罪についての責任からその人を解放しないが、しかし、刑罰を軽減するものとして、顧慮されうる」と。――シュミットの提言は、この規則と同一であるが、しかし、正しくは、scelus infandum の意味での人道に対する犯罪のみに関係がある。

カウフマン〔Erich Kaufmann〕（一八八〇～一九七二）、ドイツの国法学者ならびに国際法学者、法哲学者。一九一二年以来、キール、ケーニヒスベルク、ボン、ベルリン、ミュンヘンの各大学で教授。一九二七～三三年、一九五〇～五八年、外務省法律顧問。一九三四年、ユダヤ人として強制退職。一九三八年、オランダへ亡命。

（5）一九一九年に「Société des Nations」「League of Nations」として創設された「国際連盟」〔Völkerbund〕が考えられている。メンバーは、まず、（アメリカ合衆国を除いた）第一次世界大戦の戦勝国家であった。国際連盟規約は、すべてのパリ講和条約の第一編を構成した。ドイツ国とのヴェルサイユ条約においては、一条から二六条であった。ドイツ国は、一九二六年九月八日に国際連盟に迎え入れられた。シュミットは、「ジュネーヴ連盟」〔Genfer Liga〕という言葉を用いた。なぜならば、「Völkerbund」という言葉は、全世界にわたる組織――すでにこの組織は、合衆国の不在のためそのようなものではなかった――を示唆していたが、何よりもしかし――シュミットの意見によれば――「Völkerbund」には、Bund（同盟）の性格が欠けていたからである。詳しくは、『国際連盟の核心問題』〔Die Kernfrage des Völkerbundes〕（ベルリン、一九二六年）において述べられている。国際連盟を定義する試みの一つのリストは、フライタフ―ロリングホーフェン〔Axel v. Freytagh-Loringhoven〕、Die Satzung des Völkerbundes（ベルリン、一九二六年、九頁以下）にみられる。

（6）シュミットは、ジュネーヴ議定書を、第三章第一節で述べている。そこでの註解(55)以下を参照せよ。

（7）ケロッグ規約は、第三章第二節で述べられている。そこでの註解(81)を参照せよ。

（8）「〔ドイツ語では〕Kein Verbrechen, keine Strafe ohne Gesetz」。この法諺の由来については、リープス〔Liebs〕、S. 144 Nr. 161. 168を見よ。

（9）いわゆるルッペ法（「死刑の宣告と執行についての法律」『ライヒ官報』一九三三年第一巻一五一頁）は、遡及的に、執行のやり方のみならず、とりわけ、刑罰そのものも厳しくし(懲役の代わりに死刑)、また、懲役刑に際しての刑罰枠を拡大した。全体、生命、身体、自由、および公安を害する違法行為に対する、違法行為の領域に発する故意の行為に関係した。その規定は、ほぼ二カ月遡及した。遡及の規範上のテクニックについては、ナウケ［Naucke］、S. 227を参照せよ。

(10)　**刑法典二条**「法律が処罰しうると明言したり、あるいは刑法の根本思想ならびに健全な国民感情に従って処罰に値する行為を犯したものは、処罰される。いかなる刑法もその行為に対して直接に適用されないならば、その行為は、その根本思想がその行為に最も良く適合する法律に従って処罰される」。一九三五年六月二八日の刑法典の変更のための法律、『ライヒ官報』一九三五年第一巻八三九頁以下（八三九頁）。

(11)　一九三八年六月二二日の自動車襲撃による追剝ぎ行為に対する法律、『ライヒ官報』一九三八年第一巻六五一頁以下。――このいわゆるゴッツェ法［Lex Götze］がある種の一連の犯罪に注目し、だからその法律が死刑を二年半遡及して制定したのに対して、一九三六年六月二二日の営利小児誘拐に対する法律（『ライヒ官報』第一巻四九三頁）は、世界的に注目と憤激とを引き起こしたリンドバーグの幼児の誘拐と殺害をきっかけとして成立した。その遡及効の期間は、三週間であった。一九三八年以後、刑法典二条aの規定は、おおよそ一五の事件において――些細な刑法においても時折――遡及効により破られた。ナウケの一覧表S. 227-233を参照せよ。遡及効禁止を切り崩すために、シュミット自身が関与した。すなわち、シュミットは、自己の「ナチズムと法治国家」という論文において、「法律なければ刑罰なし」という格率に、「刑罰なければ犯罪なし」という、彼によって正義命題として示された格率を対置したのである（『法律週報』一九三四年、七一三、七一四頁第一段）。

(12)　フォイエルバッハ［Paul Johann Anselm von Feuerbach］、Lehrbuch des gemeinen in Deutschland gültigen peinlichen Rechts, 1. Aufl., Gießen 1801、第二〇章「法律なければ刑罰なし、犯罪なければ刑罰なし、法の定めた刑罰なければ犯罪なし」。それについては、ボーネルト［Joachim Bohnert］、P.J.A. Feuerbach und der Bestimmtheitsgrundsatz im Strafrecht, Heidelberg 1982。その原理は、民事法の規定に関しては、既にローマ法で知られている。Dig.〔学説彙纂〕50, 16, 131 §1 S. 2 Hs. 2（ウルピアヌス）、50, 16, 244（パウルス）、刑法に関しては、近代初期において初めて、ためらいつつ、萌芽的に、展開されている。最近の文献は、シュライバー［Schreiber］、Gesetz und Richter――Zur geschichtlichen Entwicklung des Satzes „Nullum crimen, nulla poena sine lege" Frankfurt 1976。ダンネッカー［Dannecker］、Das intertemporale Strafrecht, Tübingen 1933, S. 103-176。――基本法は、「行為が罰せられるのは、その行為が行われる前に、その可罰性［Strafbarkeit］が法律的に規定されている場合だけである」（一〇三条二項。刑法典一条も同様）と、公式化している。

(13) 刑法典二条の内容は、「ある行為に刑罰［Strafe］を科すことができるのは、その行為が行われる前に、この刑罰［Strafe］が法律的に規定されていた場合のみである」となっている。

(14) ワイマール憲法一一六条「ある行為に刑罰を科すことができるのは、その行為が行われる前に、その可罰性［Strafbarkeit］が法律的に規定されていた場合のみである」。刑法典二条との字句内容の違い（“Strafe”の代わりに“Strafbarkeit”）は、いかなる実質的な変更も意味していなかった。アンシュッツ［Gerhard Anschütz］、Die Verfassung des Deutschen Reichs, 14. Aufl. 1933, Neudr. 1960, Aut. 116 Erl. 〔解説〕1, S. 548を参照せよ。

(15) ヴァーグナー［Hans Wagner］、Magna Carta Libertatum, 2. Aufl., Bern 1973, S. 24. ドイツ語〔それをここではさらに日本語〕に翻訳すると、「同輩の合法的な判決に基づくか国の法［Landesrecht］に基づくかの場合を別として、いかなる自由民も、逮捕、監禁、没収、法益剥奪、追放、あるいはいかなる仕方であれ破滅させられることもないし、さらに、朕は自由民に対して措置をしたりあるいは自由民に対して措置されるように指示しない」。

(16) コーク［Sir Edward Coke］、Institutes of the Laws of England, 1628, 4. Aufl., London 1639-1643.

(17) ロック［John Locke］、Two Trieties of Government, 1688/89, in: The Works of John Locke, London 1823, Bd. 5, S. 207 (400).

(18) 一七七六年のメリーランド憲法の一五条は、ソープ［Thorpe］編集、The Federal and State Constitutions, Colonial Charters, and other Organic Laws of the States, Territories, and Colonies now or heretofore forming the United States of America, Washington 1909, Vol. III, S. 1686ff. (1688)に、また、一七八〇年のマサチューセッツ州憲法の二四条は同上、S. 1888ff. (1892)に、一七七六年のノースカロライナ憲法の二四条は同上、Vol. V, S. 2787ff. (2788)に、一七八四年のニューハンプシャー憲法の二三条は同上、Vol. IV, S. 2453ff. (2456)に、復刻されている。一七八九年の合衆国憲法は、「いかなる権利剥奪法や事後法も制定してはならない」（一条九節）――「各州は、事後法を制定してはならない」（一条一〇節一項）と定めている。

(19) ジャクソン［Robert Houghwout Jackson］（一八九二―一九五四）、アメリカの法律家、弁護士として成功、「ニューディール左派」、一九四〇年一月合衆国司法長官、一九四一年七月最高裁判所判事、一九四五〜四六年ニュルンベルクにおける国際軍事裁判所でのいわゆる主要戦争犯罪人裁判の検察官。――シュミットの推測は正しかった。一九四五年四月二九日以来「首席検察官」［Chief Counsel］として合衆国戦争犯罪人委員会のリーダーであったジャクソンは、それまでの裁判計画に反対して、新しい国際法を創設するという明白な意図において、攻撃戦争という犯罪をともなった「平和に対する陰謀」が中心点に置かれるという意見を貫徹した。一九四五年五月一日の「戦争犯罪人の処罰」という彼の備忘録（ドキュメント第五二、スミス〔Bradley F. Smith〕、The American Road to Nuremberg, The Documentary Record 1944-45, Stanford 1982. S. 180f. 並びに、The Road to Nuremberg, London 1981, S. 215や至るところで）を参照せよ。国際法への彼の最初のデビュー――それは、ハバナでの一九四一年三月二七日の演説（AJIL 35, 1941, S. 348ff.）であるが、それを、クラカウ〔Knud Krakau〕は、「自己中心的見解の極端なもの、あらゆる国際法の解消を徹底的に行うに違いなく、自分の法観念や秩序観念を宣教的に投射することの極端なもの」として特色づけている――は、例えば政府に忠実なクウィンシー・ライト〔Quincy Wright〕の賛成を得たが（AJIL 36, 1942, S. 103-106）、しかし、例えばボーチャードからはきびしく批判された（AJIL 35, 1941, S. 618-625）。クラカウにおけるこれ以外の立証は、S. 403ff.。かかる意図は、「一九四五年六月六日、ジャクソン〔最高裁〕判事による大統領への報告」によって、一層詳しく説明された。この一貫してポピュリスト的で高級裁判官にとっては異常なスタイルは、裁判計画について納得させられるべきアメリカの世論がその本来の対象であったということを認識させる。ジャクソンは、「私の提案に基づいて、国防省は、軍人たちの中での戦争犯罪人と思われる者たちを、彼等に『彼等が単なる戦時捕虜であったならば彼等の官等に応じて当然に与えられるであろう特権を、与えないために』、通常の犯罪人と同様に取り扱う」ということを報告した。そして、そのことは、一九二九年の戦時捕虜条約に矛盾するし（v. Knieriem S. 361ff. を見よ）、また、ニュルンベルク裁判から強く影響を受けた一九四九年の戦時捕虜条約によっても是認されない（八七条四）。ジャクソンの報告については、シュミットは、国際的なまたドイツの報道機関における主なテーゼの流布によって――例えば一九四五年六月一二日の『ベルリン新聞』によって――知識を得ていた。ジャクソンの態度決定の重みは、「……この報告は、アメリカの政策の基調を設定しているという」アメリカ大統領トルーマンの声明によって明らかになった。そのために、それ以外の諸政府は、この報告をアメリカ合衆国の公式の態度決定と見なした。アメリカの報道機関は、「ジャクソン氏の声明は、消毒〔disinfection〕という徹底的な役目――その必要は、ロシア人も非常によく知っている――をするという、誠実さと決意に燃えており、そして、彼が報告しているところのものは、イギリスやフランスによっても共感されている。その文書は、クレムリンへの良き信頼のサインであるだろう」という回想に値する補足を伴って、熱狂的にこの報告を論評した（ゲーハート〔Eugene C. Gerhart〕、America's Advocate: Robert H. Jackson, Indianapolis/New York 1958, S. 318ff. において。そのS. 222ff. で、ハバナにおける上述の演説の成立について、「数週間にわたって、ジャクソンは、国際法の研究を行っていた」と）。ジャクソンの報告は、いくつか出版された。すなわち、Department of State Bulletin, Bd. XII, Nr. 311 v. 10. Juni 1945; International Conference, S. 42-54; AJIL 39, 1945, S. 178-190。ドイツ語では Bericht des Richters Robert H. Jackson, Die Friedenswarte 1946, S. 164-174。

(20) その「古代の立法者」は、確かめることができなかった。プルタルコス〔Plutarchos〕――彼の著した伝記はシュミットの蔵書の中にある（遺稿 RW 265-286）――のロムルス〔Romulus〕伝記との関連が考えうる。「彼は父親を殺した人についての刑罰規定をまったく制定せず、すべての殺害を父親殺しとして表すということが、特徴的である。明らかに、彼は、殺害を呪うべきものと見なし、父親殺しの可能性のことをまったく考えなかったからである。実際、彼がこのような犯罪を無視したということについては、長い間、彼は、正しいと思った。なぜならば、ほぼ六〇〇年の期間において、誰もローマにおいて、そのようなことを犯さず、ハンニバル戦争の後になってやっと、ホスティウス〔Lucius Hostius〕が最初の父親殺害者であったからである。」〔Plutarch, Große Griechen und Römer, Bd. 1, Zürich 1954, ツィーグラー〔Konrad Ziegler〕訳、S. 106。その指摘につき、私は、コンスタンツの同学の士シュラー〔Wolfgang Schuller〕のおかげをこうむっている〕。

(21) ヴェルサイユ条約**二二七条**は、次のような内容である。すなわち、「連合諸国は、前ドイツ皇帝、ホーエンツォレルン家のヴィルヘルム二世を、国際道徳ならびに条約の神聖さに対する重大な侵害のゆえに、訴追する。

被告人を弁護権の本質的な保障のもとで裁くために、特別な法廷が設置される。法廷は、五名の裁判官で構成される。それらについては、アメリカ合衆国、大英帝国、フランス、イタリア、日本の五大国から一名ずつ任命される。

法廷は、国際政策のもっとも崇高な諸原則に基づいて判決する。すなわち、法廷にとっては、荘重な義務、国際的な義務、国際的な道徳に尊敬を得させることが指針である。

連合諸国は、前皇帝を断罪する目的のために引き渡すことを、オランダ政府に要請するだろう。」

皇帝ヴィルヘルム二世に対する裁判を意図するヴェルサイユ条約二二七条に反対するドイツの抗議への回答において、連合諸国は、「現在の条約は、戦争の復活を防止するのに非常に不十分なものであったかつての諸解決の伝統と実際からの離脱をあきらかにすることを意図している。」と、宣言した（Note June 16th, 1919, 66th Congress, 1st Session [Sen. Doc. 149, 126]）。

(22) **二三一条**「ドイツとその同盟者たちは、連合国の諸政府とその国民たちがドイツとその同盟国の攻撃により強制された戦争の結果被ったすべての損失と損害の張本人[Urheber]として責任があるということを、連合国の諸政府は明言し、またドイツは承認する。」

(23) 『大地のノモス』においては、「……〔二二七条が、〕それ自体一つの犯罪をさえ表わすところの、〔犯罪としての戦争という新しい種類のものを含んでいるのに対して……」」という文章が加わる（S. 234上段）。『大地のノモス』においてそれに続く段落（「『戦争犯罪』という言葉でもって、今日、外面的ならびに個々的のみならずその法的構造においても互いに相違している、比較的多数の事態が示されている……」）は、鑑定書のテキストにおいては、「序論」に置かれている。『大地のノモス』においてそれに続く「従来の意味での戦争犯罪（ヴェルサイユ条約二二八条）」という題名の段落は、鑑定書の序論では欠けており、そこでは、同じテーマは短縮されて述べられている。

（24）ベートマン・ホルヴェーク［Theobard v. Bethmann Hollweg］（一八五六〜一九二一）。一九〇九〜一七年、ドイツ帝国首相兼プロシャ首相。一九一七年七月一三日に退陣したベートマン・ホルヴェークは、一九一九年五月二〇日に共和国首相シャイデマンに電信で、ドイツ皇帝を裁くことを意図して戦勝国によって計画された法廷に自ら出頭することを提案した。なぜならば、彼は、宰相としての自己の在任期間中、皇帝の政治的行為について、ドイツ憲法で国法的に規定された責任を担っていたからである。共和国政府は、外国の法廷によるドイツ人の断罪に基本的に賛成したくなかったので、かかる提案を拒否した。ベートマン・ホルヴェークもまた、かかる論拠に従った。ヴィルヘルム二世に対する彼の極めて批判的な立場にも拘らず、「ドイツという名称の名誉のために」自ら敵の法廷に出廷するという彼の真摯な覚悟については、いささかも疑問の余地がない。ビーチュ［Eberhard v. Vietsch］，Bethmann Hollweg――Staatsmann zwischen Macht untd Ethos, Boppard/Rh. 1969, S. 287を見よ。ヒンデンブルク元帥もまた、皇帝の代わりに連合国の法廷に出廷しようと願った。すなわち、一九一九年七月三日のフォシュ元帥あての彼の書簡およびベートマン・ホルヴェークの電信は、シュトシュ［A.v. Stosch］（上記註解（2））S. 50f. において、完全に再現された。ドイツの講和代表団のメンバーであったマックス・ヴェーバーは、彼がベートマン・ホルヴェークやまたルーデンドルフにも勧告した自己引渡しの中に、被告人から検察官に変じるチャンスを見ていた。彼のイニシアチブについては、Schwengler, S. 207ff. を参照せよ。ヴェーバーが、現代の見せしめのための公開裁判のテクニックについてまったくイメージを持っていなかったのは明らかである。

（25）二二七条の外交上の成立史を、ディックマン［Fritz Dickmann］は、自己の有名な論文において、詳しく描き出した。HZ 197 (1963), S. 1, 20ff. を参照せよ。アメリカの書物からは、ウィリス［Willis］，S. 65-86を見よ。

（26）ベルベル［Berber］，Teil VII, Strafbestimmungen（Art. 227-230），S. 1193ff. が、広範な文献リストをともなって詳しい。マンゴルト［Mangoldt］，S. 283, 289ff.。――ツトロフ［Tutorow］，S. 101f.（Nr. 772-788）は、二二七条を積極的に評価する文献を記録している。

（27）「対等のものは、対等のものを裁くことはできない」。「対等のもの（審判官）は、対等のものに対して支配権を持たない。［Par (judex) in parem non habet imperium］」（ドイツ語ではGleichrangige Herrschaftsträger können einander nicht befehlen）というローマの法原則の国際法的な把握は、Dig.〔学説彙纂〕36, 1, 13 §4; Dig. 4, 8, 3 §4（ともにウルピアヌス）。Dig. 4, 8, 4（パウルス）。また、リープス［Liebs］、S. 151を参照せよ。現代の理解は、「なぜならば、対等な者は対等な者に対して支配権を持たないがゆえに、一国が他国を支配する法を作ることはできないのだから。」（Tractatus represaliarum, Qu. 1/3, §10）という一三五四年に定式化されたバルトルス［Bartolus］に遡る。それについては、多くの文献を伴ったフェアドロス［Verdross］／ジムマ［Simma］§1168を参照せよ。

（28）一九二〇年一月一五日と二月一四日のオランダへの連合国の通牒、ならびに一九二〇年一月二一日と三月二日のオランダ政府の拒否回答は、Berber, S. 1195-1202に復刻されている。グレーヴェ［Grewe］、Fontes III 2, S. 730-731では、一九二〇年一月二一日のオランダ政府の通牒のみ。ウィリス［Willis］、S. 98ff. が詳しい。

（29）パリ講和会議の審議と結果は、国際的に、広範な著作の対象となった。グンツェンホイザー［M. Gunzenhäuser］と並んで、フーバー［E.R. Huber］、Verfassungsgeschichten, Bd., 5, S. 1152における選集を参照せよ。最近では、Willis, S. 65 ff. を参照せよ。

（30）La Documentation internationale. La Paix de Versailles, Vol. III: Responsabilités des auteurs de la Guerre et Sanctions, Paris 1930。この報告は、一九一九年二月三日から会議が始まったこの委員会の発言記録を内容としている。この委員会は、国際法上で経験豊かな法律家たちで構成されていた。この委員長の合衆国国務長官ランシングは、戦争前に、国際的な裁判において合衆国で一流の弁護士事務所を統率していたし、また裁判官として多くの国際的な仲裁裁判所に関与していた。J・B・スコットは、一九〇七年の第二回ハーグ会議において既にアメリカ合衆国を代表し、戦争法の特別な専門家と見なされていた（彼については、(39)を参照せよ）。パリ大学法学部長ラルノート［Fernand Larnaude］および政治家タルデュ［André Tardieu］は、フランスを代表した。一九二九年から一九三二年までの間しばしば首相を勤めたタルデュは、常にヴェルサイユ講和条約の絶対的な擁護者であり続けた。The Case for France, in: Lederer, S. 30-39を参照せよ。第二検事総長ポロック［Ernest Pollock］卿が、イギリスについて代弁した。国際法学者ロラン‐ジァクマン［Edouard Rolin-Jaequemyns］は、ベルギーを代表した。彼は、一八九九年の第一回ハーグ会議において既に、戦争法問題の委員会に報告者として働いていた。さらに、ギリシャ代表として、フランスにおいて教授をしていた国際法学者ポリティスが指摘さるべきである（彼について詳しくは(57)を参照せよ）。―

―その委員会には、その他の戦勝国の五つの代表が属していた(イタリア、日本、ポーランド、ルーマニア、セルビア)。委員会の事務総長は、フランスの国際法学者プラデーユ[Albert Geouffre de la Pradelle]であった。彼は、後に、上述の"Documentation internationale――la Paix de Versailles"を刊行した。

(31) ランシング(一八六四―一九二八)。アメリカの法律家。一九一五―一九二〇年、アメリカ合衆国国務長官。ランシングは、ウィルソン大統領の政策に批判的に対立し、彼によって一九二〇年二月一一日に辞職に追い込まれた。Robert Lansing, Die Versailler Friedens-Verhandlungen. Persönliche Erinnerungen, Berlin 1921を参照せよ。

(32) 一九一九年三月二九日の「戦争を開始した者の責任を審査する連合国間の委員会」の最終報告(フランス語では、Rapport présenté à la Conference des Préliminaires de Paix par la Commission des Responsabilités des Auteurs de la Guerre et Sanctions)――"Kommissionsbericht" S. 453-532――については、アメリカ代表のランシングとJ・B・スコットは、いくつかの留保を書いた。それは、一九一九年四月四日の日付のもとで、付属書類IIとして公刊された("Kommissionsbericht" S. 533-548)。最終報告と留保は、シュッキング[Walter Schücking]によって編集された"Kommentar zum Friedensvertrage. Urkunden zum Friedensvertrage"(クラウス[Herbert Kraus]とレーディガー[Gustav Rödiger]による改訂)、2. Teil, Berlin 1921, S. 1243-1312においても復刻された。アメリカの留保は、同書S. 1313-1329(両方とも同様にフランス語でも)。委員会ならびに下部委員会の業績については、Willis, S. 69ff.が詳しく報告している。――アメリカ人の立場は、代表団の法律顧問でアメリカの国際法学者のミラー[David Hunter Miller]の覚書きによって準備された。ウィルソン大統領については、ディックマン[Fritz Dickmann]、HZ 197 (1963), S. 1, 25ff.を参照せよ。

(33) "Kommissionsbericht" S. 544。――ウィルツ大尉は、南部一一州の人たちが一八六四年二月から一八六五年五月までジョージア州のアンダーソンビルに設置した超満員の捕虜収容所長を勤めた。収容所の不十分な状態や度を越えた保安措置は、全部で四万五千名の捕虜のうち一万五千名を死に至らしめた。「スイス系アメリカ将校」のウィルツは、戦闘終了後に北部諸州の軍事法廷に召喚されて、死刑を宣告され、一八六五年一一月一〇日に絞首された。その判決は、現在でも論争されているし、法的な許容性や裁判手続きの実行もまた、論争されている(J.G. Randall/David Donald, The Civil War and Reconstruction, 2. Aufl., Lexington/Mass. 1969, S. 643ff.を見よ)。その内戦の捕虜の状態は、北部諸州の収容所においては、たとえ収容するための相応な手段が存在していなかったとしても、多少ましだった。とにかく、北部諸州の収容所(エルミラ)における死亡率の最高は、二四%であったが、責任ある指揮官に対する裁判手続きは開始されなかった。全部で、南部諸州の捕虜収容所においては三〇二一八名（一五・三％）の捕虜が、北部諸州の収容所においては二五九七六名（一二％）の捕虜が、死亡した。それぞれに特徴を持った回想や非難の文献は、それに応じて膨大である。Civil War Books, a Critical Bibliography, hrsg. v.A. Nevins u.a., Lousiana State University Press 1967, Bd.1, S. 185-206。ウィルツ裁判そのものについては、国防省の（常に信頼できるとは言えない）報告——Trial of Henry Wirz, Washington 1868——だけしか存在していないのは明らかである。その判決についての訴訟書類の抜粋は、フリードマン［Friedman］I, S. 783-798。その問題すべてについては、マクファーソン［James M ・McPherson］の均衡のとれた描写 Battle Cry of Freedom——The Civil War Era, New York 1988を参照せよ。そのドイツ語訳は、（誤解を招きやすいタイトルだが）Für die Freiheit sterben——Die Geschichte des amerikanischen Bürgerkrieges, Müunchen 1922, S. 783ff.である。

（34）"Kommissionsbericht" S. 547.

（35）"Kommissionsbericht" S. 547.

（36）シュミットは、この引用文において、アメリカの留保からの文章——それは、原文においては連続していない——を要約している。「裁判所は、現行法のみに配慮し、それのみを適用し、道徳に対する違反や、人道の原則に反する行為は、より高次の裁き手に委ねる」という文章の後に、原文においては、比較的長い論証が続く。引用文の結びの文章（「国際的な刑事法廷を創設する計画はまったく注目に値しないという非常に確固たる感情を、アメリカの委員たちは持っている。すなわち、そのことについての判例はまったく存在せず、諸人民の慣例に一致しない」）は、要約である。"Kommissionsbericht" S.546と547を参照せよ。—クラウスとレーディガー（上記註解(32)）において、シュミットによってもたらされた引用文は、S. 1325と1325/26にある。—ロンドン会議において、一九四五年六月一九日に、フランス代表団の専門員で国際法学者のグロ［André Gros］は、「攻撃戦争を理由として政治家を刑法的に訴追することは、国際法には、これまで未知である」というランシングとスコットの態度決定を、自己の見解の根拠づけのために述べた。ジャクソンとマクスウェル-ファイフ［Maxwell-Fyfe］は、それに賛成したが、しかし、「リッベントロープ、ライ、シュトライヒャーを処罰できるために、一つの打開方法が見出されなければならない」と考えた（"International Conference", S. 295ff.）。一九四五年七月二三日に、グロは、とくに明白に表明した（上述書 S. 335）。察するに、カウフマン［Erich Kaufmann］は、ドイツ連邦国防軍の高級将校に対して一九五七年に行われた講演においてこの会議の議事録を引き合いに出した。すなわち、「ジャクソン報告は、衝撃的なドキュメントである。その報告は、いかに憲章の起草者たちが自己のやり方が問題を持ったものであるかを完全に意識して行動していたか、また、主要戦争犯罪人に対する裁判手続きの政治的目標を貫徹するために、いかに自己のやり方に反対しているそれ自身適切な考慮を無視したか、を示している。弁護人側が手続きの経過において述べたり、述べることが出来たかもしれない全ては、起草者たちによって気づかれていた。もしもその報告が審議の期間中に提出されていたなら、弁護人たちは、その報告を引用する必要があったであろう」(Gesammelte Schriften II, S. 446/47)。

(37) 一九一九年三月一二日に提出された、アメリカ代表団の決議案。"Kommissionsbericht" S. 331。

(38) "Kommissionsbericht" S. 331。これについて、シュミットがいずれのドイツ語の翻訳を利用したのか、あるいは、彼自身が翻訳したのか、不明である。――ウィルソンは、まず、この見解を受け継いだ。しかし、彼は、「四巨頭会議」(ロイド・ジョージ、クレマンソー、オルランド、ウィルソン)において、フランスとイギリスの意見へと転向させられた。その経過と背景については、ディックマン上記註解(32)、S. 39ff. および Willis, S. 77ff. が報告している。

(39) スコット(一八六六―一九四三)は、アメリカの国際法学者で、パリでのアメリカ講和代表団の顧問。ランシングとともに、アメリカの留保に署名した(註解(32)を参照せよ)。カーネギー国際平和財団の事務総長。彼の業績と人物については、フィンチ[Finch]、『アメリカ国際法ジャーナル』三八巻(一九四四)、S. 183-217を参照せよ。

(40) ダレス(一八八八―一九五九)は、アメリカの法律家で、アメリカの講和代表団の一員で、賠償委員会のアメリカ代表であった。一九五三~五九年、国務長官。

(41) アメリカ合衆国とドイツ共和国との間の一九二一年八月二五日の講和条約については、『ライヒ官報』S. 1317ff.。アメリカ上院は、一九二〇年一月一〇日に発効したヴェルサイユにおいて構想された戦勝国の講和条約を、条約内容に含まれている国際連盟規約を理由として、批准しなかった。しかし、この結びつきを他の戦勝国政府の抵抗に対抗して貫徹したのは、アメリカ大統領ウィルソンであった。ドイツとアメリカとの間の講和条約の締結については、E・R・フーバー、Verfassungsgeschichte, Bd. 7, S. 215f. を見よ。

(42) そのアンケートと結果は、雑誌『The literary Digest』の一九一九~二二年度刊においては、確かめることはできなかった。アメリカの「反カイザー熱」[antikaiser mania]の発生とクライマックスを、Willis, S. 3-48および各所で、詳しく描写している。

(43) 二三一条の文言は、上記註解(22)を見よ。戦間期からの資料、また戦争責任問題についての文献抜粋は、Berber, S. 1224ff.。文献リストは、Gunzenhäuser, S. 236-238を見よ。

(44) 上述のランシング・ノートは、一九一八年一一月五日のライヒ宰相マックス・フォン・バーデン皇太子宛てのウィルソン大統領のいわゆる第四のノートであった。Foreign Relations of the United States, 1918, Suppl. 1: The World War, Bd. 1, S. 468 (469)。そのドイツ語訳は、E.R. Huber, Dokumente, Bd. 3, S. 289所収。「……このノートに準拠してのみ賠償義務がある」というシュミットの言い回しは、賠償の法根拠についての激しい争い——その争いは、賠償委員会において、合衆国と他のすべての列強との間で行われた——をあてこすっている。その争点は、法律学的には、非常にデリケートなものであり、彼らの回答は、財政的に非常に影響のあるものだった。フランス、イギリス、その他の列強は、「国際法によれば、勝者は、敗者から、戦費も含めてのあらゆる損害の補償を要求できる」と主張した。アメリカの全権使節、特に賠償委員会における雄弁でかつ非常に粘り強いスポークスマンのダレス(上記註解(40))は、このような国際法条文——すなわち、戦費は、国際法上の条約に基づいてのみ負担させられ履行される——の存在を否認した。この場合においては、既に、一つの条約、すなわち、一九一八年一〇月と一一月のドイツ・ライヒ政府とアメリカ政府との間での覚書き交換——それによって、ドイツは、一九一八年一月八日にアメリカ議会でのウィルソン声明を「条件」(一四項目)として武器を捨てるという——が存在していたかもしれない(E.R. Huber, Dokumente, Bd. 3, S. 221ff.)。しかし、第七、第八、第一一の各項において、アメリカ大統領は、ベルギーからは「撤退され、元の状態に戻されるということ、また、フランスの占領されていた部分は、元の状態に戻されねばならず、アルザス－ロートリンゲンは、返還されねばならない(第七、八項)ということ、また、バルカン地域は撤退され、被占領地域は元の状態に戻されねばならないということ」(第一一項)のみを要求した。それは、ベルギーにとっては、完全な賠償を意味したし(一八三九年のプロイセンによっても署名された中立条約の故意の侵害を理由として)、フランスやその他の列強にとっては、国際法違反的に私人に加えられたこのような損害の補償を意味した。すなわち、このかぎりでのみ、損害賠償義務は、国際法から直接に導き出すことができるだろう。La Paix de Versailles, Vol. IV/1: La Commission de Réparations des Dommages, Paris 1932, S. 74ff., 117ff.ほか各所を参照せよ。それに対して、「ドイツに対する彼の怨恨から、何者にも屈しなかった」イギリスの代表、オーストラリアの首相ヒューズ[W.M. Hughes]は、一九一九年三月三日の会議において、イギリスにおける一九一八年一二月のいわゆるカーキ選挙の結果をも引合いに出した。それゆえに民主的な意思表明を担ぎ出した。「ドイツは、その最後の一サンチームまで支払わねばならない。休戦以来、グレートブリテンは、この問題について、総選挙で意見を明らかにする機会を得た唯一つの国、連合国中唯一つの国、である。選挙の結果は明確なものである。ドイツにその能力の限度一杯までの支払いを求める党派は圧倒的多数を獲得した。グレートブリテンの人々の正式の意思表明について、疑うことは不可能である。私としては、戦費を包含しない賠償請求を考えることは、不可能である」（S. 142）と。ロンドンの連立政府の政治家たちが、報道機関に支持されて、選挙戦において「そこに住んでいる英雄たちのために相応しい国土にイギリスをするように、ドイツは償いをするだろう」――そのために、ロイド・ジョージは、二四〇億ポンドという現実離れした金額を約束した――と約束したことを、ヒューズは黙っていたのは確かである。マイヤー［Mayer］、Politics and Diplomacy of Peacemaking. Containment and Counterrevolution at Versailles 1918-1919, New York 1967, S. 148ff. によるその選挙戦の詳細な描写を参照せよ。また、Willis, S. 49-64を参照せよ。法律学的には、アメリカの代表団は、基本的に目的を達成した。ただし、不幸な妥協の助けを借りてだけだが。すなわち、補償は、非戦闘員の損害についてのみ為されることになっていた（二三二条二）。ダレスは、その他の戦勝国の同意を、「ドイツとその同盟国は、ドイツとその同盟国の攻撃により強制された戦争の結果連合国政府および国民が被ったすべての損失と損害の張本人として責任があるという」（二三一条）ことを条約で承認することによって獲得した。その条項の成立について、バーネット［Burnett］, Bd. 1, S. 66ff., 784ff.（Document 216, 217, 224）が記録している。この交渉については、特にディックマン（上記註解(32)）S. 43ff.、シュヴァーベ［Klaus Schwabe］、Deutsche Revolution und Wilson-Frieden, Düsseldorf 1971, S. 302ff.、ならびに、バーネットへのその序言 Bd. 1, S. V-XIV におけるダレスの回顧、=Lederer, S. 66-72を参照せよ。ドイツにおいては、戦勝国の世論を満足させるために選ばれたかかる表現は、攻撃戦争を強制的に罪状認知すること、またドイツの単独責任を屈辱的に告白すること――それは、情緒的に破壊的な作用を示した――と受けとられた（ダレス、一九四〇年「……今日われわれが見ているドイツについての基礎を置いた」）。ダレスは、後に、「二三一条の結果を、誰も考えなかった。特に賠償委員会は、戦争責任問題についてまったく権限を持たなかった」と明言し、そして、「講和条約調印者」［Peace-maker］の「無分別」と「愚かさ」の原因について回顧的に思い患った（上述書）。また、連合国が「ドイツの財源［Hilfsmittel］は、すべてのこれらの損失と損害――それゆえに、国家所属員だけでなく、政府の「損失と損害」――の完全な原状回復［Wiedergutmachung］を確保するためには、現在の条約のその他の諸規定から生じる財源の永続的な減少を考慮に入れると、十分でないということ」（二三二条一）を承認したことによって、二三二条二は、市民の損害の補償に限定したことを法律学的に再び撤回した。それゆえに、その限定は、国際法からもウィルソンとライヒ政府との間の「条約」からも生じなくて、ドイツの貧困から生じた。賠償支払いの程度については、法律学的争いの結末は決定的なものではなくて、連合国の「原状回復委員会」による損害補償の確定（二三三条）が決定的なものであることは、確かである。部分的に非常に現実離れした損害報告の結果、一八六〇億金マルクの要求金額になった。その要求金額は、概算して一三二〇億金マルクへ減額され、一五億金マルクから三〇億金マルクまでの年賦をともなった五〇〇億金マルクと八二〇億金マルクの二つの系列において支払われる筈であった。一九二二年におけるすべてのドイツの国民資産を、ニューヨークの「ナショナル・バンク」は、一五〇〇億金マルクと評価した。詳細は、ヴュルツブルガー［Eugen Würzburger］、Wie die Reparationsforderungen begründet wurden. Probleme des Geld-und Finanzwesens, Bd. IX, Leipzig 1929で。そして、ケーンズ［John Maynard Keynes］は、既に一九二〇年において、賠償条項を、経済的に無意味なものであると鋭く批判していた(Lederer, S. 40-51において)。また、ザーリン［Edgar Salin］、Die deutschen Tribute, Berlin 1930、特にS. 241を見よ。ポソニー［Possony］、S. 81ff.は、要約的に、かつ最近の研究水準を呈示している。——賠償の歴史の諸段階を、フーバー［E.R. Huber］、Verfassungsgeschichite, Bd. 7, S. 148, 171ff.ほか各所で、特に508-515（一九二四年「ドーズ案」）、S. 694ff.（一九二九年ヤング案）、一九三二年七月九日のローザンヌ協定後の賠償の事実上の終了まで(S. 996-999)、描写している。

(45) 一九一九年二月三日の賠償委員会の口頭の審議のための構想。La Paix de Versailles, Bd.IV/1: La Commission de Réparations des Dommages, Paris 1932, S. 17。

(46) 一九一九年三月一一日の会議において、イタリアの全権使節アメリオ［Chiesa d'Amelio］は、「敵四国は、実際的には古典的な法律学者が呼ぶところの『犯罪の共同』［Societas Scelerie［原文のまま］］である。何世紀も以前から、すべての文明国の立法は、共同の不法行為をした者は、被害者に対して連帯責任を負うべきことを定めている……」と述べた。フランス民法典一三八二条、イタリア民法典一一五六条、アングロサクソン世界の法伝統、それらに言及したのち、彼は、「ドイツ民法も、八三〇条の明文で、この連帯責任の原理を採用している」(La Paix de Versailles, Vol. IV/1, S. 168）と付け加えた。

(47) シュミットは、ここにおいて、合衆国代表団のメンバーにとっては明確だが、内々のものである一九一九年二月四日の「損害賠償を決定する諸原理に関するフランスのプロジェクトについてのコメント」を引用する。このコメントでもって、ダレスは、ドイツ民法典八二三条に支えられた、すべての戦費を補償するという要求（別の見解である註解(44)を参照せよ）についてのフランスの理由づけに対して、次のような立場を明らかにした。すなわち、「我々が既に見たように、一般に容認された原理を体現しているドイツ法によれば、非合法な行為から生ずる損害に対してのみ賠償を必要とする。この原理に従って……」(シュミットによって引用されたテキストが続き、成果をともなって継続される)「……それゆえに、フランスのプロジェクトで用いられているように、『損害』という言葉は既存の国際法に違反する行為に起因する損害という学術的な意味で用いられているということが推定されうる。」ダレスのコメントは、バーネット、Bd. 1, S. 522/23 (Document No. 100) の資料に完全に復刻されている。

その立場は、遂語的には委員会会議の記録へは入れられていないが、しかし、内容的にはダレスのすべての寄稿の根底にある。La Paix de Versailles（註解(30)、Vol. IV/1, S. 74ff., 117ff. を参照せよ。パリ会議において二七歳であったダレスは、ここにおいて初めてライオンの爪を見せた。

(48) 一九一六年一〇月二六日の、オハイオ州シンシナティにおける都市婦人クラブでのウィルソン大統領の演説からの引用文は、„Have you ever heard what started the present war? If you have, I wish you would publish it, because nobody else has, so far as I can gather. Nothing in particular started it, but everything in general. There had been growing up in Europe a mutual suspicion, an interchange of conjecture about what this Government and that Government was going to do, an interlacing of alliances and understandings, a complex web of intrigue and spying, that presently was sure to entangle the whole of the family of mankind on that side of the water in its meshes" (Woodrow Wilson, The new Democracy, Presidential Messages, Addresses, and other Papers 1913-1917, Bd. 2, New York 1926, Repr. 1970, hrsg. v. Ray Stannard Baker/William E. Dodd, S. 381) という内容である。明らかに、シュミットは、これの翻訳から引用している。すなわち、「何が現在の戦争を引き起こしたのかを、かつて貴方は知ったことがあるか？ もし知ったことがあるならば、貴方方がそれを発表することを、私は望む。なぜならば、私が知っている限り、まだ誰もそれを公表しなかった。戦争を引き起こしたのは、いかなる特殊の原因でもなくて、事態のすべてなのであった。相互の不信が、この政府とあの政府の行為に関連して相互の猜疑が、同盟や協調の絡み合いが、陰謀とスパイ活動の密接な網——それは、確信をもって、くまなく諸人民たちをすべて術策の中に捕らえたに違いない——が、ヨーロッパでは発生した。」Wilson —— Das staatsmännische Werk des Präsidenten in seinen Reden, hrsg. v. Georg Ahrens und Carl Brinkmann, Berlin 1919, S. 138-143 (1442) 所収。アメリカ合衆国の世界大戦への参戦以来、それゆえに一九一七年四月六日以来、ウィルソンは、「ドイツの軍人は、ドイツの攻撃戦争に責任がある」と確信した。フランスの法学者のドゥマルティアル [Georges Demartial] は、多くの書籍において政治家たちの公的な責任の割振りに批判的に取り組んだが、ウィルソンのそれと関連する確言を「前[avant]——後[après]」と対比した (Le mythe des guerres de légitime défense, Paris 1931, S. 160)。ドゥマルティアルのドイツ語で出版された作品 Das Evangelium des Quai d'Orsay, Berlin (発行年がないが、一九二六年後)、および Die Mobilmachung der Gewissen, Berlin 1926を参照せよ。アメリカ合衆国においては、一九一六年のウィルソンのシンシナティ認識へ立ち返るところの論述を科学者たちが公然と発表するまで数年かかった。例えば、バーンズ [Harry Elmer Barnes]、Assessing the Blame for the World War. A Revised

Judgement Based on all Available Documents. New York Times „Current History", Mai 1924。翻訳されて、Die Kriegsschuldfrage, Jg. 1924, Nr. 10, S. 385-426所収。

(49) ベルベル［Berber］、S. 1226f. における一九一九年五月一三日のドイツの講和派遣団の通牒。

(50) 一九一九年五月二〇日のクレマンソー首相の回答通牒。ベルベルにおける翻訳は、Berber, S. 1227/28。

(51) 註解(44)を参照せよ。一九一八年一一月五日のランシング・ノートのオリジナルなテキストは、同様にバーネット［Burnett］、Bd. 1, S. 411 (Document 38)に復刻されている。

(52) J・B・スコットについては、上記註解(39)を参照せよ。

(53) ショットウェル（一八七四—一九六五）は、アメリカの歴史家、外交官。一九一七年以来、ショットウェルは、ウィルソン大統領の顧問であり、ヴェルサイユ講和会議のアメリカ代表団の一員であった(彼の日記は、一九三七年に出版された。At the Paris Peace Conference, New York)。一九四三年に、彼は、ルーズベルト大統領に将来の「国際連合」に関して助言した。一九四五年に、彼は、サンフランシスコでのアメリカ代表団の顧問団長であった。一九二二年以来合衆国において宣伝された「戦争違法化」の努力を、彼は、「アメリカの運動」へと改造した。カーネギー財団によって設立されたベルリン政治大学の講座開講のさいに行われた彼の講演「我々は世界史の転回点に立っているのか？」(Ausgleich als Aufgabe und Schicksal, hrsg. v. Ernst Jäckh, Berlin 1929, S. 15-30所収）は、ドイツでは最も有名になった。ケロッグ規約へのショットウェルの努力は、有名であった(上記 Jäckh, S. 29を見よ)。このテーマへのショットウェルのその他の著作は、War as an Instrument of National Policy and its Renunciation in the Pact of Paris. New York 1928, London 1929。ドイツ語版は、Der Krieg als Mittel nationaler Politik, Berlin 1930である。ケロッグ規約成立に際しての彼の実際の役割を、フェレル［Robert A. Ferrell］S. 23, 72ff. ほか各所で、「ショットウェルは、ブリアンを信じた。我々は、ショットウェルがブリアンを信じたと信じている。しかし、老練な外交家は、誰もそうしないだろう」(S. 74) という的確な表現でもって、冷静に描いている。

一九四七年にシュミットは、ショットウェルのベルリンの講演を、ドイツにとって「萌芽と不吉な前兆に満ちた講義の一つ」として特徴づけ、一八四一年一一月のベルリン大学でのシェリングの講義と比較した(『グロサリウム』一九四七年九月二日、七頁)。その他でも、シュミットは、『グロサリウム』においてしばしば、ショットウェルにたち戻った (S. 6, 7, 8, 10, 303)。ショットウェルへの著しく詳細な註解は、『大地のノモス』S. 246脚註1にも存する。

(54) ミラー（一八七五—一九六一）は、アメリカの国際法学者、ヴェルサイユ講和会議のアメリカ代表団の顧問。「戦争の違法化」

（註解(53)を参照せよ）の理念を文書的にも主張し、それを目指す国際的な取決めに献身した。D. Hunter Miller, The Geneva Protocol, London 1925, The Peace Pact of Paris, London 1928, Le pacte de Paris ou traité Briand-Kellogg, in: Année politique Française et etrangère, Bd. 4 (1929), S. 1ff.。

(55)　「一九一九年のジュネーヴ連盟［Genfer Liga］」としての「国際連盟」の名称については、上記註解(5)を参照せよ。

(56)　一六条「一二条、一三条ならびに一五条による約束を無視して戦争に訴えたる連盟国は、当然他のすべての連盟国に対し戦争行為を為したるものと見なす。他のすべての連盟国は、これに対し直ちに一切の通商上または金融上の関係を断絶し、自国民と違約国国民との一切の交通を禁止し、かつ連盟国たると否とを問わず他のすべての国の国民と違約国国民との間に一切の金融上、通商上または個人的交通を遮断すべきことを約す。

連盟理事会は、前項の場合において連盟の約束擁護のため使用すべき兵力に対する連盟各国の陸海または空軍の分担程度を関係各国政府に提案するの義務あるものとす。

連盟国は、本条により金融上および経済上の措置をとりたる場合においてこれに基づく損失または不便を最少限度に止むるため相互に支持すべきこと、連盟の一国に対する違約国の特殊の措置に抵抗するため相互に支持すべきこと、ならびに連盟の約束擁護のため協力する連盟国軍隊の自国領域内の通過につき必要な処置をとるべきことを約す。

連盟の約束に違反したる連盟国については、連盟理事会に代表せらるる他の一切の連盟国代表者の連盟理事会における一致の表決をもって、連盟よりこれを除名する旨を声明することを得。」

(57)　この命題は、前文に書かれていた。すなわち「……そして、攻撃戦争はかかる連帯の侵害であり、国際犯罪であるということを確信する……」と。――ジュネーヴ議定書は、ポリティス［N. Politis］とベネシュ［Eduard Benesch］との共同の報告に遡る。それは、国際連盟規約の改定改良された第二版になるはずだった。ポリティスとベネシュによって指導された国際連盟の委員会の準備作業については、Journal Officiel――S.D.N. (A), 1924, Nr. 24, S. 119ff. および129ff. 参照のこと。計画された平和的紛争解決（議定書の二～九条を参照せよ）ならびに以下の補足――すなわち、一、攻撃概念の明確化、二、国際連盟理事会の確定権限と指示権限の拡大、三、議定書署名国を制裁執行へ不可避的に義務づけること――による国際連盟規約の制裁機構の実効化をめぐる努力が、議定書の重点を形成している（議定書の一〇条を参照せよ）。国際連盟規約は、かかる要素をその当時まで含んでいなかった。国際連盟規約一六条は、国際連盟のメンバーに、彼等が自己の決断権において、制裁事項［casus sanctionis］を確定した限りで、制裁行使の権利を与えた。国際連盟理事会は、勧告できるだけだった。――議定書のテキストは、

Journal Officiel — S.D.N.（A), 1924, Nr. 24, S. 136ff. およびグレーヴェ［Grewe］、Fontes III 2, S. 941-953に復刻されている。議定書の解釈については、ヴェーヴェルク、Das Genfer Protokoll, Berlin 1927。——ヴェーヴェルク（一八八五—一九六二）は、ドイツ国際法学の平和主義的傾向の指導的な法律学的著述家。『Friedenswarte』の編集者。一九二八年以来、ジュネーヴ大学の正教授。ベネシュ（一八八四—一九四八）は、チェコの政治家。パリ和平交渉——ここからチェコスロヴァキアが生まれてきた——の首席全権使節。一九一八～三五年、チェコスロヴァキア共和国の外務大臣。一九三五～三八年、一九四五～四八年、大統領。

ポリティス（一八七二～一九四二）は、一八九八～一九一四年、フランスの国際法学者、最後にパリ大学。彼は、一九一六～二〇年ならびに一九二二年に、ギリシャの外務大臣であり、一九二四～二七年に、パリ駐在ギリシャ大使であった。彼は、国際会議および国際連盟においてギリシャを代表した。すなわち、ハーグにおける国際法アカデミーの創立者であり、最後に常設国際司法裁判所の裁判官であり、国際法学会の会長（一九三七～四二）であった。ヴェルサイユの講和会議において、一九一九年に、彼は、責任問題に関する委員会において、ギリシャを代表した（註解(30)を参照せよ）。彼の著作から以下のものが強調さるべきである。La Justice International, Paris 1924. Les Nouvelles Tendances du Droit Internationale, Paris 1927（英語の、かつ改訂された翻訳は、The New Aspects of International Law, Washington 1928）。La Neutralité et la Paix, Paris 1935（英語の翻訳は、Neutrality and Peace, Washington 1935）、Le Problème des Limitations de la Souveraineté et la Theorié et l'Abus des Droits dans les Rapports Internationaux（RdC 6, 1925, S. 1ff. 所収）。この著作でもって、ポリティスは、第一次世界大戦後に始まる主権制限の国際法ドクトリンの代表者として、自己を明確に証明した。特徴的な仕方で、彼は、「真の平和政策の目標は、戦争を防止することであって、戦争を一層人道化することではない」(Die Zukunft des Kriegsrechts, in: Wie würde ein neuer Krieg aussehen? Untersuchung, eingeleitet von der Interparlamentarischen Union, Zürich 1932, S. 371ff., 389)と述べ、平和破壊に対する執行戦争［Vollstreckungskrieg］のための戦争法を広範に人道化することについては、何も行わなかった。

(58) Projet de Traité de désarmement et de sécurité présenté, avec des commentaires, par un groupe américain, Société des Nations. C. 339. 1924. IX, Genève le 7 juillet 1924; International Conciliation No. 201, 205, 208。英語のテキストは、フェレンツ［Ferencz］I、S. 124-127で。ショットウェルとともに、ミラー（上記注解(54)を参照せよ）もまた、関与した。ヴェーヴェルク［Wehberg］、Ächtung, S. 32f. を見よ。

(59) 一九三二年から一九三四年の間の国際連盟の軍縮会議は、Ferencz I, S. 194-254に記録されている。

(60) ブラックストン、Commentaries on the Laws of England, 1765-69, 16. Aufl., London 1925, Bd. 4, S. 66ff.

(61) Littré, Dictionnaire de la langue française, Paris 1869, Bd. 1, S. 230.

(62) 『大地のノモス』においては、この文章は、異なる構成であるために、異なって表現された。すなわち、「もともと、一九世紀においては、crime de l'attaque (de l'agression ではなく) としての攻撃の犯罪について語られていた――それによって、Angriff が agression という (マイナス価値を負荷された) 意味を持つとともに attaque あるいは attack という価値自由的なカテゴリーをも表しているドイツ語の場合よりも、法律学的な事態は一層明確になる――ことを、我々は (上述八七頁以下で) 証明した」(二四九頁以下) と。

(63) 安全保障条約の草案を、セシル (註解(72)を見よ) は、一九二二年七月に、国際連盟の混合軍縮委員会に提出した (テキストと議論は、Ferencz I, S. 70-83)。その条約によって、利害関係あるすべての列強は、攻撃戦争の場合に、即時かつ有効な援助を約束するはずであった。同時に、初めて、国際連盟の内部において、すべての攻撃戦争弾劾[Ächtung]への要求が樹立された。すなわち、「……攻撃戦争は、国際犯罪である」(一条一項) と。しかしながら、安全保障条約は、国際連盟の僅か一八のメンバーによってのみ受け入れられた。イギリス、アメリカ合衆国、ソヴィエト連邦、ドイツ共和国および他の列強は、その提案が極めて様々な根拠から議論のための相応しい原理とは見なされえないと、宣言した (それら諸政府の立場は、Ferencz, I, S. 84-131に再現されている)。シュッキング[Schücking]は、あの「ヴェルサイユの平和が……作り出した、恣意的かつ不正な国境……」の保障と同盟事例との結びつきを批判した。すなわち、「一〇条は、……諸人民の自決権を無視し、そして、不正な国境を永久に維持しようとする」、またその安全保障条約は、「軍事ブロックの体系」を作り出すだろう(Garantiepakt und Rüstungsbeschränkung, Berlin 1924. S. 11, 16° Schücking/H. Wehberg, Die Satzung des Völkerbundes, 2. Aufl. Berlin 1924, S. 422ff. また、Wehberg, Ächtung, S. 18ff. を見よ)。

シュッキング (一八七五―一九三五) は、ドイツの法律家。ブレスラウ、マルブルク、ベルリン各大学教授。一九一九年、ヴェルサイユにおけるドイツ派遣団のメンバー。一九二八年、キール大学国際法学会会長。一九二〇～二八年、国会議員 (ドイツ民主党)。一九三〇～三五年、常設国際司法裁判所裁判官。シュッキングは、組織された平和運動において、指導的地位を占めていた。

(64) ケロッグ規約については、註解(81)を参照せよ。

(65) Journal Officiel ― S.D.N. (C), 1925, Nr. 4, S. 446-450.
チェンバレンは、一九二五年九月九日に、国際連盟総会において、もう一度立ち入った。Journal Officiel ― S.D.N. (A), 1925, Nr. 33, S. 37-39を参照せよ。

(66)「不動産占有妨害禁止命令」[Interdictum „uti possidetis, quominus ita possideatis, vim fieri veto“ (D. 43, 17, 1 pr.)]、すなわち、占有を実力的に妨害することの禁止は、古典的なローマ法においては、不動産においてだけである。ユスティニアヌス法においては、不動産における実力の禁止と動産における動産占有妨害禁止命令[interdictum utrobi]との間は、もはや区別されない。ヴィントシャイト[Bernhard Windscheid]、Lehrbuch des Pandektenrechts, 9. Aufl., Frankfurt/M. 1906、キップ[Theodor Kipp]改訂、Bd. 1, S. 812ff. を参照せよ。――関与されているが「占有している」[besitzend]国家に対して講和条約が領土を明確に配分しなかった場合ならびに範囲内において、国際法においては現状[Status quo]保護の原理が適用された。〈貴方方が所有しているがままに〉[uti possidetis]はスペインの植民地体制の終焉後に南アメリカの国境がスペインの行政区域の境界を踏襲したように、一九世紀以来、新しい国家の形成へ転用された。第二次世界大戦後に、アフリカの諸国家は、以前の植民地の国境の状態において成立した。それゆえに、国際司法裁判所は、〈貴方方が所有しているがままに〉の原則を、国家独立の成立と論理的に結びついた普遍的な国際法原理と呼ぶ(国際司法裁判所報告一九八六年S. 554, 556: Frontier Dispute Burkina Faso――Mali)。国際法における歴史については、ウールリッジ[Frank Woolridge]、EPIL 10 (1987), S. 519ff.、ならびに、連邦国家のこれまでの州境に基づくことになっているユーゴスラヴィアの継承国家の国境についての、クライン[Eckart Klein]、Der Staat 32 (1993), S. 367f. を参照せよ。

(67) 国際連盟規約の一〇条は、以下の如くである。
「連盟国は、連盟各国の領土保全および現在の政治的独立を尊重し、かつ外部の攻撃に対してこれを擁護することを約す。攻撃の場合またはその脅威もしくは危険ある場合においては、連盟理事会は、本条の義務を履行すべき手段を具申すべし。」

(68) ドイツとベルギー、およびドイツとフランスとの間の条約であるロカルノ協定は、一九二五年一〇月六日にロカルノにおいてドイツの西方国境の現状を保障するために――条約当事者は、「いかなる場合にも攻撃[Angriff]、侵入[Einfall]、戦争[Kriege]に相互に着手しないこと」(二条)を相互に義務づけられた――締結されたが、しかし、防御戦争を留保した(二条二項)。出典は、『ライヒ官報』一九二六年II S. 585=Grewe, Fontes, III 2, S. 1085-1088, Ferencz I S. 157-160。

(69) 不可侵協定は、Grewe, Fontes, III 2, S. 1090ff. で。

(70)　ポリティス報告と彼の討議は、Ferencz I, S. 163-172, 173-189で。この時代における攻撃定義の努力については、一般的には、ブリエル［Yves de la Brière］、La définition de l'agresseur, in: L'Esprit International 7 (1933), S. 616ff. およびRevue de droit International, 1934, S. 266ff. 所収のポリティス報告参照のこと。ドゥマルティアルは、「攻撃戦争」と「正当な防衛戦争」という概念は戦争の熱狂を生み出そうとする政治的プロパガンタであるとし、批判的に分類している（上記註解(48)が全般的に）。一九三八年までのドイツ帝国国民の［reichsdeutsch］著作からは、例えば、ロッゲ［Heinrich Rogge］、Nationale Friedenspolitik, Berlin 1934, S. 230ff.、およびライヒヘルム［Konrad Reichhelm］、Der Angriff. Eine völkerrechtliche Untersuchung über den Begriff, Berlin 1934。国際連盟の法律家の見解を反映しているものとしては、ヘルツ［Wilhelm G. Hertz］、Das Problem des völkerrechtlichen Angriffs, Leiden 1936。基本的には、目下、Ferencz の七〇年代にまで達している業績二巻。

(71)　リトヴィーノフ［Maskim Maksimowitsch Litwinow、本名M.M. Wallach］（一八七六—一九五一）、ソヴィエトの政治家。一九三〇〜三九年、外務人民委員。一九四一〜四三年、駐ワシントン大使。

(72)　セシル［Lord Robert Cecil］（一八六四—一九五八）、イギリスの政治家、外交官。一九一九／二〇年、パリ講和条約交渉におけるイギリス派遣団のメンバー。ウィルソンの観念ならびに「国際連盟」——これについて、彼は、自己の草案を提案した（ランシング、Die Versailler Friedensverhandlungen, S. 221-224に復刻）——の理念の信奉者。そのテキストは、イギリスの国際法学者フィリモア［Robert Phillimore］の草案を土台にし、イギリスやアメリカの派遣団の法顧問ハースト［Hurst］やミラーによって手を加えられた。彼によって一九二二年に企画された「安全保障条約」については、上記註解(63)を見よ。マクドナルド政府との彼の紛争に際して、下院において、辛辣な論評があった。James Ramsey MacDonald am 24. November 1927, Parlamentary Debates, Official Report, 5th series, Bd. 210, Sp. 2090、ならびにSir Austen Chamberlain, ebd., Sp. 2102を参照せよ。セシルは、一九三七年に、ノーベル平和賞を受け、一九四六年に、国際連合の名誉議長になった。

　チェンバリン［Sir Austen Chamberlain］（一八六三—一九三七）は、イギリスの政治家、一八九二〜一九三七年に、下院の保守党議員、いく度か大臣、一九二五〜二九年に、外務大臣、一九二六年に、ロカルノ協定締結を理由として、ブリアンやシュトレーゼマンとともに、ノーベル平和賞。異母弟 Arthur Neville Chamberlain（一八六九—一九四〇）——一九三七〜四〇年イギリス首相——と混同してはならない。

(73)　Journal Officiel——S.D.N. (A), 1925, Nr. 33, S. 37-39。

(74) 「占有の訴え［Possessorium］——本権の訴え［Petitorium］」、すなわち、占有に基づく請求権は、占有から生ずる請求権であり、本権上の請求権は、所有権から生ずる請求権である。占有者が正当であるか否かに関わりなく、占有が単なる事実上の物件支配であろうとも、占有は、一つの権利の如くに守られる。すなわち、占有を侵害することは、違法であり、正当防衛や自力救済の権利を付与される。

(75) この本文は、『大地のノモス』においては、次のように続く。「このような抽象化は、まさにその様式では、正しい敵［justus hostis］——すなわち、もしかすると正しい［möglicherweise recht haben］敵——という観念と同じように、実現はほとんど困難である。その他にもしかし、このような抽象化は、これまで未だ存在していないのだが、信用しうる国際的な司法——それは、暫定的な占有保護に対しても、正しい事案を助けてすぐに勝利を得させるのだが——を前提としているのである。もしも公平な国際的な裁判所がまったく同時に設立されないならば、攻撃は最上の防御なりという古い命題は、防御は最上で最も有効な攻撃でありうるという新しい命題へと逆転するであろう」（S. 253）と。

(76) Parliamentary Debates, Official Report, 5th series, Bd. 210, Sp. 2105において。そこではまた、「もしも貴方が、前もって、貴方が予知できない状況について、それによって攻撃者が決めらるべき厳密な定義を主張するならば、このようにして貴方に未知である状況についてこれらの精密なルールを作る際に、（必要が生じるならば、）貴方の定義におけるある不適切な用語によって、（その時のすべての人の知識にとって）被攻撃者であって犯罪者でないあの関係者を攻撃者であると貴方が宣言してしまったということがないかどうかについて、貴方は絶対に自信があるのか？」と述べられている。

(77) シュミットは、『大地のノモス』の二五四頁において、この箇所にさらに続いて註解を付け加えていた。すなわち、「援助義務と正戦の正当原因との関連は、極めて古くからのものである（『大地のノモス』七一頁註「ビトリアの場合における正しい権限としての同盟者保護権」参照のこと）。テキストに引用されている言説に際して、しばしば引用されているキケロの主張が想起される。この偉大な雄弁家は、『ローマ人たちは正戦のみを行った』と大真面目に語っていた。この際に、キケロは、同盟者を援助することに、正戦のための一つの根拠を見ていることは確かである。この様にして、『ローマ人たちは正戦のみを行った』ということを証明することは容易である」と。ここにおいて、なるほど、シュミットは、ラエリウス［Laelius］断章 De re publica, 3, 23における正戦と不正戦の叙述を引き合いに出す。この断章は、「保護のため［pro fide］ないし安全のためでなくては、最良の国家によっていかなる戦争も行われない」という確認でもって始まる——保護のため、すなわち（同盟者に）与えられた言葉のために。ローマの正戦の喜ばしい結果を、キケロは、実際、ローマの独り善がりの正義を用いて、次のように記述する。「しかし、我々民族は、同盟者を防御することによって、既にすべての国をわが物にした」と。しかし、この断章を、ラエリウスのもの——キケロの意見——とすることは、誤りである。キケロの無味乾燥な非情さという状態において、それは、本来、ラエリウス——キケロが冷静なペシミスティックな権力リアリストの立場から語らせるのだが——のライバルであるフィルス[Philus]に一層よく適合する。その際、引用された文章は、フィルスのアイロニーであったかもしれない（ビュヒナー［Karl Büchner］、Cicero, Der Staat, 5. Aufl., Darmstadt 1993, S. 394/95を見よ）。正戦についてのローマの理論——シュミットとの論争においても——については、現在、デマント［Alexander Demandt］、Der Idealstaat. Die politischen Theorien der Antike, Köln 1993, S. 247-275）を見よ。

(78) チェンバレン「だから、私は、攻撃者を定義するかかる試みを拒否し続けるのである。なぜならば、このような形式的な定義は、無実なものには陥穽に、罪あるものには道標に、なるかもしれないと私は信ずるからである」Parliamentary Debates, Bd. 210, Sp. 2105。この周知の引用文は、現在、Grewe, Epochen, S. 730においても。チェンバレンについては、註解(72)参照のこと。

(79) 上述の文章は、『大地のノモス』S. 255において、次のように、異なって表現されている。「このしばしば引用されている言葉の中に、攻撃の法的な禁止を求める法律学的な努力と、戦争の即時廃止という道徳的な要求との間に存する深いジレンマが明らかになる。」

(80) この運動の最も主要な綱領宣言的な著作を、モリソン[Charles Clayton Morrison]、The Outlawry of War. A Constructive Policy for World Peace, Chicago 1927が作成した。モリソンは、「クリスチャン・センチュリー」の編集者であった。法律学的に基本的なものは、クウィンシー・ライト［Quincy Wright］、Changes in the Conception of War, in: American Journal of International Law, Bd. 18 (1924), S. 755、およびThe Outlawry of War, in: American Journal of International Law, Bd. 19 (1925), S. 74-103。ドイツの文献からは、デバル［Wolf von Dewall］、Der Kampf um den Frieden, Frankfurt a. M. 1929、さらにはヴェーベルク［Wehberg］、Ächtung, S. 22ff. における説明と文献を参照せよ。

(81) ブリアン［Aristide Briand］（一八六二—一九三二）は、フランスの法律家、政治家。しばしば首相。一九二五～三二年、外相。一九二六年、ノーベル平和賞（シュトレーゼマンとともに）。——ケロッグ［Frank B. Kellogg］（一八五六—一九三七）は、アメリカの法律家、政治家。一九二四／二五年、駐ロンドン大使。一九二五～二九年、国務長官。一九二九年、ノーベル平和賞。

ケロッグ規約は、フランス外相ブリアンが一九二七年四月六日に、ＡＰ通信社の斡旋によりアメリカ国民へ呼び掛けたメッセージに由来した。その積極的な反響は、一九二七年六月九日にパリ駐在アメリカ大使に条約案――すなわち、合衆国とフランスは、戦争を非とし［verurteilen］、国家政策の手段としての戦争を断念する［verzichten］という宣言――を手交するよう、ブリアンをして志させた（テキスト：Weißbuch, S. 8f.）。ブリアンは、その双務的な計画を用いて、フランスがベルギー、ポーランド、チェコスロバキア、ルーマニア、ユーゴスラヴィアと、第一次世界大戦後に、（ドイツに対する）自己の新しい国境の安全のために打ち立てた軍事同盟の体系を、合衆国との「消極的な同盟」――それによって、アメリカの中立は保障されるはずだったが――によって補完しようと思った。逆に、アメリカの国務長官ケロッグは、引き続いての通牒交換において、戦争を非とし政策の手段としての戦争を断念することについての双務的な案を、多国間の案――この案は、一九二八年四月一三日に、ドイツ、イギリス、イタリア、日本の諸政府に手交された――へと変えた（テキスト：Weißbuch, S. 34-37）。フランスと合衆国、また上述の受領国の他に、オーストラリア、ベルギー、インド、アイルランド、カナダ、ニュージーランド、ポーランド、南アフリカ連邦、チェコスロバキアが加盟した。その条約の本文は、『ライヒ官報』一九二九年II、S. 97＝Grewe, FontesIII 2. S. 959-961＝Ferencz I, S. 190-193所収。後に、国際連盟の多くのメンバー――ソ連邦も――が加盟した。――資料：リザン［Arnold Lysen］、Le Pacte Kellogg, Leyde 1928。外務省の白書 Materialien zum Kriegsächtungspact, 1. u. 2. Ausg. Berlin 1928, 3. Ausg. Berlin 1929。シュトルップ［Strupp］、Der Kellogg-Pakt im Rahmen des Kriegsvorbeugungsrechts, 1929。マンドゥルスタン［André N. Mandelstam］、L'interprétation du pacte Briand-Kellogg par les gouvernements et les parlements des états signataires, Paris 1934。合衆国外交団によるケロッグ規約の運用については、カレント［Richard N. Current］、Consequences of the Kellogg-Pakt in: George L. Anderson (Hrsg.), Issues and Conflicts ―― Studies in Twentieth Century American Diplomacy, Lawrence 1959, S. 210-229が伝えてくれる。最も重要な同時代の文献は、ミラー［D.H. Miller］、The Peace Pact of Paris, London 1928。ショットウェル［Shotwell］、War as an instrument of national policy, New York 1929。Wehberg, Die Ächtung des Krieges, Berlin 1930。時流にかなって批判的なのは、ヴィルフィンガー［Bilfinger］、Das wahre Gesicht des Kellogg-Paktes ―― Angelsächsischer Imperialismus im Gewande des Rechts, Essen 1942, S. 8ff.。その文献は、マシュケ［Günter Maschke］、Frank B. Kellogg siegt am Golf, in: Siebte Etappe, Bonn 1991, S. 28-61; Achte Etappe, Bonn 1992, S. 81-112によって、包括的に処理されている。

　第二次世界大戦後に、ケロッグ規約の成立史を正確に描き出したアメリカの歴史家フェレル［Ferrell］は、「ブリアンは、彼の先に示した意図を追求するために、アメリカ平和運動の理想主義ならびにそれの指導的代表者たちの経験不足を自己の利益のために利用した」という結論に達した。すなわち、「ケロッグ－ブリアン規約の成立史は、一九一八年以後の国際的出来事の大問題や諸政策についてのアメリカ民衆の理解がひどくナイーブであったということを示している。しかも、常日頃から、教養のあるところを見せようとしていたアメリカで最も尊敬されている市民たちの中には、暗愚という点では彼等が指導しようとしていた公衆と大差ないことがバレてしまった者もいる。……その事実は、かかる未熟なアメリカの理想主義を観察しているブリアンが、フランスと合衆国との間の『永久の友情』という彼の名状しがたい目的のために、驚くべき安易さでもってそれを操作できたということを、今に伝えている」と、Ferrell, S. 264/65は、述べている。

合衆国に関するケロッグ－ブリアン規約の政治的機能を、グレーヴ級のひとりの国際法学者兼外交官は、合衆国の「国際連盟体系に対する……世界政治的逆襲」と、特徴づけている。この国際連盟体系の助けを借りて、合衆国大統領は、世界の仲裁人の役割を演じようとしたのだが（Epochen, S. 693）。シュミットは、一九三二年に、彼の尊敬の念を隠さずに、アメリカがケロッグ規約をこのように手段として利用することを、予見した。すなわち、「モンロー主義が合衆国の意のままになるように、合衆国は、ケロッグ規約に対してもまた、自己自身が定義し解釈し適用するという、世界的強国にとって自明である立場をとることができる。あるものがどういう場合に戦争であったり国際政策の平和的手段であったり……するのかを、合衆国が決断するのである。……合衆国の偉大な優越や驚嘆すべき政治的業績は、合衆国が未決定なままで一般的な概念を利用するという点に、再三再四示される。……このような弾力性や幅広い概念を用いるこのような能力を操作することは、また、地上の人々に合衆国を尊敬するよう強制することは、世界史的重要性をもった現象である。あの決定的な政治的な諸概念においては、まさに、それを解釈し適用するのは誰なのかが重要なのである。すなわち、平和、軍縮、干渉、公的な秩序と安全、とは何かを具体的な決断によって述べるのは誰なのかが重要なのである。人類一般の法的および精神的生活における最も重要な現象の一つは、真の権力を所有している者が自ら概念や言葉を規定できるということである。『皇帝は、主人であって、文法を越えている』[Cäesar dominus et supra grammaticam]。皇帝は、文法を越えて主人である。帝国主義は、自分自身の概念を作る。そして、誤れる規範主義と形式主義は、結局、戦争とは何かまた平和とは何かを誰も分からないということへと導くのである。……一つの主要な国民が他の国民たちの言い回しやさらには思考様式、語彙、専門用語、概念を自ら規定する場合、それは、真の政治的権力の表現である。……ドイツ人として、私は、アメリカ帝国主義についてのかかる叙述においては、ぼろを纏った乞食が他人の財産や宝物について語っているような感情しか持つことができない」（Völkerrechtliche Formen des modernen Imperialismus、一九三二年に行われた講演、まずケーニヒスベルクの“Auslandstudien”, Bd. 8, 1933で公刊され、Positionen und Begriffe, S. 178/79において新たに復刻された)。シュミットは、アメリカの軍事法廷に立たされているドイツ人の被告人弁護のために書かれた法鑑定書において、このような政治的批判を述べることができなかったのは当然だった。

「皇帝は、主人であって、文法を越えている」という記憶に残りやすい表現でもって、シュミットは、古代の名言を正反対のものに変えた。すなわち、「皇帝は、文法家を越えていない」[Caesar non supra grammaticos]と。この由来については、バルテルス[Klaus Bartels]、Veni, vidi, vici, 8. Aufl., Zürich 1990, S. 50を見よ。

(82) レーヴィンソン[Salmon Oliver Levinson](一八六五―一九四一)、アメリカの法律家。合衆国における「戦争違法化」運動の創設者。彼は、自己の理念を、一九一八年三月九日に初めて、雑誌『ニュー・リパブリック』において発表した。ストナー[John E. Stoner]、S.O. Levinson; and the Pact of Paris: A Study in the Techniques of Influence, Chicago 1942を参照せよ。

(83) 一九二三年二月一三日にボラー上院議員によって提出された合衆国上院の「戦争違法化」決議。Sen. Res. 441, 67th Congress, 4th Session; Text der Resolution vollständig wiedergegeben von Shotwell(上記(81))、S. 108-110。それについては、外交委員会における聴聞、U.S. Senate 1929, 66th Congress, 1st Session (Sen. Doc. 106, 329, 336)も。

(84) 満州は、第一次世界大戦後、日本の強力な経済的政治的影響の下にあった。一九三二年に一七〇億円と評価される日本の権益は、シナにおけるゲリラ活動や無秩序によって継続的に激しく侵害されていた。夜間の爆発を契機として、日本軍は、一九三一年九月一九日に奉天市へ進駐した。一九三一/三二年に、日本軍は、満州全土と熱河省を占領した。上海と天津においては、激しい戦闘になり、シナ人は合わせて二万四千人が死んだ。日本は、シナにおける日本の権益と日本人の生命を武器で守る必然性があると言って、すなわち正当防衛を行うだけだと言って、自己の行動を基礎づけた。シナは、日本への外交関係を打ち切らず、繰り返し自己の平和意志を強調した。国際連盟事務総長あての一九三二年二月一日の書簡において、シナの外務大臣は、「シナは、日本に宣戦布告をしなかった。シナは、主権国家に備わっている自衛権を行使することに努めた」と記した。一九三二年二月一三日に、シナの政府は、「シナ政府は、選択しうるあらゆる手段を使って戦争状態を避けようとする自らの政策に忠実であった……」と声明した。その紛争は、一九三二年三月九日に満州国という(日本に従属した)国家の樹立で終了した。その経過は、合衆国にとって、いわゆるスチムソン主義(註解(95)を参照せよ)へ至る契機となった。一九四八年に、極東国際軍事裁判所は、その経過を「平和に対する陰謀」として詳細に認定した(Tokyo Judgement I, S. 195-235)。パル[Radhabinod Pal]

は、かかる理解に、厳しくかつ詳細に反論した（Tokyo Judgement II, S. 667ff.）。

(85) ヴェーヴェルク［Hans Wehberg］, Hat Japan durch die Besetzung der Mandschrei das Völkerrecht verletzt?, in: Friedenswarte 32 (1932), S. 1ff. (2)、「現行法によれば、シナと日本との紛争の場合に、軍事占領のみが話題にされ、戦争は話題にされない。日本国民の生命財産の保護のための武力介入として、あるいはシナの国際法違反に対する復仇として、基礎づけられるのであれ、いわゆる『平和的占領』（ラテン語でいえば occupatio pacifica）が、爆撃、それどころか大虐殺や小虐殺を伴ったという事実もまた、結果的に決して変わることはない」。シュミットは、ヴェーヴェルクを、次のように鋭く批判する。すなわち、「血腥い闘争や幾万人もの死者を眼前にして、相変わらず、『平和的占領』について語ることを敢えてし、それによって『平和』という言葉や概念を極めて冷酷な嘲笑に晒すような法律学は、どのようにして可能なのだろう？……それゆえに、冷酷な復仇、凶悪な射殺、さらには血腥い闘争や戦闘さえ起こりうる。すなわち、それらすべては、法律学的な意味での戦争ではなく、そして、苦悩し続けてきた人類が待ち焦がれていた平和は、ずっと前から人類に授かっていたが、人類は、法律学的な洞察力がなかったので、そのことに気づかなかっただけである。それゆえに、このような平和的措置の目的は、以下のものである――すなわち、第一に、戦争は、国家の政策の手段としてのみ弾劾［ächten］され、第二に、『大虐殺や小虐殺』は戦争と何らか関係するという広く蔓延している観念は誤りであるということが証明される――ということを記憶しておいたほうがよいだろう」（Völkerrechtliche Formen des modernen Imperilismus, 1932, in: Positionen und Begriffe, S. 177/78）。

(86) Wehberg, Das Kriegsproblem in der neueren Entwicklung des Völkerrechts, Friedenswarte 38 (1938), S. 129 (140 ff.)、そこにおいては、「戦争弾劾の問題は、まだ完全に流動的である」（S. 149）という記憶に値する要約もある。

(87) ケロッグ規約の一条は、英文形式で以下のように表現した。すなわち、「締約国は、国際紛争解決のため戦争に訴えることを非とし、かつその相互関係において国家の政策の手段としての戦争を放棄する［renounce］ことを、……厳粛に宣言す」と。「国家の政策の手段としての戦争の放棄」は、一九二六年六月にパリでのコロンビア大学総長バトラー［Nicholas Murray Butler］とブリアンとの会談にまで遡る。バトラーが後に報告したところによれば、彼は、フランス外務大臣ブリアンにクラウゼヴィッツの業績『戦争論』第八巻第六章b――それは、「戦争は政治の道具である」という題名を付けられている――への注意を喚起した。「なぜ、世界の文明政府には政治の道具としての戦争を正式に放棄する機会が到来しなかったのか？」については、バトラーについての回想を指示しているFerrell, S. 66参照のこと。

バトラー（一八六二―一九四七）は、有名な教育改革論者、コロンビア大学総長（一九〇一―一九四五）、カーネギー国際平和財団理事長（一九二五—一九四七）、ショットウェル副理事長と同様に「戦争違法化」運動で活躍。一九三一年、ノーベル平和賞。

(88) 一八五六年四月一六日のパリ海上法宣言の一条。グレーヴェ［Grewe］においては、Fontes III 1, S. 549-551（550「捕獲特許は廃止され、そして廃止されたままである」）。

(89) 一九二八年六月二三日の通牒は、ショットウェル（註解(81)）においては、Dokumentenanhang S. 296-301に、引用された本文は、S. 297, Nr. 1に、同様に、グレーヴェにおいては、Fontes III 2, S. 962-966 (963)に、完全に復刻されている。

(90) Hearings before the Committee on foreign relations. U.S. Senate. Seventieth Congress, Second Session on the General Pact for the renunciation of war, signed at Paris Aug. 27, 1928. Dec. 7 and 11, 1928, S. 21。マンドゥルスタン［Mandelstam］、S. 39. FN66。

(91) ボラー［William Edgar Borah］（一八六五—一九四〇）はアメリカの政治家。一九〇六〜三九年、共和党上院議員。孤立主義者。一九二四〜四〇年、上院外交委員長。ルーズベルトの政策への反対者。

(92) この引用文は、ボラー上院議員のいくつかの言明を集めている。Congressional Record, jan. 3, 1929, p. 1065; jan. 4, 1929, p. 1129。Mandelstam, においては、S. 70, FN174ff.。

(93) Congressional Record, Bd. 70, Teil 2, 15. Januar 1929, S. 1730。完全な報告のテキストは、Mandelstamにおいては、S. 33/34FN52。その引用文は、S. 78FN180に別にされて。

(94) Chambre des députés, 2e séance du 1er mars 1929, J. Off. du 2 mars 1929, p. 769。Mandelstamにおいては、S. 110 FN260。

(95) 国務省、出版物No. 357, S. 7。同様に、『フォーリン・アフェアーズ』11（一九三二）、第一号特別増刊。スティムソン、The Far Eastern Crisis, New York 1936, Reprint 1974, S. 204を参照せよ。この引用文は、『外国公法ならびに国際法雑誌』Bd. XI, 1942/43, S. 28にも。——スティムソン主義については、たとえば以下のものを参照せよ。クウィンシー・ライト、The Stimson Note of January 7, 1932.『アメリカ国際法ジャーナル』26, 1932, S. 342ff.。J・ウィリアムズ［John Fisher Williams］、La Doctrine de la reconnaissance en droit international et ses développments récents: RdC 44, 1933, II, S. 203 ff.。Wehberg, Die Stimson-Doktrin, in: FS Jean Spiropoulos, Bonn 1957, S. 433ff.。クラカウ［Krakau］、S. 287ff.。

スティムソン［Henry Lewis Stimson］（一八六七—一九五〇）は、アメリカの法律家、外交官で、一九三一年以来のアジア大陸への日本の膨張政策に対して、不承認主義（いわゆるスティムソン主義）による干渉のテクニックを展開し、ルーズベルトを支持し、戦争中、陸軍長官、ドイツに対するモーゲンソー計画の反対者で、日本への原爆の使用をトルーマン大統領に勧めた。一九三二年一月七日に彼が日本およびシナへ送った通牒は、Grewe においては、Fontes III 2, S. 970-71。

(96) この何回となく繰り返された表現は、シュッキングとヴェーベルクによる国際連盟規約についてのコメンタール (3. Aufl., Berlin 1931, S. 180)「ケロッグ規約は、『制裁も組織も定義も』知らない」に由来する。シュミットは、この引用文を、一九三二年に行われた「現代帝国主義の国際法的諸形態」[Völkerrechtliche Formen des modernen Imperialismus] についての講演で既に公表していた。Positionen und Begriffe, S. 178を参照せよ。

(97) 外交上の成立史や諸留保を、『白書』[Weißbuch] S. 4-173やシュトルップ [Strupp]、S. 23-83やリザン [Lysen] の各所で、記録している。

(98) その通牒は、『白書』S. 20ff. に復刻されている。Strupp, S. 33-35や Lysen, S. 24-26においても。

(99) 『白書』S. 28ff.、Strupp, S. 38-42、Lysen, S. 28-32（一九二八年三月三〇日の通牒として間違って日付を付けられている）。

(100) 『白書』S. 70ff.、Strupp, S. 60-66、Lysen, S. 54-58。

(101) 『白書』S. 46ff.。ここに述べられた調印諸国の諸留保の場合に（『白書』版や Strupp, S. 73ff. や Lysen, 32ff. に復刻されている。イギリスとアメリカの留保は、Grewe, Fontes III 2, S. 961-966においても）、自衛権の強調が特に重要であった。アメリカ政府がフランスから提案された二国間の戦争断念から多国間の断念を作ろうとした時、なるほどフランスは、この拡大を受け入れたが、しかし、その時、もやは戦争そのものを断念しようとはせず、「攻撃戦争」を断念しようとしただけだった（一九二八年一月五日のアメリカ国務長官あてのワシントン駐在フランス大使の通牒、『白書』S. 14ff. を参照せよ）。フランスにとっては、何はさておき、世界戦争での利得の確保が大切であった。イギリスは、自己の勢力範囲の「防衛」の際の活発な干渉をも留保した。すなわち、「国家政策の道具としての戦争を断念することに関しての一条の理解は、その安寧や不可侵が我々の平和や安全にとって特別なかつ死活に関わる利害である地域が存在しているということを閣下が覚えていることを、希望する。この地域に関する介入を政府は許容できないことを明瞭にするよう、陛下の政府は過去に努力していた。イギリス帝国にとって、すべての攻撃に対する政府の保護は、『自衛』の行為である。その条約がこの点に関して政府の行動の自由に決して損害を与えないことについて完全な合意が存在する時にのみ、陛下の政府はイギリス連合王国において新しい条約を受け入れるのであるということについて、完全に明瞭でなければならない」（一九二八年五月一九日のイギリスの通牒、第一〇号）。全体については、フーバー［Huber］、Verfassungsgeschichte, Bd. 7、広範な立証を伴ったS. 633も。

(102) ボーチャード［Borchard］／レイジ［Lage］、Neutrality for tha United States, New Haven 1940, S. 291ff., 388。「戦争を行う権利へのこのような明白な主張は、以前には決して認められなかった」（S. 293）。ニュルンベルク裁判における検察当局のメンバーとして「攻撃戦争」という概念の実際上の問題を熟知していたアメリカの法律家フェレンツ［Ferencz］は、三五年後に、次のように判断した。すなわち、「合衆国と英国がその条約に表明した解釈は、その高貴な目標を達成するために実際に効果的だろうという希望を破壊した。自衛への合衆国の権利は、合衆国の領域のみならず、合衆国が死活に関る関心を持つと決めた他の地域も包含した。イギリスは、イギリスの主権の下にあるすべての領域を自己の領土に含めることを考えた。なぜ攻撃を定義するいかなる要求もなかったのかが、このような事情のもとでは明らかであった。戦争のほとんどすべての行為は、自衛という口実のもとに正統化され得るだろう。攻撃戦争は、もはや二度と行われないだろう――自衛の場合を別にすれば。実際には、その条約は、現状〔スタトゥスクヴォ〕を保障することによって平和を維持するための計画なのであった」（Ferencz I, S. 25）。

(103) Journal Officiel ―― S.D.N. (A), 1931, Supplément spécial, Nr. 93, S. 131.

(104) Report of the 38th Conference held at Budapest Sept. 6th to 10th 1934, London 1935, S. 1-70。「諸国民間の調停委員会は、パリのブリアン-ケロッグ規約の仮の解釈条項を提示した」Grewe, Fontes III 2, S. 967-970において。

(105) Draft Convention on Rights and Duties of States in Case of Aggression in: AJIL, Supplement 1939, Bd. 33, S. 827. Grewe, Fontes III 2, S. 985-989にも復刻。

(106) この場合、おそらく、シュミットは、シュリューター［Ferdinand Schlüter］の論文、Kellog-Pakt und Neutralitätsrecht, in: ZAÖRV, Bd. XI, 1942/43, S. 24-32を利用したのだろう。そのS. 24-25では、上院外交委員会におけるスティムソンの説明が、一頁以上にもわたってそのまま、もちろんドイツ語で、出典――一九四一年一月三日のドイツ通信社（DNB）（海外）――を指示して、再現されている。ドイツ通信社は、「聴聞は、一九四一年一月二七日から――二月三日に行われた」と、間違って日付を付けていた。スティムソンは、一月二九日に、聴聞された(Hearings before the Committee on Foreign Relations United States Senate, 77th Congress, 1st Session, Part 1, p. 85, 89-90)。その聴聞は、法案二七五頁に関係していた（„A Bill further to promote the Defense of the United States, and for other Purposes“、いわゆる武器貸与法、AJIL 35, 1941, Suppl. S. 76ff.）。その法律は、特に一九三九年一一月四日の中立法の現金払・自国船運搬［cash and carry］原則からの逸脱において、イギリスへの武器弾薬を自由裁量で無料で供給するという、軍需経済の執行の舵取りの権限を大統領に与えた（一九四一年三月一一日に発効した「イギリス援助法」の英文と独文の本文は、Monatshefte für Auswärtige Politik 8, [1941], S. 237ff. において。グレーヴェによる報告と評価は、ZgStW 101[1941], S. 606-626）。スティムソンは、合衆国のこのような中立の廃棄を、イギリスの金や外貨の不足によって、また、イギリスの戦力が南北の大西洋を、アメリカ合衆国の直接的な国益のためにも、枢軸国に対して防御するという意見によって基礎づけた。それによるならば、ケロッグ規約は自衛を許すだけでなく、一九三四年の「国際法協会」の議定書によれば締約国は被攻撃国を物質的ならびに財政的に――さらに弾薬や軍隊でもっても――援助する権利があるので（四条cとd）、差し迫った危機的な一九四一年夏におけるかかる援助は、ケロッグ規約によって裏付けられると。イギリスが「被攻撃国」であるという主張は、スティムソンには理由づける必要もないように思われた。このことは、ともかく注目に値する。なぜならば、ニュルンベルクにおいて、どの法廷も、「一九三九年九月三日にポーランドへの攻撃を理由としてドイツに戦争を宣言したイギリスとフランスは、ドイツの攻撃戦争の対象であった」と主張することを敢えてしなかったからである（ヴィルヘルムシュトラッセ裁判における判決を指示してのイェシェック［Jescheck］, S. 330は不適切である）。ブタペスト条項の四条dは、なるほど、被攻撃国を武力で援助することは認めるが、しかし、援助国をそれ自体では被攻撃国にはしなかった。形式的には、また当時国際連盟において基本的なものと見なされた攻撃の概念についてのポリティスの報告によれば（Revue de droit international, 1934, S. 266ff.）、自己自身が攻撃されていない国家が戦争宣言をすることは、禁止された攻撃行為と見なされていた。ヴィルヘルムシュトラッセ裁判においては、合衆国に対するドイツの戦争宣言が問題であった。法廷は、「アメリカの態度すべては、一九四一年一二月一一日よりも一年以上も前の期間において、もはや中立とは無関係であった」ということを、自ら確信したにも拘らず、この行為（ドイツの戦争宣言）を、「攻撃」と判定した（Wilhelmstraßen-Prozeß, S. 13）。「攻撃戦争を誘発する国家は、侵入[Invasion]をストップさせ攻撃者を処罰するために措置――もしも必要ならば、武力的措置――を採るように、世界の他の国民たちを奮い立たせる。そして、その際、この措置に基づいて、攻撃者が第三国に戦争を宣言する場合、起源となった攻撃行為が作用を及ぼし続け、第二の戦争やその後のすべての戦争にも攻撃的性格を付与する」（S. 13）。その限りにおいて、それに対しては人類は提携して共同の闘争へと進み（Jescheck, S. 330）、それゆえに、それに対してあらゆる措置が許された海賊のように、アメリカの軍事法廷は、ドイツを取り扱った。

(107)　スティムソンは、一九三四年の国際法協会の議定書を引合いに出したことを、この私的な協会のメンバーたちの専門知識と威信でもって正当づけた。即ち、「一九三四年に、世界で国際法学者たちの最も古い協会であると私が信じ、またそのメンバーはヨーロッパや北半球の諸国民のほとんどすべてからのメンバーを含んでいる国際法協会は、我々が今日直面している状況と同じ状況が生じた場合にこの条約の意味に関して彼等の解釈を与えるという目的のために、ハンガリーのブダペストで会合した。この委員会が多分知っているように、この協会のメンバーは、枢軸国のそれぞれからのメンバーも含めて、世界の最も著名な国際法学者の多くを含んでいる。もちろん、彼等の声明は、それを実行した諸国民間であの条約から帰結する推論に関して、実質的にはまったく、国際法学者の偉大な集団の完成された意見であった」(Hearings［註解(106)］、S. 89)。かかる理解は、一九四一年二月二四日に、上院において、コネチカット州選出上院議員ダナハー［Danaher］の根拠のある反論にぶつかった。彼は、「国際連盟唱道者たちの小グループは、国際連盟規約の実施者として合衆国をヨーロッパへもたらすことを切望して、ケロッグ規約の推定された諸義務を実施することを願う一国家によってなされるべきところの、彼等自身の政策を表現している一連の解決を単に述べたということ……。しかし、国際法は、その方法では形成されない。知られている限り、ただの一つの国家も、これらの私的な解決や解釈条項をこれまで採用したことはなかったし、また、それらは、小さな私的な団体の個人的な推薦を除けば、極めて僅かな重要性も持っていない」と報告した(Congressional Record, S. 1345ff.)。同様に、専門家のハーバート・ライト［Herbert Wright］は、一九四一年三月六日に、Vol. 87, Nr. 44, A 1114-1117で、また、ボーチャードは、AJIL 35, 1941, S. 623で、賛成してこの両者を、引合いに出した。

(108) 一八四八年の革命後の亡命者の波動の結果として、一九世紀の後半以来、国家間の引渡し条約において、「政治的な」犯人――すなわち、憲法秩序を変革するために、自己の本国の法律によれば非合法的にその憲法秩序や法秩序を犯したもの――を引き渡さないという原理が確立された。「外国政府の首長やその家族の一員に対して」殺人、故殺、毒殺を行った暗殺者は、この特典から除かれた。それで、一八五六年のベルギーの暗殺条項は、一九四八年の「集団殺害罪の防止および処罰に関する条約」、ヨーロッパ・テロ行為協定(一九七七年)、人質奪取に対する協定(一九七九年)によって、現代のテロ活動へ国際的に拡大する。ドイツにおいては、一九三〇年四月一日以来、一九二九年一二月二九日の引渡し法(『ライヒ官報』I、S. 239)が効力をもった。その法律は、「政治的行為」を定義することを引き受けた。すなわち、「(1) 引渡しのきっかけとなった行為が政治的行為であるか、あるいは――その行為が政治的行為を準備し、保障し、援護し、防御するような――政治的な行為と関係している場合には、引渡しは、認められない。(2) 政治的行為とは、国家の存続と安寧に対して、国家の政府それ自身の長やメンバーに対して、憲法に基づく団体に対して、選挙や投票の際の国民の権利に対して、外国への良好な関係に対して、直接に向けられた処罰される攻撃である。(3) その行為が生命に対する故意の犯罪として現れる――その行為が公然たる闘争において起こったという場合は別であるが——場合には、引渡しは認められる」(三条)と。一九八三年に、引渡し法は、一九八二年一二月二三日の「刑事事件における国際的な法律上の援助(Rechtshilfe)についての法律」(IRG)によって補われた(『連邦法令集』I、S. 2071)。その法律においては、「政治的行為」の定義は断念され、例外は時代に合うように現代化されたが、しかし、例外もまた例外から規定されている。すなわち、「(1) 政治的行為を理由としては、あるいは、政治的行為と関連する行為を理由としては、引渡しは認められない。被迫害者が既遂および未遂のジェノサイド、殺人、故殺を理由として、あるいは、それへの関与を理由として、迫害され、あるいは有罪とされた場合には、引渡しは認められる。(2) 被迫害者がその引渡しの場合においてその人種、宗教、国籍、一定の社会集団への所属、政治的意見を理由として迫害され処罰されるということに、あるいは、被迫害者の状態がこれらの理由の一つから加重化されるかもしれないということに、例外のための重大な理由が存する場合には、引渡しは認められない」(六条)と。引渡し権や、「政治的行為」の概念の展開については、以下のものを参照せよ。シュミットによって担当されたジーベンハール[H. Siebenhaar]のベルリン大学の学位論文Der Begriff des Delikts im Auslieferungsrecht(一九三九年、第二鑑定人はベルベル)。また、シュタイン[Torsten Stein]、Die Auslieferungsausnahme bei politischen Delikten, Berlin 1983, S. 62ff.。引渡し権と庇護権との関係については、クヴァーリチュ、Recht auf Asyl, Berlin 1985, S. 152ff.。

(109) 刑法典旧規定二五〇条三号は、「……三、公道、街路、鉄道、公共の場、公海、水路で略奪が行われる場合……」、懲役五年以下の判決が下されてはならない」。この規定は、刑法典二五〇条の新規定によって、一九七四年三月九日のドイツ刑法典の施行法(連邦法令集I、S. 469ff. [490])において、一九七五年一月一日付で代わりを置くことなく、削除された。

(110) アングロサクソン法における海賊行為の伝統的な理解については、ラッセル[William Oldnall Russell](1785-1833), Russell on Crime, 9. Aufl., hrsg. v. Robert Ernest Ross, London 1936, Bd. 1, S. 51。また、近代から総括的には、ヌスバウム[Arthur Nussbaum]、Geschichte des Völkerrechts, München 1960, S. 142f.を参照せよ。

(111) ポリティスについては、註解(57)を参照せよ。ジャクソンは、このボールを拾い上げ、そして、一九四五年一一月二一日の自己の起訴状朗読において、法に適わない戦争遂行を海賊行為に等置した(国際軍事裁判所II、S. 177)。それについては、シュレプレ[Schlepple]、S. 70が適切な検討をしている。

(112) 一九一七年四月二日に米国議会の両院合同会議における、合衆国とドイツとの間の戦争状態を宣言することへの要求において。すなわち、"The present German submarine warfare against commerce is a warfare against mankind. It is a war against all nations. American ships have been sunk, American lives taken, in ways which it has stirred us very deeply

to learn of, but the ships and people of other neutral and friendly nations have been sunk and overwhelmed in the water in the same way. There has been no discrimination. The challenge is to all mankind"（ウィルソン、War and Peace, Presidential Messages, Addresses, and Public Papers 1917-1924, hrsg. v. Ray Stannard Baker u. William E. Dodd, Bd. 1, New York 1926, Repr. 1970, S. 6ff., 8）。「貿易に対する目下のドイツのUボート戦争は、人類に対する戦争である。それは、すべての国民に対する戦争である。我々を非常に激昂させたやり方で、アメリカの船舶は沈められ、アメリカ人は殺された。ともかく、他の中立かつ友好の国の船舶や人間も同様に沈められ制圧された。無差別であった。全人類に対する挑戦であった」と、アーレンス［Ahrens］／ブリンクマン［Brinkmann］（註解(48)）、S. 167-175 (168) において完全に復刻されている。三〇年後、スティムソンは、自己批判的に告白した。すなわち、「日本の攻撃を挫くため、我々は、ニミッツ提督が述べたように、二五年前には我々が第一次世界大戦へ参戦した近因であったものと同様の無制限の潜水艦戦のテクニックを使用することを余儀なくされた」と（Foreign Affairs, Bd. 25, Nr. 2, Januar 1947, S. 179ff., 189）。ニュルンベルク国際軍事裁判所での裁判において、レーダー［Raeder］とデーニッツ［Dönitz］の二人の海軍元帥の刑の宣告は、一九三六年一一月六日のロンドンのUボート議定書を拠り所としなかった。なぜならば、イギリスの海軍本部は、一九四〇年五月八日に「スカゲラク海峡における目に見えるすべての船舶を沈めることを命令していたからであり、そして、太平洋においては合衆国によってこの国の戦争への参戦の初日から無制限のUボート戦争が遂行されたという、ニミッツ提督による調査用紙への回答を考慮して」いたからである（国際軍事裁判所、Bd. 22, S. 636/37, 641）。この問題へ詳しくは、スミス［Smith］、S. 264ff., 271ff. およびデーヴィドソン［Eugene Davidson］、The Trial of the Germans, New York 1966, S. 393ff. 421。

(113) シュヴェンデマン［Karl Schwendemann］、Abrüstung und Sicherheit, 2. Aufl., Leipzig 1933, S. 725-28 (726-27)。要点だけ新たに復刻したものとしては、デルブリュック［Jost Delbrück］（編集）、Friedensdokumente aus fünf Jahrhunderten, Bd. 1, Kehl/Rh. 1984, Dokument 154, S. 464f. において。

(114) それについては、クゥインシー・ライト［Quincy Wright］、The Outlawry of War, in AJIL 19(1925), S. 74, 79。

(115) 八年前のニヨンの会議は、シュミットにとって、「海賊行為の概念」（Der Begriff der Piraterie）という論文（Völkerbund und Völkerecht, 4. Jg., 6/7, Sept-Okt. 1937, S. 351-360および Positionen und Begriffe, S. 240-243所収）のきっかけとなった。シュミットの法律学的な思考にとって特徴的な原文は、以下のような文で結ばれている。すなわち、「もしも、Uボート—海賊行為というイギリスの見解が共通の国際法概念として貫徹するようなことがあるならば、海賊行為という概念は、国際法の体系において、その地位を変えるだろうし、また、非政治的な非国家性という空白の空間［Raum］から、戦争と平和の間の中間概念という戦後期の国際法にとって典型的なあの空間へと移されるであろう。」――ニヨンの会議については、その他に、British Yearbook of International Law 19 (1938), S. 198ff. および ZAÖRV (1938), S. 303ff. 所収の報告を参照のこと。近頃では、アーベントロート［W. Abendroth］、Nyon-Abkommen von 1937,（シュトルップ［Strupp］－シュロハウェル［Schlochauer］編集、Wörterbuch des Völkerrechts, Bd. 2, 1961, S. 643ff. 所収）。この会議には、イギリス、フランス、ソ連邦、ルーマニア、トルコ、ブルガリア、ユーゴスラヴィア、ギリシャが参加したが、ドイツとイタリアは参加しなかった。Chronical of International Events, AJIL 32, 1938, 158を参照せよ。

(116) コルベー［Sir Julian Corbett］、Die Seekriegsführung Großbritanniens, Berlin 1939, S. 81 ("Some Principles of maritime strategy", London 1911の翻訳)、「海賊行為の理念は、戦争の本質についての原始的かつ非科学的な見解の残滓であった。……海賊行為は、戦争が科学的な問題にますますなったので、廃止された」(S. 81)。

(117) 全体については、Ferencz, An International Criminal Court ―― Step towarda World Peace, Bd. 1, London 1980, S. 36ff.。また「諮問委員会」［Advisory Committee］の審議についてはS. 193ff. 参照のこと。

(118) これについては、上記註解(83)参照のこと。

(119) 一九二六年八月五～一一日のウィーンにおける国際法協会の会議については、ラントン［W. Alexander Renton］／ベロット［Hugh H.C. Bellot］／レイトリー［William Lately］、Rapport du Comité sur la Cour Permanente International Criminelle, S. 126-129, in: The International Law Association Report of the 34th Conference, London 1927。また The Report of the Permanent International Criminal Court Committee, S. 106-226を参照せよ。S. 279-309は、その議案を立証した。

(120) 国際議員連盟の会議については、ザジェヴスキー［Yefime Zarjevski］、The People have the Floor――A History of the IPU, Aldershot 1989, S. 75を参照せよ。

(121) ポリティスについては、上述註解(57)参照のこと。コロンビア大学における彼の講義は、"The New Aspects of International Law", Washington 1928の巻に要約されている。

(122) ベルベル、I, S. 203/04.

(123) イタリア外相チアーノ［Ciano］伯爵とイギリス大使パース［Perth］卿は、一つの取り決めを、討議し決定した。それは、八つの申し合わせと声明を備えた議定書とその他にさらにイタリア領東アフリカとエジプトとの間の良好な善隣関係に関する通牒交換と取り決めから成り立っていた。第四の声明は、エチオピアに対するイタリアの主権を承認することに関して国際連盟の協定の構成国の立場を明確にするために、来るべき国際連盟理事会の会議において処置を構ずるという、イギリス政府の意図――それは、エチオピアに対するイタリアの主権を承認することに関して構成国の自由を妨げるであろう障害を除去する願望を持っていたので――を含んでいた(Keesings Archiv der Gegenwart, VIII. Jg. 1938, S. 3517f.)。

(124) Journal Officiel ― S.D.N. (A), 1938, S. 11, 41, 56, 300, 335, 336, 338, 394, 422, 430, 575。

(125) Journal Officiel ― S.D.N. (C), 1936, Nr. 5-6, S. 333-335。

ハリファックス[Edward Frederick Lindley Wood Halifax](一八八一―一九五九)は、イギリスの外交官、一九三八～四〇年、外務大臣。一九四一～四六年、ワシントン駐在大使。

(126) The Parliamentary Debates, 5th series, vol. CX, House of Lords, Official Report (3rd session of the 37th Parliament of the United Kingdom of Great Britain in Northern Ireland 1&2 GeorgeVI, 4th vol. of session 1937-38, p. 1627)。

(127) 一九四〇年六月一九日の下院、マンダー[Mander]氏の質問、「イタリアによる戦争宣言を考慮して……政府は、将来、エチオピアと関係するイタリアの権利を承認することを、義務づけられていると感じているのかどうか、また、この政府は、この関連において、ハイレ・セラシエ皇帝やエチオピア人民によって自己の前に提出されるであろうどんな提案も自由に考慮すると考えているのかどうか?」。外務次官バトラー[Butler]答弁、「イタリアが挑発されることなくこの国に対する戦争へ突入したことを考慮して、地中海、北アフリカ、南アフリカ、中東地域に関してイタリア政府へ従来イギリス政府によって与えられていたどんな約束に関しても、女王陛下の政府は、完全な行動の自由を保有する権利があると考える。従って、名誉あるメンバーは、自分の主張が考慮されつつあることを確信して、安心してよい」(Parliamentary Debates, 5th series, Bd. 362, Sp. 139)。

(128) The Parliamentary Debates, 5th series, vol. CXVII, House of Lords, Official Report, 5th series of the 37th Parliament of the United Kingdom of Great Britain and Northern Ireland 3&4 George VI (3rd vol. of session 1939-40), Sp. 202、デーヴィス[Davies]卿の質問とコールデコット[Caldecote]卿の答弁。Sp. 206は、アディソン[Addison]卿の質問とハリファックス子爵の答弁。それぞれ「イギリスは、自由であり過去に自分たちがイタリア政府に対してなしたどんな企てにも拘束されないと感じている」という考え方にそっている。

(129) スイス連邦祝祭日のための談話、すなわち「中立の原則は、我々の外政すべてを支配している。近年の経験は、中立の原則を国際連盟自身に対して主張するよう、我々に迫っている。我々は、たとえ我々の中立の原則が危険にさらされていなくても、我々の共同の骨折りをかかる制度のために使いたい。我々は、これ以上もう先へ進むことはできない。重要かつ苦痛な紛争をきっかけとして、我々は、軍事的中立と経済的中立とを区別することは、なるほど、理論的には企てられ文書的には確定できたが、しかしながら、現実の激突には堪えることができないということを、観察した。だから、我々は、将来、もしも新たに同じ状態の前に置かれたならば、我々は共同の強制措置に同調できるか否か、またどの範囲までできるか、という問題を、我々は、独力かつ主権的に、決断するだろう」一九三七年八月三日の Frankfurter Zeitung, Nr. 389, S. 1.。

モッタ［Giuseppe Motta］（一八七一―一九四〇）は、スイスの政治家。一九一二年以来、スイス連邦評議会のメンバー。一九二〇年以来、外務省の指導者。一九二四年、国際連盟会議の議長。一九一五年、一九二〇年、一九二七年、一九三二年、一九三七年、スイス連邦大統領。

(130) シンドラー［Dietrich Schindler］、Die Herstellung der umfassenden Neutralität der Schweiz, in: Völkerbund und Völkerrecht 4 (1938), S. 689ff. (693)。私は、この引用文の紹介について、同学の士であるシンドラー二世に感謝する。――シュミットは、彼の論文 "Völkerrechtliche Neutralität und völkische Totalität" において、シンドラーの引用された論文と取り組み、自己の説明を次のように始めた。すなわち、「高い地位と非常な名声を持ったスイスの国際法学者であるチューリッヒの教授シンドラー博士は、多くの論文において、……この問題に意見を述べていた。彼の見解は、私の見方に明白に対立している。しかし、彼の態度や論証は、極めて科学的な公平さによって規定されているので、この点において、根本的に明確にすることが可能と思われ、そして、それが国際法学的検討の謙虚な枠内でできるなら、特別に典型的で有害な誤解を除去することによってヨーロッパの平和の問題に役立つ試みがなされるにちがいない」(Monatshefte für Auswärtige Politik, 1938, S. 613-18. および Positionen und Begriffe, S. 255-260)。

シンドラー（一八九〇―一九四八）は、一九二七年以来教授。一九三六年以来、チューリッヒ大学公法ならびに国際法教授。例えば、ヴォルガスト［Ernst Wolgast］の詳細な追悼文、in: JIR, Bd. II/III, 1948, S. 603-610参照のこと。

(131) 一九三八年四月二九日の国際連盟理事会あてのスイス連邦評議会の覚書きは、「伝統的中立」への復帰を、次のように理由づけた。すなわち、「スイスが国際連盟に加入した際の条件は、その時以来根本的に変わった。国際連盟規約の最も本質的な規定のうちのあるものは、用いられなかった。制裁体系は、いかなる場合にも機能しなかった。軍備競争は、これまでまったく知られていなかった激しさでもって、再び始まった。自己を普遍性へと発展させる代わりに、国際連盟は、反対に、重要な国家の協力が奪われているのに気づいた。アメリカ合衆国は、国際連盟に加入する一切の可能性を認めなかった。また、四つの大国——その中には、二つのスイスの隣国がある——は、国際連盟から離れた。かかる事物の状態は、永世中立的な国の地位に必然的に関係せざるをえない。スイスは、その比類ない状態のために、任意の制裁体系と折り合うことはできない。スイスの中立は、諸事情に左右されてはならないし、断固として存在している。その強さは、その明瞭さと、その永続的な存続に基づいている。もしも、軍事的制裁と経済的制裁とを区別するならば、それは、今日、スイスにとって、幻想的であることが明らかになるだろう。スイスが経済的な圧迫手段に訴えるならば、スイスは、軍事的措置を採る国家のように取り扱われるような重大な危険に晒されるだろう」。Schweizer Bundesblatt 1938, I S. 847, Journal Officiel — S.D.N. (C), 1938, Nr. 5-6, S. 385-387、また、Monatshefte für Auswärtige Politik, 1938, S. 469-472。一九三八年五月一四日の国際連盟理事会の決議は、Schweizer Bundesblatt 1938, I S. 850ff., Journal Officiel — S.D.N. (C), 1938, Nr. 5-6, S. 369f. Monatshefte für Auswärtige Politik, 1938, S. 566-568。同書S. 564-566は、内容的に先に引用された一九三八年四月二九日の覚書きと合致する一九三八年五月一一日の国際連盟理事会でのスイス連邦評議会員モッタの談話も。

(132) ウェストレーク [John Westlake]、Chapters on International Law, Chapter VI: The Principles of International Law 1, in: The collected papers of John Westlake on public international law, Cambridge 1914 (hrsg. v. L.F. Oppenheim), S. 78。

(133) フェアドロス [Alfred Verdross]、Die völkerrechtswidrige Kriegshandlung und der Strafanspruch der Staaten, Wien 1920, S. 60（広範な立証を含む）。マンゴールト [Mangoldt]、S. 291（脚注53を伴って）。——パリ講和会議において、ロイド・ジョージとクレマンソーは、アメリカの代表たち（ランシング、スコット）の抵抗に反対して皇帝に対する刑法的な訴追（二二七条）を結局貫き通したが、しかしなお、南アフリカの代表たち（ボータ [Botha]、スマッツ [Smuts]）とホンジュラスの代表（ボニリャ（[Bonilla]）との会議において、法的および政治的理由から鋭く批判された。シュヴェングラー [Schwengler]、S. 17-116における包括的な説明を参照のこと。

(134) この引用文を、シュミットは、フィッシャー・ウィリアムス [Sir John Fischer Williams] の論文 Sanctions under the Covenant, in: BYIL 17 (1936), S. 130, 133から引き継いだ。ウィリアムスは、彼の側では、バーク [Edmund Burke]（一七二九—一七九七）を引き合いに出した。すなわち、「バークは、『貴方がたは一つの国家を起訴できない』ということを彼が下院に告げた時、文明的人間性を弁護した。我々は、Amalekites の完全な破壊が神の正義の命令であったかもしれないということを、今や認めない。……悪事についての集団的な刑事的責任は、原始的な法――国際法は、たとえ揺籃期の法であるとしても、そうではない――の教義である」と。ウィリアムスは、自己のバーク引用文の詳細な箇所限定を断念した。彼は、一七七五年三月二二日の当然ながら有名な下院演説（「アメリカとの和解演説」）を、自己の読者たちには周知のものとして前提できた。しかし、彼は、意味に即してのみ引用した。なぜならば、バークは、「私は、人民すべてに対して起訴を迫る方法を知らない」（Edmund Burke, The Works, London 1887, Bd. 2, S. 100, 136）と表現しているからである。教会史やラテン語を熟知しているシュミットに特徴的な間違いの記述（indict［起訴する］が正しいのに interdict［禁止する］となっている）は、彼の論文“Die Wendung zum diskriminierenden Kriegsbegriff”, München 1938, S. 45において既にみられる。

(135) この文章については、出典を確かめることができなかった。シュミットと同様に、例えば、バロー［Jean-Marc Varaut］もナポレオンの確言を「人口に膾炙した名言」として用いている（Le Procès de Nuremberg, Paris 1992, S. 20）。

(136) ベートマン・ホルヴェークについては、上記註解(24)を参照せよ。

(137) この「総統との接見」を、シュミットは、二年後、すなわち一九四七年四月に、〔取調官〕ケンプナー［Robert Kempner］が「帝国国務大臣の地位ならびに帝国官房長官の地位」という問題についてシュミットに「文書による回答」を求めた際に述べた。単行本で出版された著作“Gespräch über die Mchat und den Zugang zum Machtaber”（Pfullingen 1954）において、シュミットは、そのテーマをさらに詳説した。このニュルンベルク時代の完成稿は、シュミットの Verfassungsrechtliche Aufsätze, S. 430-439に、そのテキスト成立の説明ならびに補足的なコメンタールを伴って“Der Zugang zum Machtaber, ein zentrales verfassungsrechtliches Problem”というテーマのもとに、そのまま再現された。それに続くテキストについては、レーベンティッシュ［Dieter Rebentisch］の重要な（確認的な）研究、Führerstaat und Verwaltung im Zweiten Weltkrieg, Stuttgart 1989も。

(138) シュミットは、この数を単に推定しえただけだった。一九四五年には、ナチス党の党員数は、約八五〇〇万――この中から、戦争の死傷者が引き去られなければならないが――に達した。

(139) ミヘルスの著作“Zur Soziologie des Parteiwesens in der modernen Demokratie”は、まず一九一一年に、Die Philosophisch-soziologischen Bücherei (Bd. 21)で、ライプチッヒにおいて出版された。

(140) ケンツィオラ［Johanna Kendziora］、Der Begriff der politischen Partei im System des politischen Liberalismus。ベルリン商科大学学位請求論文、一九三五年四月一〇日授与。

(141) パレートの業績においては、この形式では確認できない。しかし実際には、この形式は、パレートの業績の精通者——第二次大戦後ドイツへの強制移住者だが——が私に断言したように、パレートのエリート観に一致している（一九九二年四月九日の同学の士トミッセン［Piet Tommissen］の個人的な情報）。それゆえに恐らく、シュミット自身が特徴づけた表現が重要である。この表現は、一九四二年に既にシュミットに紹介されていた（ゾンバルト［Nicolaus Sombart］Jugend in Berlin 1933-1943, München 1984, S. 254/55を参照せよ）。シュミットの表現法は、“La trasformazione della democrazia”（Mailand 1921）でのパレートの確定に遡るかもしれない。フランス語の訳では、「現在と異なる時代、そして我々の議会政治がその基礎をおいた時代においては、租税を承認したものが租税を支払うという原則があったが、この原則は、現在では、明示的にもしくは黙示的に変容してしまい、租税を支払わない者が租税に同意し、他の者に租税を押しつけるという内容になってしまった」（Oeuvres Complètes XIII, Genf 1970, S. 40。フランクフルト大学のマシュケ［Günter Maschke］の親切な示唆）。

(142) イギリス刑法の共犯理論については、ホーガン［Brian Hogan］およびスミス［J.C. Smith］、Criminal Law, 6. Aufl., London 1988, S. 256ff.。conspiracy, actual perpetrator, accessoriesについては、同書S. 130ff.。

(143) マルカヒー［R.v. Mulcahy］の記録(1867), 15 WR 446は、(1868) LR 3 H.L. 306を証明する。そこでの引用文は、裁判官ウィリス［Willis］のS. 317を。

(144) 註解(105)を参照せよ。

(145) 一九二九年八月二三日の独ソ不可侵条約は、『ライヒ官報』1939 II S. 968ff. に復刻されている。同様にGrewe, Fontes III 2, S. 1129-1132においても。

(146) ポーランドに関する一九三九年九月二八日の独ソ国境条約ならびに友好条約は、ADAP, Serie D, Bd. 7, Nr. 159, S. 129に復刻されている。

(147) 一九四〇年二月一一日の独ソ経済協定は、ADAP, Serie D, Bd. 8, Nr. 607, S. 559ff. に復刻されている。一九四一年一月一〇日の条約は、ドイツ帝国の公式の広報紙で公表されなかった。

(148) 一九三九年九月五日。一九三九年九月六日の「ニューヨーク・タイムス」S. 1。AJIL 34 (1940)も。それについては、クウィンシー・ライト、Rights and Duties under International Law as affected by the United States Neutrality Act and the Resolution of Panama, in: AJIL 34 (1940), S. 238ff. (240f.)。

(149) リープマン［Moritz Liepmann］、Besprechung von Wilhelm Hofacker, Rechtswidrigkeit und Kriegsverbrechen, 1921,

in: Zeitschrift f.d. ges. Strafrechtswissenschaft, Bd. 43, 1922, S. 384/385。

(150) ヴェーグナー [Artur Wegner]、Kriminelles Unrecht, Staatsunrecht und Völkerrecht, Mannheim 1925, Hamburgische Schriften zur gesamten Strafrechtswissenschaft, H. 7, hrsg. v.M. Liepmann 終始一貫している。

(151) ヴェーベルク [Wehberg]、Ächtung, S. 111。すなわち、「ケロッグ規約批准の広範な帰結は、今後、攻撃戦争の場合に、ケロッグ規約を批准したすべての国家の国民は、兵役を拒否することを正当づけられ義務づけられるという点にある。国際法は、国の法[Landesrecht]を越えて行く。国際法が戦争を犯罪であると宣言する限り、一つの国家の市民たちもまた、このような犯罪への関与をすべて自制しなければならない。」「国際法学会」が一九二九年一〇月に、ニューヨークで、「国際人権宣言」を審議し可決した時、ヴェーベルクはただ、人間の国際的な義務も受入れるという――例えば、ケロッグ規約に違反して、つまり『法に反して』[hors la loi]、戦争を遂行することに国家が取り掛かろうとする場合、軍務を拒否するという――提案をして意思を表示した。出席していた国際法のトップクラスはこの熱望に対して、慇懃な沈黙によって答えた(Annuaire de l'Institut de Droit International 1929 II, S. 114/15)。

(152) ポリティス、De Nouvelles Tendances du Droit International, Paris 1926, S.68ff.。

(153) スコット、The Spanisch Conception of International Law and of Sanctions, Washington 1934。

(154) かつての非常に有名な国際法の歴史家スコットへの、この箇所で述べられた批判は、今日、広く共有されている。例えば、Grewe、Epochen、広範な立証を伴ってS. 175f.。ヌスバウム [Nussbaum]、Geschichte des Völkerrechts in gedrängter Darstellung, München 1960, S. 327-338は非凡な鋭利さをもっている。シュミットは、一九四三年六月一日マドリッド、八日サラマンカにおける、自己の大学講演「国際法構造の変遷」(El Cambio de la Estructra del Derecho Internacional) において、スコットによるヴィトリア利用に対して根本的に取り組んだ (Revista de Estudios Politicos V, 1943, Anexos S. 3-34)。そして、"Die letzte globale Linie" (Marine-Rundschau 1943, H. 8, S. 521-527、および "Völker und Meere"、Leipzig 1944, hrsg. v. Egmont Zechlin, S. 342-349) で一部はそのまま繰り返し、そして『大地のノモス』S. 69-96, 256-270に引き継いだ。

(155) Journal Officiel――S.D.N. (C), 1939, Nr. 9-10, S. 407-410.

(156) シュミットは、思い違いをした。国際連盟は、イタリアだけを「攻撃者」と宣告したのではない。ソ連邦は、一九三九年一一月三〇日にフィンランドに対して開始した攻撃戦争の結果、一九三九年一二月一四日に、フィンランドとの条約、国際連盟規約一二条、ブリアン―ケロッグ規約に違反したことを理由として、国際連盟から国際連盟規約一六条四により、除名された。Journal Officiel, Nov. /Dez. 1939, S. 505–541掲載の第一〇七理事会についての公式報告を参照せよ。国際連盟規約一二条は、連盟のすべてのメンバーに、その争いとなっている問題を仲裁裁判か理事会かのいずれかの審議に付すること、「とにかくいかなる場合にも、仲裁裁判官の判決あるいは理事会の報告後三カ月を経過するまで、戦争に訴え（英語ではto resort to war）ないこと」を命じた。ソ連邦は、一九三九年一二月一二日に、国際連盟理事会におけるソヴィエトとフィンランドとの紛争の討議に参加することを拒否した（上述書S. 532）。――ひょっとすると、シュミットは、この事情を意識的に省いたのかもしれない。一九四五年夏のベルリンにおいては、鑑定書の告発や押収があれば、それは、シュミットをソヴィエト人に引き渡し、僅かな生き残りのチャンスしかないソヴィエト人たちの強制収容所の一つにおいて抹殺してしまうことになっただろう。

(157) ベルベルは、一九三五年八月三一日中立法ならびに一九三七年五月一日中立法に支えられた一九三九年九月五日の合衆国大統領の中立宣言に、また、現金払・自国船運搬条項を再び導入した一九三九年一一月四日中立法に、以下のものにおいて、何度も論及している。Berber, Die amerikanische Neutralität im Kriege 1939–1941: ZAÖRV, Bd. 11, 1942/43, S. 445–476。同、Die amerikanische Neutralität im Kriege 1939/1941, Essen 1943, S. 49–191 (Dokumentenanhang)。同、Reich, Volksordnung, Lebensraum, Bd. V. 1943, S. 9–44。合衆国の公式の中立宣言と実際の政策との間の矛盾は、一九四九年四月一一日のヴィルヘルムシュトラッセ裁判におけるアメリカ軍事法廷の判決において、いわば既判力的に保持された。すなわち、「合衆国は、ドイツの戦争宣言のずっと前から、ドイツに対する自国の中立から逸脱していたということは、疑問の余地がない。……一九四一年一二月一一日よりも一年以上以前の時期におけるアメリカの全態度は、中立と無関係であった。そして、アメリカ人たちがドイツの勝利を、たとえそのことによって自ら闘争行為へと引き摺り込まれようとも、許さないだろうということはますます明らかになった……」(Wilhelmstraßen-Prozeß, S. 13)。――一九三八年五月二七日の「デンマーク、フィンランド、アイスランド、ノルウェー、スウェーデンの共同宣言」とスウェーデンの中立規則は、"Monatshefte für Auswärtige Politik", 1938, S. 756–761に復刻されている。それについては、フラーメ[Karl Heinrich Frahme]、Die Neutralität der nordischen Staaten, ebd. 1938, S. 915–924。

(158) プリンストンで国際法を教えていたウィットンの態度決定にとっての根源は、確かめることができなかった。彼は、アメリカの中立に対する自己の批判的な立場を、「中立と国際連盟」[La Neutralité la Société des Nations]について一九二七年に公刊した自己の論文―― Recueil des Cours, Bd. 17, hrsg. von der Académie de Droit International, Paris, 1928, S. 449ff.,

543——において既に述べていた。同様に、一九三五年四月二五～二七日のアメリカ国際法協会の第二九回大会において、Proceedings, Washington, 1935, S. 130-138も同様。一九二七あるいは一九三五が正しいのに、一九三八と書き誤っている。

(159) 伝統的な中立の代表者たち（圧倒的に国際法学者）と加担や干渉を支持した人たち（多くは「政治科学者」と歴史家）との間の多年の論争を、一九三六年までに、クンツ［Kunz］が、当時既にアメリカ合衆国において、詳しく描き出していた。この教授の議論は、内政的議論を反映していた。すなわち、「最近の中立問題の巨大な意味は、それが学者、策略家、政治家、それどころか『普通の人』のところで優勢であったという点に示される。すなわち、日刊紙における中立についての数万の記事、週刊誌と月刊誌における膨大な議論、ラジオにおける無数の演説や議論……。中立についての通俗的な文献が現れ始めた……。無数の私的な組織がこの問題に没頭した。学生組織がこの問題を議論した。懸賞募集が実施された。……中立問題が、政治、統治、議会、内政、外政、党略を制圧した。これまで以上に、中立問題は、科学の中心に立っている」（［Österr.］Ztschr. f. Öffentl. Recht, Bd. 17, 1937, S. 85-121, 94）。一九三六年以後のアメリカ国際法学者の意見の争いについては、クラカウ［Krakau］、S. 374 ff. を見よ。

(160) カント［Immanuel Kant］、Metaphysische Anfangsgründe der Rechtslehre, Königsberg 1797, 2. Teil, §49A。

(161) 第二次世界大戦後、ドイツの最高裁判所判決からも、アメリカ合衆国の最高裁判所判決からも、承認されている。例えば、一九六四年六月二四日の連邦通常裁判所のこの関連において特に教訓的な判決を参照せよ。この判決は、一九三九年夏に宣告された兵役拒否者への軍法会議の処罰を、次のように適法の宣告をした。すなわち、「ナチス国家によって遂行された戦争は、国際法違反の攻撃戦争であった。ナチス国家がこの戦争を勃発させ遂行したということによって、この国家は、国際法の意味での犯罪を犯した。しかし、そのことから、……第二次世界大戦のすべてのドイツ兵士がこの戦争への関与を理由として、——彼等が刑法上の緊急避難を引き合いにしえない限り——、客観的に犯罪を犯したということは、推定できない……。その戦争が正しいのかあるいは正しくないのかについての権利を、また自国民の義務に従って兵役を果たしあるいはその履行を拒否する権利を、自国民すべてに認める決心をする国家は決して存在しないことは確かである。もしも、国家がすべての国民にかかる権利を承認するようなことがあるならば、それでもって、その国家は、自己を放棄するだろう……（Deutsche Richter-Zeitung 1964, S. 313, 315）。最後の二つの命題は、裁判所には、その出典—— Thomas Hobbes, De Cive, cap. 12 II ——を述べることを断念するほど明らかに自明かつ普遍妥当と思われた。——合衆国最高裁判所は、ヴェトナムにおける軍事作戦が「攻撃戦争」として国際法に違反するか否かの観点のもとに、アメリカ国民の召集の適法性を審査することを終始一貫拒否してきた。ミッチェル［Mitchell］

対合衆国(1967)，18 L ed. 2d、モーラ［Mora］対マクナマラ［McNamara］(1967)，19 L ed. 2d. 287を見よ。文献における論争については、テイラー［Taylor］、Vietnam, S. 95-121（ドイツ語版S. 109-140）を。

(162) Principes de Droit Public, 2. Aufl., Paris 1916, S. 799ff.。オーリュウが既に一九一一年に雑誌“Recueil de législation de Toulouse”(S. 1-40) で公表し、またそこで彼が極めて鋭くデュギーと対決した論文の再版。デュギーは、自己の“Traité de droit constitutionnel” Bd. 2, 3. Aufl., Paris 1928, S. 92ff. で答えた。事実上では、とにかく、ヨーロッパ公法は、今日でもなお、オーリュウ寄りである。すなわち、国家行為は、自己について適法性の推定が争われている間は、例外的に最初から無効でない限り、「仮の服従」［vorgängiger Gehorsam］を求める。シュミットは、しばしばオーリュウを引合いに出してきた。例えば、Legalität und Legitimität, München 1932, S. 60f.（Verfassungsrechtliche Aufsätze では、S. 311-312), Die drei Arten des rechtswissenschaftlichen Denkens, Schriften der Akademie für Deutsches Recht, Hamburg 1934, S. 21, 54ff., Die Lage der europäischen Rechtswissenschaft, Tübingen 1950, S. 31 (Verfassungsrechtliche Aufsätze では S. 420), Der Nomos der Erde im Völkerrecht des Jus Publicum Europaeum, Köln 1950, S. 183, Verfassungsrechtliche Aufsätze S. 172, Glossarium, S. 12f. 33, 108, 110, 123, 134, 179において。

国法学者および法理論家であるオーリュウ（一八五六—一九二九）の重要性については、La Pensée du Doyen Maurice Hauriou et son Influence, Annales de la Faculté de Droit, Paris 1969、なかんずく、シュヌール［Roman Schnur］、L'influence du Doyen Maurice Hauriou dans les pays germaniques, S. 255-270の寄稿によって。シュヌール、Maurice Hauriou, Die Theorie der Institution und zwei andere Aufsätze, hrsg. von. R. Schnur, Berlin 1965, S. 11-25において。

(163) マーベリー対マディソン判決——一八〇三年の5 US (1 Cranch) 137は、最高裁判所のひょっとすると最も有名な判決である。ここにおいて、裁判所は、初めて、立法権の行為を憲法に基づいてその妥当性を審査してもよいと、初めて主張した。判決理由の執筆者であるマーシャル首席判事は、同時に、「その性質によれば審査不可能である執行権の行為が存する」ということを暗示した。既に一七九六年に、最高裁判所のメンバーであるアーデル［James Irdell］判事は、ウェア［Ware］対ヒルトン［Hylton］事件に対して——3 Dall. 199, 1796, S. 256-280——一つの争点を、裁判の対象となりえない「政治問題」と名づけ、このことを詳しく理由づけた。ドイツ語の文献からは、ハラー［Walter Haller］、Supreme Court und Politik in den USA. Fragen der Justiziabilität in der höchstrichterlichen Rechtsprechung, Bern 1972, S. 121ff., 180ff. を参照せよ。二〇世紀において、最高裁判所の判決の実際において、（少なくともまた根本的に）外交関係や軍事力の投入や国内の非常事態についての大統領あるいは議会の決定は、裁判的に審査不可能な「政治的問題」と判断される。トライブ［Laurence H. Tribe］、American Constitutional Law, 2. Aufl., New York 1988, S. 96ff.、および、ハラー、上述書 S. 192ff. を見よ。

(164) シュミットは、ここでは、明らかに、イプセン［Hans Peter Ipsen］、Politik und Justiz ―― Das Problem der justizlosen Hoheitsakte, 1937による大学教授資格取得のための論文における「統治行為」の理論と実際についての表現を引合いに出した。イプセンは、シュミットによって与えられた順序で外国（フランス、イタリア、スペイン、ルーマニア）の問題解決を披露した（S. 17-53）。

(165) 一九四九年の基本法の四条三による兵役拒否の基本権（「何人といえども、自己の良心に反して、武器を持つ兵役に強制されてはならない」）の導入以後に、法理論や裁判は、拒否は兵役そのものに関係する場合にのみ承認されるということを、決定した。すなわち、「状況に制約された拒否」――つまり、ある種の戦争には、ある種の歴史的状況においては、ある種の武器では、関与しようとは思わないこと――は、承認されない（ドイツ連邦憲法裁判所の決定12、S. 45, 57）。

(166) Annual Digest of Public International Law Cases, Bd. 5 (1929/30), hrsg. von Hersch Lauterpacht, London 1935, S. 226-228, Fall Nr. 136。

(167) Annual Digest of Public International Law Cases, S. 228-231, Fall Nr. 137。

(168) ホッブス［Thomas Hobbes］（一五八八―一六七九）は、最終章（彼の代表作『リヴァイアサン、すなわち教会的および市民的国家の質料、形相、および力』一六五一年の「総括と結論」）において、「こうして、私は、……政治的および教会的統治についての、私の論及を、……人々の目の前に保護と服従との相互関係を示すこと以外の意図なしに、終りまで導いた。この相互関係については、人間的自然の状態と神の諸法――自然法も実定法もともに――とが、犯すことのできない考察を要求する」（第四部、終章、モールスワース［Molesworth］の著作版では、Bd. 3, S. 713、オークショット版 Oxford 1955では、S. 467/68）。既に第二部第二一章において、「服従の目的は、保護である」と言われている。シュミットは、一九三八年に出版された自己の著作『トマス・ホッブスの国家論におけるリヴァイアサン――政治的シンボルの意味と失敗』において、「『保護と服従の関係』は、ホッブスの国家構成の中心点であり、市民的法治国家の概念および理想と極めてよく一致する」（マシュケ［Gunter Maschke］編集の新版 Köln 1982, S. 113/14.「保護と服従」については、この所見とともにS. 204ff.）と強調している。

(169) コール［George Douglas Howard Cole］（一八八九―一九五九）は、イギリス労働運動の歴史家で、オックスフォード大学で教えた。一九〇八年以来、独立労働党のメンバー。一九一三～一五年、フェビアン協会のメンバー。その後、非マルクス主義的なギルド社会主義の指導的な首脳。シュミットは、一九三〇年に初めて、コール（ならびにラスキ）の多元主義的な国家理解に根本的に取り組んだ（„Staatsethik und pluralistischer Staat“では、S. 133, 134ff.）。シュミットは、後にもまた、コールを再び取り上げた。例えば、『政治的なものの概念』Müunchen, 1932, S. 28（Berlin 一九六三／九一年版ではS. 41, FN 12とともに）において。また、„Der Reichsbegriffe im Völkerrecht“という一九三九年の講演（„Positionen und Begriffe“では、S. 303, 310）において。――コールは、（もっと若い頃に）、シュミットによって取り上げられた伝統的国家論についての自己の論評を、二つの講演において要約していた。それは、„Proceedings of the Aristotelian Society.“ New Series, Bd. XV, London 1915, S. 140-159（「相反する社会的義務」）、および Bd. XVI, 1916, S. 310-325（「その対外関係から見た国家の本質」）において印刷されている。その出典の確認について、ロンドンのドイツ歴史研究所［Deutsche Historische Institut London］のスタインメッツ［Steinmetz］博士に、私は感謝する。コールが「私が保護する。それゆえに、私が義務づける」という命題のために即座に必要であるかどうかは、しかしながら、非常に疑わしいように思われる。コールは、この〔保護と服従の〕関連へ、この引用文を据えた。すなわち、「政治理論は、方法において、デカルト学派であった。それは、典型的な国家の意義の分析によって国家の本質を定義することを求めた。『政治体における連鎖［nexus］とは何か？』とそれは問うた。そして、それは次のように答えた。正確でないとしても、我思う、ゆえに我あり、と。少なくとも、『私が保護する。それゆえに、私が義務づける』と。それは、国家を、個人と見なした。そして、その本質を、一種の集団的内省によって定義することを求めた。そして、この内省的な哲学は、ちょうどそれが個人の意識の研究を損なうように、政治理論にとって致命的である。なぜならば、それは、国家をそれ自身の観念のサークル中にしまいこみ、国家と国家との関係の問題に哲学者たちが対決することを妨げたからである」（Proceedings, Bd. XVI, S. 311）人間諸団体の立場のイギリスの議論におけるコールの立場については、ビルケ［Adolf Birke］、Pluralismus und Gewerkschaftsautonomie in England, Stuttgart 1978, S. 192ff. を参照せよ。コールおよびラスキについてのシュミットの分析については、クヴァーリチュ、Zur Entstehung des Pluralismus: Der Staat 19 (1980), S. 29, 36ff., 48ff.。

編者あとがき

一九四五年の鑑定書の由来について

このテキストの扉には、「攻撃戦争というインターナショナル法上の犯罪と『法律なければ犯罪も刑罰もなし』という原則」というタイトルだけが記されている。これが鑑定書のことだということは、本書の元となっている原本に示されている紙面が明らかにしている。そこにシュミットは、「一九四五年八月二五日の鑑定書テキスト」と覚書を手書きしている。しかしこの覚書は単にシュミット自身の保管のためのものだった。（「……の依頼に基づく法鑑定書」という）依頼人の記載同様、これが法鑑定書である旨の記述も扉にはないのだが、多分それには幾つかの理由があるのだろう。すなわち、この鑑定書は、一人の「普通のビジネスマン」のためばかりでなく、何人もの潜在的被告人のためにも利用されるはずだったのである。実際当時は、誰が起訴されるのかハッキリしていなかったのである。

法律家は「鑑定書」を、依頼人からの依頼によってのみ作成するのが普通である。すなわち、私人または行政官庁は、具体的法問題への回答や事態の法的探究を求め、それによって自己の利益や権限を貫徹する可能性を判断しようとする。鑑定書は、主として鑑定者の独立性によって、弁護の準備書面から区別される。すなわち鑑定書は依頼人の希望を満たさない結果に終わることもありうる。

シュミットの遺稿には、鑑定書のテーマや依頼人から支払われるべき報酬についての書面による取決めは見あたらない。シュミットは重要な書類を保管していたので、この依頼については口頭でのみ処理されたのだろう。そのことは、テーマと諸状況を考慮すると、一九四五年夏には当然であった。シュミットが鑑定書の冊子を保管してあったファイルカバーの裏に、彼は手書きで、「一九四五年八月二五日の鑑定書テキスト（当時のアドレス：ベルリン－シュラハテンゼー、シェーネラーツァイレ）、依頼人：弁護士ヴァルター・シュミット博士、フリックとその共同被疑者の代理人……」とメモしてある。依頼人フリードリッヒ・フリック［Friedrich Flick］(2)について、シュミットは一九四五年夏にハンス・シュナイダー［Hans Schneider］(3)と話し合っていた。

シュナイダーの報告によれば(4)、一九四五年七月にアメリカの新聞『星条旗』の「ドイツの指導的産業家を裁判に」という記事を読んだフリードリッヒ・フリックは、自分が被告人になるのではないかと心配し、そこで、政府の行った攻撃戦争に関する民間人の責任を法的にはっきりさせるよう、シュミットに委託したとのことである。

ハンス・シュナイダーが言っている新聞記事は、遺稿の中に保管されていた（RW265-62, Nr. 8, Bl. 11）。アメリカ軍の新聞『星条旗』の日曜版、すなわち『星条旗雑誌』一巻七号〈一九四五年七月一五日日曜日刊〉である。シモン・ブガン［Simon Bougin］によるこの記事は、「壮大なる歴史的裁判——ジャクソン判事はドイツの戦争犯罪人を審理するためのフォーミュラを打ち立てた。」という見出しで、ドイツに対して予定されている裁判のことを詳しく述べている。裁判は、犯罪の特性と地域に応じて四つのグループに分けて行われることになっていた。「ドイツ陸軍と国家の指導者たち、産業・金融界の指導者たち、また、ゲシュタポとSSの指導者たち」は、第四のグループに属することになるとのことだった。この新聞記事の周りには、当時広く知られていた、埋葬されていない裸の死体の山の写真と、行進の図——一人ひとりが鉤十字の腕章を巻いていることからドイツ人とわかる——が配されている。切り紙細工のように描かれた人物たちの後ろには、絞首台がそびえ立っている。

フリードリッヒ・フリックは、アメリカによって拘留されているときに、この図付きの記事を目にしたのかも知れない。一九四五年六月一三日に南ドイツで、彼はアメリカの将校によって逮捕されていた(5)。かかる事実によるならば、鑑定書の執筆に着手したのは、早くても一九四五年七月下旬ということになるだろう。

しかし、『星条旗』の記事だけを鑑定書依頼の動機と見る必要はない。一九四五年六月六日のジャクソン報告において、その筆者は、政府や軍隊のメンバーと並んで、共犯〔gemeine Verbrecher〕と証明されれば金融生活・経済生活および産業の成員をも今後被告人とすると述べていた。(6) 早くも二日後にはアメリカの新聞で熱狂的に解説されたジャクソンの「大統領への四〇〇〇字報告」――トルーマン大統領はすぐにそれを自己の見解として引き継いだ――の要点は次の二つであった。すなわち、〔司法手続きによらない〕即決の銃殺ではなく〕訴訟手続きと攻撃戦争を理由とする起訴である。ドイツの新聞でもジャクソン報告は報道された。「連合国によって起訴される多くの政府官吏、国防軍構成員、金融・経済・産業界の人物の中には、工場経営者や参謀本部付将校もいる」と。(7) 新聞は、ジャクソンは自分が現行国際法によって妨げられることはないと考えているだろうとも報じていた。

「ジャクソンは付け加える。許容という小マントを攻撃戦争に羽織らせるために帝国主義時代に発展させられた不毛なリーガリズムによって、アメリカの態度が隠蔽されることを許してはならない。我々は、将来文明世界を攻撃しようとする者を訴追する応報の裁判権を創造する立場にあるのである。………」(8)

フリックは、自分が経済生活と産業の代表として、それも攻撃戦争〔に加担した〕という理由で、法廷に立つことになるかも知れないと予想できた。確かに彼はそのことを恐れざるをえなかった。なぜなら彼は、戦略軍務オフィスの尋問を受けた後に、ドイツの経済や金融の審査に当たっていたアメリカの情報機関の特別なグループによって釈放を妨げられたからである。産業家や金融家は「ドイツ軍国主義者、ＳＳメンバー、ナチス党指導者と同様に危険である」という理由で、彼は、一九四五年七月二〇日の拡大連合国派遣軍最高司令部〔ＳＨＡＥＦ〕の捜査リストに入れられた。(9) 一九四六年春に完成して五月六日にクレイ〔Lucius D. Clay〕軍司令官に渡されたドレスデン銀行――フリックは一九二二年以来その監査役会の一員であった――に対する金融調査部門〔Financial Investigation Section〕の調査報告において、作成者は、フリックは平和に対する罪を犯したとの結論に達した。(10) もっとも、フリック自身は――六月一三日以来外界から遮断されていて――委任を行っていないということもあり得ないことではない。

多分、W・シュミット弁護士とともに、フリックの総代理人の一人であるカレッチュ〔Konrad Kaletsch〕[11]が鑑定書の委任についてシュミットと交渉したのであろう。のちに、フリック裁判の共同被告人としてすべての起訴理由について無罪を言い渡されたあとで、カレッチュは一九四八年七月一五日にシュミットに宛てて、「私たちが一九四五年の夏と秋にベルリンで行った二度の会談を懐かしく思い出します。」(RW265-63)と書いた。当然カレッチュは、フリックによる明確な委任なしに、フリック弁護のための鑑定書について交渉することができただろう。アメリカ政府の意図――ベルリンでは、六月一二日以来周知だった――に直面して、カレッチュは、フリックと接触せずともコンツェルンの長(および彼自身)に何が差し迫っているのか想像できた。シュミットが鑑定書の仕事を始められたのは、一九四五年六月の終わり、早くとも半ばであったろう。[12]

一九四八年七月二〇日付のシュミットの返信では、鑑定書そのものについては述べられていないが、鑑定書を作成するに至った事情は明白である。すなわち、「……私は一九四五年から一九四六年の冬にリヒターフェルデのキャンプで、それから一九四七年春にニュルンベルクで――そこで私はフリック氏の子息の監房における隣人でした[13]――、私はあなたのことを聞いておりましたし、最後に一九四八年二月にたまたまデュッセルドルフを訪れた際にもシュリーカー〔Willy A. Schlieker〕[14]氏が〔あなたに関する〕若干のことを知らせてくれました。」(RW265-63)。鑑定書をフリック裁判の弁護人の一人であるクランツビューラー〔Otto Kranzbühler〕[15]博士に渡したのもカレッチュだった。クランツビューラーは、一九四九年二月四日にシュミットに宛てて、「私は当時、戦争犯罪人裁判の法的問題点についてのあなたの論文を、カレッチュ氏から受け取りました。」(RW265-63)と書いた。クランツビューラーは、一九四八年一一月末に鑑定書を受け取っていたことが、シュミットに宛てたカレッチュの手紙から分かる。[16]

おそらくカレッチュは、他の法律家すなわちティルマンス〔Karl Tillmanns〕博士と一緒だったのだろう。[17]シュミットの遺稿には、「特にいわゆる経済的戦争犯罪人に対する間近に迫った訴訟に関する、アングロサクソン的法思考の理論と実践に対する意見」という匿名で日付のない鑑定書が含まれている（RW265-124, Nr. 21）。この鑑定書はタイプ複写で一行おきに書かれていて三五頁あり、明らかにフリックの弁護のためのものであって、一方でイギリス人やアメリカ人の、他方ではヨーロッパ大陸の国々における国際法についてのさまざまな見解について、高水準の記述をしている。そのほか、予想される起訴に対するフリックの弁護がどのように構築されうるかが熟考されている。このテキストがシュミットによって書かれたのではないことは明らかである。なぜならば、「S教授が最近の論評において論じたいわゆる合法性要求の問題……」とか「S教授の著作『合法性と正統性』」と、出てくるからである。W・シュミット弁護士かティルマンス博士がこの鑑定書を作ったのか、あるいは法律に通じた他の関与者がそれを書いたのかは、さしあたり不明のままにせざるをえない(18)。

鑑定書の報酬の正確な額は、支払いの時期同様知られていない。しかし時期も額も、その時までに西ドイツへ移っていたお手伝いのシュタント〔Anni Stand〕に宛てたシュミット夫人〔Duška Schmitt〕の情報に基づいて見当をつけることができる――それはほぼ一万ライヒスマルクだったであろう(19)。二〇年代あるいは三〇年代においては、ドイツの富裕な人びとの一人の生命、自由、財産に関わる事案についての著名な法学者の鑑定書に対する謝礼は、ずっと高額だったろう。しかし、一九四五年の夏、ドイツは正常時ではなかった。ベルリンは特にそうだった。依頼人のフリックの財産は差し押さえられており、ベルリンの銀行や貯蓄銀行は略奪を受けて閉鎖されていた。シュミット自身一九四五年四月に最後の給料を受け取って以来収入がなかった。彼は貯金をしていなかったので、ベルリンをめぐる戦いが始まる前に、フリックの代理人たちがベルリンで商人らしい先見性をもって行ったように、多額の現金を用意しておくことができなかったのだろう。一九四五年夏にはもう、シュミット夫妻は、家具の一部を売らねばならないと思っていたので(20)、その〔鑑定書の〕報酬は、日々の生活費や家賃、その他の必要経費のためにとても助けになった。「闇市場」の価格と比べて、また、一九四八年七月二〇日の通貨改革で頂点に達した急速な通貨の下落を考慮すれば、なおさら鑑定書の謝礼は〔価値のない〕数字だけが並んだものだった。依頼人もそれを知っていたので、カレッチュは、一九五一年一月三日にシュミットに宛てて、「我々は、一九四五年の動乱時代から、当時作ってくれた鑑定書のゆえに、あなたに対して恩義がある。」と書いた。それゆえ彼は、一〇〇〇ドイツマルクの「終結謝礼」を申し出た。(21) その提案をシュミットは、「とても有り難い」と受けた。(22) シュミットとフリック・グループの指導的人物たちとの間には、鑑定依頼の件が済んだ後も経済的なりゆきとは別に、ゆるやかな関係が続いていたようである。こうしてカレッチュは、一九四九年一月二四日の手紙で、シュミットをデュッセルドルフの自分の事務所に招待した。弁護士W・シュミット博士とW・ポーレ［Wolfgang Pohle］博士とのここでの会談は、「すべての事柄のさらなる追及」——それは明らかにフリック裁判とクルップ裁判を指していた。カレッチュによれば、ポーレはそれらの裁判で積極的かつ効果的に活動していた。(23)——に対処するためのシュミットの助言を得るためのものであった。自筆のメモによれば、シュミットは、一月二八日にこの手紙に返事をし、提案されたデュッセルドルフでの期日を書き留めた。その他の点でもカレッチュはシュミットの助言を求めて、それを得た。(24) さらに、コンツェルン支配人のカレッチュはシュミットの人柄から強い印象をずっと受けていたようである。後になっても、シュミットの誕生日ごとに大なり小なりの贈り物をして自分を思い出させていた。(25) カレッチュは一九七三年になってもなお、非常に心のこもった電報でシュミットの八五歳の誕生日の祝辞を述べた。(26) シュミットの方でも、かつての依頼人に関心をもち続けた。彼はフリックについての新聞記事を切り抜いて保存するのを習慣とし、それは、一九七二年六月四日付『シュピーゲル』に載った追悼文（RW265-289）まで続いた。

扉には依頼人の表示［Angabe］も作成者の名前もなかった。鑑定書の写しもまた、扉において執筆者の名前を秘密にしている。しかし、鑑定書の写しのなかには、この匿名を完全には守っていないものが二、三あるのである。二、三の写しにおいて（すべてはない!-）、英語で要約している「ノート」には、以下の追記が加えられている。

ノート

「攻撃戦争というインターナショナル法上の犯罪」（一九四五年八月）に関する法学博士カール・シュミット教授の見解の結論として。

それにまた、遺稿冊子の中にある「ノート」においては、タイプで「カール・シュミット」と署名されている。なぜ執筆者の名前が写しの異国語による要約において初めて出現し、それもすべてにおいてではないのかということについては、明確に答えることはできない。完全に匿名にしていることについては、一九四五年の夏およびその後しばらくの状況を考えれば、十分な理由があったかもしれない。当時、勝利者たちに反論することは、――とくに、彼等にとって基本的に重要な事柄については、――危険であった。カール・シュミットという名前が依頼人を不利にするかもしれないということも、恐らくあっただろう。それならば、なぜベルリンの弁護士たちは、――たとえば、すでにヴェルサイユ条約に関する業績のあったクラウス［Herbert Kraus］(27)に依頼する代わりに、あるいは、一九四四年秋に戦争犯罪の訴追に関する大論文に着手して一九四五年六月にそれを完成させたマンゴールト［Hermann von Mangoldt］(28)に依頼する代わりに、――カール・シュミットに依頼しようと思いたったのか、このことを人は疑問に思うに違いない。

その答えは、時代状況から明らかになる。降伏後一ヵ月間、ドイツ人たちは、旅行も電話もできなかった。とにかく、自己の「占領地区」の境界を越えることはできなかった。郵便も、通常の業務をまだ再開していなかった。ベルリンの、西側の三つの占領軍に割り当てられていた市街区――シュミットは、ベルリン・シュラハテンゼー（アメリカ地区）に住んでいた――は、そのうえ、ソ連の占領地区によって遮断され包囲されていた。それゆえに、カレッチュと彼の弁護士たちが、国際法の折紙つきの教授による第一級の鑑定書を望むならば、彼等は、ベルリンの国際法学者を頼りにせざるをえなかった。しかし、ベルリンには、カール・シュミットしか残っていなかった。一九四四～四五年の冬学期、シュミットは、公法と国際法の講義とゼミナールを担当していた法学部唯一人の講座担当者であった。

ベルリン大学の学部記録の中には、学部長ジーベルト〔Wolfgang Siebert〕が一九四五年一月二六日に学術教育省〔RMinWEV〕に宛てた、マウンツ〔Theodor Maunz〕を国家法および行政法の領域の軍事代表〔Kriegsvertretung〕としてベルリンへ派遣することを依頼する書簡の写しがある。講義一覧表は、なるほど、ヘーン〔Reinhard Höhn〕、ビルフィンガー〔Carl Bilfinger〕、ペータース〔Hans Peters〕を、専門の代表〔Fachvertreter〕として記しているが、「しかし、実際には、目下のところ、枢密顧問官カール・シュミットのみが、完全な講義活動を営んでいる」としている。それによれば、ビルフィンガーは病気のため休暇中であり、ヘーンは自己への軍事命令〔Kriegsbeorderung〕を理由にしているし、リッターブッシュ〔Ritterbusch〕は憲法史のみを講義し、ペータースは国防軍にいることになっていた。そして、シュミットが、人事上の欠員に直面して、ヘーンの「憲法」の講義を引き継ぐことをすでに明らかにしているが、この耐え難い状況は、マウンツの派遣によって、来るべき一九四五年夏学期には終結するはずだとされている。フライブルクのマウンツがベルリンへ来ることは、もはやなかった。シュミットは、既述の「憲法」の講義と並んで、さらに二つの別の講義、すなわち「行政」（三時間）と「外政と国際法」（二時間）を行ったし、さらに、彼の私宅においてごく内輪で、「公法ゼミナール」と「国際法上の戦争概念のためのゼミ形式の演習」を行った。一九四五年二月一日に、彼は、最後の講義を行った。二月三日のアメリカ空軍の猛攻撃の後に、講義活動は終了した。シュミットは、国民突撃隊の第一次動員で召集された（一九三三―四五年のベルリン大学の学部記録を調査しているティリィッキ〔Christian Tilitzki〕の、一九九一年一〇月一日と一七日における個人的な情報）。

結局、次のことを考慮すべきである。すなわち、シュミットは、ドイツ連邦共和国になってから、すなわちおよそ一九五〇年以後に、ドイツ法学の「嫌われ者」〔bête noire〕であると宣告された。一九四五年の法律学上の同時代人の、とくにシュミットの一九三三―三六年のナチズム経歴や彼の当時の出版物をあまりあるいはまったく知らない弁護士たちの見解においては、次のような一人の教授との関わりであった。すなわち、一九三六年の末以来自己の教授職の外ではいかなる職務も行なわず、大学においても影響力を奪われたままであった――いかなる施設の「管理者」でもなければ「学部長」でもなかった――、また、なるほど、ドイツにおいては自己の学問上の専門仲間からの賞賛や非公式の連帯を与えられ、外国の諸大学ではそこでの講義によってドイツの学問を代表したが、しかし、最後までナチ党に対しては容認できないままであったところの、一人の教授との関わりであった。[29] 一九三三～三六年を適切に描写している、「幻想の時代」[30]からの記念品であるこの「プロイセン枢密顧問官」は、依頼人にはほとんど邪魔にならなかったであろう。なぜならば、俳優のグリュントゲンス［Gustaf Gründgens］も、カトリック司教のベルニング［Berning］も、この称号を持っていたからである。シュミット自身は、自己の革命的なナチ時代を、内心では、とっくに背後に捨てていた。戦争中、彼は、友人や同僚の間でのみならずゼミナールにおいても、原理的なシステム批判を表明した。[31] 彼がこの時点で鑑定書においてナチ統治の犯罪や性格について記述したところのものは、真面目に考えられたものであり、彼の確信であって、依頼人や鑑定者のカムフラージュに役立てようというものではなかった。自分への反対論者が彼の第一の変化の事情や帰結を片時も忘れずかつ許すはずはなかったので、彼にこの第二の変化がまったく役に立たなかったということを、彼および彼の依頼人は、一九四五年夏には、恐らく予見できなかったのだろう。それはどうであれ、鑑定書の匿名は、数冊の冊子に付け加えられた『攻撃戦争というインターナショナル法上の犯罪』についての法学博士カール・シュミット教授の見解の結論としてのノート」によって解消された。本来、英語の要約はアメリカの軍事法廷のみを受取人にする可能性があったので、作成者の名前のある鑑定書とそれのない鑑定書を提出することを、依頼人が保留していたということから、我々は出発してもよいだろう。

テキストの伝達

カール・シュミットの手による〔速記ではない〕普通の文字の稿本は、存在していない。彼は、鑑定書を、自己の速記による草案に沿って、自分の家に来ていた依頼人の女性秘書に口授して速記原稿の形にし、その女性秘書は、非常に素早くタイプライター印刷のテキストを作成し、シュミットに渡した[32]。鑑定書のこの最初の草案は、二行幅で書かれ、一〇九頁ある（稿本一）[33]。シュミットは、この稿本に、手書きで、根本的にさらに手を加え、記述の誤りを正し、文章を再調整し、さらにまた、長短の——即ち彼が当該頁に糊で貼り付けた半ないし全頁の——補足を書いた。また彼は、手書きで、テキストに表題を筆写し、これを目次として「序論」の前に置いた[34]。このように訂正され補足された稿本一——これには未だ英語の「ノート」はない——は、同様に二行幅で書かれた写しのための手本であり、その結果、一一六頁強となった（稿本二）。稿本二のもともとのタイプ印刷——遺稿においてはRW265-63——は、新たに、カール・シュミットの手になるインク書きの補足や修正を含んでいる。この（十の）補遺は、別のさらに述べられるであろう稿本へ、明示することなく加えられた。手書きされた補足を持つこの二行幅のテキスト（稿本三）は、手本として役立ったのは明白である[35]。英文の「ノート」が稿本二で初めて付け加えられた。「ノート」も同様に二行幅で書かれたが、頁数は付けられなかった（RW265-124, Nr. 18）。本書で発表された印刷物は、稿本三が、それゆえにカール・シュミットが自己の鑑定書として依頼人に手渡した稿本が、基礎になっている。いろいろな稿本を書類によって証拠固めすることによってあるいは補足と修正を明示することによって、鑑定書の成立を説明することは、（そもそも）この法鑑定書の場合、いずれにせよ、不必要に思われる。この鑑定書は、恐らく、二カ月以内に出来上がったのだろう。修正は、正書法上の、文体論上のものであった。補足は、論証を強化するはずであった。彼が問題を新たに取り上げたりあるいは自己の論証を変えたりしたということは、全く認められない。他の間接証拠が、シュミットは稿本三においてテーマへの自分の論述の究極的表現に達したということを、明らかにしている。すなわち、鑑定書の部分（S. 18-47）〔本書では(24)〜(41)ページ〕は、彼の一九五〇年に出版された著書『大地のノモス』にそのまま取り入れられた（S. 233-255）。すなわち、第二章「ヴェルサイユ条約における戦争犯罪と戦争責任」および第三章「一九一九〜一九三九年における攻撃戦争のインターナショナル法的刑罰化の展開、(1)、一九二四年のジュネーブ議定書」についての説明の部分である。

遺稿の中には、鑑定書の冊子が多数見つかるが、それらは形や内容において相違がある。行間をつめたタイプ印刷で六九頁の四冊がある。まずRW265-338におけるタイプ印刷のオリジナルは、題扉にインク書きでシュミットによって自己の名前（"Carl Schmitt"）を記されている。この冊子を基にして、他の、行間をつめた完全な冊子がタイプ複写の形で生まれてきたことは、明らかである。すなわち、RW265-124, Nr. 13, Nr. 17と、「ノート」が欠けているRW265-92, Nr. 8におけるそれぞれの冊子である。このテキストは、終わりに、「ベルリン、一九四五年八月二五日、カール・シュミット」と署名された。しかるに、RW265-92, Nr. 7においては、インク書きでカール・シュミットとフルネームで署名された「ノート」が含まれていた。

遺稿には、完全なテキストのさらに二つの別の稿本が存在する。すなわち、行間をつめて書かれたタイプライターの八四頁、タイプ複写紙、結語において頁数を付けられない二頁の「ノート」。紙の極度の徹底的利用で行間をつめて書かれ、それゆえに欄外が僅かしかないゼラチン版で刷られたテキストは、五四タイプライター頁に達する。すなわち、英語の要約（「ノート」）については、追加の頁が付け加えられた（RW265-124, Nr. 14, 15）。

稿本三の形での鑑定書の完全なテキストをすべて不変のままで再現するこれらのいろいろな形式と並んで、短縮稿本が普及された。短縮された稿本には、第二章「ヴェルサイユ条約における戦争犯罪と戦争責任」および第三章

「一九一九〜一九三九年における攻撃戦争のインターナショナル法的刑罰化の展開」は、欠けている。

それゆえに、短縮稿本は、通算して、第一章「『法律なければ犯罪も刑罰もなし』という原則の実際の意味」(S. 5–13)、第二章「『戦争』というインターナショナル法上の犯罪の正犯者」(S. 14–30)、第三章「政治的指導層に属さない個々の国民、とくに普通のビジネスマン……」(S. 31–45) という三つの章しかない。

例えば「このことは、以下の叙述から詳細に明らかになるだろう（完全なテキストの第二章の前の最後の文章）〔本書では(24)ページ〕という文章のような、繋ぎの言葉は、この短縮されたテキストには欠けている。この短縮稿本の最初の頁に、シュミットは、「一九四五年八月の鑑定書からの抜粋は、一九四八―九年に普及した（私は、正当とは認めないが、黙認はする。なぜならば、テキストは、原文を忠実に引用したからである）」と手書きで書き留めた。

RW265–124, Nr. 16における短縮稿本の第二の冊子は、この時代に典型的な・インクを吸い取る［Saugpost］紙で、紙型の助けを借りて複写されている。

(136)

結局、RW265–63, Nr. 15は、行間をつめたタイプライターでの別の冊子を含んでおり、それは、一五頁から五四頁までであり、第三章から第五章までを含んでいる。恐らく、一頁から一四頁までは、第一章と第二章であろう。このテキストは、何も書かれていない裏面に、速記による多くの註釈（ガーベルスベルガー［Gabelsberger］〔速記術〕）がなされているから、重要なのである。そして、この研究冊子を、シュミットは、その後の論述のためにどうやら利用したらしい。このようにして彼は、それらが出現した後に、自分の著書や論文に対して、そのようなやり方をした。欠けている一頁から一四頁までを、私は、遺稿の中で発見できなかった。

それゆえに、鑑定書のテキストは、いくたびか、複写され、配布された。――戦後時代のドイツの自費出版[Samisdat]。それがどれなのか確定できないが、一通の複写コピーがカレッチュの事務所へ戻った。即ち、一九四八年一一月二六日に、カレッチュはシュミットに次のようにしたためた。

「私は、二、三週間前に行われた我々の相談にもとづいて、そして、かって貴方が製作された叙述の一五冊を貴方に同便でもって書留小包として、送るということを、謹んでお知らせします[36]」。

遺稿には、オリジナルやコピーによって主張されなかった稿本もある。タイプライター印刷の冊子は、一行半幅で書かれ、九四頁に及ぶ完全な（不変の）テキストを含んでいるが、しかし、「ノート」は含んでいない。恐らくシュミットは、オリジナルのタイプ印刷に目を通したのだろう。なぜならば、彼の手書きにおいて、題扉における補足について「（一九四五年八月）」――これは、その他のものには欠けている――が認識でき、「ベルリン」という場所が付け加えられたからである[37]。

シュミットは、「配達不能書［Rückläufer］」を蓄えていたが、しかし多分、自身では、ほとんどあるいはまったく、鑑定書の配布をしなかった。彼は、そうすることを、明らかに正当とは感じなかった。なぜならば、多分、依頼人は（しばしばそうであるように）この権利を留保していたから。グレーベ［Wilhelm Grewe］が、一九四八年三月に自分の著作『法の問題としてのニュルンベルク』（一九四七年）および一年後に「攻撃戦争は処罰できるか」（『現代』一九四九年、一三頁以下）についての自己の論文――それらの著作や論文において、グレーベは、一九四五年の鑑定書におけるシュミットと同じ結果になったのだが――を、シュミットに送った時、シュミットは、容易に思いつきそうなことかもしれなかったが、自己の鑑定書の写しを送ることでもって礼を述べることはしなかった[38]。

後世にとっての鑑定書

「もしも攻撃戦争の犯罪化についての一九四五年八月における私の表明を、当時あるいは裁判期間中に、公刊できたならば、私は死んでも満足だったのだが。[39]」

シュミットの鑑定書は、「普通のビジネスマン」すなわちフリードリッヒ・フリック［Friedrich Flick］を、攻撃戦争という犯罪を理由とする起訴や有罪宣告から護るためのものだった。既述のように、一九四五年夏にフリックは、その時までにドイツにおいても知れ渡っていた連合国の諸計画によれば、自分が産業の指導者たち（英語で言えば「リーダーたち」）――彼等は、ドイツ国防軍、国家、金融の指導者たちと並んで、国際軍事法廷によって最終判決を下されることになるかもしれなかった――の中に数え入れられると予期せざるをえなかった。[40]「国際軍事法廷」は、一九四五年一一月二〇日から一九四六年一〇月一日の判決の言い渡しまでニュルンベルクで審理し、「平和に対する陰謀」を理由として八人の被告人（ゲーリング、ヘス、リッペントロップ、カイテル、ローゼンベルク、レーダー、ヨードル、ノイラート）を、また、「平和に対する犯罪」すなわち「攻撃戦争への協力と支持」を理由として四人の被告人（ヴィルヘルム・フリック［Frick］、フンク、デーニッツ、ザイスインクワルト）を、有罪とした。しかし、フリードリッヒ・フリック［Flick］は、後続の一二の裁判の五番目に、やっと起訴された。その後続裁判は、アメリカの軍事政府によってニュルンベルクで開かれ、しかも、アメリカ軍司令官の第七号命令がその組織と手続きを規定した「軍事裁判」によって実施された。[41]すなわち、軍政長官によって任命された裁判官は、たしかに、「少なくとも五年間、合衆国の一州またはコロンビア地区の最高裁判所において、あるいは合衆国の最高裁判所において、承認された[42]」文民の職業裁判官ではあったが。フリックならびに彼の協力者に対しては、軍備に奉仕したフリックコンツェルンの経営において強制労働者、強制収容所拘留者、捕虜を働かせたことによって犯された、戦争犯罪ならびに人道に対する犯罪を犯したことを理由として、一九四七年四月一九日から一二月二二日まで審理された。[43]〔しかし、〕一九四五年一二月二〇日の管理理事会法律第一〇号の一条一が規定した「平和に対する犯罪」の非難は、出されなかったのである。

それゆえに、フリックや協力者に対する裁判手続きにおいて、シュミットの鑑定書は、使用されなかった。従ってまた、提出もされなかった(44)。フリック裁判の終了後一一カ月経って、無罪とされたカレッチュは、シュミットの鑑定書の冊子を、同様に無罪とされたもう一人のフリックの総代理人のブルクハルト［Odilo Burkhard］博士を弁護したクランツビューラー［Otto Kranzbühler］に送った(45)。どうやらシュミットは、一九四八年秋のカレッチュとの話し合いにおいて(46)、自分の鑑定書を出版できないかと要求したらしい。カレッチュは、その同意を、クランツビューラーの意見に委ねたのだろう。なぜならば、クランツビューラーは、一九四九年二月四日のシュミット宛の書簡において、「ニュルンベルクのすべての裁判は、『平和に対する犯罪』の対象になる人物範囲をかなり限定し、一九四五～四六年の主要戦争犯罪人に対する裁判以来、誰ももはやこの起訴事項のもとでは有罪の判決を下されなかった(47)」と指摘しているからである。他方において、このような有罪判決は、まだ結審していないヴィルヘルムシュトラッセ裁判においては、言い渡される可能性があったのかもしれない。このために、鑑定書の公表は、「弁護の点で、非常に用心深く判断」されたのかもしれない。実際、ヴィルヘルムシュトラッセ裁判における検察当局は、二一人の被告人のうち一七人に対して(48)、「平和に対する犯罪」という非難を提起した。一九四九年四月一一日に、ヴァイツゼッカー［Ernst von Weizsäcker］（外務省）、ケップラー［Wilhelm Keppler］（外務省）、ヴェルマン［Ernst Wörmann］（外務省）、ランメルス［Hans Heinrich Lammers］（内閣官房）、ケルナー［Paul Körner］（四年計画事務次官）等が、（他の犯罪と並んで）この犯罪で、有罪の宣告をくだされた(49)。

クランツビューラーの消極的な態度は、恐らく多くの理由に基づいていたと思われる。シュミットは「私は、私の説明の際に、『普通のビジネスマン』、『政治的指導に参加しない忠実な国民』に、注目した。指導者国家の独特の構造によれば、『刑事的な意味での本来の陰謀［Komplott］と、〈総統の周辺〉においてのみの本来の陰謀［Verschwörung］とが追求』できるだろう」と、再三強調した。しかし、ヴィルヘルムシュトラッセ裁判においては、事務次官や他の指導的な国家職員が起訴された。たとえ、シュミットがその者たちを、総統のまわりの「陰謀共同体」と見なさなかったことが確かであろうとも、検察当局は、シュミットの鑑定書を被告人たちに対して利用できたかもしれない。それゆえに、裁判中に出版することは、弁護人側のために行われなかった。(50)

シュミットの鑑定書は、弁護人側にとってあまり「援護文書」でなかったかもしれない。彼は、アングロサクソン的な法思考をヨーロッパ的な法思考に対置し、検察側が恐らく行うであろうような論証ラインを描いて見せた。なるほど、彼は、「攻撃戦争」という違法行為が、アングロサクソン的見解によっても、まったく「自然犯」ではないことを証明したと信じていたが、しかし、鑑定書の完成から三年経ち、ニュルンベルク裁判を経験した一九四八年において、ドイツの弁護士たちは、「まだ進行中の裁判の検察官や裁判官たちが、攻撃戦争を罰しうることについての、法律学的にほとんど強い影響を与えなかった彼等のこれまでの証明を、シュミットの論述でもって——それが、彼等に役に立つと思われた限りでだが——論証面で充実させ、被告人たちに不利になるように結果を逆転させるかもしれない」と心配したに違いなかった。特に、シュミットが攻撃戦争の可罰性と、「許し難い犯罪」、「残虐行為」の可罰性との間に設定した鋭い区別は、そのような心配を引き起すように思われた。すなわち、あの「計画的な殺人や非人間的な残忍さ」は、「特定の非人間的なメンタリティーを特徴的に表明しており」、その「……野蛮と野獣性とは、正常な人間の理解力を越えている。……。ここで問題となっているのは異常な非行なのだという原則は、絶対に議論の対象にしてはならない。そのような議論が、これらの諸事象が途方もないことであるということから話を逸らし、それが異常であるという意識を弱めてしまう」(序論)。この正しい境界設定——これは、後年のドイツの文献において、同様に主張された——をしていたとしても、これを検察当局は、産業家、銀行家、高官に対して向けたかもしれない。なぜならば、管理理事会法律第一〇号における共犯の極端に広い概念の結果として、将軍や事務次官、銀行家や高官は、「攻撃戦争」を理由としてのみならず、——軍事裁判の実際において非常にしばしばだったが――「人道に対する犯罪」を理由としても、起訴され、有罪にされ得たからである。すなわち、二条二号は、「(a)正犯者として、あるいは(b)幇助者として、このような犯罪の犯行において協力し、それを命令し、助長した者、あるいは(c)犯罪に同意［Zustimmung］してそのことに関与した者、あるいは(d)犯罪の計画や実行と関係した者、あるいは(e)犯罪の実行と関係した組織や団体に所属した者、あるいは［攻撃戦争の場合に］、ドイツにおいて……高位の政治的、国家的、軍事的地位（参謀本部における地位も含めて）あるいは金融や産業や経済の生活でこのような地位を占めた者」を有罪と見なした。管理理事会法律第一〇号は、「奴隷化と強制連行」をともなった「殺人」と「根絶」を、一つの構成要件に、まさに「人道に対する犯罪」（二条二号C）に、括っていた。自己の軍需企業において強制義務をおわされた外国人たちを働かせていた産業家たちは、「奴隷化と連行」の正犯者として「人道に対する犯罪」――その犯罪を、シュミットが許し難い犯罪と記述し続けたのと同様に、検察当局はそのように記述し続けた――を犯したのだった（例えば「賛成」によって）。[51] もしも処罰可能性について問題にすることがあれば、それはすべて、シュミットの言葉をもってすれば、「自然犯」へと戻るよう指示されることだろう。即ち、「このような犯罪に直面して、『法律なければ犯罪も刑罰もなし』という異議を申し立てたり、これまでの実定的な刑法規定を引用しようとする者がいるならば、その者は、憂慮すべき立場へと自らを追いやることになるだろう」（第一章(4)）と。シュミットは、このような言い回しの場合に、軍需企業における強制労働のことを考えていなかったのはもちろんであり、また、どのような極端な仕方で、正犯や共犯のアングロ・アメリカ的概念が拡張されるようになったかを、――シュミットは、勝者の刑法観念の知識においていくつかを予見したけれども[52]――一九四五年夏には、予見できなかった。しかしながら、検察官によるシュミットの利用を防止することは、弁護人側の補足的な任務であったであろう。

管理理事会法律第一〇号二条二号の適用についての最も鋭い批判を、アメリカの裁判官パワーズ［Leon W. Powers］が、ヴィルヘルムシュトラッセ裁判の判決についての反対意見で明確に表現した。すなわち「［犯罪に同意してそのことに関与した者は、有罪であるという」命題は、犯行後に犯罪に同意すること［Zustimmung］が、承諾［Einwilligung］により共同正犯になると解釈され、また、戦争に際して公然と抗議せずあるいは座り込みストライキをしない者はすべて、彼が何処かで誰かから政府が犯罪を犯したということを見聞した後では、犯罪を承諾しそしてそれにより犯罪を犯したと解釈される。それにより、立証は容易になり、責任はほとんど普遍的になる。はっきり言うと、人々がこのような主張を提起できたということは、私には信じがたいように思われるし、また、このような主張が真面目な注目を受けることが出来ようなどとは、一層信じ難いように思われる。このような主張は、完全に非現実的である。理性も、基本的な法概念も、このような主張を支持しない。……正しく解釈すれば、『同意した』者は犯罪に関与するということを、また、犯罪の折に同意することは一つの役割を演じたに違いないということを、当該箇所は、まったく明白に意味している。その法律においては、そのようにいわれている。その実行後に犯罪に同意することは、たとえそのような事が可能であるとしても、犯罪の場合にはいかなる役割も演じることはないだろう。実質的な資格が欠けているために抗議への権利がまったくない場合、それゆえに抗議がいかなる目標も達成できないであろう場合、犯罪に対して公然と抗議をしないことは、それ自体、『同意』であるということはできない。そして、たとえ犯罪が知れ渡った後に官職に留まることは、『同意』であるといえるとしても、このような同意は、犯罪の場合にいかなる役割も演ずることはできないだろう……」(53)。

シュミットの鑑定書は弁護人側にとって不適切であるという懸念は、それを「国際法のゼミ演習」であるとする弁護人の慇懃な所見の背後にも存しているように思われる。シュミット自身は、この特徴づけを、註釈なしに伝達し、国際軍事裁判所の裁判におけるシャハトの弁護人と第五事件〔フリック裁判〕におけるフリックの弁護人であるディックス［Rudolf Dix］博士に書き添えた(54)。法律顧問官ディックスは、たしかに、傑出した法律家であった、すなわち、国際軍事裁判所の裁判においては、被告人シャハト博士の弁護人として成果をあげたのみならず総弁護団のスポークスマンであったし、イーゲーファルベン裁判においては、シュミッツ［Hermann Schmitz］とシュナイダー［Christian Schneider］の弁護人であったし、フリック裁判においても、彼の地位が主要被告人の弁護士であったという理由だけでなく、首席弁護士であった。[55]「国際法のゼミ演習」という嘲笑は——我々が後に見るであろうように、とにかく、これほど誤っているものはないのだが——、この文献ジャンルについての客観的に誇張された観念を表わしていたかもしれないし、あるいはまた、有能な法実務家においてはしばしば見られる法律教師の見解の有用性に対する過少評価を表わしていたかもしれない。しかし、あの所見には、正しい核心が、すなわち、カール・シュミットは判例問題を弁護書面でもって答えず、（正常な時代においては）公表することを、科学的な自負をもった法科学や歴史科学の編集部員なら誰でも名誉に思ったかもしれないところの研究論文でもって答えたという観察が、恐らく潜んでいる。事実や資料、法史や時代の出来事からの見解や主張、刑法や法哲学、国際法や政治、社会哲学や国家理論が矛盾なく、外見上スムースに結びつけられているところの、身構えた仕方の叙述は、また、シュミットが彼の時代の他の法律家の誰よりも熟達していたところの、学問的な法律学というボール遊びのような百科全書的な活動は、経験のある弁護士の目には、ニュルンベルクのアメリカ人裁判官たちをただ退屈させ困惑させるだけで納得させせないものだったろう。シュミットの若い同学の士ヤールライス［Hermann Jahrreis］が一九四六年七月四日の総弁護団の委任を受けて攻撃戦争の可罰性について国際軍事裁判所に提起したまったく別種の弁論は、[56]裁判官や検察官たちに強い印象を与えた筈であるが、[57]しかし、憲章の六条によって述べられている可罰性をまったく変えることはできなかった。この種の例外裁判所は、それに基づいて発足された法律に従う。あるいは、例外裁判所の法認識は、それが自己の根拠となっている政治的な意思に従う。それから二年後の一九四八年に、アメリカ人裁判官たちは、ニュルンベルク裁判において肯定された管理理事会法律第一〇号の妥当性により、もはや「法律なければ犯罪も刑罰もなし」について耳を傾けようとはしなかった。すなわち、

「管理理事会法律第一〇号は『法律なければ犯罪なし、法律なければ刑罰なし』という大原則に違反しているという異議を議論することは、必要ないと我々は思う。我々は、それをメリットなしと認定する。ここでのそれ以上の説

明は必要ないということは、ニュルンベルク裁判によって非常にしばしば繰り返され、メリットなしと考えられた」[58]と。

鑑定書の公表に反対するヴィルヘルムシュトラッセ裁判における弁護人の懸念は、ニュルンベルク軍事法廷の活動が終了すれば、それゆえに一九四九年一二月には、解消されるはずだった。しかし、今や、世間一般の状態も、特にシュミットの状況も、変化してしまった。

三〇年間、シュミットは、公的な討論をひき起こし、それに関係した。彼の『立場と概念』は、テーマと争点を規定した。彼が一九四五年夏に鑑定書を書いた時、彼は、再び学問的な議論の先頭に立つと信じたかもしれない。もしもジャクソンが、一九四五年一〇月三日にイギリスやフランスやソ連邦の代表者たちに対して、自分の意見を主張できたならば、その時には、恐らく、クルップと並んで、フリックもまた、国際軍事裁判所の裁判においてドイツ産業の代表者としてまた「主要戦争犯罪人」として、起訴されたであろう。[59]もしもそうだったならば、シュミットの鑑定書は、起訴された産業家たちのために、提出され、一般的には、攻撃戦争の可罰性の問題のために披露されたであろうし、また、シュミット自身は——極めて理論的な論述だが——、ひょっとすると、ベルリンのアメリカの敵国人収容所リヒターフェルデ・ジュードに囚われて活動できないのではなく、ニュルンベルクにおいて、フリックの第二の弁護人として、登場しえたかもしれない——ちょうど、国法学者エクスナー〔Franz Exner〕の横で陸軍大将ヨードル〔Alfred Jodl〕を国際軍事裁判所で弁護した、国法学者と国際法学者であり、シュミットの同学の士であるヤールライスのように。もしもそうだったならば、孤独な学者的隠遁の人間ではないシュミット——彼の有名な手本〔マキャヴェリ〕のように、彼は、ザウアーランドのサン・カッシーノにひたすら強制されて住んでいた——は、攻撃戦争の犯罪化についてのニュルンベルクにおける弁護を、恐らく彼の人生のクライマックスと見なしたであろう。それを、我々は、一九四八年六月二〇日の『グロサリウム』における彼の何か誇張した記載から推論してもよいだろう。(60) たとえ彼には、実際的な成果が拒まれ続けていたとしても、彼の論述や証明は、実際、日記の中［in actis］にあり、それゆえに、意のままに使うことができた［in mundo］であろう。しかし、ジャクソンは、ロンドンにおいて、自分の意見を主張しなかったのである。国際軍事裁判所の裁判は、産業家抜きで、展開された。二年後に、フリックは、「平和に対する犯罪」を理由としては起訴されず、そして、最後の裁判（「ヴィルヘルムシュトラッセ」）においては、弁護人側は、シュミットの鑑定書を必要としなかった。ニュルンベルク裁判は、シュミット抜きで行われた。彼の鑑定書は、書かれたけれども無駄だったように思われた。裁判の終了後には、彼の鑑定書は、早まった業績の記録であったし、このようなものとして、単に記録文書的価値のものであり、なお継続中の議論へは寄与しないものであった。事態は、――その処理や解決を彼は既に規則通りに確定していたのだが――裁判的ならびに学問的に問題を叙述することから、彼を締め出した。彼は、自分が過去二〇年間の多くの発表によって用意したところの、自己の作業の本来の成果が奪われると思った。――彼が自己の個人的なメモや情報において不機嫌になり、癇癪を起こしたということは、明白である。(61)

一九五〇年以来、学問的な出版制度は正常化し、即興作の時代は終わった。シュミットは、鑑定書を不変のままでは、もはや専門仲間に呈示できなかった。彼のテキストには、引用文献がなかった。もしも詳細な後書きをすれば、彼は、過去五年間鑑定書問題と関係があったドイツや外国の文献とともにニュルンベルクの判決をも扱わなくてはならなかったろう。このような手直しは、彼には不可能だった。

一九四五年夏に彼が労作した際には、なるほど、彼はベルリンの大学ならびに研究所の図書館――例えば、外国公法および国際法のカイザーヴィルヘルム研究所(62)の図書館――を頼ることはできなかった。蔵書は、別の所にしまっておかれたり、燃えてしまったり、あるいはまだ利用できなかった。しかし、シュミットの私的な図書は、鑑定書のテーマを仕上げるには十分なほど、部門も広くまた専門的でもあった。鑑定書が完成した一カ月後、すなわち一九四五年九月二六日に、シュミットは、勾留され、まず、ベルリン-ヴァンゼーのアメリカの尋問センターに収容された。彼の図書は、一九四五年一〇月一六日の指令によって「押収され」、一九四五年一〇月一八日に、アメリカの貨物自動車で持ち去られた(63)。押収中止から数年経って、シュミットは、もはやまったく利用しなかった。彼は、一九四七年に、妻と娘とともに、プレッテンベルクにいる彼の二人の姉妹の簡素な一所帯用住宅へ引っ越したが、その家は、彼のベルリンの図書を入れるのには、余りにも小さかった。シュミットは、自分の押収された図書を再び見なかった——彼は、それを再び見ようとは思わなかった。木箱に梱包されて、どの書籍にも「法部門」、「カール・シュミット教授の図書」と赤いスタンプで番号を付けられて、白い墨で大きく書かれた「S」を付けられて、それらの図書は、まず、フランクフルトにあるイーゲーファルベン会社の建物の中にあった対ドイツ・アメリカ高等弁務官事務所に保管された(64)。押収中止後に、教会史家ロルツ［Lortz］は、マインツ大学の彼の「ヨーロッパ史研究所」に、その図書の一時の避難所を保証した(65)。一九五四年に、シュミットは、目録を所有することなしに、多くの書籍を、フランクフルトのケルスト［Kerst］古書籍店に売った(66)。「軍事政府の赤いスタンプは、私を『ムカつかせる』」と、シュミットは（商才に乏しく）説明した。すなわち、彼は、そのように印を付けられた書籍を、もはや手に取ろうとは思わなかった(67)。

これらの外的な障害と並んで、別の事態が、鑑定書公表を妨げていた。シュミットは、社会的制裁を加えられていた。一九四九年に、彼の小論文が、「筆者の名を挙げずに」出版された(68)。彼が、一九五〇年に、自己の名を付けて——すなわち、『囚われからの救い』［Ex captivitate salus］という著作や重要な書籍『大地のノモス』［Der Nomos der Erde］を携えて、それに加えて、有名な新聞や雑誌に載った七つの論文とエッセイを携えて(69)——、学術的な社会に戻って来た時、政治的道徳的憤激の嵐が生じた。そして、この嵐は、四〇年以上後の今日まで、依然として弱まらなかったし、また、なるほどその間に、いかなる新しい原因も見出さなかったが、しかし、強度と方向においては時折変化した。[70] このような状態においては、ニュルンベルク判決を攻撃戦争を理由としてラディカルに疑問視した鑑定書をもしも公表したならば、それは、シュミットの頑迷固陋さの現れと見なされたであろう。確かに、別のドイツの法律家たち――例えば、グレーヴェ［Wilhelm Grewe］[71]――も、同じ結果に達した。しかし、シュミットの場合には、勝者の法秩序に反対するすべての言葉は、――狭量な権力レゾン、帝国的な広域渇望、反セム主義的な絶滅の正当化に発するという――不透明な起源の嫌疑のもとに立っていた。今やシュミットの新しい著作が承認されると――「ここにおいて、壮大な形で、多くの本質的なことや価値多きことがいわれている」――、ただちに、その賛美者は、シュミットを「謎のようなプロテウス」と名付け、「病的な学者存在」であると証明することを急いだ。その放射は、「その魅惑的な光度が我々の時代の精神的状況を稲妻のように解明できる悪魔王ルシフェルのような強力な精神[72]」という地獄的な力を与えた。著名な法律家たちが中世的な敵叙情詩を作るようになる風土においては、シュミットは、攻撃戦争の可罰性についての自己の鑑定書を、引き出しのなかに埋もれさせようとした。すなわち、カール・シュミットのような人物は、このような厄介な法問題に意見を述べない方が良かった。もしも、彼が、攻撃戦争の可罰性を肯定したならば、人々は、確かに、彼を、「頑迷固陋」とは非難しないだろうが、しかし、その結果を彼のプロテウス的実存のせいにしたであろう。このようにして、彼は、『大地のノモス』(同書S. 233-255)のなかに、既述のように歴史的部分を引き継ぐことで満足し、まずは法学に背を向けた。すなわち、シェイクスピア文学の果てしなき大海において、彼にとって、発見すべきなおいくつかのもの、つまり「時代史的な現存の景観からのハムレットの誕生[73]」があった。世間がこの鑑定書の存在について初めて知ったのは、カール・シュミットへの第一回目の祝賀論文集所収の文献解題、それゆえ一九五九年においてなのである。[74]

それを読むとまず、カール・シュミットは、法学的な職業を忘れてしまったのではなく、それどころか、それを完全にマスターしていたということをが分かる。その論証は、受け手に、すなわち国際的な裁判所に、極めて気に入られるように作られた。だから、条約、国際連盟の交渉や決定、国際的な議定書、ロンドン・ワシントン・モスコー・ベルンにおける首相や次官たちの公式の声明などが、立証において際立っている——それらはすべて、否定することはできないし、国際法上の鑑定書の古典的な形式に相応しいものである。同学の人たちの法意見は、アメリカの有名人たち、中立的なスイス人や亡命したドイツの平和主義者たちが問題になっている場合にだけ、引用されている。彼等は、その偏っていることを責められることはなかった。だから、シュミットの鑑定書は、「国際法のゼミナール演習」についてあるいは学問活動の基準に指向された労作について期待されたであろうような、学識のある意見水準を完全には再現していない(75)。ヴェルサイユ条約二二七条以下や国際連盟規約一六条やケロッグ規約について、多くのドイツの著者たちは、意見を表明していたし、シュミットもそうだった。勝者の裁判に対する態度からするならば、敗者の著作物は、無用の長物どころではなく、むしろ、有害であったろう。このために、シュミットが「刑罰なければ犯罪なし」について自己の一九三四年からの告白(76)を触れないままで放置したことを、人は、悪く取ってはならない。

スタイルにおいても、シュミットは、鑑定書の目的に完全に従った。いかに、違法化運動［outlawry-Bewegung］の高貴な努力が政治盲目的な素朴さと密接に結びつけられ、ヨーロッパの諸国民や諸政府の平和への意思がヴェルサイユのスタトス・クヴォの満ち足りた利害関係者の人道的な美辞麗句——それは、今後の戦争を禁止することでもって最近の戦争の戦利品を確保しようとしたのだが――を担っていたかについて、もしもしようと思えば、嘲笑や辛辣へと煽り立てることができたであろうことは確かである。論争が可能なように、外科用メスから重いサーベルまで保持している武器庫を利用することができたにもかかわらず、シュミットは、ずっと沈着に、真面目に、礼儀正しかった。それは、裁判官の注目と好意を獲得しようとする鑑定人に相応しいようなものであった(77)。

　これまでシュミットを、国際法への登場が時事的な政治に動機づけられていた――キーワードは「国際法的な広域秩序」――ところの国法学者や政治理論家としてだけ認知していた人は、この鑑定書によって、実定国際法ならびに一九一九年から一九三九年までの国際法の展開について、広範で並外れて詳細な学識を持った法律家なのだということが分かるようになる。鑑定書の作成のためにシュミットに利用できた時間が僅かだったことを知って、また、自己の蔵書を参照したという事情を知って、人々は、「この場合、ひとりの国法学者が国際法的な題材に最初からずっと精通していたに違いないだろう」ということを、最初には想像できないだろう。しかしむしろ、シュミットの出版リストは、彼が、一九二〇年代以後、彼の国法学的ならびに国家理論的業績と平行して、国際法の問題と常に関わって来たということを、示しているのである。一定の政治的な目標を目指したシュミットの文筆の論争的な形式やそれへ従事していたことがあったために、第二次世界大戦のずっと前からの国家間の関係や展開についてのシュミットの学識を、忘却させるようなことがあってはならない(78)。鑑定書において極めて重要な役割を演じている戦争概念の変化を、シュミットは、戦争前から既にしばしば、追求していた。特に、外国の国際法の著作についての彼の注意深さを証明している一九三八年に公刊された論文において(79)。シュミットは、一九三七年以来、自分のゼミで、戦争概念を取り扱っていた(80)。さらに、一九四四～四五年の彼の最後になったゼミにおいて、彼は、「戦争概念についてのゼミナール演習」を提供した。かくして、彼は、自己の鑑定書の大部分について、真に、完全なものから創り出したのであった。シュミットが鑑定書の第二章と第三章とを『大地のノモス』の草稿から鑑定書へ引き継ぐことができたのか否かは、現時点では明らかでない。一九四五年以後の事情、すなわち、シュミットの、一九四五〜四六年のベルリンにおける抑留と一九四七年のニュルンベルクにおける拘置、ひっくるめて一五カ月、ならびに、一九四五年一〇月以来の彼の蔵書の喪失——それらすべては、一九五〇年に現れた学術的な三〇〇印刷ページ以上ある作品〔『大地のノモス』〕が既に戦争中に少なくとも広範に完成していたことを保証している。しかし、この想定は、「ヴェルサイユ条約における戦争犯罪と戦争責任」ならびに「一九一九—一九三九年の攻撃戦争のインターナショナル法上の刑罰化の展開」についての鑑定書の部分もまた既に完成していたという結論を強要するものではない。この鑑定書の部分は、鑑定書からあの書物『大地のノモス』へと引き継がれた可能性もある。我々は、このようなむしろ伝記的な問題をそのままにしておこう。

シュミットが自己と彼の学生たちをいかに徹底的に戦争概念の変遷に携わらせたかは、アングロ・アメリカ的刑法の共犯理論への彼の説明が示している。第一級の専門家のさりげない仕種でもって「共犯理論のいくつかの基本的な概念を想起する」ために、この国法学者兼国際法学者がこれについて外見的には簡単に補説として呈示しているものは、まさに刑法学者でなければ、このように簡明的確に記述することはできなかった。シュミットの個人的な蔵書の中に、イギリスやアメリカの刑法の著作——例えば、彼によって引用された『刑法全書』〔Enziclopedia of Criminal Law〕——もあったのは、もちろんである。シュミットは、学問的には、刑法から出発したのである。シュトラースブルク大学のカルカー〔Fritz Calker〕のもとで、二二歳の時の作である「責任と責任様式」という最優等の学位論文は、きわめて注目された。同じく一九一〇年に、権威ある『全刑法学雑誌』〔Zeitschrift für die gesamte Strafrechtswissenschaft〕は、刑法的ドグマティズムの継続テーマについてのシュミットの筆になる比較的長い論文を、公表した。(81) 上記の雑誌における彼の最後の——感銘深いものであるが——登場は、一九一六年、教授資格取得手続きにおける彼のシュトラースブルク大学の試験講義と「独裁と戒厳状態」(82)〔Diktatur und Belagerungszustand〕

についての大論文であった。その時以後、彼は、自己の出版物において、刑法の問題をもはや取り扱わなかった。「シュミットは、その蔵書の中に外国の刑法を集めていた」と想像するならば、それは、実際、冒険的であろう。シュミットは、一九三三年から一九四五年までの間、アングロ・アメリカ的な共犯理論が一つの役割を演じたかもしれない教授資格論文や学位論文を、第一および第二の判定者としては、まったく担当しなかったとしても、(83)かかる特別な学識は、戦争概念についての彼のゼミナールまで起源を遡らなければならないだろう。これらのゼミナールにおいて、彼は、アングロ・アメリカ的な法思考の特質——この特質について、彼は、この鑑定書において、非常に重要な理解を示していた——をも十分に習得していたのであろう。

一九四五年夏のベルリンにおいて、シュミットは、比較法研究所への立ち入りを許されなかった。彼が、イギリスの刑法ドグマティズムの最も新しい事情をマスターしなかったということは、学問的手段へのこのような制約のせいである。コモンローにおける法発見についての彼の叙述は、原則的に正しいが、しかし、彼は、その一九三〇年代の展開を考慮しなかった。イギリスの裁判所が一九三三年に、「官庁における犯行の虚構」〔Vortäuschen einer Straftat bei einer Behörde〕を理由として、——この行動（ドイツ刑法典一四五条dを参照せよ。）はその時まで罰することができるものとみなされなかったにも拘わらず——エリザベス・マンリー〔Elizabeth Manley〕を処罰した時、この判決は、イギリスの法律家たち一般に拒否された。刑法典は欠けており、かつイギリスの伝統主義は慣れ親しんできた諸原理に、それらがもはや実現されない場合にも、執着しているので、たとえ無条件の認容は困難だとしても法理論と法集成とは、以前から既に、益々、「法律なければ犯罪も刑罰もなし」(84)という大陸の観念に近づいていた。シュミットは、「刑法の領域における裁判官たちの創造的な力がほとんど衰えた」最近の展開を、知らなかったのは明らかである。彼は、二〇世紀の最初の一〇年間の教科書や百科全書の中に引きずり入れられていた一七世紀から一九世紀までの伝統的な諸原理から出発していた。(85)ニュルンベルクや東京の裁判においては、アメリカの法律家たちも古い時代の法思考へ復帰したのは当然である。なぜならば、その法思考は、一七、八世紀において王座裁判所の法廷が「良俗の守護者」[custos morum]として王の臣下の悪行を罰するために刑罰創出権を要求したのと同様に、国際刑法を「展開する」ことを可能にしたからである。[86] シュミットを明らかに魅了した「法定犯」と「自然犯」との区別のような法哲学的な精緻さに、アメリカの法律家たちは、通例はかかずらわなかった。[87]

シュミットが、ヴェルサイユ条約の刑罰規定からエチオピア軍事占領のさいの国際連盟とイタリアとの紛争までの間における国際法の展開と停滞を、〔第二〜三章で〕どれほど厳密かつ魅惑的に叙述していたとしても、——第四章と第五章もまた、重要な業績を形成している。攻撃戦争の正犯者と共犯者についての、「個々の国民、とくに経済的に活動している普通のビジネスマンの立場」についての問題を、シュミットは、まず一般的に、近代国家について、次にナチス国家における特別な生活条件と服従条件の下に、述べた。国際法と国法（アメリカのも）との、支配社会学と国家理論との精巧な結合、また、ヴィトリアとJ・B・スコットの、コールとホッブスの関連づけは、自己の探求の成果を要約して再現したし、それらの現実性を遅まきながら強調した。ひょっとすると、彼が著作者であることは、外国の法律家たちには、隠れたままだったかもしれないが、シュミットの手になることは、間違いないのである。「体制」の記述や定義は——一九四五年夏に記された——、私が正確に見ているならば、それ以来、多くの個々の事例で充填されたが、しかし、彼の構造上の的確さにおいては、逆にますます確証された。なるほどシュミットは、一九三六年末以来、単に大学の教師に過ぎなかったが、しかし、彼はベルリンにおり、そして、一九三八年以来抵抗の中枢に属していたプロイセン大蔵大臣ポーピッツ[Johannes Popitz]と親しかった。それゆえに、シュミットは、自分が「このような政権の特別な特性」を強調し、描写した場合、自分が話題にしたことについて分かっていた。たとえ、フリック、クルップ、ミュラー、マイヤーらがそれを何と名づけようと、第一次世界大戦の（バイエルンの国防省での）下士官シュミット、第二次世界大戦の国民突撃隊員は、戦争遂行国家がその市民へ及ぼす介入の強固さを知っていた。いかなる地位にあろうとも、市民の逃げ道のない差し迫った状態というものが、「平和に対する犯罪」についてたいていの場合とにかく考慮され認められたということは、ニュルンベルクの後続裁判でのよろこばしい成果(88)である。

それと同時に、鑑定書の論証と成果とがいかに正しかったかあるいは誤っていたのかという、問題が提起された。四つの審級が回答した。すなわち、一九四六―一九五〇年の戦勝国の裁判所、ナショナルな法共同体、インターナショナルな法共同体、そして法学である。

ニュルンベルク判決

ニュルンベルクの国際軍事裁判所、ならびにニュルンベルクの後続裁判のうちのアメリカの軍事裁判所、同様に（さらに述べられるであろう）極東国際軍事裁判所は、周知のように、一九四五年八月八日の国際軍事裁判所憲章六条ならびに一九四五年一二月二〇日の管理理事会法律第一〇号の二条一に基づいて「平和に対する犯罪」を理由として、裁判し、有罪判決あるいは無罪判決をすることができると思った(89)。そのように予想できた。ロンドン憲章六条によれば（管理理事会法律第一〇号と違い）、人道に対する犯罪は「裁判所の管轄に属する犯罪の遂行においてあるいは犯罪と関連して」犯された場合にだけ罰することができた。国際軍事裁判所は、その他には、「平和に対する犯罪」および「戦争犯罪」（六条a、b）に管轄権があった。それゆえに、「戦争犯罪」と関係しない違法行為は、国際軍事裁判所の管轄に属するためには、平和に対する犯罪「の遂行において、あるいは、に関連して」犯されなければならなかった。もしも、国際軍事裁判所が「法律なければ犯罪も刑罰もなし」という原則に違反することを理由として平和に対する犯罪の可罰性を否定していたならば、国際軍事裁判所は、戦争犯罪と結合している人道犯罪しか罰することができなかっただろう。

憲章ならびに管理理事会法律第一〇号が既に施行されている戦時国際法や軍事刑法や国内の刑法の構成要件を超えるならば、「法律なければ犯罪も刑罰もなし」という格率は、「戦争犯罪」ならびに「人道に対する犯罪」にも対立する。もしもそうならば、とりわけ「犯罪組織」という構成要件——ソ連邦以外では、刑法上で世界的に新しいこと——は、適用できなかったであろう。(90) しかし、この構成要件は、戦争犯罪あるいは人道に対する犯罪が確定されずあるいは確認せられなかった場合に、刑事罰を下すための逮捕の構成要件として許されたのであるが。

例えば、〔後続裁判のうちの〕医師裁判において、一九四七年八月二〇日に、SSの人種ならびに移住本部の高位の医師であったポッペンディック〔Helmut Poppendick〕博士は、戦争犯罪ならびに人道に対する犯罪については無罪、犯罪組織(SS)への所属を理由として一〇年の拘留の刑を受けた(Trials II, S. 248ff., 299)。アングロ・アメリカの文献においては、「組織所属のゆえに、ただ一度だけ、一人のドイツ人が有罪とされた」という所見でもって、時折、この判決に言及されている。このことは、ニュルンベルク裁判ならびに一九四六〜一九四八年のアメリカ軍事裁判所の判決にだけあてはまる。実際は、西側連合国の三つの占領地帯においては、見積りでだが、五万人のドイツ人がこの違法行為を理由として、ドイツの裁判所によって、自由刑と財産刑に処せられた。すなわち、イギリス占領地帯においては、ニュルンベルクの国際軍事裁判所ならびに一九四六年一二月三一日の命令六九号に基づいて、犯罪的と断言されたナチ組織の所属員は、財産刑および一〇年までの禁固刑に処することができた。有罪行為は、証明されるには及ばなかった。組織犯罪に関する知識は、一九三九年九月一日以後の組織所属の方向へと向かわざるを得なかった。しかし、その要求は、それほど高いものではなく、強制収容所一般についてあるいはいわゆるユダヤ人の星形を身につける義務について知っていたことで十分であった。一九四七〜一九四九年に、ドイツのSpruchgerichte〔訳註〕——非ナチ化審査委員会〔Prüfungsausschüsse der Entnazifizierung〕ととり違えることなく——は、二万四二〇〇の裁判手続きを処理し、一万九二〇〇の事件が判決あるいは刑の決定に至り、おおむねその刑罰は、二年から四年までの収容所への抑留を宣告された。以下のものを参照せよ。ボベラッハ〔Heinz Boberach〕『雑誌・近代法史』(ZNG) 1990, S. 40–50、ヴェムバー〔Heiner Wember〕「収容所における再教育——ドイツのイギリス占領地帯におけるナチ主義者の抑留と処罰」エッセン、1990, S. 279ff. 289、ならびに、最初の出典として、一九四七年九月から一九四九年三月まで発行された雑誌『Spruchgerichte』(イギリス地帯についての中央‐司法新聞の付録)。——アメリカ占領地帯とフランス占領地帯においては、自由刑(一〇年までの「強制労働収容所」)は、組織所属を理由として、一九四六年一〇月一二日の管理理事会指令第三八号および一般的な非ナチ化法律に基づいて課された。ソ連邦の占領地帯においては、死刑、懲役、五年から一五年までの禁固、財産没収、職業禁止を定めたところの、上述の管理理事会指令に基づいて、すなわち、過度に厳しい刑罰でもって利用され尽くした授権に基づいて、直接に、科された。以下のものを参照せよ。シュラー〔Wolfgang Schuller〕「一九六八年までのドイツ民主共和国の政治的刑法の歴史と構造」エーベルスバッハ、1980, S. 25ff., 83ff.、そして、シュトライム〔Alfred Streim〕、ホフマン〔Chr. Hoffmann〕所収S. 18、ならびに、クヴァーリチュにおける総括は、『Der Staat』三一巻(一九九二)、立証をともなってS. 540ff.、同時代的な、とくにドイツの文献を、ツトロフ〔Tutorow〕S. 243が、記録している(Nr. 2350–2372)。

〔訳註〕 Spruchgerichte——ニュルンベルクにおいて、犯罪的と宣告されたナチ組織の構成員——しかも、一定のグループすなわち親衛隊、それからナチ党の「政治指導者」の団体への所属、ならびにナチ党の地方支部指導者や管区指導者や大管区指導者であることを理由としてだけで——に有罪判決を下すためにだけ設立された刑事裁判所。その有罪判決は、決して犯罪的行為を根拠とせず、団体への所属や活動のみを根拠とした。Spruchgerichte は、典型的な特別裁判所であった。それに対して、非ナチ化委員会は、行政や裁判官の高級の職務かそうでなければ私企業でも命令権を持ったなんらかの地位にあったその他のすべてのドイツ人に関わった。この場合、有罪宣告だけではなく、全般的には、「関係なかった」という決定通知でもって結着できたところの、一般的な政治的審査も大事であった。

管理理事会法律第一〇号[91]において展開された、「陰謀」〔Verschwörung〕というヨーロッパ大陸において未知の構成要件による「共犯」の極端な規定もまた、新しいものであった。多くの裁判において、この規範が、しばしば、最終決着をつけた。なぜならば、この規範は、行為について「知っていた」者、時折また「知っていたに違いなかった」者、それから行為を阻止しなかった者、あるいは行為に対して抗議しなかった者たちをも、正犯者と同様に処罰することを可能にしたからである。ニュルンベルクの諸裁判所による解釈と適用は、様々であった。[92] 例えば、国際軍事裁判所においては、デーニッツ［Karl Dönitz］は、彼は戦争勃発の際には海軍将官でさえなかったにも拘らず、「平和に対する犯罪」を理由として処罰された。将官への諸裁判においては、比較的高い階級の者たちがこの非難について無罪とされた。なぜならば、将軍たちは政治的指導に服従しなければならなかったという理由で。――「ニュルンベルク」とか「山下」というキーワードのもとに法の歴史に名を残した国際軍事裁判所ならびに後続裁判[93]は、もしも新しい構成要件や規則が無かったならば、とにかく行うことはできなかったであろう。

「共同謀議」［conspiracy］というアングロ・アメリカ的な構成要件は、違法な目標を実現するためのあるいは合法的な目標を違法な手段で実現するための、少なくとも二人の人間の間の結合ないしは一致を処罰する。すなわち、「違法な」は、「甚だしく不道徳的な」でもありうる。この「陰謀」は、ロンドンにおける憲章の審議の際に既に、「我々は新しい法を作らなければならないだろう」（一九四五年七月一九日、International Conference, S. 296）というフランスの専門家グロ［André Gros］の疑念に突き当たった。国際軍事裁判所の審理の間、ドゥ・ヴァーブル［Donnedieu de Vabres］は、自己の同僚たちを、二カ月半、自己の疑念に没頭させた（Smith, S. 139ff.）。彼は、一九四八年六月のハーグ・アカデミーにおける講義において、自己の拒否を（「人道に対する犯罪」という新しい構成要件の拒否も）繰り返した。ユグニー［Louis Hugueney］『国際刑法雑誌』［Revue Internationale de Droit Pénal］（一九四八年）S. 277-280を参照せよ。そのフランス人の抵抗は、大陸の偏狭さに起因したのではなかった。一六六四年に初めて、イギリスの裁判官によって適用された「陰謀」は、（輪郭のない）刑罰構成要件であるとともに共犯者規則であり、そして、国際軍事裁判所の裁判よりもはるか以前にアングロ・アメリカの法理論において、もっとも多く批判された処罰規定であった。セイヤー［Francis B. Sayre］は、「共同謀議」を、「異常かつ偏狭であると共に、そのもたらす結果においても不幸である」ドクトリンと名付けた（Harvard Law Review ［1922］, S. 427）。三〇年後、ウィリアムスのような権威者は、「共同謀議は、現時点では極めて不十分に定義されているので、ほとんどの悪行が一斉に犯罪と見なされうる」（§133）と明言した。ニュルンベルクと東京の裁判の後に、ジャクソンもまた、アメリカ最高裁判所判事として、デニスほか対合衆国事件への自己の同意意見において「陰謀構成要件は、『党派心の強い人や独り善がりの裁判官の手にかかると、不正の道具へと濫用可能な捜査網の装置……厄介で不適当』（341 U. S. Reports 561-579, 一九五一年六月四日、S. 572, 577）である」と考えた。東京において、アメリカの首席検察官キーナン［Joseph B. Keenan］は、「証明について十分に承認された共同謀議の方法」は、「文明国家の大部分によって十分に承認されている」と、主張した。このことを否定することは、コモンローの専門家である弁護側の高柳賢三にとって、容易だった。しかし、彼は、「『共同謀議』は国際法では犯罪として知られていない」ということを、裁判官たちのうちパルと極東国際軍事裁判所長ウェッブ卿だけに、説得できただけだった。詳細は次のものを参照せよ。Tokyo Judgment I, S. 475f., Minear〔マイニア〕S. 36ff. ―― ニュルンベルクの国際軍事裁判所の裁判においては、「陰謀」という構成要件は、もっぱら、「平和に対する犯罪」と結び付けられた。ロンドン憲章や管理理事会法律第一〇号の共犯形式は、極めて包括的に公式化されたので、結局において、「陰謀」に頼ることは、不必要になった。このために、ニュルンベルクにおける裁判所の多くの判決は、有罪判決の根拠をいずれの共犯選択に依拠するのか明確に表現する努力を最初にまったくしなかった（V. Knierien, S. 229）。―― 「共同謀議」は、たとえそれがその周知の欠陥のゆえに、法史的な骨董品の博物館に属するとしても、国際刑法についての国際連合の案において再三再四採り上げられた。

しかし、裁判においては、個人の不正だけが贖罪させられることになったのではない。敵の犯罪的な「システム」、すなわちドイツのナチズム、ドイツや日本の攻撃的な軍国主義、その帰結である戦争責任と戦争犯罪、さらにまた「これから裁かれることになるところの生活様式――日本の様式――」[94]が、裁判にかけられた。かかる国民教育的な目標のために、戦勝諸国は、法廷で、最後の戦闘を行った。判決は、非戦闘員に対する戦勝諸国の無慈悲な戦争行為を、とりわけ、ドイツや日本の継続的占領ならびに厳しい戦争結果の負担を、さらに戦争参加以前の加担をも、道徳的に正当づけようとした。ジャクソンは、「平和に対する犯罪」についての国際軍事裁判所憲章の審理の際に、一九四五年夏に最も重要であった動機を、明白に明るみに出した。すなわち、

「世界を支配するナチスのすべての動因がここに含まれている。合衆国がその武器貸与作戦に従事した根拠が、この戦争はその発端から不法であったという信念が、ここに含まれている。……我々は、我々の人民に……攻撃戦争を開始することは犯罪であり、いかなる政治的あるいは経済的状況も攻撃戦争の開始を正当化できないということを、言ってきた。もしも、武器貸与作戦が悪いのならば、戦争に入る前にアタックされていた国々を援助した合衆国の政策のかなり多くの事実について、我々が間違っていたことになる[95]」と。

世界は、国際軍事裁判所の裁判を眺めた――それを期待してもいた[96]――、そして、「主要戦争犯罪人」に有罪判決することを期待したが、しかし、無罪判決と釈放という帰結を伴う、今なおラテン語で公式化されている法原則（法律なければ……）についての学識ある法学の論文を期待しなかった。その裁判所自身は、ある一定の事態とある一定の人間のために後から造られた「例外裁判所」であった。それゆえに、その裁判所は、「法律なければ犯罪も刑罰もなし」という格率を適用するかしないかによって、自己の存在基盤を決定した。この認識に示唆されて、国際軍事裁判所の裁判官たちは、既に一九四五年一〇月三日に、内々に、「自分たちは、憲章の法適合性を審査する権限がない」と認めた[97]。ニュルンベルクの法律家裁判における裁判所第三部は、例外裁判所のやむを得ない状態と判決状況とを好感の持てる率直さで告白し、記述した。すなわち、

「その存在と管轄権をまったく所与の規則の規定に負うている法廷が、あの管轄権の行使を引き受けることができ

るということを、また、その管轄権の行使においてそれがその存在を負っている法令を無効と宣言できるということを、主張することは、とても困難である」[98]と。

被告人たちの法律補助人たちは、ニュルンベルク裁判の規範的な原理そのものに向けられたところの、その議論の効力についてまったく幻想を抱かなかったであろう[99]。それにもかかわらず、弁護人たちが極めて執拗に刑法についての遡及効の禁止に固執した場合、弁護士は、自分が少なくとも理論的に成功チャンスを認める限り、自己の委任者のために、見込みないと思われる弁護手段をも主張しなければならないからだけではない。それは、法的根拠において裁判所が不確かであることを、穏やかに使用することによって、被告人に有利になるように表明できる[100]。ニュルンベルク裁判は、関与者にとっては、法の世界史の重要な出来事であった。ニュルンベルク裁判は、我々の野蛮な先祖たちが人肉嗜食を処罰できることを採用したことに比較できるような、「歴史的な意義を持つ法」を設定するはずであったし[101]、或いは少なくとも、マグナカルタや人身保護令状や権利章典のように作用するはずであった[102]。そうだったならば、諸事件は、世界中の講義室において、さらに数十年後に、学期毎に論議され、その法問題は、国際法のゼミナールにおいて、あれこれと取り上げられるだろう。判決が国際的な科学のテストに耐えた場合にのみ、その理論は、具体的な諸事件やその個々の運命を越えて、諸国民の法意識のなかへ入って行くだろう。このような将来の権利獲得の裁判に、弁護人もまた参加した。裁判所がそれらの議論と取り組むことは、国際的には法律学に特有な通例の一つである。

国際軍事裁判所は、検察当局が発見したと信じた打開方法――「ナチス国家自身が遡及効の禁止を軽視し、その代わりに『刑罰なければ犯罪なし』［nullum crimen sine poena］の原則を認めていたのだから、被告人たちは、その独特の原則を自己に対して適用させねばならないだろう」[103]という打開方法――を退けた。これは、政治的な論証であったし、法が法律的な刑法原理を「喪失する」［Verwirkung］結果になったし、法律学的には、まったくもっていかがわしいものであったろう。しかし、それは、世界的規模で高まった、攻撃者を処罰しようという政治的要求への政治的な回答であったろうし、このようなものとして確信を抱かせたであろう——職業法律家で占められた裁判所の回答としてでないことは確かである。同様に、法律学的な本能は、ロンドン憲章の適用だけを裁判官の法律への拘束の拠り所としないことを、裁判官たちに命じた。もしもロンドン憲章の適用だけを拠り所としたのならば、荒涼とした法律実証主義は、法律家の世界を、ほとんど味方にしなかっただろう。もしも盲目的な法律への服従を主張したならば、それは、裁判戦術的にも、愚かであったろう。なぜならば、ドイツの被告人たちは、同様に、法律への服従によって自己を正当化できたから、それゆえに、ドイツの法律をその法内容に基づいて尋ねなければならない必要から解放されたからであった。国際軍事裁判所は、なるほど、ロンドン憲章に対する審査権能を明確に要求しなかったが、しかし、憲章を、国際法的に異議の無いものとして、また法と正義の観点のもとで命令されたものとして、出現させるところの、二つの法論拠を持ち出した。

すなわち、「法律なければ犯罪も刑罰もなし」という法命題は、主権を制約するものではなく、単に「完全に普遍的に正義の原則」[104]——英文によると、"is not a limitation of sovereignty, but is in general a principle of justice"——であると。

この場合、主権は、アングロ・アメリカ的ならびにフランス的な意味において、立法権力すなわち「法律から解放されたもの」［legibus solutus］と理解される。占領諸国が、占領された国土やその国家所属員へのこのような「主権」を、いかなる権利から導き出すのか、この疑問は、しばしば述べられたし、ここでは未解決のままにしておかなければならない。[105]「占領諸国は、占領された地域について法律を発布できる。それゆえに、憲章は、『その当時に憲章を創設中だった国際法の表現であり、その限りで、その規約自身は国際法への貢献である』[106]という、国際軍事裁判所の簡素で同時に曖昧な主張を指摘することで十分である。とにかく、もしも処罰しないことが不正であるとするならば、その際には、占領諸国の主権的な立法は、「法律なければ犯罪も刑罰もなし」という正義原則を、尊重する必要が無いことになる。すなわち、

「条約や保証を侵害して近隣諸国を無警告で攻撃したものを処罰することは不正であると主張することは、明らかに不正である。なぜならば、このような事情のもとでは、まさに攻撃者は、自分が不正をしているということを知っているに違いないからであり、そして、攻撃者を処罰することは不正でないということをまったく考えないで、もしも人々が攻撃者の悪行を処罰しないならば、それは、むしろ不正であろう(107)」と。

原初の稿本は、この論証の論理を、語呂合わせによって、明確にしている。すなわち、

「アタッカーは、自分が悪をなしつつあるということを知っているに違いない。そして、彼を罰することは不正であるどころか、もしも彼の悪が罰せられないで済むならば、それは、不正であるだろう」と。

国際軍事裁判所は、事後法の禁止が正常な状況に関しての正義規範——かかる規範を、立法者は例外に関して正義を理由として停止できる——であるという自己の仮定が、「法律なければ犯罪も刑罰もなし」についての伝統的な理解と一致するか否かについて述べなかった。すなわち、それは、法律家裁判における軍事裁判所第三部の判決において初めて持ち出されたのであり、この決定との関連において述べられねばならない。

それゆえに、国際軍事裁判所の見解によれば、「法律なければ犯罪も刑罰もなし」は、戦勝四国がロンドン憲章において主権的な決定権力により敢えてそれに違背したところの原則であった。それにも拘らず、裁判所は、特別な正義に役立つための主権的な権力要求で満足することを望まず、そして——それが裁判所の第二の法論拠であるが——「憲章は、どっちみち事後法の禁止に違反しなかった」と考えた。

それによれば、ドイツの攻撃戦争の、あるいは憲章によって同様に刑罰化された「国際条約、協定、保証に違反する戦争」の、時点において、このような戦争は、既に、「犯罪」（ラテン語で言えば crimen）であった。なぜなら

ば、ブリアン-ケロッグ規約は、政策の手段としての戦争を弾劾していたからである。[108] しかし、たとえこの主張が正しいと推定されるとしても、事後法の禁止は、刑罰威嚇の予めの確定、並びに刑罰枠（ラテン語で言えばpoena）をも前提としている。そうでないならば、規範は、「不完全な法」〔lex imperfecta〕であり、学生が刑法の講義の最初に常に学ぶように、制裁なき禁止である。憲章六条は、〈引用文操作〉ならびに〈つじつまの合わない法律学的な比較〉によって、事後法の禁止と両立できると、裁判所は信じた。操作された引用文、すなわちそれは、ブリアン-ケロッグ規約による戦争の弾劾について、一九三二年のスティムソン宣言を証拠として挙げ、規約の告知のあの部分――それによれば、規約違反は世論によってのみ制裁できる――を削除した。[109] 法律学的な比較、すなわち、「一九〇七年のハーグ条約〔開戦ニ関スル条約〕は、その戦時法規違反は犯罪と見なされるということを明確に確定せず、実際、個々の構成要件には刑罰威嚇が欠けており、」

「さらに、法違反者の責任を問い処罰をすべき裁判所は不明確に述べられていた。それにも拘らず、多年にわたり、軍事法廷は、この条約において確定された陸戦遂行規則の違反に責任があった人物の責任を問い処罰をした。この裁判所の見解は、攻撃戦争を遂行する者は、同様に法違反を犯し、またハーグ条約の規定の侵害よりも重大な意味があることを行っているというものである」[110] と。

ヴィルヘルムシュトラッセ裁判において、裁判所第四部は、「平和に対する犯罪」への戦時国際法についての国際軍事裁判所の結論を繰り返す。

「捕虜の待遇に関する、陸戦法規ならびにジュネーヴ協定が、この規定に違反する個々の人物に対するいかなる刑罰威嚇をも含まないということを、ここにおいてさらに、我々は述べてよいだろう。それにも拘らず、捕虜を殺した者は処罰できるということは、明白であろう」[111] と。

最近、グレーヴェは、ニュルンベルクにおける戦勝国の法律家たちを「国際法のアマチュア（デイレッタントと言わないとすれば)」と特徴づけた。(112)確かに、彼等は、国際法においては、折り紙付きではなかったが、(113)しかし、この問題点への判決根拠にとって決定力のある裁判官の多数は、軍事刑法について、あまり理解していなかったことも、明白である。(114)なぜならば、ハーグ陸戦規則あるいは一九二九年の捕虜の待遇に関するジュネーヴ協定に違反したがゆえの処罰のための法の原理は、ヨーロッパ大陸のそれぞれの国においては、基本的に、ナショナルな刑法であり、その時々に妥当するナショナルな軍事刑法であった。そして、それらは、(必要とあれば、引用することによって)構成要件、刑罰、管轄権を有する裁判所を確定していた。それゆえに、それらは、犯罪[crimen]、刑罰[poena]、裁判官(judex)によって、「法律なければ犯罪も刑罰もなし」についての法治国家的要求を実現していた。(115)第二次世界大戦まで、正確に言えば一九四二年まで、アングロ・アメリカの法領域においても、戦時法規違反は、成文法で、アメリカ陸軍の戦場マニュアルの「陸戦法」で、確定的に記述され、その時々に最も新しい状態で提供されていた。同じことは、イギリスの軍法マニュアルにも当てはまる。(116)この関連において国際軍事裁判所によって利用された最高裁判所のキリン事件判決(117)は、なるほど、ナショナルな法律の仲介なしに戦時国際法へ直接に頼ることを承認したが、しかし、その判決は、一九四二年に下され、実体刑法については決定せず、むしろ、軍事裁判所の管轄権についてのみ決定した。(118)アメリカやイギリスの軍事刑法において戦時国際法が直接に適用される法令集は、(119)コモンローの裁判官や軍事裁判所に、戦時国際法の諸規定からいわばネガティブに[ex negativo]刑事的な構成要件を読み取る――例えば、捕虜の待遇についての規定から「捕虜は即座に殺害してはならない」という(ビンディングの意味での)規範を読み取る――という、権能を与えることだったろう。(120)しかし、戦時国際法は、いかなる„poena"も、すなわち、いかなる刑罰枠も、規定していない。裁判官は、この場合において、ナショナルな法の刑罰威嚇に頼らざるをえなかった。「軍事裁判所は、罰金と絞首刑との間を、自由にまた規範的な原理なしに、選びかつ確定できる」ということは受け入れることはできないのである。

ニュルンベルクの裁判官たちは、事後法の禁止を政治的道徳的に克服しようとは思わなかった。彼等の理由づけは、法律学的規範的な関係枠に止まり、そこにおいて法的に納得させることになっていた。しかし、軍事刑法へ橋渡しすること――遡及効禁止の尊重を規範的に基礎づけるという、判決の唯一の真面目な試み――が既に時間の点で不可能なので、世界世論と本来の戦勝国――ソ連邦とアメリカ合衆国――の期待に裁判官たちが直面していたところの、困惑と差し迫った状態が分かる。彼等は、それぞれの方式で一九三九年から一九四一年の間における問題的な挙動様式のゆえに、裁判的に、それゆえに信服させ得るように確立された、また既判力的に、それゆえに不可逆的に確定された、ドイツのみが戦争について責任があるということに、差し迫った関心を持っていた。有責者を個人として処罰できるという帰結を伴っている「平和に対する犯罪」がソ連邦とアメリカとの共同生産であったのは、偶然ではない。[121] フランス代表団の専門員の国際法学者グロは、一九四五年七月一九日と二三日のロンドン会議において、しばしば、「このようなものは、現行国際法には未知のものである」[122]と、提案し、反駁されなかった。すなわち、

「これらの諸行為を国際法の刑事的な違反であると宣言することは、ショッキングである。それは、ちょうど四人の個人であるところの四つの国民による創造である――これら四つの国民によって国際法の刑事的な違反として定義されて。これら諸行為は、数年前に知られていたが、国際法の刑事的な違反とは宣言されていなかった。それは、事後の立法である」[123]と。

後続裁判における裁判所は、時には、変化し・装飾を施し・妨げる論証を用いて、大抵の場合、既判事件として、その法問題を取り扱った。イーゲーファルベン裁判において、弁護人側は、詳細に、「法律なければ犯罪も刑罰もなし」という法問題について立場を明らかにした。[124] 裁判所第六部は、国際軍事裁判所裁判における法問題を、決定済みのものと見なし、この代わりに、実体的な理由から、「平和に対する犯罪」の起訴理由について、無罪とした。[125] 同

様に、「クルップ事件」における裁判所第三部[126]、ならびに国防軍の最高司令部に対する裁判手続きにおける裁判所第五部[127]も、同じように無罪とした。法律家裁判での裁判所第三部のみが、新しい観点を、論議した。この裁判所第三部は、平和に対する犯罪を理由としてでなく、戦争犯罪と人道に対する犯罪を理由としてのみ、起訴について、決定しなければならなかった。その限りにおいて、裁判所は、「戦争犯罪や人道に対する犯罪が同時にドイツ刑法を侵害した場合には、『法律なければ犯罪も刑罰もなし』という原則は、最初から、侵害されたとはみなすことはできない」ということを、正当にも指摘した。[128]国際軍事裁判所が、憲章の創設者に関して事後法の禁止が原則的に適用されることを、肯定した場合――しかしこの例外の場合に、不可避的なものとしてでなく、ともかく配慮するものとして見なしたのだが――、裁判所第三部は、「あの命題は、国家法にのみ密接に関係するが、国際法には関係しない」と考えた。すなわち、

「立憲国家には周知のことだが、事後法のルールが、条約、慣習、コモンローもしくは国際裁判所の判例または事件のあとに続くであろう国際的な暗黙の了解事項に適用できるという考え方は、まったく不合理であろう。事後法の原則を国際判例法に適用しようとしたならば、その法を生まれるそばから圧殺することになっていたであろう[129]」と。

裁判官たちがアメリカの法思考によって事後法の規則を相対化したことを、シュミットがいかに正しく予測したかを、テキストは明確にしている――しかし、アメリカの法思考によってだけではないが。その理由づけは、なぜ国際法においては刑法の規定は絶対に行為のあとから生ぜざるをえないのかが認識できないので、なかなか実感として理解できない。というのは、このような前提条件の下でのみ、「『法律なければ犯罪も刑罰もなし』は、国際刑法を幼芽のうちに摘み取るだろう（「その法を生まれるそばから圧殺することになっていたであろう」）という仮定はつじつまがあうからである。第一次世界大戦後、「常設国際司法裁判所」規約の仕上げの段階で、処罰の権限は、論議されたが、しかしそれと関連する承認された国際刑法の欠如により、国際連盟理事会において却下された。[130]「国際法協

会」は、一九二二年来多年にわたり、常設国際司法裁判所の刑法上の管轄権を、ならびにその違反が刑法上の違法行為と見なさるべき国際法の領域を、確定するプロジェクトに従事した。(131)国際法協会の一九二六年に答申された決議案の二三条は、「法律なければ犯罪も刑罰もなし」という原理を完全に考慮に入れていた。すなわち、「その可罰性が、裁判所の規約によってあるいは被告人に対して妥当する国法にしたがって、実行の時点で、確定されていない場合には、行為は、処罰されてはならない。(132)」と。計画やテキストが指導的な地位にある指導的な国際法学者によって拒否された後では、国際法協会は、当然のことながら、その案をそれ以上進めなかった。「法律なければ犯罪も刑罰もなし」という原理を承認したためでないことは、もちろんであるが。(133)

単独に、また刑法の分野ではいっそう、二〇年代において、フランスやイギリスの幾人かの学者たちが国際刑法の必要性を論じた。ペラ［Vespasian V. Pella］、ポリティス、ドウ・ヴァーブル［Donnedieu de Vabres］や他の名前を、この関連において挙げることができる。「法律なければ犯罪も刑罰もなし」という原理の保持は、彼等には自明であった。(134)「国際刑法学会」［Association internationale de Droit pénal］もまた、ブリュッセルにおける一九二六年のその最初の会議において活発に国際刑法についての一二の鑑定書を討議し、一九二八年に一つの草案を審議した。そして、この草案は、一九二九年に国際連盟に提出されたが、しかし、取り扱われなかった。この「学会」は、この作業を一九二九年以来継続した。「法律なければ犯罪も刑罰もなし」は、それぞれの草案において、はっきり承認された。「国際議員連盟」［Interparlamentarische Union］もまた、一九三二年に、ジュネーヴで「世界抑止法」［Droit mondial répressif］の草案と関わった。(135)

これらの努力はすべて、失敗した。なぜならば、国家のために行為する個人を個人として罰しうることは、諸政府には受入れ難いように思われたし、学者たちもまた、このような重要な論点については、決して一致しなかった。しかし、ヨーロッパにおいては、処罰する前に、犯罪と刑罰とが確定されていなければならないということについて、人々は一致していた。第二次世界大戦後にも、またニュルンベルクの判決にも拘らず、国際連合の諸委員会――それについては、さらに取り扱われるだろう――は、四〇年以上も前から、国際刑法典のプロジェクトに関わっている。[136]

恐らく、裁判所第三部の裁判官たちは、戦間期のあのヨーロッパの努力をずっと知らないままだった。[137] 確かにアングロ・アメリカ的な経験の理解力をもった裁判官たちにも、彼等の法領域において一八世紀以来、それゆえにブラックストンやアメリカ憲法以来、事後法の禁止を支えている考慮が、実体的な性質のもの（「残酷かつ不正」）であり、それゆえに国家法の領域あるいはインターナショナル法の領域への立法者の形式的な組み込みとは無関係に妥当するということが、念頭に浮かばなければならなかったであろうが。

結局、憲法国家の国法に事後法の禁止を守るよう指示することは、国際法へと引き返してくる。すなわち、ハーグの常設国際司法裁判所の規程は、（国際条約法や慣習国際法と並んで）独立の法源として、「the general principles of law recognized by civilized nations」（「文明国民たちによって承認された一般的な法原則」）、すなわち「general principles generally recognized in national laws」を挙げた。[138] 実際、一九世紀以来、「すべての文明国民」において――特に、裁判所第三部の意味での「立憲国家」がこれに属する――「法律なければ犯罪も刑罰もなし」という原理は、現代刑法の基礎を形成していた。

モルトレヒト（Horst Moltrecht）「国際軍事裁判所に関するロンドン規約を特に考慮しての、国際法における刑法の遡及効禁止」（学位論文、ゲッチンゲン、一九五四年、S. 94）における指摘。この指摘は、一九四五年以前に妥当していた七一カ国の憲法と刑法を比較法的に研究した。――「法律なければ犯罪も刑罰もなし」の普遍的な妥当性は、「『法律なければ犯罪も刑罰もなし』は、アングロ・アメリカの法領域においては、妥当せず（Hoffmann, S. 146; Triffterer, S. 125）、ソ連邦においては、妥当せず、フランスにおいては、『政治的犯罪』については妥当せず、ドイツにおいては、一九三五年以来妥当しない（ドゥ・ヴァーブル『刑法・刑事法雑誌』［一九四六／四七］、S. 815/16; Hoffmann, S. 125）がゆえに、実体的に不適切である」という、実体的ならびに方法的に等しく間違った主張でもって否定された。すなわち、法律が法機能をまったく保有しないソヴィエト・システムは、この関連において、引用することはできない。ソ連邦は、三八条一Cの意味での「文明国家」ではまったくなかった。一九三五年のナチスの規則は、説明することが不必要であるかもしれない理由から、まったく同様に「文明国家」ではなかった。フランスにおいては、一九一八年、（ドゴール政府による）一九四三年、一九四四年に遡及刑法は、敵との協力に関連して決められた（ドゥ・ヴァーブル『比較刑事法綱要』三版、パリ、一九四七年、S. 901）。政治的ならびに法的な例外状態における法律は――あとで、弁解的に表現されているように（後出の（294）を見よ）、「第二次世界大戦末期の極めて例外的な事情の下で」――、その原則の普遍的な妥当性と関係がない。また、三八条一Cの意味での国内的な法の普遍的な原則は、それ自体が承認されるために、いかなる例外をも許してはならないということは、どこにも記述されていない。

もしも、裁判所第三部が、「法律なければ犯罪も刑罰もなし」という格率を、慣習国際法のなかに見出すことが出来なかったとしても、[139]裁判所第三部は、三八条一Cの万民法［jus gentium］という補助的な法源に遭遇せざるをえないだろう。なるほど、常設国際司法裁判所に関して妥当する規則は、直接には、適用されなかったが、しかし、国際軍事裁判所や後続の軍事裁判所は、国際条約法からまた国際法に支えられた占領権から存在や規範的な基準を引き出すところの「国際」裁判所であると、自らを理解していた。[140]どのような種類のものであれ、国際裁判所は、「ニュルンベルク」よりもずっと前から、常設国際司法裁判所規程三八条一における法源の列挙を拘束力のあるものとみなすことが常だった。たとえ、支配的な見解によれば補助的にのみ引用すべき万民法の「普遍的な法原則」[141]が、具体的な場合にロンドン憲章という国際条約法によって排除されたとしても、三八条との論証的な議論は、判決の説得力を強めうるだけだったろう。この理解（「まったく不合理な」）において、偏見のない読者は、「裁判官たちには、国際法において適用すべき法源についての三八条の基本的な規定は、まったく視野に入らなかった」という印象を得る。「法律なければ犯罪も刑罰もなし」という原理を文明国家の法から国際法へ移すことは、筋の通ったことであった。その基礎は、貧弱、すなわち単にアングロ・アメリカ的であったにもかかわらず、(142) まさにこのようにして、極東国際軍事裁判所は、「共同謀議」[conspiracy]という構成要件を被告人たちの重荷になるよう国際法へと高めたのである。

軍事裁判所第三部には、一六名が起訴された。アメリカの裁判官たちは、ドイツの同学の人たちにこの複雑微妙な法問題への自己の見解を詳しく説明することを、義務づけられていると感じた。このようにして、彼等は、国家法における事後法の禁止の序列と活動範囲を論議する傍論［obiter dictum］を後から押しいれた。彼等は、「その規則は、主権を決して制限しなくて、ただただ『まったく普遍的に正義の原則』である。(143) 権威ある（イギリスの）判決『フィリップス対アイル』L. R. 6 Q. B. 1, 27（一八七〇〜七一）から明らかになるように、既に早くから、例外が、承認されていた」という国際軍事裁判所の見解を採用した。すなわち、

「……遡及的な立法……は、本来的または必然的に不当であると決めつけてしまうわけにはゆかない。不遡及法は、日常や通常起こりうる社会の緊急時に備えて制定された法律であるので、国家の安全あるいは個々の国民の行為ともかかわるようなことで、前もって予測していなかったために、不遡及法では、満足には公正に取扱いえない場合や事情が生じる可能性もありうるのである。このとき……、不便と害悪が、すなわち最大の正義は最高の不正義[summum jus summ a injuria］といった状態が、生じてしまうのである」(144)と。

一八七〇年のイギリスの裁判官たちの名誉のために、次のことを書き留めたい。すなわち、彼等は、後から導入された遡及的な処罰については決定せず、逆にジャマイカの反乱の鎮圧のために採られたあらゆる措置の「免責行為」について——それゆえに、一八六五年一〇月一三日に戒厳令（英語では“martial law”）の宣言によってカバーされ

なかった諸行為の可罰性や違法性を遡及して除去するために――決定した。詳細に描写された判例や法意見の帰結は、「違法行為を合法行為にすることと、潔白な活動を犯罪活動にし、犯罪として罰することとの間には、大きくかつ明白な相違がある」(S. 26) という、アメリカ最高裁判所の判決からの引用文でもって定式的に表現される。それに応じて、裁判所は「遡及的私権剝奪法は、法の諸原理が現今のようには良く理解されずまた厳密に顧慮されなかった古い時代のものである。今では、それは野蛮なものとみなされ漠然と事後法と呼ばれている」(S. 25) と記述する。それゆえに、一八七〇年六月二三日の財務府会議室裁判所［Court of Exchequer Chamber］の判決は、それとは正反対の立場をとった。――それは、ひとりのドイツの一流の著者が、軍事裁判所第三部の引用操作によって騙されたという、また軍事裁判所第三部から「『アングロサクソンのコモンロー』においては普遍的に遡及処罰は排除されていなかった (Dahm, S. 63 m. FN157)」という結論を導き出したという、ガックリさせられる通読体験を伝えてくれる。もしも、その著者がその判決を読み直したならば、ブラックストンからの引用の著名な箇所もまた目についたであろう。ブラックストンは――フォイエルバッハよりも五〇年以上前に――遡及的な犯罪化と刑罰確定を予測不可能性を理由として、「残酷かつ不正」と呪ったのであった (ブラックストンのコンメンタール、46, zit. S. 25)。――国際刑法と「ニュルンベルク」に没頭したドイツの学位論文において、ダームの思い違いは、既にいわれており (Schlepple, S. 106)、あるいは法律家裁判の判決とその基礎づけは、全体的に見抜かれている (Hoffmann, S. 139ff.; Trifterer, S. 124 u. passim)。

事後法の禁止は正常な状態に関してのみの規則であるというその前提を人が認めるならば、そのことは、確かに、憲章や管理理事会法律第一〇号によって、侵されなかった。というのは、ニュルンベルクで有罪判決に相応しい戦争犯罪や人道に対する犯罪は、種類と範囲によれば、疑いもなく、通常の犯罪性の、また通常の戦争と結び付けられた戦争犯罪の、枠を越えていたからである。人々は、一九一四〜一九一八年の第一次世界大戦を、模範ならびに規範と考えていた。法律家裁判における一六名の被告人の中で比較的に学識豊かな法律家たち――シュレーゲルベルガー［Franz Schlegelberger］、ラウツ［Ernst Lautz］、ローテンベルガー［Curt Rothenberger］――は、通例と例外とを基礎づけることによって確証されると思っていたのだろう。すなわち、ルッベ法の遡及効は、職務上、一九三三年春の政治的例外状態でもって正当化されていた。(145) 例外という抽象的なメルクマール――「国家の安全に関わる場合や状況、あるいは個々の国民の行為に関わる場合や状況さえも」――は、営利小児誘拐に対する（一九三六年）、自動車を突然止める仕掛けによる追剝ぎ行為に対する（一九三八年）遡及効的法律についても、引用することができた。遡及効ある刑法の多くは、どっちみち、総力戦の例外状況の中で、公布されていた。(146)

この理由づけの明白な弱点。事後法の禁止が「比較考量」［Abwägung］の産物としてのみ有効であるならば、非規範的な観念、すなわち、政治的にまさに勢威を振るう処罰要求が、正義の女神ユスティティアの一方の秤り皿へ鉛のように入って来る。立法者は、自由な社会においても、世論に支えられたり駆り立てられて、遡及効に対する疑念を、容易に無視するだろうが、世界の敵――皇帝ヴィルヘルム二世のような――、それどころか人類の敵［hostes generis humani］――ニュルンベルクや東京におけるような――が、彼等に相応しい刑罰を受けることになっている興奮させられた時期においては、必ず無視するだろう。普通の犯罪者に対して、すなわち、すり、殺人者、誘拐犯人、放火犯人らに対してのみならず、また――真の試金石なのだが――およそ敵や悪そのものに対する場合にも、法が法として、価値があることを示すつもりであるならば、その時には、その原則は、各々の正義考量から引き離されなければならないし、また、不可抗的な超実定法として、国際法の領域で行動する勝者をも秩序づけねばならないだろう。

「超実定」法そのものは長らくまた再三、新旧の「自然法」に対して申し立てられている方法論上の非難にさらされている。(147) 国際法上の事後法の禁止を戦時法自身の根本思考から推論することは、むしろ納得のいくものである。武器を差しだし、負かされ、降伏する者は、無防備で勝者の前に立つ。無防備の状態において、法の規則は、敗者の唯一つの庇護である。法律学的な文明のもとにおいては、敗者たちは、殺されたり奴隷にされたりしてはならないし、まして彼等が戦ったために処罰されてはならない。戦争法の違反（「戦争犯罪」）あるいは一般的な刑法の違反（「人道に対する犯罪」）を理由として、勝者も敗者を処罰しても良い。そうでないならば、敗者としての罪人は、平和の正常な状態——この状態においては、敗者としての罪人は、法に基づいて自国の軍事裁判所や刑事裁判所にかけられるのが当然であった——におけるよりも良い状態となってしまうだろう。しかし、「法律なければ犯罪も刑罰もなし」という原則の保護を敗者としての罪人から取り去ることは、彼を勝者の恣意に引き渡すのである。なぜならば、勝者は、新しい犯罪を記述し、新しい刑罰を確定するからである。その際、利用された「正義」は、敗者の不法意識をも含む「普遍的な」正義ではまったくありえない。すなわち、普遍的な正義とは、行為より以前に、完全な刑罰構成要件の存在、承認、少なくとも受入れが前提とされていたのだが。その「正義」は、単に勝者の正義、英語で言えば victor's justice に過ぎない。正義は、武器の勝利に基づくオートマティックな報奨ではまったくない。正しい事物は、勝つこともあるが、しかしまた、負けることもある。勝利と敗北とは、神の裁きでは決してないのである。

戦勝国の政治的関心は、このような思慮を妨げた。一九四五年夏のロンドン憲章についての審理において、イギリス政府の代表であり、その後ニュルンベルクの国際軍事裁判所裁判の検察官であったデイヴィッド・マクスウェル-ファイフ［David Maxwell-Fyfe］卿は、明言した。すなわち、

「我々が裁判において廃止したいと思うものは、条例が国際法違反か否かに関する議論である。我々は、国際法とは何かを宣言する。したがって、それが国際法であるか否かについて、いかなる議論もなされないであろう(148)」と。

かくして、勝者は言う。「我々は、国際法とは何かを宣言する」——何が国際法かを、我々が確定する。デイヴィッド卿は、一九三二年のカール・シュミットの陰喩「皇帝は主人であって、文法を越えている」［Caesar dominus et supra grammaticam］を知っていたならば、それをも引用できたであろうに。

「東京裁判」における二つの答

「極東国際軍事裁判所」憲章は、連合国軍最高司令官マッカーサー［MacArthur］によって、一九四六年一月一九日に発せられ、ニュルンベルクの国際軍事裁判所憲章と広範囲にわたって一致し、手続き規定も、ほとんど同一であった。[149]「東京裁判」は、一九四六年五月三日から一九四八年一一月一二日までの期間に、二八名の政府構成員と高級軍人に対して行われ、そして、二三名の被告人に対して、とりわけ「平和に対する陰謀［Verschwörung］」を理由とする有罪判決で終了した。七名が絞首刑を宣告されて処刑され、一六名が終身禁固刑、一名（東郷）が二〇年の禁固刑を宣告された。[150]「東京裁判」においては、「攻撃戦争という犯罪」ならびに同時に「法律なければ犯罪も刑罰もなし」という原則には、ニュルンベルクの国際軍事裁判所の裁判よりも一層大きな意義が与えられるのが相応しい。日本の政治家と軍人のみが起訴されたが、彼等について、検察当局は、「彼等は『平和に対する陰謀』の責任がある」と主張した。[151]ヘス［Hess］だけが攻撃戦争だけを理由として有罪宣告されたニュルンベルクの国際軍事裁判所の裁判とは反対に、「東京裁判」においては、戦争法規違反を理由として責任ありと判断されたのは、二五名の被告人のうち、五名のみである。しかも、二つの事件では捕虜についての法律違反の労働投入を理由として、三つの事件では、裁判所の見解によれば、自分の部下を十分に監督しなかった理由で。

さて、ソ連邦と合衆国は、日本の政治的および軍事的指導によって独力で始められた「平和に対する犯罪」を裁判所が確定することに、特に関心があった。合衆国とイギリスに強いられて、ソ連邦は、広島に最初の原子爆弾が投下された二日後の一九四五年八月八日に、日本に――両国によって一九四一年四月一三日に締結された不可侵協定［Nichtangriffspakt］（中立条約）が（少なくとも）一九四六年まで有効であるはずであった（だから、日本は一九四五年七月一三日に中立国ソ連邦に平和の仲介を懇請していた）にもかかわらず——宣戦を布告した。一九四五年八月八日に、ロンドン憲章——それは、国際的な条約や協定や保障に違反する戦争を、「平和に対する犯罪」であるとして刑罰化した——が公表された同じ日に、憲章参加者の一つであるソ連邦は、日本に宣戦を布告し、それによって、一九四一年の不可侵協定に違反した。この同じソ連邦は、一九三九年一二月に、フィンランドへの攻撃を理由として、イギリスとフランスの提案で、国際連盟から除名されていたし、また、一九四〇年六月二七日に、ルーマニアのベッサラビア地方と北ブコビーナを併合し、一九四〇年七月二一日に、赤軍をバルト諸国へ進入［einrücken］させていた。ところが、ニュルンベルクの国際軍事裁判所において検察官と裁判官を出し、同様に極東国際軍事裁判所において裁判所を構成したのも、ソ連邦であった。このことは、全体の完璧さを損なう瑕瑾以上のものであり、また、単にネガティブに「歴史的な意義を有する法」［a landmark in law］であったが、しかし、何ゆえロンドン会議においてトライニン［Trainin］がドイツの「平和に対する犯罪」を確定したいと思ったかを明らかにしている。[152]

合衆国は、一九三一年以来、日本に反対してきたが（スティムソン主義）、一九三八年以来、日本商品への懲罰関税によって、一九一一年の通商条約の取消し（一九三九年七月）によって、航空用ベンジン（一九四〇年）と石油一般（一九四一年八月）の供給の禁止によって、中国への軍事援助（一九四一年六月）によって、アメリカ合衆国にあるすべての銀行預金の凍結（一九四一年七月）、あの一九四一年一一月二六日のハル国務長官の「提案」——これについて、ひとりの同時代人は、「それは、ルクセンブルク大公国ですら合衆国に宣戦布告する気にさせたであろう」[153]と嘲った——に至るまで、「平和的」手段による戦争を行ってきたのである。

極東国際軍事裁判所は、検察側の主張に追従した。そして、一九二八年一月一日から一九四五年九月二日までの期間の日本の政治を、「平和に対する陰謀」と宣告した。判決理由の大部分は、当然のことながら、中国に対する日本の膨張［Expansion］に費やされた。[154] しかし、ソ連邦に対しても、裁判所は、一九三〇〜一九四〇年の日本の攻撃

的な態度を確定し、次のように結論した。すなわち、

「ソ連邦に対して戦争を企てる意図は、日本の軍事政策の基礎的な要因の一つであったことが示された」[155]と、それでもって、ソ連邦の戦争への突入［Eintritt］および今日まで続いている千島四島の併合が、正当化されることになった。

一九四一年一二月七日の真珠湾への日本の奇襲攻撃［Überraschungsangriff］に直面して、アメリカ合衆国に対しての攻撃戦争を確定することは、極めて容易になった。それに先だって行われた日本を経済的に恐喝し絞殺するアメリカの政策を、裁判所は、日本を正しい道へ連れ戻し平和愛好国民たちの仲間へ連れ戻すための許される手段であると見なした。[156]

弁護人側は、「平和に対する陰謀」を理由として起訴することに反対した。なぜならば、「陰謀」と「攻撃戦争」とは、国際法的な処罰構成要件ではまったくなく、また、個人は、国際法上、国家行為について責任を問われる必要はない——すなわち、憲章は、事後法［ex post facto］の禁止に違反している——からである。[157]極東国際軍事裁判所は、「自己は、憲章に拘束され、このために既に、このような異議を却下しなければならない」と決定した。重要な意義をめざして、裁判所は、そのほかに、ニュルンベルクの国際軍事裁判所との完全な一致を宣言し、ニュルンベルクの核心テーゼを繰り返した。その最初のところは、特に目につく。すなわち、

「憲章は、戦勝国民たちの側での力の独断的な行使ではなく、創設期にある国際法の表現である」[158]と。

極東国際軍事裁判所の裁判官たちは、論証のスペクトルを拡張した。このことは、当然、予期できた。政治的な象徴的表現をめざして、裁判官席は、一一名の法律家が任命された。彼等の国家は、日本と戦争状態にあった。すなわち、オーストラリア、中国、フランス、大英帝国、インド、カナダ、ニュージーランド、オランダ、フィリッピン、ソ連邦、合衆国である。このように数多くかつ国際的に任命された裁判所においては、満場一致の意見は、

まったく有りえなかった。ニュルンベルクの国際軍事裁判所が、いかなる同意意見あるいは反対意見をも許さなかった――しかし、ニュルンベルクの後続裁判における裁判所は許した――のに対して、「東京裁判」においては、五名もの裁判官の個別意見が述べられたが、それらの個別意見は、合わせると、本来の判決文よりも詳しかった。(159) それらの個別意見は、本書では、それが攻撃戦争という犯罪、ならびに責任あるものの範囲について態度を決めている限りでのみ関心がある。

オーストラリアのウェッブ［Sir William Webb］裁判長は、事案［Sache］の論理により、集団の責任を肯定した。すなわち、

「攻撃戦争が非合法で犯罪的であるという見解は、その論理的結論にまで至らなければならない。例えば、初めは戦争に反対したが、戦争が始まった後では、講和するもっと良い時期が来るまで戦争を遂行すべきであると決定した軍人や文民は、攻撃戦争の遂行について有罪であった。もしそれが攻撃的であると知っているかあるいは知っている筈であるならば、攻撃戦争を促進するかあるいはそれに参加する者の地位や身分の高低に拘らず、攻撃戦争についての責任を限定するようないかなる特別の規則もない(160)」。

諸国家ならびにそれらの裁判所の実践は、この意見と同じでなかった。(161) この意見は、一九二九年以来ヴェーヴェルクによって提起された「ブリアン-ケロッグ協定による戦争の弾劾は、攻撃者国家に対して兵役を拒否することを、個々の国民に可能にしかつ義務づけた」という主張の裏面である。(162) ウェッブによって引用された「論理」は、彼の熟考されることなく想定されたアングロ・アメリカ的な共犯理論に存するのみならず、「平和に対する犯罪」そのものにも存する。そして、この「平和に対する犯罪」に、実際には、自己の国家が攻撃戦争を遂行しているということを知っていたり知っているに違いないところのすべての軍需産業の経営者や職場長たち、すべての機関車運転手や衛生兵たちが関与している。国家行為についての国際刑法上の個人責任と結び付いて、この論理は、集団的

な刑法責任――それを、一七七五年にバーク〔Edmund Burk〕は思い浮かべることができず、一九三六年にフィッシャー・ウィリアムス〔Fischer Williams〕は原始的な前近代的な法状態のメルクマールとして特徴づけた――に帰着した。(163) 極東国際軍事裁判所の裁判長――彼は、ヴェーベルクのようなプロフェッショナルな理論家ではまったくなく、高級裁判官として大臣や将軍たちの生命や自由について判決を下さなければならなかった法律家であった――が、「平和に対する犯罪」という概念の法論理を幅広く押し進めたとしても、シュミットが彼の鑑定書の第四章と第五章において「戦争」というインターナショナル法上の犯罪の正犯者の問題を、根本的に、また「普通のビジネスマン」がこのような犯罪の正犯者と共犯者として考慮されるか否かの観点の下に、叙述したということがいかに正しくかつ重要であったかが極めて明確になる。

フランスのベルナール〔Henri Bernard〕裁判官は、その個別意見において、憲章に対する裁判官の審査権を主張し、攻撃戦争を犯罪化することについてのブリアン-ケロッグ協定の重要性を否定した。しかし、彼は、「攻撃戦争は、自然法によれば、既にずっと犯罪であった。それゆえに、『法律なければ犯罪も刑罰もなし』という異議は、自ずから解決されていた」と、考えた。すなわち、

「このような戦争は、理性と普遍的良心――国際的な裁判所が、その裁判に差し出された被告人の行為を判断するために、基準とすることができ、また基準としなければならない自然法を表現しているもの――に照らして見れば、今も犯罪であり、従来もずっと犯罪であった」(164)と。

これに反して、フィリッピンのハラニーヨ〔Delfin Jaranilla〕裁判官は、事後法の禁止を、国際法から完全に追放した。彼によれば、一国家が他の国家への関係において惹き起こすであろう損害は個人の犯罪よりも遥かに大きいがゆえに、国際共同体は、変化に対応し予想できないことに対応するように、自己を留保しておかなければならない、(165)とのことだった。

確かに独創的だがむしろ信条告白的なかかる確認とは違って、刑法学者であるオランダのレーリング[Bert V. A. Röling]裁判官は、綿密な慎重さでもって、実定国際法、特にシュミットの鑑定書から我々に既に知られている戦間期の諸経過、それに加えて戦争中の連合国の諸宣言を調査した。彼の結論は、すなわち、

「平和に対する罪［crime against peace］は、ロンドン協定以前には、真の犯罪とは見なされておらず、一九四三年末より以前には、そう考えられていなかった」[166]と。

けれども、レーリングは、この帰結――憲章を基礎とした有罪判決はまったくないということ――を、避けようと思った。彼は、ニュルンベルクの国際軍事裁判所の打開方法――事後法の禁止は、「単に」「正義」の戒律であって、主権的な立法者を拘束するものではまったくない――も、「正義に応ずることが、裁判所の第一の義務である」として、同様に避けようと思った。このようにして、彼は、既に一九四七年一二月三日にニュルンベルクの法律家裁判において軍事裁判所第三部が賛成した次のような打開方法を選択した。すなわち、事後法の禁止を国家法に限定するという――確かに、概念を極めて慎重に用いて――、また、国際法における事後法の禁止に単に「政治的な」規則の性格――戦勝国家はそれに反してもよい政治的知恵の表現――を与えることを認めるという打開方法を選択した。つまり、このような場合において、裁判官は、「確実な政策の知恵を判断する」[167]資格がないのであると。レーリングもまた、「法律なければ犯罪も刑罰もなし」という格率は、その有効性によって、すべての「文明国」において、とにかく常設国際裁判所がその判決のために法源として考慮しなければならないところの「法の普遍的な原則」であったのだということを、見落としていた。[168]

とりわけ、インドの裁判官パル［Radhabinod Pal］の個別意見は、驚きであった。「彼は、一一名の裁判官のなかで唯ひとり国際法学者としての評価を得ていた[169]」。彼の「反対意見」は、ヨーロッパならびにアングロ・アメリカの著書においては、ほとんど無視されたといってよい。[170]その原因は、おそらく、カルカッタという遠く離れた場所で

出版されたことと、一九五三年という時期の遅さであったろうし、[171]ひょっとするとまた、被告人すべてを無罪とした帰結だったかもしれない。パルの意見は、七〇〇ページをこえるもので、手続きのすべての局面ならびにまた個々の被告人の責任と対決している。パルは独力で、国際軍事裁判所の管轄権ならびに攻撃戦争の可罰性について本書で重要な問題に、一三〇印刷ページを費やした。[172]このように大規模なものなので、ここでは、結論といくつかの特徴のみを、報告しよう。パルは、イギリス法の伝統の中にあり、国際法の「伝統的なリーガリズム」（トライニン）の擁護者として、自己の事例の法問題を審理した。快適なまでに幅広く、しかし方法的に正確に、パルは、一歩一歩と、一九四五年のポツダムの合意とロンドン憲章の法原則を審理した。彼は、アングロ・アメリカ国際法の偉大な著者たちの新旧の見解――オッペンハイムとクィンシー・ライト、ケルゼンとホール――を、詳細に引用している。それに加え、ニュルンベルク裁判における検察官たち、ジャクソンおよびローレンス（「裁判長閣下曰く」）を、（「伝統的なリーガリズム」の徴候の下に）成果を期待して、引用している。すなわち、

「現在有効である国際法の下で、一戦勝国あるいは戦勝国の集団は、戦争犯罪人の裁判のための裁判所を設置する権限を持っているであろうが、しかし、戦争犯罪の新しい法を制定し、公布するいかなる権限も持っていない。このような国家あるいは国家群が、戦争犯罪人裁判の目的のために、憲章を公布することを進める場合には、国際法の権威の下においてのみそうするのであって、主権的権威の行使としてするのではない。戦敗国民あるいは被占領地への関係においてさえ、戦勝国は主権的権威ではない、と本官は信ずる」[173]と。

ポツダムに見られるような、ドイツに対して完全な統治権力を掌握したことでさえ、ドイツの主権を占領国に信託的に与えなかった。占領国は占領国のままであり、そのようなものとして国際法に拘束され続けた。[174]従って、

「……、戦勝国は、国際法の下で、戦争犯罪人の裁判のための裁判所を設定する権限を有する。しかし、このような戦勝者は、国際法に関して立法する権限は有しない」[175]。

それゆえに、パルは、占領軍裁判所の権限が国際法的に限定されたものであるということから出発した。その結果、攻撃戦争は国際法において既に規範化されていたり、さもなければ承認されていたりした「戦争犯罪」であったのか否かという問題に関わることになった。彼の審理は、我々に既に知られている個々の段階――一九二四年のジュネーヴ議定書、ブリアン-ケロッグ協定、条約違反に対する唯一の制裁である世論についてのボラー上院議員の声明やアメリカ上院におけるケロッグの声明、一九三四年の「国際法協会」のブタペスト・テーゼ――を、こまめに調べて期待通りの成果を得た。(176) 一九一九年のパリにおけるランシングとスコットとの声明を審議することも忘れなかった。(177) それから、パルは、罰することのできる犯罪として攻撃戦争を、その時々の「陰謀」の開始前に――それゆえに日本の場合には、一九二八年以前に――立証するという、ニュルンベルクと東京での検察官たちの企てと対決した。それは、一九四四年と一九四八年の間においてある時は肯定的にある時は批判的に起訴と関係した文献の最も重要な意見――グリュック［Sheldon Glueck］、ケルゼン、クィンシー・ライト、ハドソン、フィンチ、ライト卿――の詳しい再現および綿密な検証と結び付けられている。(178) 特に、既に述べたソ連邦の法律家トライニンの著書との彼の対決は熟慮に富んでいる。(179) そしてその熟慮は、他の場所でようやく数年後に、すなわちハンガリー（一九五六年）ならびにチェコスロバキア（一九六八年）への「兄弟的援助」の後に、はっきりしてきたのである。

ニュルンベルク憲章や国際軍事裁判所および諸軍事裁判所のニュルンベルク判決に法律学的な実体を遡って与えることを企てたところの、著者たちの著作の中に存する弱点や欠点を暴露することは、パルには困難ではなかった。一九四五年に適用されている実定国際法は、攻撃戦争を犯罪化していなかったし、国家のために働いた個人たちに刑法上で責任を課さなかった。すなわち、

「……国際共同体は、国家かまたは個人かいずれかを非難したり罰したりするための司法手続きを、自己の中に含むことを得策とするような段階には未だ到達していなかった(180)」と。

シュミットの論述や結果がパルと一致していることは一目瞭然であり、実際、説明することは簡単である。すなわち、パルとシュミットは、妥当している国際法を前提にして議論している。シュミットは、一九二〇年代の彼の著書や論文におけるような、新しい構成を設立したり新奇な思考や解釈を述べたりは決してしなかった。彼の鑑定書は、パルの意見が証明しているのと同様に、堅実な国際法上の業績であった。他の何ものでもなかった。彼自身は、それを、異なって評価しなかったし高くも評価しなかった。すなわち、

「……起訴の前である一九四五年夏の私の陳述は、……専門的知識のある法律家が当時すでに即座に問わざるをえないところのドキュメントとして……(181)」と。

シュミットの鑑定書は、一人のドイツの産業家を戦勝国の裁判所から護る筈であった。この目的は、シュミットに目に見えない制約を与えた。すなわち、シュミットは、裁判官たちが明白な真理であると思ったものに、異論を述べてはならなかった。だから、彼は、確かに、「攻撃」の問題に詳細に力を費やしたが、しかし、特に、抽象的な言い回しを用い、また法典編纂の試みや政府声明を再現することに力を費やした（第三章「一九一九年―一九三九年における攻撃戦争のインターナショナル法的刑罰化の展開」）。パルは、気を使う必要はなかった。「『攻撃戦争』とは何か？」の章において、パルは、まず、単に抽象的に、クィンシー・ライト、ラウターパハト、ジャクソンの定義を述べ(182)、それから即座に、一九四五年八月八日のソ連邦の宣戦布告、同様に、たとえ日本が合衆国とイギリスとだけ戦争状態にあり日本の兵隊がオランダの植民地へ侵入する［eindringen］一月前であったとしても一九四一年一二月のオランダの宣戦布告を審査した。そこから、パルは、「これらの国家は、（ジャクソンの定義とは逆に）攻撃がないのに宣戦布告をすることは『犯罪的な攻撃戦争』であるとは理解しなかった。そうでなければ、これらの国家は、このような違法行為を理由として、日本を起訴して裁かないだろう(183)」とのみ、推論したことは確かである。もう一度パルは、アングロ・アメリカの文献の様々な攻撃の定義を、回想する――ともかくシュミットよりも詳しく――。諦観的に

戦争行為を「自衛」として正当化することへ立ち返るために、経済封鎖を攻撃手段として記述する攻撃の定義をも、回想する。それは、ブリアン‐ケロッグ協定についての交渉の際に、議定書においてなされた合衆国とイギリスとの声明において承認され、かつまたケロッグならびに権限ある上院委員会によって固執されたような、定義である。誰がいったい自衛の諸前提について決定するのかという重大な疑問について――それをもパルは報告する――、権限ある上院委員会がケロッグの言明に基づいて次のように確定した。すなわち、

「それぞれの国家は、常に自由であり、かつ条約にかかわらず自己の防御に備え、そして、自衛権ならびにその必要と範囲を何が構成するかを判断する唯一つのものである(184)」と。

もしも、それにもかかわらず、正当化されない自衛による協定違反についての起訴ならびに裁判判決を協定が許すならば、きっと、中途半端さは避けられないだろう。すなわち、

「恐らく、国際社会の現段階においては、『攻撃者』という言葉は、本質的に『カメレオン的』なものであり、単に『敗北した側の指導者たち』を意味するだけだろう(185)」と。

結局、パルは、政治的プロパガンタにおいて、特に第一次世界大戦と第二次世界大戦の政治的プロパガンタにおいて、なるほど支配的であったが、しかし攻撃戦争の形式的な定義においては考慮されないままになっていたところの一つの観点を、詳しく述べた。すなわち、想像されたり仮定されたりした攻撃的な態度へのあるいはまた戦争一般のための正当化としての、システムの違いの影響を、ならびに、システムの違いから生じてくる敵イメージの影響を、詳しく述べた。パルは、この観点を、例を使って説明しなかった。そのことは、第一次世界大戦において極めて大きな役割を演じあるいは第二次世界大戦の後継対立を演じた攻撃的なプロイセン・ドイツの軍国主義に対する西洋のリベラルな市民社会の対立を考えれば、容易に推測できよう。むしろ、パルは、システムの敵をポテンシャルな攻撃者あるいは「構造的な権力」の行使者として取り扱ったところの共産主義国家と資本主義国家との名

を挙げた。即ち、それは、一九四八年において、五〇年代の「冷戦」における公的な議論への先取りであり、そして、恐らく、毛沢東の赤軍に対抗する蔣介石の国民党中国政府のためのアメリカの援助によって惹起された。(186) パルは、「そもそも、たとえ大西洋や太平洋によって事件の場所から離れていようとも、共産主義の権力獲得からある国家を護るために、他の国家らが干渉してもよいのか否か、『姉妹国』における民主主義的・資本主義的システムを救うためあるいは自己の利益を救うために、干渉してもよいのか否か」(187)と問うた。そして、その問題は、朝鮮（一九五〇年）とベトナム（一九六五年）において、また、「社会主義陣営」の内部ではハンガリー（一九五六年）とチェコスロバキア共和国（一九六八年）において現れ出てきたといえる。生存を賭けた諸対立が衝突し諸国家や諸民族の戦闘が最終のラティオとして現れてきた時期である一九三九年においては、国際法上の戦争防止の条約的に保証されたメカニズムは、無視されたままであるということが示された。すなわち、イギリスとフランスとは、一九三九年九月三日に、ドイツに正式に宣戦を布告した。たとえ、この一方的な決定が国際連盟規約一条に違反したとしても。国際法上の中立もまた、このような場合に、途中で挫折する。すなわち、スティムソンは、合衆国の参加を正当化するために、外交的ならびに自由資本主義的に、一九四一年一月二九日に、次のように但し書を付けている。すなわち、「人生の流儀や商売の方法が我々のものと極めて似ている諸国家」を、あの「人生の流儀や商売の方法が我々自身と反する諸国家」(188)から区別し、それゆえに、友と敵とを区別し、この区別から、友のために中立違反の援助をすることへの権利を導き出し、そして、「戦争にまでは至らないで」敵に対する態度を導き出したと。

パルの論述や思考操作をさらに拡げるならば、それは、あまりにも広がってしまうだろう。「平和に対する陰謀」の立証についてのパルの詳細な批判——例えば、『木戸日記』は、東京裁判において、ニュルンベルクの国際軍事裁判所裁判におけるホスバッハ［Hosbach］調書の役割を演じた(189)——もまた、ここでは、触れられるだけでよい。

確かに、パルの「予備的法律問題」は、なぜ、極東国際軍事裁判所は、自己の判決と個別意見とを日本語ではなく英語でのみ公開したのかを、理解させるだろう。すなわち、当然のことながら伝えられねばならぬフランスや特にインドの裁判官たちの個別意見は、多数決定を認容することを動揺させる可能性が強かった。パルの個別意見は、アメリカの占領時代が終わった後にやっと日本語版で出版できた。いずれにせよ、東京の判決は、学問的な議論の外にあり続けたのである。(190)

ニュルンベルクの国際軍事裁判所の手続き並びに判決への学問的な見解は、しばしば報告されてきた。(191) ここでは、シュミットの問題へ直接関係する結果のみが重要である。

論争されている学問

愛国心やドイツ人攻撃者に対する嫌悪によって心を奪われて、「攻撃戦争は、一九三九年において、罰することができる行為であり、それゆえに『法律なければ犯罪も刑罰もなし』という原則はまったく侵害されなかった」と想定する国際軍事裁判所に従った、グリュックやクィンシー・ライトのような、法学者たちも存在していたことは、もちろんであるが、ただし、彼等は、一九四〇年代において既に、少数者に止まっていた。(192)「『法律なければ犯罪も刑罰もなし』という原則は国際法においては立証できない」という形式主義的な論証もまた、しばしば十分なものとみなされていた。(193) その多くの著者たち――最も著名なのは、ケルゼンとフィンチ――は、事後法禁止を克服することを試みた。すなわち、彼等は、判決による事後法禁止の侵害を、政治的に必要な、道徳的に正当化されるものとみなし、あるいはまた、事後法禁止そのものを一般的に相対化する――つまり、『法的安定性』に打撃を加え、そして法的安定性は、この場合例外的に『正義』に譲歩しなければならない――ことによって、事後法禁止を克服することを試みた。[194]「『ニュルンベルク』は、国際関係を法的に新しく秩序づけた」という、新聞編集局ならびに講義室において広まった信仰は、このような考えの非常な魅力を活気づけた。それによると、その指導者や信奉者が権力を「ジャングルの法則」に従って適用するであろう絶対的に主権的な「アナーキー」は、最終的に除去され、そして、その時以来、すべての人々は、ネイションに奉仕する権力行使を避けること——国際法の条件と一致している場合は別だが——を法律的に義務づけられた（そして義務に適うように振る舞うだろう）と。[195] (183)

「少なくとも、もしもデモクラシーのテーゼが信じられるならば、正義の究極の源泉」[196]であるとしてクィンシー・ライトが大まじめに引き合いに出す「世界の圧倒的な意見」に対抗する危険を敢えて冒したのは、少数の学者たちだけだった。戦後すぐの時期の雰囲気においては、あからさまの反対は、不愉快な結果をもたらしたであろう。特に占領下のドイツでは。合衆国におけるボーチャード［Borchard］やシック［Schick］と並んで、[197]イギリスにおけるモーガン［Morgan］、以前の大法官モーム［Maugham］、ハンキー［Hankey］卿と並んで、[198]ドイツにおいては、国際軍事裁判所の判決の言い渡しの数週間後に既に、平和に対する犯罪を理由とした訴追の国際法上の欠陥を暴露したのは、とりわけ、グレーヴェであった。彼は、彼以前のシュミットやヤールライス、彼以後のパルと同じように、同じ実定法の系列において論証した。[199]クリューガー［Herbert Krüger］、ヴァール［Wahl］、シェッツェル［Walter Schaetzel］、カウフマン、ベルベル［Friedrich Berber］が彼に続いた。[200]まもなく、アングロ・アメリカの著作物においても、批判的な発言がますます聞こえるようになり、[201]最近、第二次世界大戦の歴史へのその業績によって評価されたオクスフォードの歴史家ラム［Lamb］が「ニュルンベルク裁判は、悪く行われ、正義を戯画化した」[202]と表現し (184) たあの判定にまで至った。

他方、アカデミックな領域においてもまた、祝賀や記念の催しのための欲求が時折生じている。そして、その関与者は、国際軍事裁判所を、「東西協力のハイライト」[203]、「正義の見事な業績」[204]として祝福する。

(185) それゆえに、ニュルンベルクと東京での「平和に対する犯罪」を理由とした有罪判決が少なくとも議論の余地があるならば、ロンドン憲章ならびにニュルンベルクと東京の国際軍事裁判所の判決を「革命」と理解する可能性が残っている。[205] すなわち、その革命は、その時まで妥当していた国際法に対して違反しているにもかかわらず、その立場の原理的に新しい理解を基礎付け、また、インターナショナルな法共同体の管轄権を有する審級への指導的政治家たちの刑法的責任を――その革命が、国家の戦争を行う権利［jus ad bellum］を、自衛戦争でない限り、国際刑法上の構成要件へ移したのと同様に――基礎付けたのだが。革命は、政治的統一体の種類と形態を新しく決定する。革命が「成就し」、それゆえに多数の法仲間によって承認され、国家機関によって適用されるとき初めて、革命は、拘束力と強制力を有する秩序の意味での「法」になる。成功した革命が持つ法創造的な力が、国際法には疎遠であることは確かであるが、ともかく、自生的な[spontan]（「インスタントな」）慣習国際法もまた、国家の実践がそれを確証する場合には、新しい一般的な法的確信によって成立し得るであろう。我々の事例問題へ転義すれば以下のようにである。「平和に対する犯罪は、国際法共同体によって犯罪として認められ、責任を刑法的に償わなければならない――ニュルンベルクと東京においてと同じように。」

国際連合の規範草案における攻撃戦争

(186) 国際連合総会は、アメリカ合衆国の動議に基づいて、ロンドン憲章および国際軍事裁判所判決により承認された「国際法の諸原則」を、一九四六年一二月一一日に満場一致で追認した。[206] なるほど、このような決議は、国際法を決して創設しない――なぜならば、総会は世界国家の議会ではなく、それ自体、世界立法権限をまったく持たないから――が[207]、しかし、その決議は、国際法共同体の法意見［opinio juris］を文書で示すことができる[208]。国際軍事裁判所が単なる条約草案や私的な法律家の団体の態度決定――一九二四年のジュネーヴ議定書と一九三四年の国際法協会のブダペスト規則――に既に認めていた大きな意義にかんがみて、この一九四六年の決議は、過少評価されてはならない。しかし、国際連合のメンバーは、あの「諸原則」への一括的な信奉でもって満足しようとせず、ニュルンベルク諸原則を定義し「人類の平和と安全に対する犯罪（offences）についての法典」あるいは「国際刑法典」へ加えることを、一年後に自分たちの新たに組織された「国際法委員会」［International Law Commission］に委託した[209]。

委員会は、一九五〇年に、最初の委託を実現した。すなわち、スピロプーロス［Jean Spiropoulos］の報告に基づいて、委員会は、「ニュルンベルク諸原則」を七つの指導原理にまとめた[210]。その指導原理は、国家のためにあるいは国家に奉仕して行為する人格をその地位を顧慮することなく個人的に責任を問い罰しうること（原則一、三、四）、平和に対する犯罪と人道に対する犯罪ならびに戦争犯罪の可罰性（原則四a－c）、そして、三つの構成要件すべてに関する共犯形態としての「陰謀」（原則七）を確認する。原則五は、被告人に、公平な手続きへの権利を認める。原則二に従って、可罰性は、国内的な刑罰構成要件を前提としない。原則六における犯罪の記述、ならびに「国際法の下の罪」［crime under international law］についての可罰性の根拠（原則一）は、十分なものであろう。

国際法委員会においては、以前からの対立が、直ちに現れた[211]。一つのグループは、何よりもまず、どの程度までそもそもロンドン憲章とニュルンベルク国際軍事裁判所は国際法の原理と一致しうるかという、原則論議を行おうとした。第二のグループは――セル（Scelle）はその一人である――、「憲章は、一九四五年に妥当している国際法の表現である」というニュルンベルク国際軍事裁判所の意見を信奉していることを表明した。多数は、この問題を避けようとし、「総会は、委員会に、ニュルンベルク国際軍事裁判所が自己の判決の根拠に用いたところの『諸原則』の作成だけを課した」という立場に立ったが、しかしこの諸原則が国際法と一致するのかを検証せず或いは国際法への帰属を裏付けなかった。この多数の決定に対して、国際法委員会のメンバーであるセルは、「国際法委員会は、ロンドン憲章や国際軍事裁判所判決が基づいていた諸原理を列挙しなかった」ということを、残念に思った。その他の名望ある国際法委員会のメンバーのハドソン［Manley O. Hudson］は、「委員会は、憲章の特別な性格および国際軍事裁判所のアド・ホックな判決の特別な目的にあまりにも注目しなかった」と批判した。この二つの疑念を、国際法委員会の報告者は、反対意見として脚注で指示した[212]。

総会の第六委員会（英語では Legal Committee）は、国際法委員会の「ニュルンベルク諸原則」を、独特の仕方で議論した[213]。当時六〇の国家代表の多数は、「諸原則」で解釈される法律学的な罠に引っ掛かることを望まなかったが、国際法委員会のこの課題理解を支持した。それとは別の代表団は、この形式的な処置に満足しなかった。例えば、フランスの代表ショモン［Chaumont］は、セルの問題をフランスの問題にし、「ロンドン憲章とニュルンベルク国際軍事裁判所判決とは、一九四五年に既に妥当していた国際法の表現であった」ということを実質的に確定したいと思った[214]。オランダ代表のレーリングは、素晴らしい講義で東京裁判における自己の個別意見の論題をもう一度展開した。勝者の判決および独特な国家の過去についての、この仲間の中では奇異と感じられる幾つかの付加的な論評は、彼がその間にパルの特別意見を注意深く読んで啓発されていたことを、示していた[215]。実務的に思考するイギリス代表ジェラルド・フィッツモーリス卿［Gerald Fitzmaurice］は、「多分、レーリングは、正しい。だが、一連のニュルンベルク諸原則は第二次世界大戦以前には国際法の原則ではなかったという結論に委員会が至ったならば、極めて不愉快である。しかし、人々はすべてのこの問題をそのままにしておいてよいだろう。一九四六年一二月一一日の総会の決議以来、法的状態は、明確になった」というフランス提案の帰結に対して、警告した。すなわち、

「ニュルンベルク憲章以前の状態についていかなる見方が採用されるとしても、現在の立場は、明確であったし、ニュルンベルク諸原則が国際法の承認された原則になったということを、誰も疑わなかった［！］。総会による承認

は、国際連合の構成国に関する限り、彼等をそのようにするのに十分であった[216]」と。

このような表現形式でもって、ジェラルド卿は、あまりにも針小棒大に発言した。なぜならば、それとは別の代表団は、「ロンドン憲章は現行国際法と一致しなかった。そして、この事態は、ニュルンベルクの国際軍事裁判所のそれと対立する主張によっても国際連合総会の決議によっても、矯正することはできない」と、異議を唱えたからである。すなわち、

「総会は、立法団体でなかった。憲章や判決に含まれている諸原則が国際法の諸原則であったということは、ニュルンベルクの裁判所がそれらをそれ自体として認めたという理由だけでは、受け入れられることはできなかった[217]」と。

しかも、その「諸原則」自体も、例えば「法律なければ犯罪も刑罰もなし」という原則が顧慮されないままになっているという理由によって、批判された[218]。極めて鋭い批判を、レーリングが表明した。彼は、極東国際軍事裁判所のかつての裁判官として、この仲間の中ではおそらくこの題目の最上の識者とみなされて良かった。すなわち、

「今、定式化されたように、ニュルンベルクの諸原則は、将来、限りない復讐を容易にするかもしれないし、大虐殺のための合法的な基礎を用意するかもしれない。さらに、戦争行為に何等かの関与をしたすべての人々を残忍に処罰するという恐怖は、戦争を一層残酷にし、降伏を一層困難にするだろう。この様にして、国際法委員会によってなされた決定は、悲惨な結果を招来するかもしれない[219]」と。

総会は、国際法委員会の「ニュルンベルク諸原則」を決議へ取り上げることを断念し、むしろ、構成国家に態度を決めることを求め、また、国際法委員会に「人類の平和と安全に対する犯罪についての法典草案」にさらに手を加えることを求めた。しかし、その決議は、「ある代表団たちによって」原則批判に立ち入り、「この批判は、委員会の大多数によって受け入れられず、ないしはまったく議論されなかった」ということを確認した[220]。シュバルツェンベルガー［Schwarzenberger］は、総会のこの行動を、「簡単に言えば、その問題は、無期延期された[221]」と、論評し

た。

「ニュルンベルクの指導諸原理」を普遍的な国際法へ転換すること——特に攻撃〔侵略〕の形態の定義——は、非常な困難に突き当った。一九五二年の国際連合「国際法委員会」の人道犯罪についての最初の草案は、二条の新しい項において、禁止された「攻撃行為」［acts of aggression］を記述した。[222] 戦間期においては、まさにこの問題は、国際連盟における多くの提案や報告の対象であったし、また、多くの学位論文の対象でもあった。この時においてもまた、意見は様々に分かれた。いくつかの列強は、あらゆる定義を、余計で無益なものと思った（アメリカ合衆国、フランス、カナダ）。ソ連邦は、「間接攻撃」［indirect aggression］の場合をも、含めようと欲した。例えば、通商禁止、経済封鎖であり、また「イデオロギー的な攻撃」［ideological aggression］[223] であり、これでもって、東欧のソ連邦同盟国が冷戦の初期以来見舞われていた政府批判的なラジオ放送がおそらく考えられていた。とにかく、国際法委員会の草案は、一九五二年に差し戻され、同時に「攻撃の定義問題に関する特別委員会」が設定された。[224] 一九五四年の国際法委員会の新しい草案[225]は、再び、人類の平和と安全に対する犯罪を国際法上の違法行為として厳しく規定し、有責の行為者を個人として罰することを基礎づけた。特別委員会が設定されたにも拘らず、二条において、一二の項で「攻撃」は、具体的に記述された。それにはもちろん、体系的にはほとんど納得の行くものではないが、しかし、最初の草案の場合と同様に、人道に対する犯罪もまた入っていた。[226] 我々の関連においては、五条が危険な点であることが判明した。すなわち

「被告人を裁判するために管轄権がある裁判所が、この法典に規定されているすべての犯罪に対する刑罰を、犯罪の重要性を考慮に入れて決定する」と。

刑罰の種類や程度を裁判官の裁量に委ねることは、「法律なければ刑罰なし」の原則に対して顕著に違反する。しかし、そのことにつき、二人の委員会構成員だけが批判を加え、二つの政府からだけ批判された（エジプト、オラン

ダ）。他方、イギリス政府は、刑罰の確定を各国の法律に委ねたいと思った[227]。それぞれの国内法上の違法行為が違法の内容や犯行の形態において極めて相違していたために、統一的で更に十分に確定した刑罰の総括規定を規範化することは、不可能だったかもしれない。しかし、二人の委員会構成員と二つの政府だけしか「法律なければ刑罰なし」の原則を引き合いに出さなかったのであるから、国際刑法との関係において刑罰化したいという魅力は、ニュルンベルク国際軍事裁判所および極東国際軍事裁判所の理論と実践がまだ一九五四年においていかに支配的であったかを、示している。

法典編纂の努力は、二〇年間、中断された。国際刑法を客観化することが差し迫っているということについての広く行き渡ったうしろめたさは、法律の仕組みの完成が不十分であるという配慮によって、おおい隠された。刑事法廷が裁くべき基準となる実体的な国際刑法は、まだ施行されていなかったから、（常設）国際刑事裁判所のための規程草案は、それ以上は進められなかった。特別委員会は、「攻撃」の定義についてのその作業をまだ完成していなかったから、「人類の平和と安全に対する犯罪についての法典」の第二草案も同様に、一九五四年に、それ以上取り扱われなかった[228]。「攻撃の定義問題に関する特別委員会」は、そのことによって落胆させられる必要はなかった。なぜならば、国際連合の機関のためにも有用な「攻撃」の概念規定を提供することは、その委員会に課されていたからである[229]。安全保障理事会は、「平和に対する脅威、平和の破壊または攻撃（侵略）行為［Angriffshandlung］の存在」（国際連合憲章三九条）を、また制裁の決定のための前提（国際連合憲章四一、四二条）を決定しなければならない。多くの空しい準備の後に、また再三新しく構成されて（そして、一五の構成員から三五の構成員へと次第に拡大されて）、特別委員会は、一九七四年に、全員一致で可決された草案を呈示した。その草案を、国際連合総会は、一九七四年三月一四日に、同様に全員一致で承認した[230]。この場合、その決議は、さしあたり、それが「国際法」、すなわち国際連合の法制定権適用のための勧告だけをもたらしたのか、あるいは政治家に対する国際刑法をもたらしたのか、の観点のもとで興味がある。

なぜならば、

「攻撃戦争は、国際平和に対する罪[crime against international peace]である。攻撃は、国際的な責任[international responsibility]を生ずる」（五条二項）のであるから、

この確定は、ニュルンベルク国際軍事裁判所の判決の、一九四三年のモスクワ宣言（これは、まだ「平和に対する犯罪」を知らなかった）の、一九四五年のロンドン憲章の、極東軍事裁判所憲章の、確認として、合衆国とソ連邦という委員会構成員から歓迎された。[231] 他方、フランスやブルガリアの代表は、その点では、委員会の権限を疑問視した。[232] „crime against international peace"は、それ自体としては、責任者を刑法的に訴追することを含まなかった。„international"と結び付いて、„crime"という概念は、国際法のとくに重大な違反[besonders schwere Verletzung]を言い表すことになっている。[233] „international responsibility"もまた、不法についての国家の国際法上の責任のみを対象にし得るが、必ずしも国際刑法を含む必要はない。

この規定の理解は、他の決議によって容易になる。その四年前の一九七〇年一〇月二七日に、国際連合総会は、国際法の重要なテーマに言及する語彙の多い宣言を可決した。その宣言は、「冷戦」を終結させ、北大西洋条約の列強への東側ブロックの関係の「緊張緩和」を導入することを意図していた。つまり、とりわけ国家間の関係における権力の威嚇あるいは適用を、国際法および国際連合規約の違反として特徴づけ付け加えた「友好関係」決議のことである。すなわち、

「攻撃戦争は、国際法の下での責任を負うべき平和に対する罪を構成する」[234]と。

この信条は、特徴的な前歴を持っていた。[235] 東側ブロックの国家は、攻撃戦争の計画、準備、煽動、指導についての国家の責任および個々人の刑法的責任と、武力禁止を結び付けようと欲した。この種の怒り狂った諸要求でもっ

て、東側ブロックの国家は、常に、自己の「生来的な」平和愛好性を強調し、「平和のための闘争」を宣伝的に飾り立てた。社会主義の同胞国の政治的な管理は、チェコスロヴァキア――それゆえに、二年後に社会主義の隣国およびソ連邦の連合した軍事的攻撃の犠牲になる運命にあった一つの国――の代表にそのようなことを一九六六年に提案させることが良いと考えた。真実がそのように素早く復讐することは、滅多にない。イギリスの決議提案やブロックから独立の国家の決議提案は、武力禁止のみを予定していた。交渉において、人々は、結局、上記で再現した規定上の妥協で一致した。恐らく、非社会主義国家は、一般的な国家責任のみが実現されると思った。他方、社会主義国家は、政治家の刑法上の責任も実現すると信じた。(236) 個人の「国際法の下での責任」は、そういう性質の刑法が国際法においては全般的に存在するということを前提しているのは確かであるが、まさにこのことは、過去においても現在においても、問題である。(237) とにかく、「友好関係」決議のこの規定は国際法的な刑法の存在を証明できないとだけは云える。

「攻撃の定義」決議の内容もまた、国際刑法の存在への、あるいは――対象が対応できる限りでだが――このような国際刑法をかかる決議でもって造り出す総会の意思への、納得のゆく結論を出すことをまったく許さない。保護対象の侵害が、七つの構成要件において、記述されている。すなわち、国家の、主権・領域不可侵・政治的独立への攻撃の禁止(一条)、これは、主に武装権力の出撃［Einsatz］(侵入［invasion］、アタック、爆撃、封鎖)によるものをさすが、パルチザンによるものも含む(三条a―g)。その決議は、特殊の〈戦争を行う権利〉［jus ad bellum］により、特別な利害状態を正当に評価することを企てる。すなわち、攻撃および攻撃戦争の一般的な禁止は、諸民族の自決・自由・独立の権利を妨げてはならない。同様に、「植民地体制や人種差別体制や外国支配のその他の形態の下での」諸民族の闘争を妨げてはならない(七条)。この例外は、規約の二条が一九六六年の市民的および政治的権利に関する規約の一条が諸民族の自決権に与えた高い地位に一致し、その間に、第三世界、特にブラック・アフリカの国々が国際連合において獲得することができた大きな影響力をもはっきり示している。

それにより、攻撃の様々なメルクマールや原理的な例外の記述による国際法的な「平和に対する犯罪」が、せいぜい理論的に構成要件に適合しえたものとみなされうるとしても——この国際連合決議の作用は、この程度のものである[238]——、四条は、明白に国際刑法に関係せず、国際連合規約三九条にのみ関係するように思われる。すなわち、

「上に列挙された行為は、網羅的なものではなく、安全保障理事会は、その他の行為が憲章の規定に従い、攻撃を構成するということを決定してもよい」と。

それゆえに、安全保障理事会は、禁止された攻撃以外の行為も、指定できる。もしも国家の執行機関が自由や所有権への侵害の前提条件を自ら決定してもよいとするならば、このような判断の裁量は、法律原理の明確規定性に基づく法治国家的要求に矛盾するだろう。その決議は、国際法上の違法行為の構成要件のメルクマールを確定し、同時に、国際連合の執行機関に、具体的な場合に基づいて、構成要件メルクマールの拡張と増大のための権限を与える。安全保障理事会は、とにかく単独で、平和および攻撃の脅威や破壊を確定する権限があって(国際連合規約三九条)、決議の攻撃定義に拘束されないことになっている。なぜならば、

「国際的な暴力の原因は極めて複雑であり、強制技術は極めてダイナミックで多様であり、競合する価値体系は極めて異なるので、非難される行為の厳密なルールやリストのいかなるものも、国民や個人の有罪を明示しようとする行為を明細に示すことはとてもできないだろう[239]」から。

審議の期間中、何人かの委員は、真剣な疑念を述べたといわれている。すなわち、

「他方、ある代表は、いかなる特別な行為が攻撃行為を構成するのかを決定する絶対的な力を安全保障理事会に託する規定を定義に含める当否に関して、重大な留保を表明した。このような規定を含む定義は、いかなる有益な目的にも役立たないだろう[240]」と。

最終的な態度決定において、僅かにイギリス代表だけがこの問題に立ち入った。すなわち、五条二項が攻撃戦争を国際平和に対する犯罪と表示し、また「攻撃は国際的な責任を生ずる」と表示する場合、そのことは、単に「提案であって、刑法の文脈においてではない」[241]と確言して、この問題に立ち入った。その理解は、ソ連邦とアメリカ合衆国の解釈に完全に反していた。[242]四条の審議において、「国民と個人の有罪」についても述べられた場合、[243]そのことは、誤解であったように思われる。なぜならば、国際刑法上の構成要件は安全保障理事会の裁量決定によって拡張されてもよいということを、人は、ほとんど想像できないからである。このように不十分な想像力によるのだとすれば、それはもちろん経験を理解する力が国際的に限定されていたことに基づくのだろう。一九九一年の〔人類の平和と安全に対する罪について〕法典草案の一五条hは、まさにこのことを予想している。[244]

それにもかかわらず、もしも一九七四年の決議にもとづいて攻撃および攻撃戦争について記述するならば、それは、国際刑法にとって不確かな原理であろう。七条での例外は、「攻撃戦争」の概念の適用を極めて強く限定するので、刑法の利用可能性は当然に否定された。[245]二〇世紀において、「民族の自決、自由、独立」を求める闘争として遂行されず、あるいは、少なくともそのようなものとして布告されなかった戦争があっただろうか？　この留保が、武装蜂起（そして利害関係のある第三者による武器援助）の正当化として理解される以外は、この留保は、少なくとも、シュミットが先に述べたブリアン-ケロッグ規約への大国の留保とまったく同様に解釈することができる。[246]常設国際刑事裁判所が、すべての国家が利用でき、また〔その判断には〕服しなければならないハーグの国際司法裁判所の規範に従って存在しない限り、安全保障理事会だけが、国際連合規約三九条により禁止された攻撃戦争および禁止された攻撃があるのか否かを確定する。しかし、安全保障理事会においては、通常は政治的な考慮によって――法律的な包摂努力によってではなく――支配され、拒否権を持つ五大国、すなわちアメリカ合衆国、ロシア、イギリス、フランス、中国が支配しているのである。

それにより、「攻撃定義」の決議は国際刑法的には極めて問題のある規範の産物であろうが、その決議は政治的にはまったく精神分裂的であり、しかしまさにそのことが、その定義に全般的な賛成と一致を保証した。一方において、その決議は、草案に止まっていたセシル卿のジュネーヴ保障規約（一九二三年）ならびにショットウェルとその友人たちの同じく草案に止まっていたジュネーヴ議定書でもって始められた展開を、五〇年を経て完成する。攻撃行為および「戦争に訴える」は、このようなものとして把握され、禁止される。武力使用に最初から反対できるためには、理由は問題にしないでよい。それが「戦争違法化」のプログラムであったし、戦間期のドイツやヨーロッパの平和主義者たちのプログラムであった。この意味において、決議の五条一項は、「攻撃定義」を明確化する。すなわち、

「政治的、経済的、軍事的あるいはその他のいずれであれ、どんな性質の理由も、攻撃の正当化として役立たないだろう」と。

(195)

そのことについて、参加者たちは、審理において既に、ロンドン憲章について一致していた。一九四五年七月一九日に、マクスウェル‐ファイフは、「ノルウェーに対するドイツの攻撃戦争」を、例として挙げた（なぜなのかを、彼は知っていた）。すなわち、「イギリスもまた、ノルウェーを占領しようと欲していたという弁護人側の主張は、許されないだろう」と。同様に、ジャクソンは、「ドイツ外務省のすべての押収された記録によれば、ドイツ人は、『我々は、解決策をまったく持たない。我々は、闘わなければならない。我々は、包囲されている。我々は、締め殺されつつある』という考えであった。この問題を論議することは、『合衆国の人民を含むそれらの国々に対して無限に害を与えうる。そして、同じことは、我々のロシアへの関係についても、当てはまる。』だから、人は、『いかなる政治的、軍事的、あるいはその他の理由も戦争の弁解にならない』という立場にたたなければならない」と、論証した。(247) 既に六月二六日の会議において、ジャクソンは、「ファシストたちは、連合国に帝国的な諸計画の罪を着せる

ことに裁判手続きを利用するかもしれない」という、ニキチェンコ［Nikitschenko］の心配を受けて、「人はいかなる『ドイツの不平の一般的審理』も望まないのは自明である」と、説明した。[248] 一九四五年七月二五日に、ジャクソンは、そのテーマを、もう一度、取り上げた。すなわち、「我々にとって、戦争の諸原因に立ち入るくらい、合衆国との関係において不幸なものはないだろうと、私は考える。危険は、私のものでなくて貴方がたのものである。私は、戦争の原因を裁判することに合衆国を関係させたくない[249]」と。「攻撃戦争」を証明することに頼らないために、一九四五年七月三一日のアメリカ代表団の提案で「平和に対する犯罪」は、すなわち「………国際的な条約や同意あるいは保障に違反した戦争か[250]」という、新たな二者択一によって定義された。それによって、「攻撃戦争」あるいはそれどころか「陰謀」を証明することは不必要になった。かくして、ブリアン-ケロッグ規約にあるいは数多くの不可侵規約の一つに違反した戦争で十分であった。それにしたがって、ニュルンベルクの国際軍事裁判所においては、たとえ、弁護人が少なくとも、最終弁論において、自己の委任者の動機について述べることを許されたとしても、「戦争原因」についてのほとんどすべての議論は、切り捨てられた。[251]

その決議が、国際連合規約二条四項による一般的な武力禁止の詳細化や充塡としても役立つということは、既に言及された。

他方において、ある種の状態や理由がある(七条)ならば、攻撃および戦争は許されるということは、即座に単なる例外とみなされるだろう。しかし、この例外は、平和主義的なプログラムに過去現在ともに立っていない。国際連合の総会は、全員がショットウェルやヴェーベルクの精神によって満たされていたのではなかった。しかし、ジャクソンもまた、名親になれなかった。彼は、ロンドン会議において、断定的に平和主義的な信条を告知した。すなわち、

「諸国家は、彼等の苦情を平和的に解決しなければならない[252]」と。

政治的には、その決議は、すべての国家を満足させた。現状に満足しているものの代表は、攻撃および戦争を平和主義的に禁止することによって、守られていると信じ、自己の政治的な目標を達成するために武力の使用を考慮しなければならないその他の国家は、七条によって守られていると思った。アメリカ合衆国およびソ連邦という超大国、さらにまた安全保障理事会において拒否権を持つ他の三つの大国も、彼等の反対に逆らっては何も決定できないということを、知っていた。このようにして、「攻撃定義」の決議は、安全保障理事会において拒否権を持つ五つの大国を新たに保護することを意味したのである。

攻撃の禁止を規定することは、二二年を必要とし、また、「攻撃定義」では最小の共通点においてのみ可能であったとしても——アフリカおよびアジアの国々の上述の定義の成果は、法委員会におけるそれらの代表を勇気づけ、今やまた法典自身を再び議事日程にのせることになった。西ヨーロッパ諸国家やアメリカ合衆国の抵抗に対抗して、一九七八年に、作業は再開され、国際法委員会によって一九八二年以来、新しい草案が仕上げられ、一九九一年に、提出された。[253] いまや「人類の平和と安全に対する罪（crimes）についての法典」と命名された草案は、攻撃の定義を一九七四年の決議から受け継ぎ（一五条一項a—d）、人類の平和と安全に対するすべての新しい攻撃行為と犯罪について、それに相応する国際連合決議[254]を枚挙できる報告者であるティアム［Doudou Thiam］が認めるように、「リストを最新式に提示する」ため、新しい構成要件——すなわち、「攻撃による威嚇」および「国内的ならびに国外的事件への介入[255]」、国際的なテロリズム（二四条）、軍縮合意違反ならびに核武装実験禁止条約（一一条三—五号）——を、とにかく「攻撃を構成する行為」として、付け加える。植民地主義、別の言い方をすれば、「外国の征服、支配、開発への人民の従属」もまた、「平和および人類の安全に対する犯罪」であることになっている（一八条）。極めて包括的な構成要件一般の一つである、傭兵を募集し、組織し、武装させ、訓練することを罰し得ることについての二三条は、具体的な敵を打ち負かし排除するために一般国際刑法を用いることを明確にしている。なるほど、傭兵の使用は、一九四九年八月一二日のジュネーヴ協定への第一次付属議定書以来、禁止されているが、「人類の平和と安全に対する犯罪」の面において、この構成要件は、いかに国家グループの直接的な利害が均衡を歪めるかということを、示している。このようにして、具体的な状態が、「人類の安全に対する犯罪」のその他の場合にも、対象とされることになっている。そこにおいては、人種抹殺（一九条）、体系的ないしは大量的な人権侵害（二一条）および「特別に重い戦争犯罪」（二二条）と並んで、「アパルトヘイト」およびアパルトヘイト反対者たちの迫害者が姿を見せるし（二〇条）、しかしまた、「例外的に重大な戦争犯罪」とみなされる「占領地域における移住者の確定」も姿を見せる（二二条二項b）。ブラック・アフリカの国家に続いて、アラブの国家もまた、その敵を、世界刑法的にやっつけようと欲する。すべての住民をその故郷から追い払うこと（二二条二項a）は、おそらくむしろ国際犯罪として受け入れられるだろう。同じことは、「麻薬の不法取り引き」についても当てはまる（二五条）。

国内的な法伝統や「法典」という概念から生じるであろう誤解を防ごうとするには、「人類の平和と安全に対する罪についての法典」草案は、刑法にとってこれまで慣例的に必要とされてきた諸要求を、全般的に（まだ）満たしていない。刑罰威嚇（ラテン語では poena）は、これまで決定されておらず[256]、個々の「犯罪」もまた、人が刑法に期待しているほどには、構成要件に適合するように、書き改められていない。二二条二項bにより「占領地域における移住者の確定」という戦争犯罪をどんな方法で、誰が犯すのか？　その限りにおいて、法典案には、ベーリング［Ernst Beling］が「犯罪」の処罰可能な行為および条件の前提として久しい以前から記述していた（Die Lehre vom Verbrechen, 1906）ような正確に輪郭づけられた「構成要件」が欠けている。そのことは、特に、「攻撃」という違法行為について当てはまる。一五条四項a‐gが処罰可能な攻撃の構成要件の実現として列挙する七つの選択肢によれば、文字hの下に、次のように続く。すなわち、

「憲章の規定の下で攻撃行為を構成するものとして、安全保障理事会によって決定されたその他のいずれもの行

為」。

この規定は、一九七四年の「攻撃定義」決議へ遡る。[257] 国際連合規約三九条以下の政治的-行政的措置にとって、もっともうまく行った場合、かつ熟慮のうえで、役に立つであろうものを、法典案は、犯罪メルクマールに高める。刑法の構成要件は、安全保障理事会の裁量決定によって拡張されうることになる。法律の中に列挙された構成要件の変形のほかに、何が、犯罪的かつ処罰可能な攻撃行為であるかを、安全保障理事会が決めるのである。しかし、そのことは、一九四五年のロンドン会議におけるマクスウェル-ファイフ卿の印象深い確言を思い出させる。すなわち、

「我々は、国際法とは何かを宣言する。したがって、それが国際法であるか否かについて、いかなる議論もなされないであろう[258]」と。

またしても、「法律なければ犯罪も刑罰もなし」の原則は、途中で挫折する運命になっている。

第二の試みが一九五四年に乗り上げてしまった暗礁を回避するために、六条三項は、「国際裁判所は、法的決定を先取りしない」と保証した。同時に、草案に列挙されたすべての違法行為は、普遍原則の下に置かれた。[259] 国家は、犯罪行為者を――たとえ、その者が外国人であり、行為が外国で犯されようとも――引き渡すかそうでなければ自分のところで処罰するかのいずれかを、義務づけられる。〈敵に引き渡すか罰するか〉［aut dedere aut punire］（六条一項）。この規則は、戦争犯罪について一九四九年のジュネーヴ協定および一九七七年の第一追加議定書において行われていた規定を、一般化する。それゆえに、犯罪行為者たちは、海賊と同様に取り扱われるべきである――それは、シュミットの鑑定書にまで弧を描いていく――。しかし、このような世界刑法は、不法を同一に評価することを前提にしている。一般的な法意識が法典をそのように同一に支えるか否かを、人は、構成要件の一致ができないことからみて、疑ってもよいだろう。既にこのために、草案が可決されることは、疑わしいものと言えよう。国際

連合総会は、立法議会ではまったくない。国際連合草案は、あらゆる国家が自己のためまた自己の権限において批准することを決めるところの多数国参加の国際法条約のための基礎に過ぎない。

一九九一年の法典案の草案において、報告者ティアムは、国際刑事裁判所のプロジェクトに再び携わった。彼の提案は、期待に従って、詳細かつ活発な議論を呼び起こした。[260] 国際連合総会は、ボールを拾い上げ、一九九一年一二月九日に、このプロジェクトあるいは「それ以外の国際刑事裁判機構」に専心することを、国際法委員会に委託した。国際法委員会は、作業部会を設置した。その作業部会は、早くも一年後に、膨大な報告を行った。[261] 一六回の会議において、作業部会は、その問題を、想像力豊かにかつ現実的に、あれこれと表現した。作業部会は、多くの論争点や予見できる諸困難に直面して、二、三の勧告で満足し、そして、この勧告をさらなる指示を求めることでもって総会に付託することを、国際法委員会に勧告した。[262] 作業部会は、「法律なければ犯罪も刑罰もなし」という原則の妥当性を、国際的な委員会には異常な鋭利さでもって強調した。すなわち、判決根拠は、現行の国際法的協定において犯罪として確定したところの、このような刑罰構成要件のみであるべきだと。[263]

旧ユーゴスラヴィア領域におけるセルビア、クロアチア、ボスニアの戦争や内戦における戦争犯罪と人道犯罪は、一九九一年以来、世界の世論を刺激し、動揺させた。国際連合は、なるほど、軍隊でもっては干渉しなかったが、しかし、安全保障理事会は、その地で一九九一年一月一日以来犯された戦争犯罪と人道犯罪とに最終判決を下すべき「国際法廷」を設置した。[264] 事務総長は、――多くの国際連合構成国の諮問に従って――この処置および検察当局と裁判所に関する規約の発布を、平和への脅威と破壊に対して許される措置（国際連合規約の第七章）とみなした。[265] 安全保障理事会は、世界立法者ではまったくないし、新しい実体的な国際刑法を制定できない。だから、安全保障理事会によって可決された裁判所規約の二条五項は、その個々の構成要件が一九四九年の四つのジュネーヴ協定と一九四八年の人種抹殺に対する協定に該当した戦争犯罪および人道犯罪を、処罰すべき違法行為として列挙する。

しかしながら、それらの協定は、直接に妥当する国際刑法としては構想されず、条約規範に従い違反を自分の側で処罰するように条約国家を義務づけていた。だから、安全保障理事会は、国際刑法としての協定の妥当性を「協定は、『慣習国際法』でもあり、それによって、『法律なければ犯罪も刑罰もなし』という原則にかなう」という指摘で理由づけるという術策を利用した。「疑う余地もなく」一九〇七年のハーグ陸戦規則「および一九四五年八月八日の国際軍事法廷の憲章」(266)が、この慣習法的な国際刑法の一部を成していた。ここでは、まず、一九九三年の規約は、それが無視しているところのもの、それゆえに訴追され裁かれないであろうところのもの――攻撃と攻撃戦争――を通してだけ興味がある。その理由づけにおいて、なるほど、「民族浄化」[ethnic cleansing]については語られるが、しかし、さしあたり成功したセルビアの企て――ユーゴスラヴィアの分裂後に、自己の国境をクロアチアとボスニア-ヘルツェゴヴィナの犠牲で拡張し、非セルビア住民のその後の根絶と追放によって征服した領域を「民族的に浄化する」という――については全く指摘していない。従って、規約の理由づけは、国際軍事裁判所憲章の六条bおよびcにおいて規定されたところの、戦争犯罪および人道に対する犯罪の処罰にだけ関係する。(267)この驚くべき欠缺については、さらに立ち返らなければならない。

規約の可決、ならびに旧ユーゴスラヴィアにおける戦争犯罪と人道犯罪を訴追するための検察当局と裁判所の任命により、国際法委員会に対して、国際司法裁判所のための規約についての作業の続行を国際法委員会の作業部会に委託させることになった。一九九三年五月一七日から七月一六日までの間の二二回の会議の後に、作業部会は、裁判所規約のための暫定的な草案を整えた。(268)ここでは、その草案は、管轄権の観点のもとにおいてだけ伝える価値がある。傷つき捕らえられた兵士の保護および文民の保護――一九七七年の追加議定書および七〇年代のテロリズム協定(ハイジャック、海賊行為、人質奪取)とともに――のための一九四九年の四つのジュネーヴ協定と並んで、二二条は、アパルトヘイト協定の犯罪構成要件を、二二条二項bはその他に麻薬犯罪を、挙げている。それから、裁

判所は次のことについて管轄権があることになっている。すなわち、

「一般国際法の下の罪、すなわち全体としての諸国家の国際的な共同体によって受け入れられかつ承認された国際法の規範の下の罪は、その違反が個人の刑事責任を引き起こす基本的性格のものである……」(269)と。

この定義は、非の打ち所のない刑法上の構成要件とは、まったく別物である。「法律なければ犯罪も刑罰もなし」という原則の一年前の誓約は、明らかに素早く忘れられてしまった。その説明において、委員会の多数は、協定以外に国際的な慣習法により犯罪とみなされるだろう違法行為――すなわち、「攻撃」、ジェノサイド協定に加入しなかった国家についての人種抹殺、あるいはジュネーヴ協定に記述されなかった人道に対する犯罪(270)――に対しても、必然的に、刑事裁判所の裁判権を認める広範な形式を基礎づけた。いわゆる慣習により妥当する国際刑法には、さらにあとで立ち入るだろう。その報告が注釈なしに、「一九四五年八月八日のロンドン憲章は『疑う余地もなく慣習国際法の一部になった』」という事務総長や安全保障理事会の意見を繰り返しているということは、確かに驚くべきことである。その憲章は、一九四五年に、すべての国家のすべての「主要戦争犯罪人たち」およびすべての時代に対して抽象的に発布されたのではなくて、「ヨーロッパ枢軸の主要戦争犯罪人たちを公正かつ迅速に裁判し処罰するため」に発布された。この目標は、理由づけがなされたのではなく、憲章の構成要素そのものであり、つまり第一条を貫いているものなのである。憲章自身は、ニュルンベルク国際軍事裁判所の裁判および処罰の実行とともに成就され、そして、それ以外の行動のためには利用されえなかった。まさにこのために、連合国管理理事会は、一九四五年一二月二〇日に、管理理事会法律第一〇号を発布し、それに基づいて、ニュルンベルクの後続裁判において、広範な戦争犯罪と人道犯罪とがドイツにおいて訴追された――ドイツの裁判所によっても。一九四五年八月八日のロンドン憲章は、なるほど、はっきりとは破棄されなかったが、しかし、そのことは、一条の明白な文言にかんがみて、不必要であった。すなわち、憲章は、法律効力の一般的な規則に従って、自ずから無効になった。その他の

さらに述べられるべき問題は、攻撃戦争、戦争犯罪、人道犯罪について憲章の六条に引用されている構成要件が、国際法的な慣習刑法へと成長したか否かである。

特別な繊細さを、草案の二七条が提供している。それによれば、問題になっている国家に攻撃の責任があると、あらかじめ安全保障理事会が確定した時には、個人は、攻撃の犯罪を理由として、起訴されてよい。安全保障理事会は、このようなことを、五つの「常任のメンバー」の全員の賛成でもってのみ、確定し得るからして（国際連合憲章二七条三項）、安全保障理事会は、アメリカ合衆国、ロシア、イギリス、フランス、中国に、攻撃の罪を決して負わせることはできないということから、出発しなければならない。すなわち、これらの国家は、その政府とともに、攻撃や攻撃戦争の違法行為について、国際刑法的に免責されている。それゆえに、「法律なければ犯罪も刑罰もなし」という原則は、断念されなければならないのみならず、法律の前の平等という同様に基本的な原則も、断念されなければならない。

我々の関連においては、報告者ティアムが一九八七年の法典草案の基礎づけにおいて、ニュルンベルクと東京の国際軍事裁判所の裁判とその法根拠は疑問の余地がないということから出発していることを、さらに記憶しておかなければならない。すなわち、

「ニュルンベルク判決によってかきたてられた論争は、今日、静まった。その後の国際的な文書は、国際法の法源としての一般原則を、慣習および条約とともに、確立した」と。[271]

このような評価が法的ならびに事実的に正しいか否かは、特にいかなる役割が引用された「慣習」に相応しいかは、さらに繰り返し述べられねばならないだろう。

(202)

人権条約における「法律なければ犯罪も刑罰もなし」という格率

第二次世界大戦後の国際法上の法典編纂における「法律なければ犯罪も刑罰もなし」という規則の取扱いは、依然として、我々の問題における規範的な側面に属する。その原理のために、国際連合総会は、一九四八年一二月一〇日の「人権に関する世界宣言」一一条二項において、明白かつ無条件に、次のような立場をとった。すなわち、

「何人も、実行の時に国内法または国際法により罰しえなかった［nicht strafbar］作為または不作為のために有罪とされることはない。また、犯罪が行われた時に適用される刑罰よりも重い刑罰を科せられない。」

しかし、この「決議」には、法的に強制する拘束力は、欠けていた。この決議は、法道徳的に作用し、未来の条約をプログラム化することだけが可能であった[272]。

二年後にヨーロッパ会議の諸政府とメンバーとが「人権および基本権的自由の保護条約」（＝ヨーロッパ人権条約[273]）を締結した時、彼等は、七条一項において、国際連合宣言の一一条二項のあの文言を繰り返したが、しかし、二項において、その原則に留保を付けた。そして、その留保は、国際連合によって立案された一九六六年一二月一六日の「市民的および政治的権利に関する国際規約」（＝国際人権規約[274]）において再現され、同様に既述の「人類の平和と安全に対する犯罪についての法典」（一九八七年草案）に含まれることになった。ヨーロッパ人権条約七条二項は、次のように表明する。すなわち、

「その実行の時に文明諸国民によって承認された世界的な法原則によって罰しうる［strafbar］作為または不作為の責任を負う人を有罪と判決し処罰することは、この条によって排除されてはならない」と。

一九六六年の「市民的および政治的権利に関する国際規約」の一五条二項は、テキストを、些細な点だけ変えた。

(203)

すなわち、

「この条は、その犯罪が行われた時に諸国民の共同体によって承認された世界的な法原則によって罰しうる作為または不作為のために人を有罪と判決し処罰することを排除しない」と。

一九八七年法典草案の八条は、事後法の禁止を、まず、人類の平和と安全に対する犯罪にだけ適用する。すなわち、

「何人も、行われた時には人類の平和と安全に対する犯罪［offence］を構成しなかった作為または不作為のために有罪と判決されることはない」と。

その場合、その留保は、人類の平和と安全に対する犯罪についての不文による可能性を宣言する（八条二項）。すなわち、

「この条のいかなるものも、その犯罪が行われた時に諸国民の共同体によって承認された普遍的な法原則によってcriminalである作為または不作為のために人を有罪と判決することを妨げない[275]」と。

これに対して、二つの地域的な人権条約は、刑法上の事後法の禁止を、無条件のものと表明する。すなわち、一九六九年一一月二二日のアメリカ人権条約、いわゆる「サンホセ規約[276]」と、一九八一年六月二六日の「アフリカ統一機構」（ＯＡＵ）のバンジュル憲章――これは、一九八六年一〇月二一日に発効し、一九九三年までに四九のアフリカの国家によって批准された――である。すなわち、

「何人も、実行の時に法律によれば罰し得る行為でなかった作為または不作為のために有罪と判決されてはならない。行われた時に定められていなかった刑罰は、科されてはならない。刑罰は、個人に関するものであり、犯罪行為者に対してのみ科されてよい」（七条二項[277]）と。

まず、我々は、規範的な状態を総括しよう。すなわち、「法律なければ犯罪も刑罰もなし」は、一九四八年から一

九八六年までの間のすべての人権宣言や条約において、取り上げられた。以前には、その原理は、国内の憲法や刑法典においてのみ明確に定式化していたが、今や、その原理は、成文の国際条約法へと上昇し、——国際法的に見れば——「文明諸国民によって承認された法の一般原理」（国際司法裁判所規程三八条Ｉｃ）から「国際条約」の法へと、変化した（三八条Ｉａ）。かかる立場の変化に対して、「法律なければ犯罪も刑罰もなし」は、——とにかく、ヨーロッパ人権条約においても、市民的および政治的権利に関する国際規約においても、それゆえに、ヨーロッパにおいても、南アメリカやアフリカ以外の多くの他の国家においても——高い代価を払わされた。「法律なければ犯罪も刑罰もなし」は、諸留保に従って、通用しなかったし、犯罪行為者は、「実行の時に文明諸国民によって承認された世界的な法原則によって罰しうる作為または不作為の責任を負った」。それゆえに、国際司法裁判所規程三八条Ｉｃの文言——市民的および政治的権利に関する国際規約における「文明国民」を「諸国民の共同体」によって取り替えることは、ヨーロッパ的標準へ限定することだけを除去するはずだった(278)——は、使用されたが、しかし、国際司法裁判所規程三八条Ｉｃの意義を根拠にするならば、留保が何を意味するのかは、謎のようなものである。なぜならば、行為は、「国内法において一般的に承認された一般的諸原理」によって既に罰しうるし、「法律なければ犯罪も刑罰もなし」からの例外は、ほとんど考えられていない。つまり適用すべき処罰規定が後から発布された場合が、せいぜい形式的に考えられている。ただし、構成要件自身は、あらゆる場合に国内刑法に従って既に罰し得るだろう。——あるいは、その留保は、シュミットの意味での〈許し難い犯罪〉［scelus infandum］を意味するのか、それゆえに、立法者が言葉で言い表すことを憚るほどに恐ろしい犯罪を意味するのか？

「法律なければ犯罪も刑罰もなし」を正式の国際条約法へ採用したことの成立史は、世俗的な意図を教える。先ず、その留保は、過去へ向けられている。既に、一九四八年の国際連合人権宣言構想の審議において、ベルギーとギリシャの代表たちは、国際連合の法委員会において、「法律なければ犯罪も刑罰もなし」についての普遍的な保証に対して躊躇を表明した。なぜならば、一一条二項は、戦争犯罪裁判の、特にニュルンベルクと東京の手続きの、適法性を疑うことに利用されるかもしれないからである。[279] それに相応して、まず、一つの留保が、我々がそれをヨーロッパ人権条約や市民的および政治的権利に関する国際規約から既に知っているように、その保証に付け足された。法委員会の引き続いての審理において、この留保は、再び消滅させられた。[280] けれども、市民的および政治的権利に関する国際規約の引き続いてすぐの審議の際に、留保の擁護者たち、特にイギリスは、目的を達することができた。ここにおいて、その留保は、一九四五年のロンドン憲章ならびにニュルンベルク裁判を正当化することになっていたということが、明確に述べられた。[281] この動機には、びっくりさせられる。というのは、国際軍事裁判所やニュルンベルクの後続裁判における裁判所は、「ロンドン憲章は『法律なければ犯罪も刑罰もなし』という原則に違反しなかった。なぜならば、攻撃戦争は、一九二八年のブリアン・ケロッグ規約以来、国際刑法上違法行為として存在し、戦勝国は——国際法においてその原則が通用していなかったので——、ロンドン憲章や管理理事会法律第一〇号において列挙された戦争犯罪や人道に対する犯罪を、その犯行の種類も含めて、構成要件適合的に把握する資格を、国際法的に認められたから」と主張したからである。その限りにおいて、場合によっては、ロンドン、ニュルンベルク、東京において主張された権限を、後から、規範的に、全世界に保証することが、可能かつ有意義であった。いかにそのことが、ニュルンベルクと東京の裁判権所有者たちに重大だったかを——いかに学問的な批判が彼等の法律学的な神経を刺激したかを、人はまた推測してもよい——、市民的および政治的権利に関する国際規約を審議した際にアルゼンチンの代表が留保を抹消することを提案した時の激しい反応と議論とが示していた。すなわち、その提案は、賛成一九、反対五一、棄権一〇で否決された。[282] その投票の内訳は、利害状態に直面していたことを物語っている。

少数派の代表たちは、合法主義的に「犯行は、諸原則に従っても、さらには『一般的な』諸原則に従っても規定されえないだろう。むしろ、そのためには、犯行そのものの正確な記述ならびに刑罰の確定が必要である。いかなる裁判所も、不確定な一般的な諸原則に基づいて処罰してはならない。(283)」と論証した。多数派の代表たちは、「基本権および自由権についての宣言が審議された。それは、進歩の手段であるべきで、単に現在の法状態の反映であるべきではないだろう。とりわけしかし、将来においては、ニュルンベルクで断罪されたような犯罪は、『ニュルンベルクの諸原則』と一致して処罰されるということを、この留保は、確実にすべきだろう(284)」と論証した。

「ニュルンベルク」をこのようにして規範的に保存しようと望むことは、法技術的に粗野な誤りであった。というのは、使用された国際司法裁判所規程三八条Ｉｃの文言は、一九二二年以来、文明諸国家において一般的に妥当している国内法の一般的諸原則を参照するよう指示するからである。(285)しかし、「ニュルンベルクの諸原則」は、ロンドン憲章という国際条約法やニュルンベルク国際軍事裁判所の判決から導き出されていた。意図と規範的な実現化との間の分裂を比較できる場合を発見するには、人は、立法の歴史の中において長期間探し求めねばならないだろう。

その本来の意味の推移は、市民的および政治的権利に関する国際規約一五条へのイギリスの（政府の）草案によってだけで明らかになる。すなわち、

「一、何人も、実行の時に国内法または国際法により criminal な犯罪［offence］を構成しない作為または不作為を理由として criminal な犯罪での有罪を判決されない。また、criminal な犯罪が行われた時に適用できた刑罰よりも重い刑罰を科されない。もしも、犯罪が行われた後で、より軽い刑罰を科する規定が法律に設けられるならば、犯罪者は、その利益をうける(286)」。

「二、この条のいかなるものも、その犯罪が行われた時に諸国民の共同体によって承認された普遍的な法原則によって criminal である作為または不作為のために人を有罪と判決し処罰することを妨げない(287)」と。

ここで強調された形容詞「criminal」は、一九五〇年に初めて国際連合人権委員会によって挿入された。[288] 以前においては、すなわち、先の一九四八年の国際連合人権宣言の一一条二項においては、常に offence あるいは penal offence と言われている。すなわち、

「何人も、実行の時に国内法または国際法により、penal な犯罪［offence］を構成しない作為または不作為のために penal な犯罪での有罪を判決されない。また、penal な犯罪が行われた時に適用できた刑罰よりも重い刑罰は、科されない。」

ドイツ語が「penal」についても「criminal」についても、「罰し得る（または可罰的）」［strafbar］という翻訳を用意しているのに対して、英語の「criminal」は、「罰が当然である」［strafwürdig］とも翻訳できる。それゆえに、その犯行［Tat］は、文面に従って、必ずしも刑法的に「crimen」と、把握されたり記述されたりしてはいけない。犯行は、道徳的に非とされるという、また、「人間的良識」［le bon sens humain］あるいは「健全な民族感情」に従ってほんらい可罰的でなければならないだろうということで十分である。[289] 一項の保証の解釈の際に、規定の意味が、構成要件適合的な可罰性の意味においてのみ「criminal」を理解することをもたらしたであろうことは確かである。これに対して、二項の留保は、成立史によれば、特に「ニュルンベルク」を繰り返すという意図的な可能性があるために、刑罰強化のみならず刑罰根処づけの遡及効を許すだろう「criminal」の第二の意味変形を示している。[290]

ヨーロッパ人権条約草案の同時平行の審議の際に、そのテキストとともに、資料もまた、その時までに国際連合人権委員会で起こった議論を繰り返す事なく、市民的および政治的権利に関する国際規約草案に引用された。[291] この様にして、同様に、ヨーロッパ人権条約七条二項の留保のもとに、ニュルンベルク諸原則は承認された。[292]「ニュルンベルクの刑事司法を目的法学的に保護することは、条約の創設者たちには、文化国民の刑法の最上の根本思考の一つよりも重要であった[293]」。

一九四四～四五年のドイツによる占領の終了後にドイツ人との協力を処罰するために――それゆえに後からまた遡及効的に――発布された法律・命令・指令を、ヨーロッパ人権条約七条一項の事後法禁止をたてに取ることから防ぐという、さらに第二の課題が、ヨーロッパ人権条約の留保には考えられていた。七条は、

「第二次世界大戦末期の極めて例外的な事情の下で、戦争犯罪、反逆罪、敵への協力を抑止するために制定された法律に影響を及ぼさないし、また、これら法律の合法的かつ道徳的などんな非難も目指さ」ないと。(294)

西、南、北のヨーロッパの国々においては、刑法の手段を用いての残酷な仕返しは、五〇年代の末になってやっと例外なく廃止された。(295)友敵間を区別する実際的意味についてのシュミットのテーゼは、「敵との協力」を誠実に判定し、個々人の任意――効果に乏しい――には任せないことを、非常に強調している。占領下で友と敵との選択を誤ってしまったことを「反逆」および「協力」として処罰することは、激情的な諸国民の特別な正義願望やその他の要求から必要とされるかもしれない。しかし、「『敵との協力』は、『その犯行が行われた時に文明諸国民によって承認された世界的な法原則によって罰しうる[strafbar]』行為である」ということを受け入れるのは、国粋主義的な傲慢のみであろう。それにも拘らず、「ヨーロッパ人権委員会」は、協力者のすべての苦情を、七条二項の成立史を指摘して、明白に根処のないものとして却下した。しかも、そもそも事後法禁止のこのような違反は、条文にある客観的な例外規則の内容によって裏づけられたか否かの疑問を自ら取り扱うことなしに。(296)一方において、ヨーロッパ会議の諸国家や諸政府は、ヨーロッパにおける自由権および人権のための共通の法基礎を創設しようと欲した。「法律なければ犯罪も刑罰もなし」という原則もまた、かかる基礎に問題なく属した。他方において、協力を敵視する法律は、信用を失なわされることがあってはならないし、また、その実現をヨーロッパ人権委員会への基本権訴願でもって非難攻撃されることがあってはならないことだった。この目的のために選択された留保の定式化は、そのことには不適当であったし、また、法律学的には支持できない決断へとヨーロッパ人権委員会を強制した。基本

法〔西ドイツ憲法〕の創設者は、同じ問題を、基本法一三九条によって、エレガントに解決した。すなわち、「『国家社会主義および軍国主義からのドイツ民族の解放』に関して制定された法規は、この基本権の規定に抵触しない」と。

だから、連邦共和国は、ヨーロッパ人権条約を批准する際に、法治国家的に、七条二項への純粋な心情で、ヨーロッパ人権条約六四条により許可された留保――基本法一〇三条二項〔「ある行為の行われる前に、もしその有罪性が法律上規定されているならば、その行為のみが罰せられる」〕は、あらゆる場合に尊重されなければならないという留保(297)――を持ち出すことが出来た。そのことは、もちろん、ドイツの裁判所のみが、「世界的な法原則」への指摘の下に刑法典二条の規則をないがしろにすることを防止するのである。

ヨーロッパ人権条約および市民的および政治的権利に関する国際規約の留保が、ニュルンベルクおよび東京の後から押し込まれた正統化として役立つだけでなく、未来へも作用するのか否か、またいかにか、ということは、一目では明瞭でない。一項に定式化された法律なければ犯罪も刑罰もなしという規則の文句や意味は、個人は国家の刑法ならびに国際刑法に従って処罰されてよいというように推定できるのは、確かである。一九四五年のロンドン憲章がニュルンベルクの国際軍事裁判所の裁判の終了後に古くなってしまって以来、国際的に代るべき代案は、確かに夢のまた夢である。既に一九五〇年に、シュバルツェンベルガーは、何等かの行為についての刑罰威嚇を含んでおり、刑法的要求に応じるところの、条約国際法も、国際法慣習も、世界的な国際的な法原則も、存在しないということを証明した(298)。そのことについては、今日まで、まったく変わっていない。

しかし、「法律なければ犯罪も刑罰もなし」という原則について、市民的および政治的権利に関する国際規約一五条二項およびヨーロッパ人権条約七条二項によって正統化されてきた軽視が、我々には興味がある。

処罰すべき行為が「その犯行が行われた時に文明諸国民によって（あるいは、諸国民共同体によって）承認された世界的な法原則によって罰し得た（罰が当然であった）」場合や理由があるならば、国内的あるいは国際的に制定された刑罰規範について、例外が許されるのである。[299] 先に伝えた成立史によれば、国際司法裁判所規程三八条ＩＣの用いられている公式とは相違して、国内法の法原則のみならず、国際法の法原則も考えられていた。このような「法原則」というものは、「人道に対する犯罪」の処罰を要求するだろう。[300] それは、もっともらしく聞こえる。というのは、一九四八年一二月九日の「集団殺害の防止および処罰に関する条約」[301]（＝ジェノサイド条約）は、集団殺害は国際法に基づいて犯罪であり、「これを防止し処罰することを」条約当事者は義務づけられている（第一条）ということを、確定しているからである。構成要件、犯行形態、受範者の範囲の記述にもまた、刑罰の告知は規定されている（二―四条）。けれども、刑罰枠および法律上の裁判官は行為以前に決められていなければならないという法治国家的刑法の要求を、条約の規定は満たしていない。まさにこのために、国内的あるいは国際的な事後法でもって人道に対する犯罪が処罰されるべき場合には、ヨーロッパ人権条約七条二項および市民的および政治的権利に関する国際規約一五条二項の方式による条項が必要になるだろう。

慣習国際法の法規であれ、「戦争犯罪、平和と人道に対する犯罪、および国際法の同様の犯罪」は、遡及効的な刑法によって懲罰されてもよいという見解は、さらに先へ進む。[302] 法論理的には、この想定は、戦争犯罪等は一般に刑法的に、懲罰されるということを前提している。というのは、このような実践を確定することによってのみ、遡及効的刑法の習得――慣習法の法規が制約するが――もまた身につけられるからである。それにもかかわらず、この問題は、さらに他の関連においても述べられねばならない。

留保の意味、成立史、文面の結果。すなわち、諸国民の共同体にとって罰が当然である（英語では,,criminal")と思われるものは、遡及効的にも罰せられてよい。そのことは、極度の誇張ではない。このようにして、今や、『『アパルトヘイト』は、ヨーロッパ人権条約七条二項の適用事例である。[303] なぜならば、国際連合によって決定された一九七三年一一月三〇日の『アパルトヘイト犯罪の抑制と処罰についての国際条約』は、アパルトヘイト犯罪の処罰を要求しているからである」(304)と主張されている。国際連合総会は、しばしば、南アフリカのシステムを「犯罪」と断罪した。「人類の平和と安全に対する犯罪についての法典草案」(一九九一年)の二〇条によれば、「アパルトヘイト」は、犯罪として処罰されるべきである。(305)そこから今や、「諸国民共同体または文明国民によって承認された世界的な法規」の存在が推論されるならば——たとえ、西、北、南のヨーロッパの国家がアパルトヘイト条約に関係ないとしても(306)——、その際、この推論は、一九四五年から一九四九年までのロンドン、ニュルンベルク、東京において、ブリアン-ケロッグ規約による戦争の「弾劾」から「平和に対する犯罪」までの架橋が完成されたのと同じポピュラーな思考の平易さによって支えられた。(307)その条約は個々の構成要件ならびに犯罪行為者を記述しているので(„individuals, members of organisations and institutions, and representatives of the State“)、ブラック・アフリカ人が多数を占めている議会は、白人の南アフリカの政治階級を犯罪者として最終判決を下すために、刑罰の威嚇(ラテン語では„poena“)を法律的に確定するだけでよかった。

国際的に重要な存在——例えば、国際連合総会——がある行動を「犯罪」と特徴づけるならば、ヨーロッパ人権条約ならびに市民的および政治的権利に関する国際規約の諸留保は、「法律なければ犯罪も刑罰もなし」という原則を国際法の領域において除去し、それを無視する権能を国内の立法者に与えた。特別な違法行為および一定の個人を罰することが当然であるということについて、いかに世界の意見が成立するかを、つとに第一次世界大戦が、ヴェルサイユ条約二二七条および二二八条の刑法的帰結によって示した。このような諸前提の下で、国内的および国際的に遡及効のある刑法は、正統化されることになっている。ロンドン憲章ならびにニュルンベルクと東京の国際軍事裁判所の判決の適法性は法根拠を用いて否定ないし疑うことができるかもしれないが、それゆえに、精神の世界においては、科学や後世が決定できるように、再審が許されているかもしれないが、——国際条約の諸留保は、この可能性をも奪うのである。国際連合人権委員会の多数は、現今の法状態を保持しようとは思わなかったし、また、遡及効ある刑法のための留保でもって、「進歩の道具」［instrument of progress］を、すなわち「素晴らしき新世界」（Brave New World）を、創造したと信じた。(308)

このようにして、規範面での所見は特有な結果を生ずる。すなわち、本来の要件においては、またノーマルな犯罪性については、ナショナルな国家は、極めて良心的に、近代の法文化の標識として、「法律なければ犯罪も刑罰もなし」という原則を維持する。「諸ネーションのコミュニティー」として、同じ諸国家は、事後法でもって処罰することを敢えてする。そのことについて、一八七〇年六月二三日の財務府会議室裁判所［Court of Exchequer Chamber］は、「それらは『いまや野蛮とみなされる(309)』」と思った。明らかに、諸国家については、文明市民についてと同じ集団心理学的な観察が当てはまる。すなわち、それらは、群れをなして激昂するや否や、敵に対する落ち着きと抑制とを失う。

サンホセ規約やバンジュル憲章の諸国家は、このような先祖返りへと自己を正統化させようとは思わなかった。(310)——アフリカおよびリオグランデ以南のアメリカについては、ニュルンベルクと東京の亡霊は、十分に長く影を落とすことはなかった。

法的確信および法実践における攻撃戦争

「なぜならば、今日我々が被告人たちを査定するのと同じ尺度に従って、明日我々もまた歴史から査定されるということを、我々は決して忘れてはならないからである。これら被告人たちに毒杯を差し出すことは、毒杯を我々自身の唇にもたらすことを意味する。」

ジャクソン検察官、一九四五年一一月二一日、ニュルンベルクにて（IMT, II, S. 118)。

ドイツにおいてのみ、攻撃戦争の準備ならびに戦争の宣伝活動は、刑罰構成要件として、刑法典へ――興味深いことには、一九六八年においてほとんど同時に、しかも、連邦共和国においては「平和に対する裏切り罪」として(311)、また「ドイツ民主主義共和国」においては「平和保護」として(312)――取り入れられた。しかし、この刑法上の明示は、攻撃的な政治家を拘束することよりも、恐らくドイツの自己表示に、一層役立つ筈だったし、その筈である。シュミットの鑑定書からほぼ五〇年後に、攻撃戦争は犯罪であり攻撃に責任あるものは処罰さるべきだという、一つの法規の国際的な効力が調査されなければならない。これまでの叙述は、次のことを示している。すなわち、規範の側面から見れば、なるほど、攻撃戦争は、許されず、禁止されている――そのことは、とりわけ、平和の破壊者に対する制裁（三九条以下）および攻撃された国家の自衛権（五一条）についての国際連合憲章の規定から推定される――が、しかし、攻撃戦争という国際法上の違法行為は、一九九三年の現在においても、成文（制定）法においては、まったく国際刑法上の違法行為ではない。それゆえに、「法律なければ犯罪も刑罰もなし」という意味での犯罪ではない。すべての企ては、立法上での前段階に止まっており、単に「信条」や「決議」に、そして――かつて弁護士たちがライヒ宮廷裁判所での裁判の完成を見ずに死んだように――報告者や委員会メンバーたちがその完成を見ずに死んだところの諸計画に、到達しただけである。

一つの点においてだけ、一つの目覚めが、新しい岸辺に達した。ヨーロッパ、北アメリカ、アジアの一〇〇以上の国家は、「その犯罪が行われた時に文明諸国民(諸国民の共同体)によって承認された普遍的な法原則によってcriminalである作為または不作為のために」、遡及効のある刑法を発布する可能性を、法的に開示した。ヨーロッパ人権条約七条二項と市民的および政治的権利に関する国際規約一一条二項の客観的内容がたとえ問題的であろうとも、攻撃戦争、戦争犯罪、人道に対する犯罪が、起訴の時点において「文明諸国または諸国民共同体の普遍的法原則」に従って罰が当然であるとみなされ、だから遡及効的にも処罰されてもよいものとしてみなすために、その成立史は、裁判官たちにとって十分であろう。

攻撃戦争、戦争犯罪、人道に対する犯罪は、慣習国際法に従って、既に、罰することができる行為――これについては、僅かに刑罰枠や裁判所だけを場合場合に応じて決定しなければならないだろうが――であるという理由で、われわれは、「法律なければ犯罪も刑罰もなし」という文明国家に妥当する原則を破るためのこのような授権に、もしもできるならば、まったく頼ってはならないし、また、部分的にだけでも頼ってはならないのである。かかる問題提起の際には、ヨーロッパ大陸の見解およびアメリカの見解に基づいて慣習法は付加的な処罰構成要件のためのいかなる基礎も形成してはならないということが、無視されるかもしれない。それゆえに、「法律なければ犯罪も刑罰もなし」という規則は、成文の刑法（英語では statutary law）によってのみ尊重されるが、不文の慣習刑法によっては尊重されないということが、無視されるかもしれない。[313] イギリスの刑法においては、例えば、慣習法と制定法との間の境界は、鮮明に設定できない。[314] 国際法においては、とにかく事務総長と安全保障理事会によって一九九三年に満場一致の賛成で適用された国際法においては、ためらわずに、「慣習法」［customary law］は、国際刑法の構成要件のための基礎として受け入れられている。[315] 一九四六年と一九五〇年の「ニュルンベルクの諸原則」への、一九六〇年以来の国際法委員会の法典編纂計画への、一九七〇年の「友好関係」宣言と「攻撃の定義」[316] 国際連合決議五条二項[317]における攻撃戦争の犯罪化への、ヨーロッパ人権条約七条二項と市民的および政治的権利に関する国際規約一一条二項の留保への、国際連合の直接ならびに間接のこれらの信条告白から、「攻撃戦争と軍事的攻撃は、『犯罪』（crimen）として責任ある個人の可罰性を基礎づける国際法上の違法行為である」という諸国民共同体の共通の法的確信を推論しうるだろう。

このような慣習法を受け入れることに対する疑念は、ここで少なくとも述べられねばならない。すなわち、慣習法は、イギリスの法圏においてのみ処罰の基礎として許され、そして、一九世紀の前半においてこの時代の他の文明国において慣例であるような刑法典を編纂することの二つの試みが失敗したという理由だけで許されるのである。その時以来、イギリスの法律家たちは、判例法［case law］を法律家の記憶や細心において設定する要求を優越の徴候と彼等が思うことによって、災いを転じて福とする（例えば、ヒューストン［R. F. Heuston］『憲法論集』第二版、ロンドン、一九六四年、S. 30/31）。それは、四本マストによる積荷輸送が発動機船のそれよりも優れた海員の技能を必要とするという確認と同じように正しい。しかし、今日なお、帆を揚げての運送を誰がするのか？　このために、それは、実際、国際刑法においては、全世界がイギリス島の刑法上の時代遅れに合わせて自己の方位を定めるという無理な要求である。慣習法を受け入れることは、明らかに、すべての規範的な努力や決断を避けてもよいという、また場合場合に応じて、すなわち機会に応じて――一九九三年にも――処罰してもよいという、可能性を開いているのである。――今後について。すなわち、「普遍的な法原則」は、まったく刑罰構成要件ではない。確かに、この見解は、市民的および政治的権利に関する国際規約二条二項の審議の際には、少数に止まっていた（(282)を参照せよ）。法文化についての最低基準のために、国際刑法においても、この見解を固執しなければならない（同様に既にエシェック［Jescheck］、S. 234f. は強調していた）。不文の規範や「普遍的な法原則」による処罰の政治的背景が明白なことは、確かである。すなわち、その際には、「誰が裁くのであろうか?-」［quis iudicabit?］という疑問への答えがますます重要である。誰が裁判官を任命するのかで、既に裁判の勝負は半分まで決まった。不文の法や普遍的な法原則の存在を確認することは、詳しく描かれた構成要件を解釈することよりも、裁判官をして一層自由に裁量させる。パルのような裁判官は、比較の対象になりうる状態においては、常に少数に止まるだろう。不文の国際刑法を承認する政治的な帰結は、通常、見逃されているのである。例えば、トリフテラー［Triffterer］S. 42ff. を参照せよ。

けれども、このように想定された法的確信と並んで、その永続的な慣行［Übung］、すなわち、法的確信の実現化が行われなければならない。即ち、「法として受け入れられた普遍的な実践［general practice］の証拠としての、国際慣習［international custom］」がなければならない。[318] 我々の関連においては、既に、パルは、プフタ［Georg Puchta］の古典的なモノグラフからの引用文を用いて、「攻撃戦争の可罰性および攻撃戦争に責任がある個人の可罰性はブリアン-ケロッグ規約以来『慣習法』とみなされうる」[319]というグリュックの大胆な主張に対して、[320] 慣習法のこのような本質的な前提によって異議を申し立てていた。目下大方の意見によるならば、極めて短期間の慣行でも、慣習法の形成にとって十分であり、また、ユニバーサルな受入れや承認の際にはばらばらの散発的な実践さえ、極めて短時間でも、慣習法を生じうるので、[321] 必要とあらば、一九四六年の「ニュルンベルク諸原則」への国際連合総会の満場一致の信奉ならびにニュルンベルクと東京の国際軍事裁判所の判決だけで、慣習国際法を生むことが可能であろうとのことだが。[322]

あの時点以後、「普遍的な実践」は、完全に欠けているということは、いかなる学識ある説明も必要としないし、いろいろ述べられてきた。[323]「平和に対する犯罪」は、ニュルンベルクと東京以後、正確に言えば、ニュルンベルクの「ヴィルヘルムシュトラッセ裁判」において裁判所第四部が一九四九年一二月一二日にヴァイツゼッカーとヴェルマンに対する有罪判決を再度取り消した以後には、[324] ——第二次世界大戦の終結以後、どこにおいてもまた持続的に、平和は決して存在しなかったにも拘らず、——ときたまどころか、完全に裁判手続きの対象でさえなかったのである。

いくつくらいの国家戦争や軍事的攻撃がその時以来起こったのかは、不確かである。一九八二年に、極東国際軍事裁判所のかつての裁判官レーリング——彼は、「戦争」や「戦争犯罪」というテーマからもはや解放されることはなかったのだが——は、三〇の戦争を数え上げた。[325] 攻撃戦争を理由とした起訴や判決を断念するということは、行為する政治家の責任を確定することが困難だということでもっては説明できない。国際軍事裁判所の裁判ならびに平和に対する犯罪の記述以来、歴史家によって探求され確定される「本来の戦争原因」あるいは「戦争責任」は攻撃戦争を理由とした有罪判決にとって重要でないということが、理論的にはっきりと解明された。一九七四年の国際連合の攻撃の定義の五条一項は、次のように表明する。すなわち、

「政治的、経済的、軍事的あるいはその他のいずれであれ、どんな性質の理由も、攻撃の正統化として役立たないだろう。」

そのほかさらに、武力の先制的行使は、一見したところ、禁止された攻撃を証拠づけており(二条)、そして、結局、両当事者あるいは全当事者に容認された防衛戦争、自由戦争、独立戦争は、極めてまれ(七条)なのだから、攻撃戦争を理由とした裁判所の手続きが生じないということを、攻撃者や禁止された攻撃を確定することが困難や不可能だということのせいにしてはいけない。「攻撃者」についての国際連合の公式の確定もまた、明確なものであれ隠されたものであれ、決して欠けてはいなかった。すなわち、安全保障理事会は、一九五〇年に、韓国への北朝鮮の禁止されている軍事的攻撃を確定した。[326] 国際連合総会は、一九五六年にハンガリーへの、および一九八〇年にアフガニスタンへの、ソ連邦の武力干渉を有罪とした。[327] そのほかさらに、一九五六年にエジプトに対するイギリス、フランス、イスラエルの禁じられた「軍事的作戦」[328]を、一九七四年にキプロスへのトルコの「軍事的干渉」とそれ以後の島の部分占領[329]を、一九八一年にイラクの核反応炉タムツＩへのイスラエルの爆弾攻撃[330]を、一九八二年にイスラエルによる「レバノンの領土の不可侵性・独立・主権の侵害」――すなわち、イスラエル軍は、一九八二年六月六日にレバノンへ進駐し、ＰＬＯを退却へと強制するために八月二一日までベイルートを包囲した[331]――を有罪とした。一九七六年以来、安全保障理事会は、アンゴラに対する南アフリカの攻撃をしばしば有罪とした。[332] さらに、一九八五年にチュニジアに対するイスラエルの攻撃[333]を、一九八二年にアルゼンチンによるフォークランド島(ムルビナス)の占領[334]を、有罪とした。イラクによるクウェートの占領を、安全保障理事会は、一九九〇年に「平和の国際的な

侵害［breach］」として有罪とし、(335)そして（例外的に）自ら軍事的手段でもって、以前あった状態［Status quo ante］の回復に尽力した。(336)攻撃の定義に容易に包摂できるその他のケースは、一九六二年にチベットの国境紛争を契機として中華人民共和国のインドに対して効果が多大であった「予防的衝撃」［Präventivschlag］、一九六七年六月におけるエジプト、ヨルダン、シリアに対するイスラエルの七日間戦争、一九七三年一〇月におけるエジプトとシリアのヨム＝キプル戦争またはラマダン戦争――この二つの戦争は、大々的に計画された奇襲攻撃でもって始められた――である。その他にはさらに、赤いクメールの統治を倒すために、一九七八年一二月から一九七九年三月初めまで続いた、カンボジアに対するベトナム人民共和国の攻撃で、その国土のベトナムによる占領は、パルチザンによって常に妨害され、一九八九年九月にやっと終了した。それへの反応を、一九七九年二月に、ベトナムの北の国境での中華人民共和国の攻撃が形成し、「限定された処罰行動」と言い表された。一九八〇年にイラクの攻撃によって呼び起こされたイランとの戦争は、一九八七年にファオ半島の逆征服を契機としてイラクのC武器の投入でもって最高潮に達し、そして、一九八八年八月二〇日の停戦でもってやっと終わった。一九八六年四月一五日のベンガジとトリポリへのアメリカの爆弾攻撃は、一〇日前のベルリンのディスコ「美女」［La Belle］への爆弾テロがリビアによるものであろうことの責任に対する報復ということであった。(337)

国際連合の安全保障理事会と総会の、上記の戦争と行動への説明と注釈は、確かに「普遍的な実残」であるが、しかし、攻撃戦争禁止の、それゆえに一九二八年のブリアン‐ケロッグ規約以来妥当し一九四五年に国際連合憲章二条四項によって普遍的な武力禁止へと拡張している禁止の、法的な効力だけを保障している。すなわち、

「すべての加盟国は、その国際関係において、武力による威嚇又は武力の行使を、いかなる国の領土保全又は政治的独立に対するものも、また、国際連合の目的と両立しない他のいかなる方法によるものも、慎まなければならない」(338)と。

列挙された場合のいかなるものにおいても、禁止に対する違反に責任がある政治家に、刑事裁判は行われず、いかなる管轄権ある審級も公訴の提起すらも求めなかったのである。[339] そこから二者択一的に、必然的に、次の諸帰結が生ずる。すなわち、

(一)ニュルンベルクと東京の裁判ならびに一九四六年の国際連合における「ニュルンベルク諸原則」の承認によって、しかもなによりもまず、責任がある政治家の個人的な可罰性についての普遍的な法的確信によって、一九四五年と一九五〇年の間に新しい慣習法を形成することが始まったとしても、「法的確信」の側におけるかかる慣習法の成立の経過は、一九五〇年以後もはや継続されなかった。すなわち、「ニュルンベルク諸原則」への「第六委員会」の、最後の半公式のしかしまったく明白でない告白があったのは、一九五〇年なのである。[340] 一九七〇年の「友好関係」決議ならびに「攻撃定義」決議におけるそれと関連のある表現形式は、――とにかく非社会主義国家の見解によれば――国家の武力行使の禁止のみを確証した。[341] その限りにおいて、実際、国際連合憲章二条四項の表現と並んで慣習国際法の同じ意味の戒律もまた、受け入れられる。[342] しかし、攻撃戦争ならびに攻撃の禁止は、――このことは考察を繰り返す必要がまったくないのだが――首謀者の個人的な刑法的責任を含んでいない。

一九五〇年以来、必要な第二の要素も、すなわち、国家の、また国際連合における諸国家の連合の成就し確証する実践も、欠如している。実際、「慣習」なくしては、「慣習国際法」は、生ずるはずがない。

(二)これに対して、一九四五年〜一九五〇年に、ロンドン憲章六条、東京裁判憲章五条、管理理事会法律第一〇号の二条の意味で、攻撃戦争の首謀者は刑法的に有罪であるという慣習国際法の命題が成立したとしても、この法規は、その実現のためにその間ずっと機会や出来事が十分にあったにもかかわらず、四〇年以上も適用されないままだった。実際、意識的にかつ一般的に適用を行わないことは、結果として規則の無効化をもたらす。[343] たとえ人がかつて一般的に歓迎されたドイツや日本の指導部を刑罰化することに未練を持つとしても、一致している「反対実践」

が四〇年続いた後では、慣習法的な規則――その規則は総じてそのような具合に存続したのだが――は、不行使[desuetudo]によって無効にされた。(344) 確かに、「慣習国際法の地位低下は法意見の終末をも前提する」と抗議されるかもしれない。(345) 支配的地位にある人物を罰しうることについての「普遍的な法的確信」は、それに関係する人々において、それゆえに政治家たち自身および公訴の独占権を意のままにできる人々〔検察官〕において、実証されねばならない。五〇年代以来、「ニュルンベルク諸原則」の普遍妥当性については、もはやまったく語られない。国際法委員会の関連のある審理や計画は、公的な反響がずっとなかったし、今もないままである。その限りで、それらの努力は、ずっと前から、国際的な法律家セクトのガラス玉遊びの性格を帯びていた。

現在の国際法の教科書は、国家の違法行為や「犯罪」[crimes]についての国家の責任のいろいろの形態ならびに国際連合の危機管理を、詳しく叙述しているが、禁止されている軍事的な攻撃の首謀者を個人的に罰しうることについては、ニュルンベルクや東京についての回想の形で――現行法としてではなく――国際法史として、出現しているのがせいぜいである。(346) 叙述の多くにおいて、ニュルンベルクや東京の裁判は、もはやまったく触れられず、回想すら存在していない。(347)

ほぼ五〇年後に、すなわち一九九三年五月二五日に国際連合安全保障理事会によって初めて「国際法廷」が、設置された時、(348) その裁判所は、一九九一年一月一日以後の旧ユーゴスラヴィアにおける戦争犯罪および人道犯罪についてだけ管轄権をえた。クロアチアとボスニア‐ヘルツェゴビナにおけるセルビアの攻撃についての訴追がないのは、セルビア人たちが安全保障理事会の五常任理事国のうちの三国において伝統的に亨受しているところの、政治的な好意が作用していたのかもしれない。しかし、本当の理由は、疑いなく、国際連合とヨーロッパ共同体とがバルカンの戦争を、攻撃戦争や攻撃に責任がある者たちと行わなければならないところの交渉によって終わらせることを試みているということであった。もしも、交渉相手のセルビア人たちに平和条約が締結されると攻撃戦争を理由とした処罰手続きが始まるという見通しを持たせるとしたならば、それは、劣悪な外交であろうし、また、レーリングが一九五〇年に国際連合の法委員会における「ニュルンベルク諸原則」の叙述の際に予言したこと、すなわち、「……戦争行為に何等かの関与をしたすべての人々を残忍に処罰するという恐怖は、戦争を一層残酷にし、降伏を一層困難にするだろう」[349]という事態が、生ずるだろう。法実践においては、攻撃戦争という違法行為は、その過大に評価された不法内容――「攻撃戦争は最大の犯罪であり、そして、いかなる刑罰もそれに責任がある人には厳しすぎることはない」(Trials IX, S. 401)――にもかかわらず、合法性という原理によってではなく、些細な犯行であるかのように、便宜性という原理によって、訴追される――そもそも訴追されるとしてだが。安全保障理事会が、一九四五年のロンドン憲章をすべて引用し、それを(誤って)現行の慣習法とみなしたが、しかし、理由を示すことなく攻撃戦争や攻撃という違法行為――これは、まさにこの憲章において極めて顕著な役割を演じていたのだが――を看過した一九九三年五月二五日以来、そのことは、公的に確定しているのである。

ニュルンベルクと東京以後のほぼ半世紀は、良き法律学的な良心を確認させる。すなわち、ニュルンベルクと東京における国際軍事裁判所の裁判は、「歴史的な意義を有する法」[landmark in law]をまったく設定せず、先例も後続もなく、国際法史における単独の事例であった。刑法的にまた裁判的には、それら裁判は、――ドイツと日本の指導部の生き残った代表たちに対してだけ裁かれ――遡及効のある単独の事例の法律に基づいていたし、例外裁判所によって適用された。そして、重大な法上の諸欠陥のこの組み合わせは、法的に「効果のあった革命」によって、それゆえにすべてのものに対する条約的に合意された国際刑法によって、法的に矯正されなかった。事実また、承認された慣習国際法によっても、「その後の国際的な文書」によっても、また「慣習と諸条約」によっても、国際法委員会の報告者ティアムが相変わらず数年前に典拠なしに主張したように、法的に矯正されなかった。[350]

この結論を正しく整理し評価するには、さらに、「戦争犯罪」および「人道に対する犯罪」の諸構成要件への一瞥が必要である。その限りで、規範の状態は、一九四九年の四つのジュネーヴ協定および追加議定書によって、実際まさに成文の戦時法規の姿だけによって、一層明らかになる。[351]その取決めは、国際的な刑法としては、構想されなかったし、また、一九五〇年以来犯された明白な戦争犯罪や人道犯罪の恐ろしいリストが、軍事的な攻撃戦争の恐ろしいリストよりも大規模であるにもかかわず、それらの規則は、国際軍事裁判所の判決の意味や国際連合の「ニュルンベルク諸原則」の意味では、決して適用されなかった。[352]一九九一年夏のユーゴスラヴィアにおける戦争や内戦の勃発以前においては、なるほど、すべての犯罪は、旧東側ブロックの勢力範囲においてかしからずんばアフリカ、アジア、中南米においてかで犯されたが、しかし、それは、「ラインのかなた」[beyond the line]――ドレイク[Sir Francis Drake]が、合意された「友誼線」のかなたの海外への最初のヨーロッパの進出[Ausgriff]の空間をそう名付けたのであり、そこでは、戦争と平和、法と不法との間が区別されなかった――ではないのである。[353]あるいは――いくらか斟酌してだが――ひょっとすると、それは「ラインのかなた」なのだろうか？

ベトナム戦争中の経過は、（はるかに）極めて頻繁に述べられた。[354]テイラーのような専門知識のある批判的な観察者は、既に一九七〇年に、次のように総括した。すなわち、

「健康への配慮や人間的尊厳の確保を破滅的にまで無視して行われる、数百万の家族の農村地域からの暴力的移住。アメリカ人の被保護者である南ヴェトナム人による捕虜の拷問の際におけるアメリカ人の共犯性。敵の捕虜を捕らえるための規定を極めて酷く犯してできるだけ高い死亡率にするための『スポーツマン的名誉心』。ベトコンの探し出しを容易にするために国土の広い部分を荒廃させること。『無差別攻撃地帯』にいるすべての人の法的保護の停止、そして結局、幼児や赤ん坊に至るまでのソンミの住民の大殺害[355]」と。

それにも拘らず、ヴェトナムにおけるアメリカの犯罪が、質量の観点からして、一九五〇年以後の戦争に関して、ジャーナリズムにおいて独歩の頂点に値するか否かを、人は、疑ってもよいだろう。法律学的および歴史編纂的な

公正さは、ヴェトコンの闘争様式や北ヴェトナムの戦争犯罪を含めることを要求するだろう。けれども、「君だってそうだろう。お互いさまじゃないか」という逆ねじ［tu quoque］の抗議を、国際軍事裁判所やアメリカの軍事裁判所は、ドイツや日本の戦争犯罪人に対する裁判においては、常に、拒否してきた。(356) 同様に、合衆国は、ドイツと日本の戦争犯罪の処罰を、最大のエネルギーでもって、また最大のジャーナリスティックなエネルギーでもって、押し進めてきた。そのことは、アメリカ軍ならびにアメリカの軍法会議――同様に北アメリカ内部においても――の態度において道徳的な要求を特に高めた。ヴェトナムにおける軍法違反で有名になった場合のうち、とりわけ、一九六八年三月一六日のソンミ――通常、ミライ［My Lai］という標記で知られている――におけるメディナ大尉とキャリー中尉の部隊による行き過ぎが、世論を掻き立てた。(357) アメリカの公的な確認によれば（一九七五年のピアーズ報告）、兵士たちは、三四七人の男、女、子供を、一部は残忍に、殺害した。軍隊の揉み消し工作が失敗した後、軍事裁判手続きになった。キャリーだけが起訴された。彼は、一九七一年三月二九日に、二二名のヴェトナム市民――その中には、僧侶と子供が一人ずついた――殺害のかどで、終身刑と軍籍除去の不名誉を宣告された。（判決の厳しさによる）世間の憤激の嵐は、控訴手続きの期間中、将校施設内の自室への居住制限による勾留から免除するよう、ニクソン大統領を動かした（そのことを、他方、アメリカの軍人たちは、自分たちの権限領域を侵害されたとして憤激した）。刑罰は、まず二〇年に、次いで一〇年に減じられ、一九七五年一一月一九日に、キャリーは、その刑の三分の一を服役した後、恩赦され放免された。

ドイツと日本の兵士たちに対する戦争犯罪人裁判における連合国の、特にアメリカの、実践に顕著に反したところの、この手続きにおける三つの特性を、ドイツの国際法学者たちが指摘したのは当然である。将校のみが処罰された。彼の指揮下にあって犯罪行為者として関与した兵士たちは、「たとえ、その犯罪的な特性が知能指数の極めて低いアメリカ兵にもはっきりしていたに違いなかった命令が問題だったとしても」(358)、処罰されなかった。そのほかさらに、なるほど、上級の上官たちの責任は、査問されたが、しかし最終的には——ミソンにおけるいわゆるパルチザン征伐が指揮レベルの旋回中のヘリコプターの下で遂行されていたにもかかわらず[359]——無視された。「もしも、アメリカ合衆国の軍事裁判が、一九四六年に合衆国最高裁判所が山下裁判において確認した原則を顧慮したならば、二人の下級将校［キャリーとともに、証拠不十分で無罪とされたメディナ大尉］の他に、彼等の上官たちも起訴されねばならなかったろう。日本の山下将軍は、フィリッピンで自己の部隊が行った重大な戦争犯罪を理由として有罪とされた。すなわち、山下は、犯罪を命令しなかったし、当該部隊へ十分な指揮連絡手段をまったく持たなかった。それにも拘らず、彼の命令範囲において起こったすべてについての彼の刑法上の責任が想定された[360]」。キャリー処罰の法根拠は、もっぱら、合衆国の軍刑法典（「統一軍法典」［Uniform-Code of Military Justice］）であった。軍法裁判官は、国際法上の戦争犯罪が問題になっているということを、あるいは何ゆえ自分は例えば戦時における文民の保護に関する第四のジュネーヴ協定の三条が犯されたものとみなさなかったということを、陪審員たちに注意しなかった[361]。国内的な合衆国の軍刑法は「終身刑」であったから、人は、このような不作為を、許すことができる罪業とみなすのかもしれない。それについては、テイラーもまた、沈黙を守った。

しかし、この精通している著者のむしろ付随的な報告は、あの制約の帰結を明白にさせる。その制約は、攻撃戦争の可罰性についての国際軍事裁判所の基礎づけやヴィルヘルムシュトラッセ裁判の判決の基礎づけへ直接に遡る一層広い「特性」を固く心にとめおかせるようにする。ニュルンベルクにおいては、国際軍事裁判所や裁判所第四部は、陸戦遂行および捕虜の取扱いについてのハーグ条約を、相応の罪業の処罰のための十分な法律的な基礎であると述べ、アメリカ最高裁判所の「キリン事件」判決を引用した。キリン判決は、この地域がまったく「闘争地域」でなかったにもかかわらず、スパイや怠業者を——形式的な管轄権規定から逸脱して——合衆国の領域にある軍事裁判所によって裁くことのできるように、このような犯罪行為者の処罰が国際法的に許されていることを法的根拠として適えさせるのである。その判決によれば、国際法は、まさに「国の法」(law of the land)である。[362] すなわち、テイラーは、「ソンミの事件へ巻き込まれた軍人たちの一部は、調査の最初において、既に市民生活へ戻っていた。そして、最高裁判所の原則決定によれば、旧軍人たちは、もはや、軍事裁判所に召喚されてはならない。[363] 彼等を特別な『軍事委員会』に召喚し、あるいは連邦裁判所(英語で言えば federal courts)に事件を委ねることは、理論的にはおそらく可能だろう。『しかし、どちらの側にも法的問題が存する[364]」』と報告している。この法的問題は——しかしながら我々はそれを知っている——、極めて厄介なので、旧軍人の誰も、ヴェトナムにおける自己の戦争犯罪を理由として起訴されて有罪にされることはなかった。

そのことについての憤激は我々の課題ではない。むしろ、そのように批判的なニュルンベルクの後続裁判の首席検察官であったテイラーが、いかにニュルンベルクにおける諸裁判所が戦時法規的条約を被告人たちに対して利用したかを、また、いかに「キリン事件」において、アド・ホックに任命された軍事裁判所の管轄権が、国際法によって肯定されたかを、忘れていたということが記憶に止められなければならない。同じように、つまり戦時における文民の保護に関するジュネーヴ協定三条に対して直接に違反することを理由として、もしも旧アメリカ軍人に対しても、この手続きが実行され得たならば、すなわち、その条約が、ニュルンベルクの裁判所がみなしたように、実体法であるならば、そして、この国際刑法が「国の法」であり、また、一九四二年に最高裁判所が主張したように、このような実体刑法が管轄権問題にも答えうるならば、その時には、テイラーによって述べられたような問題——アメリカ刑法の属地主義、および「軍法会議管轄権」[court martial jurisdiction]が制服着用者に限定される管轄権の属地主義から生じる問題——は、実定法的にはもともと生じえなかった。[365] それにもかかわらず、それらの問題は、法律家たちの息を塞ぐだけでないところの帰結を真剣に考えさせた。すなわち、最悪の戦争犯罪が合衆国の領域の外で行われ、その犯罪行為者がもはや戦力に属さない場合には、最悪の戦争犯罪もまた、償われないままなのであった。これらの条件の下では、犯罪行為者と犯罪行為は、——隠喩的に言えば——「ラインの彼方」であった。とにかく、「テイラーあるいは他のアメリカの検察官たちは、一九四五年とそれ以後でドイツ人や日本人を訴追しなかったろう。なぜならば、——同じ法状態を前提すれば——例えばアメリカ人の捕虜を銃殺するという、戦争犯罪と推定されるものを、彼等は、ドイツや日本の領土の外で行ったが、しかし、彼等の逮捕以前に例えば勤務不適格あるいはその他の何等かの理由で既に復員していたから」という観念を、テイラーは、恐らく今日においても、悪い冗談だと片付けるだろう。

もちろん、別の解釈もまた、可能である。すなわち、ニュルンベルク判決ならびに「キリン判決」における国際法への結びつきは、——実際にはほとんど無能力であったが——機会主義的な構成なのであり、ドイツ人や日本人、それゆえに敵、に対する裁判にとっては十分に役立つものであるが、しかし、自国の兵士や国家所属員に及んだ場合には無関係なものであったと。自国の兵士や国家所属員には、国内的な「国の法」のみが、形式的な法の保護機能から結果する「国の法」の不公正を含めてのその完全な厳格さにおいて、妥当しなければならなかった。数世紀来の先例や法意見を適用することを勉強してきたアングロ・アメリカの法律家たちの、そうでないともともと説明出来ない健忘症をも、友と敵との区別が明らかにする。当時から二〇年前の一九五〇年二月一三日に、合衆国の代表マクトス［Mactos］は、国際連合総会の第六委員会における「ニュルンベルク諸原則」の審議の際に、次のように説明していた。すなわち、

「ニュルンベルクの憲章や判決の根底にある諸原理の有効性を、すなわち、平和に対する犯罪、戦争犯罪、人道に対する犯罪は国際法の下で処罰できるということを、誰も疑わなかった」(366)と。

新たに強調したいが、自国の戦争犯罪や人道に対する犯罪を不十分にしか訴追しなかったことを理由として、ヴェトナムや合衆国裁判におけるアメリカの戦争遂行を非難することは、我々には重要ではない。むしろ、「ヴェトナ

ム」の例は、ニュルンベルク裁判および東京裁判が一回限りのものであったことの諸根拠を暴き出すことを助けるだろう。まず、そのことについては、次のことが想起されなければならない。すなわち、戦争犯罪および人道に対する犯罪は、公務中に、または少なくとも公務の機会に、犯されるということである。「攻撃戦争」が国家やその政府に帰責されるということは、長い説明を必要としない。政府の犯罪ならびに公務中に犯された犯罪は、ノーマルな犯罪性とは異なる仕方でこの国家の市民たちに関わる。政治的反対派は、道徳的パトスを、政府あるいは政治階級に対する武器として操作する。一握りの職業法律家たちは、規則通りに正義の女神ユスティティアに[Justitia lege artis]決定させようとする。他方、大多数は、なるほど、個々の規則違反そのものを認めないが、しかし、一般に、犯罪行為者を寛大に処罰することを望む。その背後には、犠牲者たちに直面しての、加担、敵視、軽蔑、憎悪があり、思いやりがあり、ある意味では制服着用の犯罪行為者に対する理解もまたあり、「市民の」虐殺犯罪および故殺犯罪からは一般に決して惹き起こされない見方がある。テイラーや他の著者たちは、合衆国におけるこの反応について、ソンミの経過が知れ渡った後には、驚きを示した(367)。まったく同様に(そして、まったく同様に様々に)一九一八年以後のドイツ人もまた、ドイツ人の戦争犯罪を理由とした連合国の非難に、またライプチッヒのライヒ最高裁判所での戦争犯罪人裁判に反応した(368)。このような反応は、道徳的に感じやすくあるいは過敏になっている国民にとってのモデルのみを与え得ることは、確かである。ソ連邦の継承国家においては、一九七九年から一九八九年までのアフガニスタンにおける赤軍によるパルチザン征伐の野蛮なやり方は、今日まで、公然とした批判や刑法上の審査の対象にされなかった。ソヴィエトの干渉[Intervention]や内戦の帰結が――一億七二〇〇万人の全人口において(369)――一三〇〇万人の死者と五〇〇万人の難民を生んだと見積もられようとも。

その他の二つの事件は、自己の問題についての、差異はあるけれども、結果においては常に寛大な判決のモデルを、実例を挙げて説明している。合衆国の兵士シュオルツ[Michael Schwartz]は、一九七一年一〇月二九日に、一六名のヴェトナムの市民を殺害した理由で、合衆国軍刑法に基づいて、第一審によって、終身重労働刑、俸給の喪失、軍籍からの不名誉な罷免という処罰をうけた。最終審は、一年の重労働刑と不名誉な罷免へと減刑した。(370) それは、ダフィ［James Duffy］中尉は、捕らえたヴェトコンを銃殺することを一人の下士官に命令しまたは許可した。その謀殺の判決は、過失致死罪を理由とした有罪宣告へと変えられた。すなわち、ダフィは、（一九七〇年に）禁固七カ月になった。(371) そして結局、キャリー中尉の有罪判決を、エリオット［Robert Elliot］裁判官（ジョージア州連邦地方裁判所）は、一九七四年九月二五日に、とりわけメディアにおける悪意のある報道を理由として破棄した。軍隊の控訴は、一九七五年一一月一九日のキャリーの恩赦によって解決された。エリオットの判決は、一三二ページあり、その内、八五ページもが裁判以前におけるマスコミの性質や作用を記述している。エリオットは、戦争犯罪の多面性についての自己の意見を隠さなかった。彼は、例として、ヨシュアによるエリコの住民の徹底虐殺を理由として持ちだしただけでなく、ドイツの諸都市へのイギリスやアメリカの空軍の攻撃［Angriff］ならびに広島と長崎とへの原爆投下をも理由として持ちだした。「戦争は、地獄である。そして、我々が若者を軍隊へ採用し、殺人へと教育し、命令に服従することを教え、外地に送り出す場合、また、その際その若者が、闘争の混乱の中で、重罪を理由として事件後に起訴される行為をなす場合、その時には、その若者は、新聞から、自己の政府から、彼が奉仕する兵科から、フェアに取り扱われるという正義を理屈抜きに要求する。」そうではなくて、キャリーは、「新聞によって苦しめられ、晒し者にされ、テレビによって嘲られ名誉を汚され」たと言えよう。「キャリーの政府は、彼が証拠物件へ接近することを禁止し、司法部での請願に答えないままであったし、彼の有罪判決は、国民的良心を浄化するための、軍の威信を高めるための、カタルシスとして役立つことになっていた。彼の国は、彼に、フェアな裁判を拒否したのみならず、さらに、フェアな裁判のための唯一つのフェアなチャンスをすら彼に拒否した。(372)」

その極度に寛大な刑の宣告は、第二次世界大戦後におけるドイツと日本の兵士に対してアメリカの軍事裁判所が下した判決と、目だった対照をなしている。しかし、多分、テイラーおよび同様に批判的な精神の持ち主のみが、この対照に気付き、そんなものだとして承認するだろう。もしもエリオット裁判官の基準を用いれば、ニュルンベルクや東京の極東国際軍事裁判所での裁判、同様にその他の多くの戦争犯罪人裁判は、「フェアな裁判」ではなかったろう。もしもこのような比較をするならば、多くのアメリカ合衆国の人は普通はこのような比較を拒否するだけではなく、アメリカ人の戦争法違反をドイツ人や日本人のそれと同一視することは、個々の場合に犠牲者の数や犯罪行為の実行が完全に等しいとしても、承認できないように思われる。それは、アメリカ人民の道徳的な欠損ではまったくないし、テイラーが考えるような「アメリカの悲劇」(373)でもなくて、むしろ、諸国民がそれに従って正義を引き出す法則に一致する。すなわち、諸国民は、(シュミットの意味での)政治的に決断する。つまり、諸国民は、友と敵との間を区別するのである。

この行為法則は、道徳主義者たちを憤激させるかもしれないし、法律家たちを自己の職業(あるいは、正義の女神ユスティティアに目かくしをすること)について絶望させるかもしれない。そのことは、極めてはっきりと目に見えるようになった。なぜならば、第二次世界大戦後に、戦争法違反は、もはや自己の軍隊における兵士の規律の維持のために罰せられるのではなくて——ドイツと日本の軍隊はもはや存在していなかった——、犠牲者および普遍的な正義を理由として罰せられるからである。この種の贖罪——とにかくヨーロッパにおいては——は、一九世紀末までは断念されていた。戦争当事者は、平和条約において、戦争犯罪をすべて、相互に大赦の恩典を与え、それでもって、数百年来の十分に根拠のある伝統に従っていた(374)。しかし、戦争犯罪の場合に友と敵とを異なった尺度でもって判断することが、明らかに、諸国民の実存的な(無意識な)要求であるならば、その際、この見解からは、裁判権は、自己の手中になければならない。この要求がいかに根源的なものであり、政治的な考え方や階層的に特殊な意識状態よりもどのくらい強力であるかを、ヴェルサイユ条約の二二八－二三〇条に基づいて八五四名のドイツの兵士――その中には、多くの著名な軍指導者がいた――を世にいわゆる戦争犯罪を理由として引き渡すという連合国の要求への一九一九年のドイツの反応が示していた。ドイツの世論における憤激は、極めて強力かつ一致していたので、共和国議会と政府は、条約違反を理由とした連合国による敵対行為の続行を甘受し、そして、引き渡しを拒否した。(375) 同様に、一九六八年に、合衆国において、軍事的参加ならびに戦争遂行のやり方についての激しい批判にもかかわらず、真面目に考えることのできる批判家は誰も、自国の戦争犯罪人と推定される者を北ベトナムへ引き渡したり国際的な戦争法によって――中立国の裁判官たちが任命されて――判決を下されるという理念に、思い至らなかった。

一九九三年五月二五日の安全保障理事会による「国際法廷」の設置(376)は、なるほど、戦争犯罪ならびに人道犯罪を国際刑法に従って、バルカンの混乱に関与しない諸国家からの裁判官によって調停する試みを初めて企てたのであるが、しかし、この企ては、恐らく、戦争当事国および内戦当事国の所属員をそれ以上の残虐行為から引き離すための規範を使った威嚇のジェスチャーである。そして、かかる象徴的な政治の郷愁的なジェスチャーは、世界組織およびヨーロッパ諸国家の無力さへの幻滅に遭遇するだろう。安全保障理事会は、「はびこった目に余る国際人道法違反」をはっきり「国際法廷」設置の理由とし、また、集団虐殺、「不躾な、組織された、体系的な拘禁、レイプ」、そして、「人種浄化」(377)の随伴現象に関しての報告について言及した。安全保障理事会が既に一九九二年に旧ユーゴスラヴィアにおける犯罪の調査のために設置した委員会(378)は、一九九三年七月末までに、唯の一つの場合においても、起訴可能な一件書類をまとめることができなかったと言われている。(379)「敵対行為の終結後に、継承国家の民主的政府が犯罪行為者を捜しだし国際連合の『国際法廷』に引き渡す(380)」という期待は、現代史のあらゆる経験によればば、一九五〇年以後の経験によっても、まったくの幻想である。多分、バルカンの人民たちは、一六四八年のウェストファリアの平和から一九一八年のブレスト・リトウスクの平和までに確証され、とりわけカント（Immanuel Kant）によって表明されたルール——それによれば、平和の概念には、大赦が必要不可欠である[381]——を覚えているだろう。なぜならば、平和は、処罰することよりも一層重要だからである。戦争犯罪や人道犯罪を自己の考えに従って処罰しようと欲するものは、自ら戦争を無条件降伏にまで導き、犯罪行為者の国土を完全に占領し、あらかじめ想定できるようにしなければならない。そのことを、レーリングは、一九五〇年に第二次世界大戦を回顧して、「戦争行為に何等かの関与をしたすべての人々を残忍に処罰するという恐怖は、戦争を一層残酷にし、降伏を一層困難にするだろう[382]」と確認した。

上記で検討したことはすべて、「攻撃戦争」という犯罪について、より一層当てはまる。攻撃戦争は、政治的指導部の違法行為であるが、しかし、それらの諸政府を、諸国民自体が裁こうとする。これは、「国家主権」の問題ではない——主権は、広範な自己決定のための法律学的なマントに過ぎない——。なぜならば、国際法上の実践においては、主権国家は、自己の問題における無関係の第三国の決定に完全に耐え忍んできた。例えば、仲裁裁判によって、あるいは（二〇世紀においては）国際司法裁判所の決定によって。戦争を回避するために、既に、近代主権論の創設者ボダンは、主権者の争いを第三の無関係の主権者の仲裁裁判に服させることを推奨した[383]。しかし、国境線を巡る争い、灯台の維持、また正義への到達という類似の対象についての争いは、「重罪裁判権」［Hoch- und Blutsgerichtsbarkeit］でもなければ、政治指導部のやり方や人物についての決断でもない。攻撃や戦争の際には、賛成は、極めて広範に調達されたであろう。戦争犯罪人裁判におけるよりも一層強力に、団結やアイデンティフィケーションが影響を及ぼしうるだろう。攻撃戦争を理由とした裁判において、敗者は、「検察官は彼等自身の側での同じ罪を縮減したり揉み消したりできるだろう」と恐れた。すなわち、ニュルンベルクや東京の国際軍事裁判所の手続きは、この心配を覆せなかったのである。

とりわけ、刑法上の有罪判決は、なるほど被告人にのみ該当するが、しかしその帰結をあらゆる者が、被告人と単に国籍を同じくした者も、まだ生まれていなかった者さえもが負担するのである。過去の時代においては、戦争と敗北に対して国土と金銭でもって打倒された敵に清算させることを可能にしたのは、勝利と平和条約のみであった。現在、打倒された国家の指導部の犯罪的責任についての裁判所の判決は、付加的な正当化原理と優越的な正当化原理を提供しており、――誰にも明白であるが――それと比べて、武器の勝利を指摘することは、不様で流行遅れのように見える。国家が攻撃戦争でもって「最大の犯罪」[supreme crime]を犯したならば、その際、最高指導部だけが国際刑法的に有罪であってよいし、普通の犯罪人と同様に、絞首刑にされてもよいかもしれない。しかし、集団は、故国と生命とで結び付いており、数世代にわたって、裁判官の有罪判決の重荷と帰結を背負うのである。犯罪者的指導部に伴う汚点もまた、そのことの一つである。すなわち、子々孫々にも不信と敵意とが示されるだろうが、このようなことが馬鹿な不見識なことであるとみなされることはない。確かに、この種の世界の世論は、様々な起源――すなわち、固有の悲しみと体験、広範にメディアを使って育成された敵のイメージと宣伝の伝統――から成り立っている。しかし、長い形式的な手続きにおいて検察官や弁護人の言を聴き、有罪と無罪のための証拠を調べ、自分の判決を荘重に言い渡し、数百ページにわたる理由づけをするところの、「国際的な」裁判所の判決こそは、平和条約におけるすべての白書やすべての「責任承認」よりも持続的に、諸国民や彼等の指導部の有罪と無罪についての意見を引き受ける拠り所である。裁判所の判決は、究極的な重大な権威を活動させる。もしも、その権威に対して「戦争責任の偽りに対する戦い」を始めるとしても、それは、最初から見込みのないことであろう。世界の諸国民にとって、このような裁判所の判決は、究極的な言葉である。すなわち、ローマが発言して事件は解決した[Roma locuta causa finita]のである。たとえ、歴史家たちが裁判手続きを不適当な目的における不適当な手段による不適当な試みとして即座に理解するとしても、学校の読本においては、裁判と判決だけが語られるだろう。

だから、敗者たちは、このような判決を、全面武装解除以上に恐れなければならない。武器は、再調達することができる。国際裁判所による確定力のある有罪判決は、精神の世界における不可逆的な敗北を意味する。この種の精神的な現実は、数世代にわたり持続するのである。

自国の政治的指導部は、この指導部がまさに革命的に除去された場合でさえ、他国の裁判官には引き渡されない。実際、ドイツにおいては、一九一八年一一月以来の共和主義政府は、連合国の戦争犯罪人名簿が指名したドイツ皇太子を引き渡すことを拒否した。同様に、共和国政府は、革命において無理に退位させられていた皇帝ヴィルヘルム二世を引き渡すというオランダ政府に向けての連合国の要求に反対した。[384]ワイマールの国民議会は、刑法典旧草案九条を基本権の地位に高めることによって、反応した。すなわち、「いかなるドイツ人も、訴追や処罰のために外国政府に引き渡されてはならない[385]」と。

要するに、「勝者の裁判所ではなくて、例えば国際司法裁判所における『国際刑事法廷』のような中立的な法廷が『人類の平和と安全に対する罪』を裁くべきである」という提案[386]は、疑念を拭い消すことが出来ないだろう。一九五〇年から一九九三年までの間に確定された軍事的な攻撃や攻撃戦争のいかなる場合においても、攻撃者国家の政府の構成員は国際的な刑事法廷の被告席の前で個人として責任を取らされねばならないというようなことは、考えられていなかった。「攻撃戦争は、最大の犯罪である。そして、それに責任がある者については、いかなる刑罰も厳しすぎることはない[387]」というニュルンベルクの認識は、平和主義的なレトリックであり、貫徹できるような法格率ではまったくなかった。実際、それが成就できないことは、被告人たちを意のままに処分できないということに起因していただけではなく、また、しばしばかつ極めて重大な場合において、国連の安全保障理事会の拒否権所有大国の国家首長――そのものたちは、その最後には恐らく絞首刑執行人あるいはシュパンダウでの四〇年の独房拘留が待ち構えていたであろうような裁判手続きには、自発的にはほとんど赴かなかったであろう――が関係していたということに起因していただけではなかった。

本当の原因は、「ニュルンベルク諸原則」は、ラディカルな平和主義者の観念に対応するのがせいぜいで、ユニバーサルな法意識はそれを受け入れなかった、ということである。アメリカの歴史家デーヴィドソン［Eugene Davidson］――ニュルンベルクの国際軍事裁判所裁判についての彼の偉大な業績は、よりよい総体叙述のために不可欠である――は、一九五〇年から一九七〇年までの間の戦争の歴史を、次のように適切に要約した。

「いかなる政治家も、もしも彼がニュルンベルクの事実認定の仮定された効力や唯一の世界についての観念やユニバーサルな集団的安全の約束を信用するならば、聡明に行動できないだろう。これらの諸原則は、ぼんやりした宣伝的価値程度でしかなく、そしていかなる国家も、それらの諸原則によって生きることはできないし、あるいは別のどの国家もそれらの諸原則によって生きようとしていると期待することはできない(388)」と。

その規範的な形成において、刑法上の違法行為としての「平和に対する犯罪」は、自らを否定し、そして不合理なものへと導いた。構成要件を単純化し、「裁判能力のあるもの」にするために、「戦争原因」を巡るあらゆる議論は、切り離されるべきだという主張を、我々は覚えている。すなわち、

「政治的、経済的、軍事的、あるいはその他のいずれであれ、どんな性質の理由も、攻撃の正統化として役立たないだろう」と。

このような正統化の禁止は、国際連合憲章三九条以下による安全保障理事会の「行政」措置に役立つかもしれないし、この関連において、当然かもしれない。しかし、もしも裁判所に、被告人の理由や動機を考慮することが禁止され、それにも拘らず被告人を「最大の罪」を理由として殺人者のように処罰することが禁止されるならば、それは、責任と刑罰についてのユニバーサルな観念に対立するだろう。

一九九三年七月にイスラエル軍が、一時的に南レバノンへ進入した［einrücken］（「弁明作戦」［Operation Account］）

ということは、この時代に由来する一例である。爆弾攻撃と砲撃による公共の破壊は、約三〇万—五〇万のレバノンの市民たちを逃亡させるに至った。すなわち、「この追出しにより、レバノンとシリアの政府を強要し、イランから援助されたテロ組織ヒスボラをその国土から追放することが、イスラエルの目標である。イスラエルの首相ラビン［Yitzhak Rabin］は、『レバノンに対する打撃は、イスラエルへのロケット奇襲が止んだ時はじめて中止されるだろう。』と宣言した」[389]。想定だが、イスラエルは、この作戦でもって、国際連合憲章五一条により攻撃に対抗して許されている自衛を越え出た。あるいは、イスラエルは、ヒスボラに対して自分を防御せず、むしろ、レバノン国家が自己の国家領域から作戦するパレスチナ人たちに対して処罰をするように、レバノン国家を攻撃した。「ニュルンベルク諸原則」によれば、また一九七四年に満場一致で可決された国際連合決議「攻撃の定義」の五条一項によれば、そして結局「いかなる政治的、軍事的、その他の理由も、戦争の開始を弁明しない。……諸国家は、彼等の不平を平和的に解決しなければならない」[390]という一九四五年七月一九日のロンドン会議でのジャクソンのきまり文句、すべてのこれらの規範的なきまり文句によれば、イスラエルの動機は、無視されねばならないだろう。このような格率は、制裁や損害賠償義務のための原理として、国家の責任を固執することに適しているかもしれない。シュミットは、自己の鑑定書（第三章1で）において、一九二四年のジュネーヴ議定書の一〇条[391]が戦争原因を巡る議論を避けるために何故攻撃行為（「戦争に訴える」）を区別し分離したかを、叙述した。しかし、当時においては、政治家の個人的な可罰性は重要ではなく、攻撃国家に対する経済的、財政的、軍事的制裁の前提が重要であった[392]。けれども、刑法的手続きにおいて、「平和に対する犯罪」を理由として、起訴された政治家の責任が確定されるべき場合に、ジャクソンのルールは、役に立たないことは明白である。近東においては、イスラエル国家の安全とパレスチナ人の自決権が重要なのである。この場合には、正しさと正しさとが対立しており、両者は、その実存をかけて、生き残りをかけて、闘っている。とにかく、彼等は、そのことについて確信を抱いている。このために、もしも、イスラエル首相ラビンに対する（想像上だが）訴訟手続きにおいて、「弁明作戦」をより大きい関連から取り外し、レバノンの無関係な非戦闘員へのイスラエルの陸軍と空軍の優勢な火力の破壊しつくすような作用だけに注目するならば、刑法的には、グロテスクではないが不適当であろう。インドシナやアルジェリアおけるフランスの経験、ヴェトナムにおけるアメリカの経験、アフガニスタンにおけるソヴィエトの経験に直面して、人は、紛争解決のためのこのような軍事的な試みを役に立たないものと思うかもしれないが、しかし、それは、個人の刑法的な責任の尺度では判断できない問題である。その他にも、近東の紛争――それについては、何人かが語っているが――は、別の様式を持つかもしれない。シュミットが一九四五年に表明したこと――「最初の発砲を行い、最初のものとして国境を越えることは、戦争全体の惹起者と同じでないことは明白である。……攻撃あるいは防御は、絶対的な、道徳的な概念ではなくて、状況に規定された経過なのである」[393]――は、今日でも依然として有効である。そのことを明らかに安全保障理事会もまた、一九九三年七月の「弁明作戦」の場合に、考えていた。すなわち、安全保障理事会は、態度決定をしないことを決定した。

事情がどうであれ、一九四八年のイスラエル国家の建設による紛争発生以来のすべての事情や原因を判断しないならば、攻撃の構成要件を充足することに関して、一九九三年七月における「弁明作戦」を「平和に対する罪」として裁くことはほとんどできないだろう。実際、例えば目下構想中の国際刑事法廷のような中立的な裁判所もまた、パルチザン――イスラエルの原語慣習によれば「テロリスト」、パレスチナの理解によれば「攻撃定義」決議七条ならびに一九九一年の法典草案一五条七項の意味での自由のための闘士――を軍事的に正しくかつ適法に征伐するという問題および原因探求一般を、――とにかく、普遍的に心服させるに足る仕方においてではなくとも――成し遂げることはできないだろう。もしも政治家を刑法的に有罪化するとすれば、すべての事情や原因を判断することが必要であろう。なぜならば、刑法的な有罪化は、「責任」、すなわち正当化する根拠の欠如、を前提とするからである。しかしそのことは、「平和に対する犯罪」は法律学的に間違った構成であるということを教えてくれる。そもそも起訴し有罪判決することができるためには、攻撃あるいは戦争に導く出来事の複合性は、明白に確定できる基準――すなわち、武力の最初の行使や他国の領土への（単に一時的でさえも）軍事的な侵入［Invasion］――へ還元されなければならない。[394] 一九五〇年以来、この基準だけの単なる評価が客観的に正しい刑事判決へ帰着したであろうような場合があったかもしれないが、しかし、恐らく、我々がそのことを信じているのは、詳細な事情や真の原因が我々に知らされないままであったからにすぎない。一九五〇年以後の攻撃や戦争における多くのことは、目の詰まった因果の網――当事者たちにはほとんど活動の自由を許さず、当事者たちを不確実な状態において多大な危険を伴う決断の強制のもとにおく網――が存在することについて有利な証拠を提供している。それにもかかわらず、当事者たちは、結果を考えることなく、それゆえに、「平和に対する罪」の理念に一致するように刑法上で責任を取らせようと欲する事実の成否について顧みることなく、平和主義的な教条主義から証拠立てるが、この教条主義には、政治生活の事実との接触が責任や刑罰についての理解と同様になくなっていた。攻撃や攻撃戦争が四〇年以上前からもはや刑法上の手続きの対象でなかったということは、被告人たちを意のままに処分できないことと関係しているだけではないのである。

最初の発砲や国境を越えての進軍（Marsch）へ還元することが、なるほど常にではないが、しかししばしば、刑法的に堪え難い事態の狭隘化へ導くならば、それでもって、刑事裁判において諸事情を全体的に考察することは可能ではなく、だから正しい判決は下されえないのかどうかという疑問がもう一度出された。そのテーマは、最後のニュルンベルク後続裁判（「ヴィルヘルムシュトラッセ裁判」）が終了する前に、ドイツの著作物において叙述された。[395] クリューガーは、「戦争責任」の問題は裁判の対象となりえないと言明した。ニュルンベルクの後続裁判におけるテイラーの代理人であるケンプナーは、精力的に反論した。[396] グレーヴェは、仲介することを試みた。[397] それから二、三年後に、シェッツェル［Schätzel］は、クリューガーの立場を詳細に基礎づけた。[398] 四〇年以上経ってから当時提出された議論を回想することは、かなり刺激的だろう。とにかく、ケンプナーは、その時から今までの実際の展開を、徹底的に論駁した。当時の議論は、ニュルンベルク国際軍事裁判所の裁判の自明さを確定することに苦悩していた。だから、その問題性は、同様にこのような自明さを示すように思われたその他の二つの例において、明らかになる。「平和に対する陰謀」についての法的な疑問を、パルは、その個別意見において、「それは、犯罪的な違法行為としては存在しなかった。戦勝列強は、現行国際法とくにハーグ陸戦規則によれば、この違法行為を理由として、戦争に負けた国家の所属員を処罰する権利を持たない」という帰結でもって論議した。もしかすると、それが認められているという前提の下に、パルは、被告人たちが憲章の意味での平和に対する陰謀に参加していたかどうかを、審査したのかもしれない。極東国際軍事裁判所の裁判官の多数は、この問題を二二名の被告人たちに対して肯定し、そして、広範な歴史叙述を拠り所として、「日本は、一九二八年以来、島や重要な隣接諸国家を含めて、インド洋と太平洋を支配しようとした」[399]ことが証明されたものとみなしていた。パルは、起訴や判決の見解における日本のその近隣への関係の叙述や説明に、次のような出来事の調査を対立させた。その調査は、検察側と弁護人側の間でまったく独立の立場を取り、綿密な構成ならびに記録文書と報告の正確な再現によって掘り探るものであり、いかなる「ヒストリー」も記述せず、法律学的手法で具体的な事例を取り扱っている。すなわち、日本の満州への関係、枢軸国との同盟、ソ連邦、東南アジア、パールハーバーまでの合衆国との関係である。[400] パルは、そのいずれについても、「それは、日本の政治家や軍人の態度を『平和に対する陰謀』とは別のものと説明でき、同様に不当な攻撃戦争はいかなる場合にも証拠づけられなかった」という結果になった――それは、歴史家をほとんど驚かさないだろう――。パルは、加担しなかった。すなわち、

「……日本が採用したどの政策も……どの行動も……法律学的に正当化できるかどうかを知ることは、我々の現在

の目的にとって重要でない。恐らくそれは、正当化できなかったろう。……日本の政治家、外交官、政治屋は、恐らく間違っていたろうし、恐らく自ら過ちを犯したであろう。しかし、彼等は、共同謀議者ではなかった。彼等は、共同謀議はしなかったのである」(401)と。

本書では、極東国際軍事裁判所の判決ならびにパルの個別意見は、註で参照させることはできなかった。両者は、一九四五年に規定された「平和に対する犯罪」を法的かつ事実的に同一の事例において、また同一の手続きにおいて判断されて、調査するという、今日までに唯一つの好機を提供している。偏見のない中央ヨーロッパの人――国際法学者でも現代の東アジア史の歴史家でもない――が、その判決の立証を読むならば、被告人たちの「責任」を実証されたものとみなすことは、彼には難しくないだろう。彼が正確に偏見なくパルの説明を読むならば、彼は、被告人たちは検察側の意味で犯罪的には行動しなかった、すなわち、「彼等は、共同謀議はしなかった」ということを、同様に確信するだろう。この独特な結果は、読者の不十分な歴史知識、不完全な政治的意識、法律学のテキストを理解するその不適格、法についての無知などに基づくのではない。なぜならば、あの偏見のない中央ヨーロッパの人は、同様に、戦争の勃発、動機、原因の究明に努めているこの二つのテキストを読むならば、途方に暮れるようになるからである。ヴェルサイユ平和条約についての討議の際に、連合国によって設置された委員会は、一九一四年の戦争勃発の責任についての報告を作成した。その結論は、論理的にかつ同意できるように提案された出来事の歴史に従って、次のように述べている。即ち、

「戦争は、中央列強ならびにその同盟者――トルコ、ブルガリア――によって意識的に計画された。そして、戦争は、故意にまた戦争を不可避にする意図で犯された諸行為の帰結である。

オーストリア・ハンガリーとの合意において、ドイツは、故意に、英仏露三国の協商列強の数多くの調停的提案を脇へ押しやり、戦争を防止する協商列強の度々の努力を打ち壊すことに努めた」(402)と。

ドイツ共和国政府は、一九一九年五月一九日に、「戦争は、一九一四年に、ドイツによって――ドイツを『仏露の鼠取り』の中へと忍び足で入らせたところの政治的に誤った決断にもかかわらず――『ツァーリズムに対する防衛戦争』として遂行された」という多くの記録文書で証明した「教授団鑑定書」によって返答した。(403) 歴史家デルブリュック[Hans Delbrück]、社会学者ヴェーバー、国際法学者メンデルスゾーン‐バルトルディ[Albrecht Mendelssohn-Bartholdy]、参謀将校モンジェラ伯爵［Max Graf Montgelas］ら――国際的に著名な響きのよい名前――の署名があって、この態度決定は、ドイツの外政に対するその自己批判的な態度決定によって、とにかくドイツにおいては、もっともだと思わせた。二〇年代以来、記録、日記、回顧録、全世界における広範な史料編纂的文献によって、データやその説明についての差異のある像が発生した。そして、それは、六〇年代と七〇年代においてなお明白な修正に甘んじなければならなかった――いろいろな方向において。(404) 一九一九年に由来する勝者と敗者の態度と根拠づけは、いずれにしても、遅くとも三〇年代に既に、反古であったが、しかし、ヴェルサイユ条約の二二七条によって意図された皇帝ヴィルヘルム二世に対する刑事裁判における検察側と弁護人側の根拠であったろう。もしも人が、彼を有罪としたならば、おそらく五年ごとに再審手続きが「新しい事実あるいは証拠物件」を理由として行なわれるはずだったろう（刑事訴訟法三五九条五号）。確かに、第二次世界大戦後の戦争犯罪人裁判におけると同じように、法的な手段と法的な救済は、排除されていた。しかし、それは、裁判の政治的目的には役立ったろうが、真実の発見や正義には役立たなかったであろう。

この場合、国家元首、大臣、将軍たちの生命や自由は問題ではない。現代の戦争においては、いかなる瞬間にも戦争や平和についての決断に影響を及ぼすチャンスの痕跡さえも持たなかったところの数千、数十万、数百万の兵士や市民たちが、不幸にも破滅する。国家元首、大臣、将軍たちについての不当な有罪判決は、絞首台での即座の死であれ、出来事のあの対象となった人たちの運命と比較すれば、重要ではない。高い地位に立っているものは、底深く落ちうるに違いない。むしろ、勝者の政治的な目標のために法や裁判官を道具化することが重大なのである。訴訟手続きや判決は、敗者たちに国民として次の数十年間世界の政治舞台における独立の行動の習慣を止めさせるために、彼等に劣等性や責任についての集団的意識を成立させるだろう。そして、勝者たちは、皆の見ている前で、特にしかし、敗れた民族に対して、戦争結果に責任を負わせるために、裁量にもとづいて正統であると宣告する。歴史家は、戦争の勃発やその共同責任についての勝者の関心を調査し書き留めることができる。裁判所は、勝者によって支配された公文書保管所や記録の状態や検察官の告訴に拘束された。弁護人たちの「君だってそうだろう。お互いさまじゃないか」という逆ねじ［tu quoque］は、聞かれないままである。(405) 勝者も戦争を共同に惹起し共同責任があるのだが、それは、敗者の責任を和らげない。しかし、裁判所の有罪判決と必然的に結び付けられた一方的な責任の押し付けは、学識ある歴史家の目には、支持しうるものではないのである。(406)

攻撃戦争を理由とした有罪判決の目的とそれが一回限りだったことについて

なぜ「ニュルンベルク」と「東京」が、幾世紀も続く国家戦争の歴史において先例のないものであり、また一九五〇年以後の戦争にとってずっと後続のないものであったのかを、我々は調べてみよう。「ドイツのような多くのかつ独特の犯罪を犯したところのシステムの指導的な代表者たちを裁くことは、第二次世界大戦後には、まったくなかった」と、しばしば答えられる。この答えは、それは差し当たりもっともらしく聞こえるが、「東京裁判」を考慮に入れていない。それは、「許し難い犯罪」[scelus infandum]をまったく裁かず、その最も重要な対象は、むしろ「平和に対する犯罪」であった。事実またドイツの「許し難い犯罪」は、ニュルンベルクの国際軍事裁判所の裁判の経過のなかで初めて、表面に出てきた。さらに、一九一九年に既に、第一次世界大戦の勝利者は、ニュルンベルクと東京のモデルとなるような裁判を行おうとした。「国際法廷」は、合衆国、大英帝国、フランス、イタリア、日本から五名の裁判官が任命され、皇帝ヴィルヘルム二世に対する訴追（ヴェルサイユ条約二二七条）について判定するはずであった。当時、なるほど、「平和に対する犯罪」という観念はまだなかったが。二二七条一項がドイツ皇帝を非難した「国際道徳及び条約の尊厳に対する重大な犯罪」の背後には、実際には、それと同一の非難が隠されていた。ニュルンベルクにおいてドイツのナチスの指導部の責任にされた体制特有の「残虐行為」[atrocities]は、たとえ一九一四年九月以来「ジャーマン」と「残虐行為」という言葉がドイツに対して戦争を遂行した諸民族の言葉づかいにおいては内的に結び付いていたということが思い出されるとしても[407]、しかし、もしもヴィルヘルム二世に対する裁判手続きにおいて用いようとしても、想像力豊かな検察官によってさえ持ち出すことはできなかったろう。だから、ヴィルヘルム二世に対する裁判の目論見とニュルンベルクと東京の裁判は、同一視されなければならない。中心的な公的な基礎付けは、同一なのであった。すなわち、すべての政府に攻撃戦争の習慣を止めさせるために、ニュルンベルクが「歴史的な意義を有する法」を設定したとされるならば、一九一九年六月一六日に連合国は、ヴェルサイユ条約の二二七条の計画に対するドイツの抗議に、次のように、言明していた。すなわち、

「本条約は、戦争の再開を防止するのに個々的では不十分であった以前の解決の伝統や実践からの離脱を特色づけることを意図する[408]」。

ヴェルサイユにおいては、ニュルンベルクや東京と同様に、まさに前大戦のような拡大されかつ犠牲の多い戦争の繰り返しが防止される筈だった。そのことは、過去との断絶ならびに訴追と裁判のない過去の平和条約締結との断絶を正当化するように見えた。

一九四五年には、このような公的な目標と並んで、もっと別の裁判目的があった。ドイツと日本を戦争における

唯一つの責任者として確定したいと思う合衆国やソ連邦の特別な関心は、既に述べた。[409] その他の目的――そしてこれは、ヴェルサイユ条約の二二七条の裁判計画についても同様に当てはまる――は、ロバート・ジャクソンによって同様に言明された、クランツビューラー［Otto Kranzbühler］は、一九四五年一一月二四日に国際軍事裁判所の裁判官と四名の首席検察官と弁護人側のスポークスマン――ディックス［Dix］とクランツビューラー――との間で「非公開審理で」［in camera］の証拠の提出についてなされたところの、ドイツの弁護人の抗告に基づいて、ニュルンベルクでの審理について報告している。[410] 検察官たちの証拠書類を弁護人たちが遅れることなくドイツ語で利用できるようにせよという弁護人たちの提案に、ジャクソンは、反対した。それは、アメリカ軍は会議決定に従って復員を急ぐという状態にあるのに、あまりにも時間がかかるからということであり、だから、その手続きが約二カ月で終了しない場合には、ジャクソンは、ニュルンベルクにおいてその問題をそれ以上遂行する力がもはやまったくないと。この論証が裁判官たちに明らかにいかなる印象をも与えなかった時、ジャクソンは、合衆国政府がニュルンベルクの手続きで追求する諸目的、また極めて短時間で終結される場合にのみ達成できる諸目的、を引き合いに出した。それについて、イギリスの裁判官閣下ローレンスが、「いったいこの目的は何なのか」とジャクソンに質問した。ジャクソンは、躊躇することなく、また二名のドイツの弁護人が居ることを斟酌することなく、次のように答えた。すなわち、「第一は、ここ一〇年間アメリカの宣伝が示しているように、ナチ体制は実際不適格なものであり非人間的であったということを世界に証明すること。第二に、訴訟手続きと判決は、連合諸国民がその政策によって今後数十年間ドイツ人に対して課さなければならない『懲罰時代』［punitive period］のための基礎を、ドイツ人と世界の目の中に創設すべきだろう」と。

「ジャクソンがローレンスからの思いがけない質問によって重大な政治的な誤りを犯したということを、ディックスと私は、二人ともはっきり知っていた。そして、その誤りは、もしも新聞に取り上げられた場合には、ジャクソン攻撃戦争を理由とした有罪判決の目的とそれが一回限りだったことについての立場に激しく打撃を与えたかもしれない。しかし同様に、その会議の他の参加者たちは、このような公表を弁護人側の悪意あるでっち上げとして弾劾したであろうことは、確かだろう。――ジャクソンが当時『懲罰時代』の下に何を思い浮かべていたのか、私は知らない。しかし、それに見舞われたものにとっては、それは、まず第一に、それに一九四五年から一九四八年までのドイツの住民が計画的に晒されていた飢えと寒さであった(411)」。

国際軍事裁判所の裁判官たちは、周知のように、検察官がそのように理由づけた戦術によって深い印象を与えられなかった。とりわけまたソ連邦やフランスの裁判官たちは不利益を与えられていたからである。すなわち、今後、記録はすべて公然と読み上げられ、そして、英語、ドイツ語、フランス語、ロシア語に同時に翻訳されねばならなかった(412)。

具体的なアメリカの目的――合衆国の中立違反政策の正当化――に、「ドイツ民族は厳しい処罰を受けるのが当然であり、この処罰に対して覚悟すること」をドイツ民族に明らかにするという普遍的な目的が歩み寄って来る筈だった。集団処罰というジャクソンの理念を、一七七五年にバークは、考えられないものとして、「すべての人民に対する起訴を引き出す方法を、私は知らない(413)」と指摘した。イギリスの国際法学者フィッシャー・ウィリアムス［John Fisher Williams］卿は、一九三六年にこの見解の相違を想起させ、そして、「悪事に対する集団的な『刑事』［penal］責任は、原始的な法の教義であり、国際法――たとえ揺籃期にある法だとしても――は、その教義を受け入れない(414)」。と付け加えた。しかしながら、ジャクソンは、自己の国際法上の構想を持ち続けていた。正しい戦争と不正な戦争とについての彼の区別は、「やや古い」、すなわち近代以前の法理論へ意識的に立ち返った。つまり、「reversion to the earlier and sounder doctrines of International Law(415)」である。このようにして、不正な戦争を遂行した集団に対して、集団的な責任を問うことは、まったく首尾一貫していた。クランツビューラーは、「この裁判目的は、失敗した。なぜならば、国際軍事裁判所はドイツの集団責任を否定したからである(416)」と考えた。民族そのものに刑法上有罪判決を下すことが不可能なことに、ジャクソンやマクスウェル-ファイフもまた、気付いていた。もしもこのような意図が公的に表明されたならば、それは、民主主義的国家の建設におけるドイツ人たちの協力を、少なくとも妨げただろう。その結果として二人の検察官は、「法廷において」[in foro]、「自分たちは、『すべてのドイツ民族を犯罪のために処罰』しようとは思わない」と強調した。(417)「非公開審理で」、ローレンスの質問への答えにおいて、ジャクソンは、「刑罰」を、法律学的、刑法的な意味においてではなく、むしろ隠喩的にいえば、過酷な取扱いの意味において、理解した。バークとフィッシャー・ウィリアムズも、彼等の時代に、刑罰方式で根絶されたり荒野へ追い立てられたりした古代オリエントの都市の住民たちのことをもはや思い浮かべていなかった。八千万人のドイツ人あるいは一億人の日本人たちは処刑されたり監禁されたりしなかったかもしれない。そのことは、既に一七七五年に、北アメリカのイギリス植民地の住民たちにも当てはまった。「刑罰」は、絨毯爆撃による都市の破壊によって戦中また戦後――ソ連邦やポーランドによる東プロシャやシュレジアやポンメルンの併合、ドイツ住民の駆逐、ズデーテンラントからも、それゆえに、九百万人の故郷喪失、中央の統治機関や行政機関の除去、占領権力による「完全な統治権」の掌握、国土を占領地帯への分割すること、重工業の解体、通商航海と飛行船航行の禁止、完全な軍備撤廃など――に生じたような、将来にわたっての集団的な責任を意味した。――すべてこれらの措置は、誰彼の差別なく集団に当てはまる。すなわち、駆逐の諸事情による故郷、すべての所有・生命の喪失について、ナチズムへの個人の責任や結び付きが決定するのではなく、居住地や国家所属だけが決定する。「再教育」という公的に宣言されたプログラムは、同様に、誰彼の差別なく敗者にあてはまる。「reeducation」は、以前には、進歩主義的なあるいは社会主義的な刑の執行においてのみ、通例であった。すべてこれらの措置は、――別の、明白な目的を別にすれば――ドイツ人の処罰としても考えられ、そして、ドイツ内外の同時代人によってそう感じられた。

「刑罰」は、世界世論には、当然とさえ思われた。ドイツや日本の指導部は、犯罪的であった。そのことを、ニュルンベルクや東京の国際軍事裁判所の裁判官たちは、立証するであろう。ドイツ人や日本人は、彼等の指導部に従って喜んで犯罪的な戦争に至った。彼等は、その諸都市の廃墟の中で最後まで抵抗した。――連合国は、その勝利を、なんという損失でもって獲得したことか！　それゆえに、ドイツ人や日本人は責任があり、このために処罰される。合衆国大統領ルーズベルトは、一九四四年八月二六日に、自己の国防長官にあてた内々の覚書きで、戦闘行為の終了後のドイツとドイツ人の取扱いについての方針構想を批判し、「連合国派遣軍最高指令部便覧」を明らかに一層厳しく理解することを主張した。すなわち、

「このいわゆる『便覧』は、かなり間違っている。……それは、ドイツはオランダあるいはベルギーと同じ程度に復旧さるべきであり、またドイツ人民はできるだけ早く彼等の戦前の状態へ回復されるべきだという印象を、私に与えている。あまりにも多くのアメリカやイギリスの人民が、ドイツ人民全体には責任がないという見解を抱いていた。……ドイツ人民全体に、全国民が現代文明の品位に対する不法な共同謀議［conspiration］に従事していたということを痛感させせなければならない」(418)と。

哲学者たちは、刑事責任と政治責任との間を、道徳的責任と形而上学的責任との間を、区別するかもしれない。(419)世界の意見は、常に単純化に志向されて、責任や刑罰をすべて、このような洗練化なしに結びつける。

「東京裁判」も同様に、正統化への要求を満たす予定だった。合衆国は、日本の場合には、無条件降伏を即座に強要するために、大都市への絨毯爆撃にさらに、広島と長崎の核殲滅を付け加えた。日本は、一八六八年の国境線へ戻され、獲得物や植民地――朝鮮、満州、台湾、樺太、千島、沖縄、小笠原諸島――を失った。そのことは、六五〇〇万人の日本人の追い出しと本国送還へと至った。約三〇億ドルの在外預金は没収された。それに加えて、完全な武装解除、産業や貿易の「解体」、「浄化」が加わった。すなわちアメリカの軍事政府は、一八万人の職務担当者を、政府、行政、経済、教育制度における指導的地位から除去した。一九五二年までに、日本は、占領の高いコ

ストを支払わねばならなかったし、その後でも、戦争中に東南アジアで占領した国への賠償を支払わねばならなかった。[420]日本に加えられた戦争の結果と負担へのかかるキーワードは、ドイツが担わなければならなかったところの諸帰結と一致し類似していることを明らかにする。違いは、特に、いわゆる浄化[421]が量と強烈さの点で高度であることで、それは、四つの占領列強の存在と結局四五年続くドイツ分割の存在から生じた。ジャクソンがニュルンベルクの国際軍事裁判所の裁判の目的として特色づけたものを、東京裁判におけるアメリカ人の首席検察官キーナンは、しようと思えば正確に定義できたろう。動機と目標は、同じなのであったから。

国際軍事裁判所の裁判が目論んだ正統化作用は、一九一九年に意図された皇帝ヴィルヘルム二世ならびに八五四名のドイツの戦争犯罪人に対する裁判にも与えようと思っていたものだった。当時既に、ドイツの「征服[Eoberung]戦争」や「世界に対して犯された最大の犯罪」について語られていた。[422]いわゆる条約(二三一条)の戦争責任条項は、賠償支払い義務を、「ドイツとその同盟国の攻撃」でもって根拠づけていた。すなわち、彼等は「すべての損失と損害をもたらした張本人」として支払うべきだと。[423]

第三の目的は、二つの世界戦争のより深い意味から生じた。丁度、一九二八年以来の日本の膨張[Expansion]が合衆国の太平洋での覇権ならびにヨーロッパ植民地強国の太平洋における利害と衝突していたのと同様に、ドイツが獲得しようと努力していたヨーロッパの覇権強国という役割は、伝統的なヨーロッパの強大国の利害と衝突していた。一九一九年において「国際道徳及び条約の尊厳に対する重大な侵犯」と呼ばれ、また、一九一九年と一九四五年において、攻撃戦争ならびに征服戦争という「最大の犯罪」と呼ばれ、それに加えて、無数の戦争犯罪および人道に対する物凄い犯罪と呼ばれたところのものが、大規模な過程において、ドイツと日本の指導部に立証されえたならば、その際、ドイツと日本は、道徳的に葬られ、そして、以後数十年にわたり――永久にではないが――、覇権者の役割について失格とされた。それは、かつて詐欺的な破産を理由として有罪判決を受けた商人が再び専門分野の指導者になるチャンスがほとんどないのと同様である。

いくつかのニュルンベルクの後続裁判において、この裁判目的は、伝統的なドイツのエリートたちに対して個々的に追及し続けられた。すなわち、クルップ、イーゲーファルベン、フリックに対する三つの裁判において、法律家裁判において、将官（ミルヒ［Milch］元帥、国防軍最高指令部、「南東将軍たち」）〔訳註〕に対する三つの裁判において、外務省と銀行の代表者に対するヴィルヘルムシュトラッセ裁判において、被告人たちは、同時に彼等のグループの代表者として、出廷した。彼等とともに、ドイツの大工業、将官、法律家たちの本省官僚、外交官たち、銀行家たちが、征服戦争とナチ犯罪への巻き添えや関与を理由とした裁判の証拠およびその刑法上の有罪判決とによって、社会的ならびに国家的な指導グループとして道徳的に誹謗され、将来にわたり排除される筈だった(424)。このグループを誹謗することは、なるほど著しく不成功だったが、しかし、その失敗は四つの事情に基づいていた。すなわち、（日本人の場合と同様に）ドイツ人の「懲罰時代」は、予想よりも早く終了した。なぜならば、ドイツ人と日本人は、東西対立が公然化した後に、特に一九五〇年の朝鮮紛争［Konflikt］以後に、同盟者として必要になったからである。ドイツと日本が窮乏化した帰結は、西側の戦勝列強の国家財政を苦しめ、世界経済一般に損害を与えた――そのことを、法律家のジャクソンは、考慮しなかった。裁判の目標と実施方法は、その間に、ドイツ人には、非常に問題あるものと思われるようになってきたので、アメリカの占領地帯においては、一九五二年には既に、ドイツ人の僅か一〇パーセントが戦争犯罪人裁判を歓迎しただけだった(425)。犯罪行為者だけが個人として被告席に座ったのではない――彼等とともに彼等のグループという集団も一緒に――ということを、多くの事情が証言している。戦争犯罪人裁判のそれ以上の遂行に反対する、また既に有罪とされた者の禁固の持続に反対する抵抗は、一九四八年以来、まずドイツの司教たちによって、次に連邦政府、並びに連邦議会の議員たちによって、明確に表明された。その人たちはすべて、ナチ体制によって危険に晒された反対者たちなのであった。アメリカの弁護士や法律家たちによっても述べられ、アメリカ議会の議員たちによって取り上げられたところの、個々の事例における多くの手続きの法的な問題性に反対するプロテストを別とすれば、(426)西ドイツの急速な復興、また再軍備――新しい政治階級の課題――は、産業、銀行、将官たちの集団的な名誉毀損が続く限り、少なくとも困難であった。(427)

〔訳註〕 南東将軍たち［Südostgenerale］――一九四一～四五年に「南東ヨーロッパ」すなわちユーゴスラヴィアとギリシャにおいて指揮し、パルチザン撲滅にまきこまれたドイツの将軍たち。その将軍たちがアメリカ軍に捕らえられた場合には、彼等には共通してニュルンベルクでの裁判が行われた。

ドイツにおいても、日本においても、西側の裁判権所有者たちは、一様に反応した。すなわち、有罪とされた者が絞首刑に処せられず拘禁中に死亡しなかった限り――東京裁判において禁固刑を宣告された政治家や軍人たちのうち、禁固中に六名が死亡した――、彼等は、一九五二年から一九五八年までの間に釈放された。ニュルンベルクの国際軍事裁判所の有罪者のみが例外であった。いかなる場合にも、訴訟手続きは、再開されなかった。訴訟手続きや判決の法的な再審査の諸結果は、恩赦の速度にのみ影響をもたらした。(428)それゆえに、有罪宣告は、維持され続けた。しかし、有罪者の禁固が「態度良好を理由として」短縮され、結局その時々の管轄権を有する軍司令官の恩赦証明によって終結されたことによって、有罪宣告の事実上の個人的な帰結は、除去された。この様にして、連合国は、その面目を保ち、世界の世論に向けて、判決と有罪宣告を維持した。ドイツ人たちは、自分たちは所与の状況の下ではもはや達成できず、事実上の禁固終了で満足するということを、認識した。西側連合国の軍事裁判所の判決に反対する異議の申し立ては、たしかに、法と訴訟手続きの重大な瑕疵が理由とされはしたが、しかし、結局のところ、すべての裁判に該当するものであり、ドイツの裁判所だったとしても同様の判決を下したであろう。戦争の相手方や敵だったものの裁判所による同胞の有罪化――それに加えて自己の土地で――は、敗れた戦争の相手方にとってさらなる屈辱と思われたし、それは、ナトーや西ヨーロッパ連合の軍事同盟における今や目的を目指して進んでいる協力関係とは相容れないものだった。かかる有罪化は、政治的犯罪や戦争犯罪や政府犯罪における自己の重罪裁判権の原理とも相容れなかった。つまり、戦争犯罪や人道犯罪に大赦を与えるかどうかは、ドイツ人たちにとっては問題でなかった。ドイツ人は、戦争犯罪や人道犯罪を自ら裁こうと欲した。五〇年代の末以来ドイツの刑事法廷で始まったナチ犯人に対する裁判[429]——四〇年後まだ終わらないが——は、ここで展開されたテーゼを強調している。

ニュルンベルクと東京の裁判において、個人の不正もまた、償われるはずだった。国際軍事裁判所やニュルンベルクの後続裁判におけるアメリカの裁判所は、訴訟手続きや法発見における種々の欠陥にも拘らず、司法という形式においてならびに司法という道具を用いて階級の敵を制圧したソヴィエトの法廷と同一視できないのは、疑いの余地がない。もしもソヴィエトの裁判所ならば、——例えば、「オットー・スコルツェニー［Otto Skorzeny］とその他の人々」事件（UN-Law Reports, Bd. IX Nr. 56）における一九四七年九月九日のアメリカ占領地帯のアメリカの軍事法廷の様には——公開の戦争犯罪人裁判を、最高刑なしにはあるいはすべての被告人たちへの無罪判決でもっては、決して終わらせなかっただろう。しかし同時に、ニュルンベルクと東京の判決の刑法上の贖罪は、より高度の政治的な目的への手段であった。ドイツの許し難い犯罪［scelus infandum］や戦争犯罪を処罰することは、〔ニュルンベルクの後続裁判における〕医師裁判や特別行動隊《アインザッツ・グルッペン》裁判において、また強制収容所の警備班に対してダッハウにおいて、またイギリスやフランスやその他の同盟国の軍事裁判所によってヨーロッパの至る所において、遂行された裁判において、中心になっていた。同じことは、戦争犯罪や人道に対する犯罪を理由とした日本の将校や兵士に対する諸裁判についても当てはまる。それらの諸裁判は、重大な裁判とくに国際軍事裁判所で検察官や裁判官たちがドイツや日本の政治や悪行について描いたところのイメージに、もはや寄与しなかった。

さらに別の目的が作用していたのかもしれない。例えば、敵を屈服させるために四年以上巨大な費用と大きな犠牲をもたらしたに違いないところの、あるいは他国の占領の下で多年苦しんで来たところの、諸民族の復讐欲や正義欲を満たすということが作用していたのかもしれない。

ニュルンベルクと東京の裁判を説明するに際して、責任や贖罪よりも政治的目的に優位を認めることは、法的ニヒリズムではない。完結してしまった過去を清算するために必要であるとわが国ではみなされている無条件の合法性原理は、国際的には、そんなに高く評価されていない。この確認のためには、一九五〇年から一九九二年の間の軍事的な紛争において犯された戦争犯罪や人道犯罪を処罰することが、大抵は完全に欠如していたかあるいは非常に控え目であったという事実で十分である。インド・パキスタン戦争後の一九七一年にバングラデシュという新しい国家の政府は、捕虜となっていた一九五名のパキスタン陸軍の将校や兵士を戦争犯罪とジェノサイドを理由として起訴しようとした時――それにはいくつかの動機があったのだが――、パキスタンは、容疑をかけられていた戦争捕虜のバングラデシュへの引き渡しをインドがやめるよう、国際法廷において提案した。[430] インドは、国際司法裁判所の管轄権を否認し、バングラデシュがパキスタンの将校や兵士に対する裁判を断念することを、交渉において達成した。それによって、一九七三年に国際司法裁判所における手続きも落着した。[431] パキスタン政府は、バングラデシュにおいて、一九七一年の戦争中におけるパキスタン陸軍の暴力行為について公式に謝罪した。このようにして、その出来事すべては、史料編纂的脚註のためにだけ役立った。[432] この紛争終結の形態は、司法のない、法に疎遠な時代への逆戻りではまったくない。そのようなやり方は、アリストテレスからカントまでが平和条約締結における政治的に最上の様式として記述したところの、二〇世紀にまで達する古くからの伝統に一致する。公式の謝罪は、まったく新規なものである。旧ユーゴスラヴィアにおける戦争犯罪や人道犯罪を訴追するための安全保障理事会による一九九三年の「国際法廷」の設置は、むしろ、一九四五～五〇年の例外状態への「逆戻り」である。この「国際法廷」がとりわけ世論を鎮静するための安全保障理事会の政治的なジェスチャーであり、軍事的な干渉［Eingreifen」のための代償物であることは、確かである。ボスニア‐ヘルツェゴビナにおける絶え間のない残虐行為についての一九九三年秋の報道に従えば、意図された見せしめ的な作用は生じなかった。関係者たちもまた、「国際法廷」の単に象徴的な性格を認識していたということらしい。

　ニュルンベルクと東京の裁判を行わせる基になった大きな政治的な諸目的があったならば、これらの目的こそが「ニュルンベルク」と「東京」とが一回限りの催し物であった理由をまさに説明しているのである。国際軍事裁判所の手続きにとって、無条件降伏と敗戦国の占領がひっくるめて、実際の前提であったのは確かである。この前提は、一九一九年には欠けていたし、このために、ヴェルサイユ条約において企図されていた裁判をも妨げた。しかしそのことから、すべての無条件降伏や全面的な占領の後で攻撃戦争や戦争犯罪や人道に対する犯罪を理由とする裁判が続いて来ると、結論されてはならない。むしろ、このような裁判を円滑に遂行できるためにも、「無条件降伏」や占領が、戦争目標として目指され、実現されなかったのか否かが、問われなければならないだろう。ドイツ内部の反対派や一九四五年七月一三日の日本の和平への探りに対する連合国諸政府の拒否的な態度は、連合国には、即時の停戦は重要ではなく、敗者に対するあのフリーハンド——それを、無条件降伏がもたらし、その無条件降伏は、日本の場合には二発の原子爆弾の投下によって強制された——が重要なのであったということを推測させる。処罰したい個人を処罰することもまた、決断のあの自由に、欠かせないものであった。

　第一次および第二次世界大戦と比較すると、一九五〇年から一九九二年までの間の戦争は、範囲において比較的限定されていただけではなかった。すなわち——世界的に見れば——いかなる場合でも一九一四年と一九三九年のような伸るか反るかの全体性が問題だったのではない。ヴェトナムやアフガニスタンにおける住民の苦しみは、——それ自身として見れば——同じくらいに大きくかつ恐ろしいものであったかもしれないが、世界政治的に見れば、ヴェトナムやアフガニスタンにおいては、その帰結が関与している覇権列強の優越的地位自身を害することのない、広域の境界における武力対決だけが重要であった。その他の多くの紛争もまた、場所的に限定されたままだったし、いかなる紛争も、二つの世界大戦の政治的実体や歴史的水準に達していなかった。これらのいずれの軍事的な紛争が終わったあとにおいても、その勝利者たちには、勝利とその成果を二つの世界大戦後と同じ様に未来のために保障することは、必要とは思われなかった。これらを将来のために保障するためには、軍備縮小だけでは十分でなく、政治的道徳的な資格剝奪も必要であるということ、このような資格剝奪への最大の権威は「国際法廷」を持つということ、――このことを、ヴェルサイユ条約二二七条が十分に証明しているように、ヨーロッパの戦勝列強は、既に一九一九年に知っていたのである。〔それにひきかえ〕サダム・フセインのような人は、このような努力を払う価値のない人だったのである。

最後に結論として質問を続けると、ニュルンベルクと東京の国際軍事裁判所手続きは、その政治的目標を達成したのか？　日本とドイツは、合衆国とともに、また合衆国に続いて、近年、経済的に世界で最強なネイションに数えられている。産業、貿易、財政において、日本とドイツは、彼等が二〇世紀前半において努力し求めた地点に、すなわち頂点に立っている。その限りで、イギリスとフランスは、転落した。ソヴィエト連邦を継承した国家は、困窮し、発展途上国の水準へ転落した。しかし、政治的ならびに軍事的には、一九四一年から一九四五年の勝利者の連携が支配権を握っていた。国際連合安全保障理事会における拒否権を持っている常任ポストの非凡な構成（国際連合憲章二七条三項）は、第二次世界大戦終結時における政治的地政学的な権力状態を化石化した。[433] 核兵器の保有は、いかなるものもこの地位を力ずくで侵害しないという結果をもたらしている。日本とドイツは、――その経済力や財政力にもかかわらず――常に両方とも拒否されるだろう。日本とドイツは、なるほど、一九五六年（日本）と一九七三年（東西ドイツ）に、「平和愛好ネイション」の仲間へ迎え入れられた。「敵国条項」が、形式的に依然として国際連合憲章を飾り立てているということ（一〇七条）は、それゆえに代償なしには削除されなかったということは、両国家が潜在的な敵という地位にあるということをも思い起こさせるし、また思い起こさせる筈である。政治的にドイツと日本は、その経済力に匹敵するいかなる自主的な政治的役割をも彼等に許さない条約や組織の中へ組み込まれて、第二級の国家である。経済的な地位に政治的な地位を緩やかな進化によって適合することに、フランスやイギリスの現状維持への利害が対立するだけではない。ドイツ人や日本人の政治的性格への広く流布された不信感という精神的な現実が障害物なのである。(434)もしも、二〇五〇年やその後に、誰かある人が、「いかにして経済上の能力と政治上の成長萎縮との間の不一致は生じたのか、いかにしてその不一致はそんなに長く変わることなく維持されえたのか」を、問うようなことがあるならば、法律家や歴史家は、ニュルンベルクや東京の裁判をも参照するよう指示するに違いないだろうし、また、このキーワードでもって十分に説得力のある答えをしていることだろう。

註〔原書では脚註〕

（1） カール・シュミット遺稿、ノルトライン＝ヴェストファーレン州デュッセルドルフの国立中央公文書館〔以下RW265と略す〕-338, Nr. 2。

（2） F・フリック（一八八三―一九七二）は、ワイマール共和国以来、指導的なドイツ大工業家の一人。一九四七年一二月二二日に、合衆国軍事裁判所（第五事件、フリック裁判）は、彼に、ニュルンベルクにおいて、懲役七年の刑を宣告した。一九五〇年に、彼は、ランズベルクの戦争犯罪人刑務所から刑期満了前に釈放された。詳細は次のものを。ムンツィンガー［Munzinger］文書館／国際伝記文書館、分冊42／72において。オッガー［Gunter Ogger］の論争的かつ正当性を認められない伝記、Friedrich Flick der Große, 3. Aufl. München 1971。ニュルンベルクの合衆国検察庁の視点からは、Trials VI 1, S. 34ff., 176ff.。最近では、ユング［Jung］、S. 7ff.。

（3） シュナイダーは、一九一二年生まれ、一九四〇年にベルリン経済大学で教授資格（Der Preußische Staatsrat 1817-1918, München 1952）を取得し、そして、一九四三年に、ブレスラウ大学の亡くなったフライターフ－ロリングホーフェン［Freytagh-Loringhofen］の講座に招かれた。一九五一年、チュービンゲン大学教授。一九五五年以来、ハイデルベルク大学。シュナイダーは、傷痍軍人（中佐）としてベルリン衛戍病院で戦争末期を生き抜いていた。

（4） 一九九一年七月三日付の編者〔＝クヴァーリチュ〕あての個人的情報。

（5） Jung, S. 7。

（6） International Conference, S. 47。

（7） 一九四五年六月一二日の„Berliner Zeitung", 1. Jg., Nr. 23。

（8） 一九四五年六月一六日の„Ruhrzeitung"。

（9） 拡大された連合国派遣軍最高指令部捜査リストの前書き。ロート［Karl Heinz Roth］, Einleitung zu OMGUS〔対ドイツ・アメリカ軍政部〕―― Ermittlungen gegen die Dresdner Bank, Nördlingen 1986, 注184を伴ったS.LXXX ならびにS.LXXXIII に基づく引用。

（10） OMGUS（上記（9））S. 220-226。

（11） カレッチュ（一八九八―一九七八）は、フリックの従兄弟。一九二二年以来、フリックの最も親密な協力者の一人で、また、フリック・グループにおいて後年最も影響力のあった人物の一人であった。フリック・コンツェルンにおける経歴や職業上の発展についての詳細は、雑誌『シュピーゲル』12. Jg., 1958, Nr. 38, S. 22ff., 30（人物描写）のフリック表紙関連記事で。カレッチュは、一九四五年に、ベルリンに留まっていた。一九四五年一二月八日に、アメリカ人によって拘禁された。Jung, S. 24を見よ。

(12) 上記(7)を参照せよ。

(13) O・E・フリック［Otto Ernst Flick］（一九一六―一九七四）、フリードリッヒ・フリックの息子。

(14) シュリーカー（一九一四―一九八〇）は、商業経営者でシュペーア軍需省における局長。一九四五年二月フリック・コンツェルンにおける役員（G. Ogger, 上記(2)、S. 239）。イギリス軍事政府の指図でルール地域における工業の再建を組織。一九四九～六二年、鉄鋼ならびに石炭部門の経営者。それ以上の詳細は、ムンツィンガー文書館／国際伝記文書館、一九八〇年一二月六日――分冊49／80。

(15) クランツビューラー法学博士は、一九〇七年生まれ。艦隊裁判官（海軍大佐）。彼は、国際軍事裁判所の裁判においては、センセーショナルな仕方で、デーニッツ海軍元帥を弁護した（以下のものを見よ。グリュントラー［Gerhard Gründler］／マニコフスキー［Arnim v. Manikowski］、Das Gericht der Sieger, Oldenburg 1967, S. 183-193。マーゼル［Maser］、Nürnberg ― Tribunal der Sieger, S. 269ff. ほか各所で。スミス［Smith］、S. 123, 273も。そして現在では特に、テイラー［Taylor］、Nuremberg Trials, S. 398ff. ほか各所で、「〔クランツビューラーは〕ニュルンベルクにおける最高の弁護士の一人であると一般に見なされた」と。またフリック裁判においては、その総代理人ブルクハルト［Odilo Burkhard］博士を、それからクルップ裁判においては、クルップ［Alfried Krupp von Bohlen und Halbach］自身および共同被告人イーン［Max Ihn］を、およびフランス軍事法廷では、ザールの産業家レヒリング［Hermann Röchling］を、弁護した。ヴォルフラム・フォン・ヴォルマー［Wolfram von Wolmar］、Als Verteidiger in Nürnberg ―― Otto Kranzbühler und die Nürnberger Prozesse, Hamburg 1982を見よ。

(16) RW265-220, Nr. 13。それにさらに、(45)において。

(17) カレッチュが一九七一年七月一一日のシュミットの八三歳の誕生日に送った電報では、次のように言及されている。すなわち、「……私は、再三、我々の様々な詳細な、私にとって極めて価値のある議論を思い出す。それは、既にベルリンにおいて一九四五年の全般的な崩壊後すぐに、ティルマンス氏との当時の協力において始まったものである……」(RW265-326, Nr. 114)。

(18) 同学の士シュナイダー氏は、枢密顧問官カール・フォン・レヴィンスキー［Karl von Lewinski］がこの第三番目の人物であった可能性があると考えている。レヴィンスキー（一八七三―一九五一）は、アメリカ人女性と結婚し、一九二一年以来外務省で、一九二二年以来ワシントン駐在大使館参事官（例えば、ドイツとアメリカとの戦後賠償問題委員会におけるドイツ帝国の代表）、一九二五年ニューヨーク総領事、一九四九年中葉以来再びワシントンで、例えば連邦政府の鑑定人として活躍。一九九一年一一月二〇日付のゲオルク‐ディーター・フォン・レヴィンスキー［Georg-Dieter von Lewinski］氏からの情報によれば、カール・フォン・レヴィンスキーは、第二次世界大戦後に連合国の助言者として、ニュルンベルク裁判で働いたとのことである。ひょっとすると、レヴィンスキーもまた、鑑定書の「ノート」を英文に翻訳したかもしれない。

(19) 一九四六年五月一二日の書簡。すなわち、「鑑定書の報酬を、私は、最終的に申告し、税金をきちんと処理した。私は、二二〇〇マルク払わなければならなかった」と。ベルリン大学の、租税法ならびにその近代史に関する評価の高い専門家である同学の士ラゼナック［Christian Rasenack］氏の専門的助言に、私は感謝する。

(20) 私あての一九九一年八月二九日付のシュタント夫人からの個人的情報。

(21) RW265-220, Nr. 176。

(22) 一九五一年一月八日のカレッチュあて書簡（RW265-220, Nr. 180）。

(23) ブリュッセル大学のトミッセン［Piet Tommissen］氏所有の書簡。彼は、親切にも、私に、コピーをくれた。ポーレ［Pohle］（一九〇三―一九七一）は、フリック裁判においては、ブルクハルトの弁護人クランツビューラーを補佐し、クルップ裁判においては、ビューロー［Friedrich von Bülow］を弁護した。ポーレは、一九五三～五七年には、CDUの連邦議会議員、一九六五～七一年には、CSUの連邦議会議員であった。一九六〇年に、彼は、フリードリッヒ・フリック合資会社へ総代理人として入社し、一九六五年に、個人的に、デュッセルドルフのコンツェルン中枢の責任ある業務執行社員になった（Ogger, 上記（2）、S. 349f. を見よ）。

(24) 五〇年代の文通においては、話題は、シューマン・プラン（一九五三年二月一八日の書簡）についての、また「ヨーロッパ石炭鉄鋼共同体との関連における社会化の問題についての」（一九五三年五月二七日）、やりとりである。

(25) 私あての一九九一年八月二九日付のシュタント夫人からの個人的情報。――一九五三年のシュミットの六五歳の誕生祝いの客として、カレッチュは、聖バルバラの彫像を、すなわち、ブーデルス‐ヴェツラー［Buderus-Wetzlar］家からの鋳込み鉄を持参した（私あての一九九一年一一月一日付のヒュスメルト［Ernst Hüsmert］氏からの個人的情報）。それは、シュミットがブーデルス鑑定書――それを、シュミットは、一九五二年三月に作成した（„Rechtsstaatliche Verfassungsvollzug"という題で一九五八年に発表されている。„Verfassungsrechtlichen Aufsätzen", S. 452-488所収）——へ深い関係があることを暗示していた。ブーデルス製鉄所は、一九五六年に初めて、フリック・グループによって取得された（Ogger, 上記(2)、S. 329ff. を参照せよ）。しかし、そのことは、カレッチュはブーデルス製鉄所では新人であったものの既にその企業と関係をもっていたということを否定するものではない。

(26) RW265-323。

(27) クラウス（一八八四―一九六五）は、一九一九年以来、公法の正教授。一九二八年以来、ゲッチンゲン大学、そこでの国際法研究所の創設者。一九三七年に強制退職。一九四五年に再任。国際軍事裁判所において、シャハトを弁護した。戦争犯罪人裁判の法問題へ多くの鑑定書を執筆した。FS Herbert Kraus, Kitzingen/M. 1954, S. 466-468において実証されている。

(28) „Das Kriegsverbrechen und seine Verfolgung in Vergangenheit und Gegenwart — Eine völkerrechtliche Studie", JIR, Bd. II/III, 1948, S. 283-334。——マンゴールト（一八九五―一九五三）は、一九三二年に教授資格取得。一九三六年以来チュービンゲンで公法および国際法を教え、一九四一年イエーナ、一九四三年にキール、一九四七／四八年学長。シュレスヴィヒ-ホルシュタインの内務大臣、憲法制定会議の有力メンバー（一九四八／四九年）。マンゴールトは、研究所図書館をシュレスヴィヒ-ホルシュタインの村へ移し、そこで、一九四四年秋以来、上述の論文を執筆した（序文S. 283および編集者の追悼文—— JIR, Bd. 3, 1954, S. 5——を参照せよ）。

(29) ベンダースキー［Joseph W. Bendersky］, Carl Schmitt — Theorist for the Reich, Princeton/N. J. 1983, S. 234ff. の説明、およびクヴァーリチュの論文（Quaritsch, S. 13ff., 31FN44ほか各所で）は、例示的にさらに補足している。すなわち、ベルリン大学の国際法講座担当者ならびに外国公法および国際法のカイザー・ヴィルヘルム研究所長であったブルンス［Victor Bruns］の死後、一九四三年九月に、学部は、既に定年になっていたハイデルベルク大学のヴィルフィンガー［Carl Bilfinger］（一八七九―一九五八）を、後継者として推薦した。なぜならば——学部記録の伝えるところによれば——、シュミットは、研究所の管理や国際法への専念によって、自己の「学問的作業が妨げられ、制約されたくなかった」からである（ティリィッキ［Christian Tilitzki］, in: Siebte Etappe, Bonn 1991, S. 68, 113 FN 31。そこでは、一九四三年一二月二三日付の任用の発議が指摘されている）。学部は、シュミットを推薦しないためには、否定的な推測をあえてしなければならなかった。他方において、学部は、もしも、ヴィルフィンガーを学問的に一層有能であると述べたならば、物笑いの種になったであろう——ヴィルフィンガーは、「政治的」にのみ有能だった（例えば、Bilfinger, Das wahre Gesicht des Kellogg-Paktes, 1941を参照せよ)。この時代のシュミットのアカデミックな状況を、「ナチス党のすべての精神的かつ世界観的な教育を監督するための総統の代理者のポストにおける科学中央局」に対する、一九四二年七月一九日のW・ヴェーバー(上述の註解(3)を参照せよ)の態度表明が明らかにしている。ヴェーバーは、ベルリン大学の大管区教員指導者ヴィリング[Willing]教授との紛争を契機として、まず四ページにわたって自己の「プロイセン枢密顧問官カール・シュミット教授への関係」(標題!)――この関係は、この争いにおいて、彼に対して非難された――を述べなければならなかった。ヴェーバーは、巧みに議論し、気高く反応した。すなわち、「自分の学問的な作業は、シュミットからまったく影響を受けず、私は、カトリックでも教皇至上主義でもない。しかし……人間ならびに教師としてのシュミットに、私の高い評価を与えるということを、私は明言する」(Bundesarchiv Koblenz, NS 15/227, Bl. 143-146)。

(30) ヘーネ[Heinz Höhne]、Die Zeit der Illusionen――Hitler und die Anfänge des Dritten Reiches 1933-1936, Düsseldorf 1991。

(31) Quaritsch, 113/14を参照せよ。私あての一九九一年一〇月三〇日付のボン大学のアルトマン[Rüdiger Altmann]博士からの個人的情報。アルトマンは、一九四三~四五年にシュミットの講義を聞いた。シュミットがナチズムを拒否していたことは、彼の講義の受講者たちにも明白になった。一九九三年二月二七日付の弁護士イェシュテット[Rudolf Jestaedt]博士の個人的情報。イェシュテットは、一九四〇年に、シュミットの講義を聞いていた。

(32) 一九九一年八月二九日付のシュタタント夫人からの個人的情報。

(33) ブリュッセル大学の同学の士トミッセン氏の所有。彼は、その冊子を、吟味と比較のために私に譲ってくれた。シュミットは、彼に、そのタイプ印刷を、一九六五年四月一二日に、その他の原稿とともに贈った(一九九一年九月四日付の私あての個人的情報)。

(34) この筆写のさいに、一つの変更が行われた。第五章の題名は、テキストにおいては、「個々の国民、とくに経済的に活動している普通のビジネスマンの立場」となっている。これに対して、目次においては、「第五章　個々の(政治的指導者層に属さない)国民、とくに『戦争』というインターナショナル法上の犯罪の正犯者あるいは共犯者としての普通のビジネスマン」となっている。第一章と第四章についてもまた、テキストと「概要」における題名は、食い違っている。

(35) もう一度、「概要」の目次における第五章の題名の表現は、テキストにおける題名から逸脱する。テキストにおいても稿本一においても、「個々の国民、とくに経済的に活動している普通のビジネスマンの立場」となっているならば、テキストは、目次においては、変えられて、確定と帰結――すなわち、「政治的指導層に属さない個々の国民、とくに普通のビジネスマンは、通常なら、『戦争』というインターナショナル法上の犯罪の正犯者でもなければ共犯者でもない」――に至った。この不一致は、そのまま、筆写へ受け継がれた。

(36) RW265-220, Nr. 13。シュミットは、一九四八年一二月二二日に、その返事を発送した。シュミットは、その返事を、カレッチュ書簡を受けて、自ら起案した。けれども、その（比較的長い）テキストは、ガーベルスベルガー速記術で起草された。それを、私は、判読できない。

(37) この冊子のコピーを、フランクフルト大学のマシュケ氏が私に譲ってくれた。

(38) 私あての一九九一年八月の同学の士グレーヴェ氏からの個人的情報。シュミットがグレーヴェに、「法の問題としてのニュルンベルク」について礼を述べた書簡は、„Glossarium", S. 120f.（一九四八年四月三日）に再現された。シュミットは、その著作を読んだ彼の第一印象を、一九四八年三月一四日に、記録した（Glossarium, S. 114f.）。彼は、一九四八年一〇月一六日に、グレーヴェの„Ein Besatzungsstatut für Deutschland"を読んだ後で、以下のように書き留めた。すなわち、「いずれにしても、グレーヴェの国際法学的な業績は、完全に卓越している。今や、彼は、ドイツの第一の国際法学者である。業績と課題だけでなく、状況もまた、そうである。あらゆる良き守護神が、その点で、彼を助け給え」と（Glossarium, S. 203）。

(39) Glossarium, S. 167（一九四八年六月二〇日）。

(40) 戦争犯罪人の範囲にドイツ経済の代表者たちを含めることについての一九四四年／四五年の西側連合国の論述や意見の相違を、ロート(9)、S. LXXIVff. が叙述している。アメリカの歴史家ドーン〔Walter L. Dorn〕のインサイダー報告 Die Debatte über die amerikanische Besatzungspolitik für Deutschland (1944～45)，(Vierteljahresschrift für Zeitgeschichte 6 (1958)，S. 60, 63ff. 所収）が関係者のイデオロギー的背景について根本的に叙述。シェベナー〔Burkhard Schöbener〕, Die amerikanische Besatzungspolitik und das Völkerrecht, 1991, S. 187ff. が、新たに詳細に叙述。

(41) 一九四六年一〇月一八日の第七号命令（一九四七年二月一七日の第一一号命令による補遺を伴った Amtsblatt der amerikanischen Militärregierung, S. 10ff., 付録Ⅲ）。その命令のオリジナルなテキストは、"Trials" の各巻に再録された。例えば、フリック事件は、Bd. VI, S. XXIII-XXIV。

(42) 第七号命令二条b。

(43) 占領地域の一般住民に対する殺人および虐待、あるいは彼等を強制労働へ連行すること（管理理事会法律第一〇号二条一号

b)、奴隷化、強制連行、自由の剝奪あるいはその他の一般住民に対して行われた非人間的な行為(管理理事会法律第一〇号二条一号c)。詳細については、以下のものを参照せよ。Trials, Bd. VI, S. 53ff.（起訴）、1194ff.（判決）。Jung, S. 51ff. また上述のクニーリエム［Knieriem］, S. 469ff., 532ff. を見よ。

(44) ゲッティンゲン大学の国際法学者クラウス［Herbert Kraus］は、弁護人側の求めに応じて、私人にもとづく国際法の主体性という問題についての法鑑定を行った。自分たちの言葉の選り好みをほとんどしない検察側代表たちは、その鑑定書を、「援護文書」と呼び続けた。その鑑定書の問題と内容については、Jung, S. 179ff. を見よ。

(45) シュミットあての一九四八年一一月二六日のカレッチュの書簡。すなわち、「ニュルンベルク市マキシミリアン通り二八番地のクランツビューラー博士に、私は、今日また、冊子一部を送り、校閲後に貴方がたとの結び付きを始めることを願った」と(RW 265-220, Nr. 13)。

(46) シュミットあての一九四八年一一月二六日のカレッチュの書簡。「私は、数週間前に持たれた我々の話し合いを引き合いに出す……」(RW 265-220, Nr. 13。上述の(16)を見よ)。

(47) RW 265-63。「平和に対する犯罪」は、イーゲーファルベン裁判（事件六）、クルップ裁判（事件十）、いわゆるヴィルヘルムシュトラッセ裁判（事件十一）、国防軍最高指令部に対する裁判（事件十二）においてのみ、起訴の対象であった。その点については、けれども、法廷は――ときたま、個々の裁判官の一致した意見でもって――、無罪の判決を下した。Trials, Bd. VIII, S. 1124-1128（イーゲーファルベン）、Bd. IX, S. 390-466（クルップ）、Bd. XI, S. 485-491（国防軍最高指令部）を参照せよ。それに加えて、Knieriem, S. 536ff. を参照せよ。ザールラントの産業家レヒリング［Röchling］に対する裁判において、フランスの軍事法廷は、その被告人に対して、「平和に対する犯罪」のかどでも有罪とした。けれども、控訴裁判所は、一九四八年六月三〇日に、第一審の判決を、その点については、破棄した。なぜならば、攻撃戦争へのレヒリンクの関与は、立証されなかったからである。Trials, Bd. XIV, S. 1061-1096, 1107-1110を参照せよ。既に一九四六年七月に、ポーランドの最高裁判所は、グライゼル［Arthur Greiser］――一九三四～三九年、ダンツィヒの市長――を有罪とした。それによって、ヴァルテガウ［Wartegau］の帝国地方長官は、攻撃戦争の指導も含めた様々な犯罪のかどで死刑になった(UN-Law Reports XIII, Nr. 74, S. 70ff., 104, 106ff.)。「彼は、かつてかかる根拠に基づいて有罪とされた最初の人物であるという不名誉が相応しかった」(Taylor, Vietnam, S. 87ff., ドイツ語版 S. 98)。

(48) ヴァイツゼッカー、ケップラー、ボーレ［Ernst W. Bohle］、ヴェルマン、リッター［Karl Ritter］、エルトマンスドルフ

［Otto von Erdmannsdorf］、フェーゼンマイヤー［Edmund Veesenmayer］、ランメルス、シュトゥカルト［Wilhelm Stuckart］、ダレ［Richard Walter Darré］、マイスナー［Otto Meissner］、ディートリヒ［Otto Dietrich］、ベルガー［Gottlob Berger］、シェレンベルク［Walter Schellenberg］、シュヴェリーン・フォン・クロージク［Johann L. Schwerin von Krosigk］、ケルナー、プライガー［Paul Pleiger］は、この訴追の下にあった。検察当局は、訴訟手続きの終結前に、ポーレ、エルトマンスドルフ、マイスナーに対するかかる訴因を撤回した。Trials, Bd. XII, S. 36ff., 419ff., Bd. XIV, S. 28ff.を参照せよ。公訴の提起に責任があるアメリカの首席検察官テイラーは、二〇年後になって、ヴェトナム戦争の事例においてそれが非難される可能性を限定するよう説明するために、その後続裁判の判決を引用した（Vietnam, S. 87ff.、ドイツ語版はS. 97ff.）。

（49） 裁判所は、一九四九年一二月一二日の修正決定によって、ヴァイツゼッカー、ヴェルマンに対する平和に対する犯罪を理由とした有罪判決を再び破棄し、彼等の刑期を七年から五年に軽減した。ヴィルヘルムシュトラッセ訴訟の判決は、Trials, Bd. XIV, S. 322ff., 866ff., 950ff.。それらは、ドイツ語に完全に再現された。すなわち、Wilhelmstraßen-Prozeß, 1950に。

（50） クランツビューラー博士は、問い合わせに対して私あてになされた一九九三年一一月二日の書簡において、この慎重さを、確認した。彼は、なるほど、四五年後に、この経過をもはや思い出すことはできないとしても、しかし、一九四九年二月四日の自分の手紙を、ヴァイツゼッカーの弁護人のベルリンの弁護士ベッカー［Helmut Becker］と話し合わなければならなかったのだろう。

（51） なかんずく、フリックの事例については、イェシェック［Hans Heinrich Jescheck］は、この関連において、次のように確認する。すなわち、「……その死活のために戦い、その住民が極めて厳しい耐乏生活と絶え間ない空襲に耐えねばならない国家が、その占領地城に経済的な夢の国の状態を実現しなければならないというようなことを、人々が要求するならば、それは、机上の空論である。占領軍へ不可能な要求をしないで、占領された国々の基礎的な生活必需品を調達するというような平均的に並の解決策は、ニュルンベルク判決からは発見されず、しかもまた、まったく求められなかった」（S. 345）と。

（52） シュミットのテキストについての編者による註解（142）（第四章3における）を参照せよ。

（53） Wilhemstraßenprozeß S. 282、すなわちTrials, Bd. XIV, S. 875と同じ。

（54） Glossarium, S. 138（一九四八年四月二四日の箇所への書き入れ）。

（55） 法律顧問官ディックス博士（一八八四―一九五二）は一九二七年以来、ドイツ弁護士協会の首脳部におり、一九三二～三三年には、その会長。バルトマン［Ferdinand Bartmann］, Anwaltsblatt 1952, Heft 4, S. 49（追悼文）をみよ。

(56) ニュルンベルク『国際軍事裁判』［IMT］XVII, S. 499–536。ザイドル［Alfred Seidl］, Der Fall Rudolf Heß, 3. Aufl., München 1988, S. 52–88においても、復刻されている。上掲の『ニュルンベルク国際軍事裁判』が再現しなかった史料および文献リストとともに、国際法の部分は、ヤールライス［Jahrreis］, Mensch und Staat, Köln 1957, S. 205–232に復刻されている。――既に一九四五年一一月一九日に、全弁護人側は、法廷への請願書において、現行国際法によれば、「政治家、将軍、経済指導者たち」は「攻撃戦争」という犯罪のかどで個人的に国際法廷に立たされ、刑法上で有罪とされるようなことはないと、主張した。すなわち、弁護人側は、「法廷は、国際的に承認された国際法学者たちによって、法廷の規則に基づくこの裁判の法的な根拠についての鑑定をしてもらったらどうか」と、要求した。法廷は、この請願の委託を、憲章三条（国際軍事裁判所の管轄権は、疑われてはならない）に反するという理由でもって拒否した。IMT 1, S. 186–188を参照せよ。

ヤールライス（一八九四―一九九二）は、一九二七年、ライプチッヒ大学で、公法ならびに国際法の教授。一九三二年グライフスヴァルト大学、一九三七年、ケルン大学。一九五八～一九六〇年西ドイツ学長会議議長。著作は、FS H. Jahrreiss, hrsg. v. K. Carstens/H. Peters, Köln 1964, S. 503–508。

(57) ザイドル（(56)）、S. 88。今や、Taylor, Nuremberg Trials, S. 475が証明している。国際軍事裁判所の裁判官たちは、六月二七日以来、内密にその問題を審議した。しかし、フランスの裁判官（およびパリ大学の刑法学者）のドゥー・ヴァーブル［Henri Donnedieu de Vabres］だけは、二つの覚書き（ヤールライス教授を擁護するための註釈）において、なぜ「平和に対する陰謀」を理由とした処罰が事後法の禁止に反するのかを理由づけたが、それによって、イギリス、ソ連、合衆国出身の同僚たちにはいかなる成果も与えなかった。裁判官たちは結局、とりわけ、どの時点から「平和に対する陰謀」が始まったのかについての問題をめぐって論争した。スミス［Smith］、S. 138ff.を参照せよ。

(58) 将官（ナチ政権下の国防軍最高司令部）に対する一九四八年一〇月二七日の軍事法廷第五部の判決。Trials, Bd. XI, S. 482。

(59) 誰を被告席につけるかについてのロンドンでの審理については、Smith, S. 77ff., 85。今や、詳しくは、Taylor, Nuremberg Trials, S. 78ff. および各所で。

(60) 上記(39)で。――その論述は、被告人たちが彼等の弁護人を自由に選ぶことができなかったがゆえに、「理論的」である。法廷における「ナチス・プロパガンダ」を妨げるために、アメリカの軍事政府は、ナチズムへ明白な距離をもった弁護士たちのみを認めた(Smith, S. 97)。弁護士リストを、軍事政府と、ベルリンの連合国共同管理委員会における合衆国代表団との法律顧問——レーヴェンシュタイン〔Karl Loewenstein〕——が、彼の未刊の回想録から推定されるように、かかる意図で審査した（タイプ原稿S. 246)。

レーヴェンシュタイン（一八九一―一九七三）は、一九三一年、ミュンヒェン大学の公法の私講師。一九三三年亡命。一九三六年以来、アメリカ合衆国アマースト大学教授。著作は、FS K. Loewenstein, Tübingen 1971, S. 509-516を見よ。

(61) Glossarium, S. 137の弁護士コッホ〔Justus Koch〕博士あて一九四八年四月二四日付書簡を参照せよ。コッホは、ニュルンベルクの「ヴィルヘルムシュトラッセ裁判」において、ケルナーとプライガーを弁護した。

(62) ドイツ連邦共和国においては、マックス・プランク研究所によって、ハイデルベルクにおいて、同じ名前で継続された。

(63) 遺稿RW265-469にある、「情報局長官」コンラッド〔Conrad〕将軍あてドゥシュカ・シュミット夫人からの一九四五年一一月二日付書簡に基づく日付。同じ箇所にある、同じ宛名あて教授シュナイダー〔Hans Schneider〕博士からの一九四五年一一月五日付英文の書簡において、差出人は、彼の図書の押収に対して抗議している。レーヴェンシュタインがシュミットの抑留と図書の押収を指令したということは——その事を、シュミットは、絶えず想像していたが——、確かだと思われる（シュティーフェル〔Ernst C. Stiefel〕／メクレンブルク〔Frank Mecklenburg〕, Deutsche Juristen im amerikanischen Exil 1933-1950, Tübingen 1991, S. 198)。レーヴェンシュタインは、ベルリンの弁護士ザレ〔Friedrich Carl Sarre〕博士の有力な話し相手であった。ザレは、ドゥシュカ・シュミット夫人の委託を受けて、一九四五年一二月五日に、軍事政府からシュミットの釈放を実現させるということだったが、しかし、実現しなかった。そして、とにかく、楽観的な状況判断を伝えるくらいだった。すなわち、「貴方の御夫君の特別な事例に関して言えば、レーヴェンシュタイン教授は、親切に意見を述べようとせずに、『貴方の御夫君はいわゆる戦争犯罪人の中に数えられて裁判上の断罪についての考慮の対象であるということではなくて、自動逮捕事件の再調査が進むにつれ彼の釈放が予想されうる』ということを信じている」（ザレからシュミット夫人あて一九四五年一二月六日付書簡。RW265-469）と。この情報は、レーヴェンシュタインがちょっと前に——一九四五年一一月に——シュミットについて彼の戦争犯罪人としての処罰を基礎づけるために報告していたところの鑑定書（„Observations on Personality and Works of Professor Carl Schmitt“）に明らかに矛盾した。すなわち、「シュミットがかの全体主義に進路を与える権威として見なされるような国においては特に、処罰に関して彼に不可侵特権を認めることは、軍事政府に対するナチズムの勝利と見なされるだろう」（シュティーフル／メクレンブルク、上述書S. 199に拠る引用）と。

(64) Glossarium, S. XVI Anm. 8に記されているカイザー［Joseph H. Kaiser］の情報。

(65) 私あての一九九三年二月一〇日のテュービンゲン大学の同学の士シュヌール［Roman Schnur］氏からの個人的情報。シュミットとカトリックのルター研究者ロルツ［Joseph Adam Lorts］（一八八七―一九七五）との間の友情については、トミッセン、Schmittiana III, S. 85 (Anm. 45)を見よ。

(66) シュミットからシュテーテル［Rolf Stödter］あて一九五五年一月二六日付書簡に拠る（RW265-456）。――彼は、五八冊の書籍を、あの研究所に寄贈した。トミッセンの上述書を見よ。

(67) あの時代のフランクフルトの古書売買業者の間の噂に拠る。私あての一九九三年二月三日の古書売買業者ザウアー［Wilhelm Sauer］氏からの個人的情報。それは、「シュミットは、書籍審美家として、その表題紙が捺印によって汚くなっていた書籍を、もともと決して買ったことがなかった。」という付記を伴っている。――ロルフ・ケルスト古書店（所有者は、グロース［Erich Groß］は、「教授カール・シュミット博士蔵書から」の三つのカタログ、すなわち、一九五四年一二月一八日のA47／54と48／54（I「一般国法と国家学」、II「国際法。国際関係」）ならびに1／55（「憲法と行政法」）を、多くの人々に送付した。国際法部門にナンバー五三四～七九四を含んでいるカタログ48／54は、シュミットの蔵書の正確な再構成を全く可能とするものでないことは確かである。なぜならば、カタログがはっきり書き留めたことだったが、書籍の在庫はシュミットの全蔵書と同一でないからである。すなわち、その古書店のテーマ的に類似の在庫が付け加えられたからである。さらに、「我々は、在庫をシュミット教授の所有物から直接に引き継いだ」というカタログの序言が注目に値すると思う。それでもって、恐らく、その会社は、「自分がそれら書籍を軍事政府から買った」という疑惑に対抗しようと思ったのだろう。

(68) Festgabe Carl Schmitt, Berlin 1958 S. 294f. 所収のトミッセンの書籍目録を参照せよ。

(69) トミッセンの同書S. 295を参照せよ。

(70) シュミットの文筆世界への復帰に対して一九五〇年に出現した批判的な諸見解を、トミッセンは、同書S.313、同じく、Epirrhosis, Festgabe für Carl Schmitt zum 80. Geburtstag, Bd. 2, S. 758において記録し、また、Tommissen, Schmittiana II, S. 128ff. においてさらなる詳細を記録している。既に、以下のような表題が特徴的である。すなわち、「カール・シュミットは甦ったか?」（レーヴァルト［Walter Lewalt］、NJW 1950, S. 377）、「カール・シュミット――まったく盟友でない」（ライザー［Ludwig Raiser］、Deutsche Universitätazeitung, 1950/9, S. 7）、「門の外にいるカール・シュミット」（ローゼンバウム［Eduard Rosenbaum］、Rheinischer Merkur, Nr. 48, v. 25. 11. 1950）、「カール・シュミットの弁明（ティーメ［Hans Thieme］、

Deutsche Universitatszeitung, Nr. 22, v. 17. 11. 1950)。――シュミットのかっての友人ローゼンバウムについては、現今では、トミッセン、FS II. -J. Arndt, Bruchsal 1993, S. 378-380所収を参照せよ。

(71) Nürnberg als Rechtsfrage, Stuttgart 1947, S. 7ff. (Referat am 25. Oktober 1946)、同じくStrafbarkeit des Angriffskrieges?, in: Die Gegenwart, 4. Jg., Nr. 2 v. 15. Januar 1949, S. 13ff. において。新たに、グレーヴェ、Machtprojektionen, S. 247ff., 279ff. において。

(72) レーヴァルト、NJW 1950, S. 377。テュービンゲンで一九五〇年に自費出版された書籍『ヨーロッパ法学の状態』の書評において。

(73) 娘アニマによって翻訳されたウィンスタンリ［Lilian Winstanley］の作品 Hamlet and the Scottish Succession (London 1921) への前書きは、一九五二年七月の日付である。それは、プフリンゲン［Pfullingen］で一九五三年に"Hamlet, Sohn der Maria Stuart"というタイトルのもとに出版された。また、一般的にシェイクスピア文献と、特別にはハムレットについての理論と係わっている後書きは、一九五二年九月の日付である。

(74) 「攻撃戦争というインターナショナル法上の犯罪と『法律なければ犯罪も刑罰もなし』という原則、鑑定書、ゼラチン版で複写されて配布、五五ページ、一九四五年八月」。Tommissen ((68))、S. 294は、そこでは、行間をつめたテキスト――先に既に述べられた（RW265-124, Nr. 15）――を引用した。

(75) この意味において模範的に、ほとんど専ら国際的な学術文献に基づいている戦争犯罪の追及についてのマンゴールトの大論文は、JIR, Bd. II/III, 1948, S. 283-334脚註(384)に、呈示している。マンゴールトは、キール大学の国際法研究所の図書によって研究できたことは確かである。

(76) 上述編者による註解(11)を参照せよ。

(77) シュミットは、たった一カ所においてだけ、突然述べた。つまり戦争と海賊との比較の最後に「なぜならば、科学的にあまりにも遅れていたので原子爆弾を間に合うように発明できなかったという点に、ドイツが非難される本来の責任を見出そうとすることを、人はやはり認めたくないからである」（第三章3、編者による註解(116)のあと）。かかる法律学的に謎のような命題は、世界史的局面からの野次だったのか？

(78) 一九二五年（「国際政治の対象としてのラインランド」）と一九三九年に始まる「広域」についての刊行物との間の時点においては、著作目録は、少なくとも、国際法の典型的な対象に関しての二四の刊行物を記録している(Tommissen, FS. C. Schmitt,

1959, S. 276ff.、同人 Epirrhosis, FS Schmitt, Berlin 1968, S. 744ff.)。さらに、シュミットは、アカデミックな授業にとって決定的な役割を果たし簡明的確に註釈を付けられた——すなわち、神聖同盟、モンロー主義、国際連盟規約、ロカルノ規約、ケロッグ規約、スティムソン主義などについての——国際法のテキストの選集„Der Völkerbund und das politische Problem der Friedenssicherung“, 1. Aufl., Leipzig 1930, 2. Aufl. 1934, „Das politische Problem der Friedenssicherung“, 3. Aufl., Wien 1993を発行した。

(79) „Die Wendung zum diskriminierender Kriegsbegriff“, 1. Aufl., München 1938（シリーズ Schriften der Akademie für Deutsches Recht, Gruppe Völkerrecht, Heft 5所収）。2. Aufl. (reprint) Berlin 1988。この出版物の根底には、シュミットが「一九三七年一〇月二九日にミュンヒェンでのドイツ法アカデミーの第四回年次大会における法研究分野の第二部門」で行った報告があった。この著作において、シュミットは、セル［Georges Scell］の業績 Précis de Droit des Gens, Bd. I, Paris 1932, Bd. II, Paris 1934、ラウターパハト［Hersch Lauterpacht］, The Function of Law in the International Community, Oxford 1933、一九三六年に出版されたフィッシャー・ウィリアムズ［Sir John Fischer Williams］、Sanctions under the Covenant、マクネア［Arnold McNair］、Collective Security ——あとの二つは、BYIL 17 (1936), S. 130-149, 150-164に——を対象とした。これらの著者たちは、エチオピアの軍事占領に際してのイタリアに対する国際連盟の措置を解明していた。

(80) „Positionen und Begriffe“, S. 316におけるシュミットの指摘を参照せよ。

(81) „Über Tatbestandsmäßigkeit und Rechtwidrigkeit des kunstgerechten operativen Eingriffs“, Zeitschrift für die gesamte Strafrechtwissenschaft, Bd. 31, 1910, S. 467-478。

(82) „Einwirkungen des Kriegszustandes auf das ordentliche strafprozessuale Verfahren“についての一九一六年二月一六日の教授資格取得の試験講義は、その雑誌の Bd. 38, 1916, S. 783-797。「独裁」論文は、同誌 S. 138-162。

(83) シュミットが第一および第二の判定者として上述の時期において判定した教授資格論文や学位論文は、ティリィッキ［Tilitzki］、Siebte Etappe, Bonn 1991, S. 62, 72-108によって引き合いに出され詳しく記されている。

(84) Williams, §133.

(85) 言い訳けすることがほとんどできない同一の無知は、数年後に「ニュルンベルクの」国際刑法と特別に取り組んだドイツ語のモノグラフにも見出すことができることは、確かである。例えば、ダーム［Dahm］、S. 63、ホフマン［Hoffman］、S. 146、トリフテラー［Trifterer］、S. 125を、参照せよ。これとは反対に、イェシェック［Jescheck］、S. 232f., S. 238f., S. 356は適切である。

(86) Williams, §133の感銘深い表現を参照せよ。

(87) Jescheck, S. 300は、「行為の性質から」可罰性を引き出した後続裁判の判決を参照するよう指示する。

(88) 上述(47)を参照せよ。

(89) ドイツの文献においては、「一九四五年八月八日国際軍事裁判所憲章［Charter］」は、通例、「ロンドン規程［Statut］」と翻訳されている。おそらく、国際連盟時代の「常設国際司法裁判所」と国際連合の「国際司法裁判所」は、「Statut」のうちに法律の根拠を見出すからであろう。しかし、この翻訳では、一九四五年にロンドンにおいて明らかに意識的にその概念を選択した際にずっと高級に理解されていた「憲章」〔という概念〕が選択されたということが、認識できない。だから、このテキストにおいては、„Charter"というまったくもって相応な翻訳が一貫して使用される。

(90) ソヴィエトの刑法においては、刑法典第一一号§58の反革命的な犯罪と組織向けに導入された悪名高い規定を用いて、ソヴィエトの裁判官は懲罰収容所を一杯にした。ロンドン憲章の組織犯罪は、まず第一に非常に意見が対立して議論されたアメリカの提案へ遡る。International Conference, S. 137ff., 236ff.を参照せよ。——ニュルンベルクの組織犯罪が、ドイツ刑法典一二九条、一二九条a、およびフランス刑法典一二三～一二六条の「犯罪団体」と、いかに相違するかを、ハーネンフェルト［Günter Hahnenfeld］, Die Herkunft der in dem Nürnberger Urteil gegn die sogenannten Hauptkriegsverbrecher angewandten allgemeinen Lehren der Strafrechts.（学位請求論文）Frankfurt/M. 1959, S. 120ff.が解説している。

(91) 憲章六条「上述のいずれかの犯罪にあたる共同の計画またはコンスピラシーを表明または実行することに参加した指導者、組織者、教唆者および共犯者たちは、当該計画の実行者が行ったすべての行為に対して責任を負う」。管理理事会法律第一〇号二条については、上述の(50)以下を参照せよ。

(92) 同様に、上述の(50)およびJescheck, S. 336ff.を参照せよ。またKnieriem, S. 218ff.。その他にHahnenfeld（(90)）, S. 109ff.、これは、ニュルンベルク国際軍事裁判に限られているのは確かだが。

(93) 国際連合法報告は、戦争犯罪と人道犯罪を理由とした八九の裁判手続きについて報告している。その内、一六は、日本の国民に対して——すなわち、Bd. I Nr. 6; III Nr. 20; IV Nr. 21, S. 1-96（山下）; V Nr. 25-28, 32, 33; XI Nr. 59, 64, 65; XIII Nr. 76, 77, 79; XIV Nr. 83——である。日本の軍人に対する最も周知の裁判手続きを、フリードマン、II, S. 1471ff., 1513ff., 1537ff., 1596ff., 1688ff.が記録している。多く述べられてきた山下事件については、エーレル［Oehler］, S. 631ff.（Rz.

1034)の批判的な総括、およびツトロフ、S. 261-264（Nr. 2518-2536)の文献、を参照せよ。太平洋での戦勝国（アメリカ合衆国、イギリス、オーストラリア、オランダ、フランス、シナ、フィリッピン）の法廷によって、二二四四の裁判手続きが、五七〇〇の日本人に対して、戦争犯罪と人道に対する犯罪のかどで、遂行された。ソ連邦の裁判手続きと刑の宣告の未知数は、算入されていない。およそ九〇〇名が死刑を宣告され、処刑された。ピッチガロ［Piccigallo］、S. 263ff. の統計は、正確であるという訳ではない。

(94)　Piccigallo, S. 15によって引用されている、「東京裁判」の目的についての一九四六年四月三〇日の「ニューヨーク・タイムス」の論説がそうである。

(95)　International Conference, S. 113（一九四五年六月二九日）――一九四五年七月一九日（S. 384）に類似――。「平和に対する犯罪」の、ここに言及されている実際政治的目的を、既に、ハンキー卿がモーム子爵、U. N. O. and the War Crimes, London 1951, S. 114f. への自己の後書きにおいて強調した。一九八二年に、極東国際軍事裁判所裁判官レーリングは、アメリカ合衆国の中立侵犯を正当化することが、動因であった――すなわち「ジャクソンは、このアメリカの観点を再確認してほしいと、国際法廷に望んだ」（EPIL I, 1992, S. 874）――と記述した。ドイツの文献においては、クランツビューラー［Kranzbühler］、Historische Prozesse, S. 34。

(96)　「全世界へその裁判手続きを報道した」新聞やラジオの二四九名の特派員についてのジャクソンの所見、一九四六年一〇月七日の Bericht für den US-Präsidenten, International Conference, S. 433/34所収を参照せよ。

(97)　Smith, S. 89.

(98)　Trials, III, S. 965.

(99)　テイラー［Taylor］、Nuremberg Trials, S. 475.

(100)　クルップ裁判における軍事法廷第三部の裁判長アンダソン［Anderson］裁判官は、一九四八年七月七日に、「攻撃戦争は最大の犯罪である。それに責任ある者に対しては、いかなる刑罰も厳しすぎることはない」（Trials, IX, S. 401）という国際軍事裁判所のテーゼを繰り返した。ヴィルヘルムシュトラッセ裁判において、法廷は、ヴァイツゼッカーとヴェルマンに対する平和に対する犯罪を理由とした有罪判決を、判決言渡しから八カ月経ってから破棄し、その刑期を七年から五年へと軽減した（上述の(49)を参照せよ）。それゆえに、法廷は、「最大犯罪」への関与の償いを、二年の拘留とみなしていた。かかる量刑は、恐らく、被告人たちの関与が取るに足らぬことや行為の因果関係が不明確であることに基づいていたのみならず、その法的根拠そのものに問題があることに基づいていたのだろう。

（101）スティムソン［Stimson］、The Nuremberg Trial: Landmark in Law (Foreign Affairs, Bd. 25, Nr. 2, Januar 1947, S. 179, 185所収）が、彼に特有な品位のある雄弁でもって、その比較を行った。

（102）ウィリス［Willis］、S. 175によれば、リップマン［Walter Lippmann］。

（103）一九四五年一一月二一日におけるジャクソン、IMT II, S. 170。同じく、一九四六年一月一七日におけるフランスの検察官マンソン［François de Manthon］、IMT V, S. 420。その論証を、ケルゼンも使用した。すなわち、「遡及的な法に対するルールを適用しないことは、ルールに違反した者に、それゆえにそれによって保護さるべき特権を失った者に、課される正しい制裁である」（The Judge Advocate Journal II, No. 3, Fall-Winter 1945, p. 46）。ヴァール［Eduard Wahl］による引用、Trials VIII, S. 878。

（104）IMT XXII, S. 524.

（105）以下のものを参照せよ。ケルゼン、AJIL 38, 1944, S. 689ff., AJIL 39, 1945, S. 520ff.。フィンチ［Finch］、AJIL 41, 1947, S. 20ff.。クィンシー・ライト、AJIL 41, 1947, S. 50ff.。シュテーテル［Rolf Stödter］、Deutschlands Rechtslage, Hamburg 1948, とくにS. 228ff.。グレーヴェ、Ein Besatzungsstatut für Deutschland, Stuttgart 1948, S.106ff.。カウフマン、S. 417ff.。パル、Crimes, S, 207ff.。イェシェック［Jescheck］におけるこれ以外の立証、S. 149ff.。ユング［Jung］、S. 96-146（文献報告）。

（106）IMT XXII, S. 523.

（107）IMT XXII, S. 524.

（108）IMT XXII, S. 523ff.

（109）IMT XXII, S. 526。そのように歪められた引用文は、ニュルンベルクの後続裁判の判決においても、見出される。上述の編者による註解（95）におけるスティムソン宣言の完全なテキスト。スティムソンの先人やブリアン-ケロッグ規約の創案者が一九二八年一二月七日に同じこと（上述の編者による註解（90）で）をアメリカ上院において宣言した——ケロッグはそれを一番よく知っていたにちがいなかった——ということは、ニュルンベルクの判決のいずれにおいても述べられていない。

（110）IMT XXII, S. 526.

（111）Wilhelmstraßen-Prozeß, S. 5; Trials, Bd. XIV, S. 322.

(112) 『フライブルク大学新聞』Heft 118, Dezember 1992, S. 35。『フランクフルト・アルゲマイネ・ツァイトゥング』Nr. 157, 10. Juli 1993, 付録に、新たに復刻された。

(113) 西側列強によって提供された裁判官たちの経歴についての若干のメモは、Smith, S. 131ff. にある。

(114) フランスの裁判官ドゥ・ヴァーブル [Donnedieu de Vabres] は、例外である。刑法学者ならびに著名な教科書の著者である彼は、審議において自己の異議を述べた（上述の(57)を参照せよ）。彼は、その異議を、手続きの完了後に、"Le Jugement de Nuremberg et le Principe de Légalité des Délits et des Peines", (in: Revue de Droit Pénal et de Criminologie, 27 (1946/47), Nr. 10, Juli 1947, S. 813-833) という論文の形で公刊した。

(115) ドイツの軍刑法典は、刑罰構成要件として、部下の虐待（一二二条）、兵士の反乱（一〇三条）、略奪（一二九条）、廃墟化（一三二条）、所持品の奪取（一三四条）のような、典型的に軍事的な違法行為のみを内容としている。違法な武器使用は、「最高に科せられた刑の条件のもとで」処罰された（一四九条）。その他の違法行為については、軍事裁判所は、一般の刑法典を引用した。

(116) エーレル [Oehler]、S. 625ff. (Rz. 1023ff.) を参照せよ。

(117) IMT XXII, S. 528/29、キリン事件、317U.S., 1, 29。その判決ならびにニュルンベルク裁判へのその利用を、クニーリエム [Knieriem]、S. 59ff. が、（他の観点のもとで）根本的に既に探求した。

(118) 一九四二年七月三一日に、アメリカ最高裁判所は、第二審において、キリンと、（裁判所の事実確認によれば）一九四二年六月にニューヨークで二隻のドイツのUボートから離れて——合衆国内でスパイ行為を行い重要軍事施設を破壊するために——私服で市中へ赴いたその他の六人の兵士の、人身保護令状抗告について決定した。ルーズベルト大統領は、アド・ホックに軍事法廷を任命した。そして、その軍事法廷は、被告人たちに対し、スパイ行為ならびに妨害工作の企てを理由として絞首刑を宣告した。彼等の弁護人たちは、「彼等は、『陪審』による正規の処罰手続きへの憲法上の請求権を持つ」と主張した。被告人たちが、実体刑法にしたがって、絞首刑を宣告されてもよいということは、最高裁判所にとってはまったく問題なかった。その事については、制定法が存在した。ただ、アメリカの領土において、まったく直接の戦場でなかった場合でも、軍事法廷は権限を持つのかどうかという問題が存在していた。最高裁判所は、この件のみを肯定した（キリン事件、317 U.S., 1, 29, Supreme Court Reporter, Vol. 63, Oct. Term, 1942, S. 1-20; AJIL 37, 1943, S. 152-171も）。国際法とラントの法との関係についての裁判長ストーンの一般説明は、傍論 [obiter dicta] であった。同様に、ヘプナー [Höpfner]、EPIL 4, 1982, S. 160f. （キリン事件)。――同時代の文献は、Tutorow, S. 364f. (Nr. 3487-3495)。

(119) Oehler, 上述書 S. 626 (Rz. 1024)。

(120) この見解は、アングロ・アメリカの法圏においては、争われている。ホフマン[Hoffmann]、多くの立証を伴ったS. 75ff. を見よ。戦時国際法は、その正当化を排除するための根拠のみを提供するというのは、本当である。Hoffmann, 立証を伴ったS. 67 ff., 87を見よ。

(121) ジャクソンによるパイオニア的な作業については、先に既に指摘した(編者による註解(19))。一九四五年七月一九日にロンドンで国際軍事裁判所憲章を審議したさいに、ジャクソンは、ソ連邦の法律家トライニンの著作を明確に引き合いに出した。すなわち「彼の見方は、我々が合衆国において好意をもって迎え入れる見方に極めて近付いている」(International Conference, S. 299)。一九一七年以来モスクワ大学の刑法学者であったトライニン（一八八三―一九五七）は、ロンドンとニュルンベルクで、ソ連邦の代表と検察団に助言を与えた。彼の本 “Hitlerite Responsibility under Criminal Law” は、ヴィシンスキーによって翻訳され、ロスタインによって編集されて、一九四五年に、ロンドンの Hutchinson & Co. で、刊行された。トライニンは、これまで戦争を罰するということがなかったことを、国際法の帝国主義的性格――この性格は、資本主義諸国によりソ連邦を犯罪的に包囲することをも正当化した――の責任とした。トライニンが、「ロシアは、伝統的なリーガリズムによって拘束されることを許さないだろう」(S. 7)と告白したのは信憑性がある。同様に、ジャクソンは、一九四五年六月六日の大統領への報告において、「合衆国が正義という常識にこのように基礎づけられているものを保持しようとする法律上の地位は、比較的に単純であり技巧的なものではない。我々は、それを、戦争を立派なものとするために帝国主義時代に展開された不妊のリーガリズムによって、複雑かつ曖昧にすることを許してはならない」と表現した(Department of State Bulletin, Bd. XII, Nr. 311, vom 10. Juni 1945, S. 1076)。国際軍事裁判所憲章六条へのトライニンの影響力、ならびにトライニンとジャクソンの基本的考えの一致を、割合と早く、アメリカの国際法学者のフィンチが、“The Nuremberg Trial and International Law”, AJIL 41, 1947, S. 20ff., 29という論文で強調した。同様に、シュミット、Glossarium, S. 178 (14. Juli 1948)、ならびにカウフマン、Gesammelte Schriften II, S. 448も。パルのみが、トライニンと詳細に対決した(Pal, Crimes, S. 357ff., 366ff.)。四八年後に、ニュルンベルクでのトライニンはエクスパートとしてKGBの専門員たち――彼等は、カチンについてのコンプレックスのためにルブヤンカ[Lubjanka]で作成された偽証を法律学的に信憑性のある形にするために、東欧ブロックの証人たちを「準備した」――の一員であったということが、明らかになった。ヴァクスベルク[Waksberg]、Die Verfolgten Stalins ―― Aus den Verliesen

des KGB, Reinbek b. Hamburg 1993, S. 166-168を見よ。

(122) International Conference, S. 295ff.。なかんずく、ヴェルサイユ講和会議におけるスコットとランシングの立場を指摘して (S. 297)。

(123) 一九四五年七月二三日に (International Conference, S. 235)。既にそれより先に七月一九日に (International Conference, S. 297ff.)。同様に、七月二五日の会議において (International Conference, S. 385/86)。

(124) ヴァール [Wahl]、Trials VIII, S. 875-911は、一九四八年六月二日に既に、国際軍事裁判所判決に対する法理論の批判的な意見に依拠することができた (ケルゼン、フィンチ、グレーヴェ、ハドソン [Hudson]、ラディン [Radin])。最終弁論の重要な部分は、一九四七年一二月一二日にハイデルベルク大学で行われた「ニュルンベルク裁判の根本問題」についてのヴァールの講演――Aus Leben und Forschung der Universität 1947/48, hrsg. von W. Kunkel, Berlin 1950, S. 76-98において公刊――のなかに既に含まれていた。ヴァールは、「ハイデルベルクの法律家サークル」の頂点にいて、活発かつ成果豊かに、戦争犯罪人裁判で有罪判決を受けた人に恩赦を与え減刑することに全力を尽くした。ブッシャー [Buscher]、The US war Crimes Trials Program in Germany 1946-1955, New york 1989, S. 101ff. を見よ。

ヴァール (一九〇三―一九八五) ――民法および比較法の教授。一九三五年、ゲッチンゲン、一九四一年以来、ハイデルベルク。一九四九～一九六九年、連邦議会議員。

(125) 一九四八年七月二九日の判決。Trials VIII, S. 1096ff., 1124-1128。

(126) 一九四八年四月八日の判決。Trials IV, S. 390-400。

(127) 一九四八年一〇月二七日の判決。Trials XI, S. 470-490。平和に対する犯罪を理由とした起訴の根拠づけを、裁判所は、二つの命題でもって否定した (S. 491)。

(128) 一九四七年一二月三日の判決。Trials III, S. 977。

(129) 「失意の政治家で国際的権威のスティムソン」を立証した Trials III, S. 975。

(130) Société des Nations, Actes de la I. Assemblée, Séances des Commissions, S. 481f., Séances plénières, S. 747.

(131) イギリスの刑法学者で政治家のベロット [Bellot] の起草した四七条から成る草案は、ヘルムート・V・ヴェーバー [Hellmuth v. Weber] の Internationales Strafgerichtsbarkeit, Berlin 1934, S. 136ff. に復刻されている。

(132) ヴェーバーの上述書144ff. に載っているウィーン会議の草案。

(133) ブリアリー［Brierly］、Do we need an International Criminal Court? BYIL 8 (1927), S. 81ff。

(134) とくに、デュマ［Dumas］、RdC 36 (1931), S. 386ff.。

(135) 詳細については、ラッツ［Ratz］の詳細な報告、AdV 3 (1951/52), S. 275, 294ff.。Jescheck, S. 89ff.。シュレプレ［Schlepple］、S. 44ff.を見よ。

(136) それについては、以下の(206)以下で。

(137) その他の点では非常に詳しいウィリスもまた、「ニュルンベルクへのプロローグ」のヨーロッパ的局面を、疎略に扱っているだけである（S. 165ff.）。戦間期における「国際刑法の先駆者」であるペラが単独で発表した五〇のそれに関係する論文は、空しいものだ。

(138) 常設国際司法裁判所規程三八条。国際司法裁判所規程三八条ＩＣと一致している。

(139) たとえばRatz（(135)）S. 297f.は異なる。

(140) かかる自己認定は、とりわけ、合衆国の——とくにその最高裁判所の——控訴裁判への法律上の手段を被告人たちから奪う意味を持っていた。スナイダー［Snyder］、Kentucky Law Journal 38 (1949), S. 81-104（最高裁判所判決の極めて詳細な描写）。Jung, S. 121ff.。ドイツの文献は、後続裁判のアメリカ法廷に、「国際的な」性格を認めなかった。ダーム［Dahm］、S. 17ff.や Kaufmann, FS Bilfinger, Köln 1954, S. 123ff.や、Jescheck, S. 149ff.を見よ。

(141) 国際法における「普遍的な法原則」の意味については、以下のものを参照せよ。モスラー［Mosler］、EPIL 7 (1984), S. 89, 93ff.。ブラウンリー［Brownlie］、Principles of Public International Law, 4. Aufl., Oxford 1990, S. 15ff.。ヴェングラー［Wengler］、Völkerrecht, Berlin 1964, S. 361ff.。

(142) 上述の(89)以下を見よ。

(143) IMT XXII, S. 524。上述の(104)を見よ。

(144) Trials III, S. 976。

(145) Pfundtner/ Neubert, Das neue deutsche Reichsrecht, Berlin 1933, II c 1, S. 1f. ナウケ［Naucke］, S. 236.

(146) Naucke, S. 229-234を参照せよ。

(147) コーイング［Coing］は、事後の禁止を「自然法」とみなしている。即ち、Die obersten Grundsätze des Rechts, Heidelberg 1947, S. 95/95。同人 Grundzüge des Rechtsphilosophie, 1. Aufl., Berlin 1950, S. 186。そして3. Aufl. 1976, S. 242と5.

Aufl. 1993, S. 196, 288では、管理理事会法律第一〇号を正当化する企てにはっきり反対している。ナウケも同様で、彼は、有罪を方向づけ遡及効のある刑法の規則を禁止することを、その時々の政治状態の機能とは理解せず、政治的システムに対する限界と理解する（S. 244/45）。

(148) International Conference, S. 99 (29. 6. 1945). パルシュ［Partsch］、S. 408 FN579の場合にも引用。マクスウェル-ファイフは、「我々は、トライニン教授の本と一致していることを希望する」と付け加えた。かかる希望は、当然であった。

(149) 極東国際軍事裁判所の憲章は、Trials XV, S. 1218-1223に復刻されている。実体的な部分において、「犯罪組織」という違法行為は欠如していた。この違法行為は、ドイツの政治構造には適用できたが、日本には適用できなかった。

(150) 資料や同時代の文献は、Tutorow, S. 265-282 (Nr. 2544-2670) によって証明されている。極東国際軍事裁判所の判決、個別意見、裁判資料は、ブリチャード［Britchard］／ザイデ［Zaide］、The Tokyo War Crimes Trial, New York 1981の二二巻の業績によって初めて入手可能になった。既に以前、レーリングとリューター［Rüter］は、判決ならびに裁判官の特別意見と少数意見を編集した（The Tokyo Judgment, 2 Bde., Amsterdam 1977）。アメリカの文献においては、裁判と判決は、ライリ［Riley］の未刊のワシントン大学への学位請求論文によって（一九五七年）、それから、マイニア［Minear］のVictors' Justice, 1971によって、批判的に研究されていた。極東国際軍事裁判所の訴訟手続きや帰結についての最初の包括的な批判を、アイアランド［Ireland］、Year Book of World Affairs 4 (1950), S. 50-104が発表した。ドイツの文献から挙げられるのは、イプセン［Knut Ipsen］、Das „Tokyo Trial“ im Lichte des seinerzeit geltenden Völkerrechts, in: FS Oehler, Köln 1985, S. 505-515のみである。ホーウィッツ［Horwitz］による極東国際軍事裁判所の裁判における法原理、起訴、弁護、判決、個別意見についての報告は、既に一九五〇年に現れていたが、しかし、ほとんど注目されなかった（Tokyo Trial. International Conciliation No. 465, New York 1950, Carnegie Endowment for International Peace S. 473-584）。ホーウィッツは、アメリカ検察団の職員であった。訴訟手続きの困難さについての彼の覚書きは、今日なお、歴史家以外のものにとっても、重要である。

(151) なかんずく、四人の総理大臣、四人の外務大臣、五人の陸軍大臣、二人の海軍大臣、四人の大使を起訴した観点については、ピッチガロ［Piccigallo］、S. 14ff.を見よ。――平和に対する犯罪、戦争犯罪、人道に対する犯罪を理由として、中国の法廷は、日本の将軍酒井隆に対して審理した。彼は、中国において、一九三一年の奉天〔瀋陽〕事件以後、一九三九年から一九四五年まで日本軍を指揮した（UN-Law Reports XIV, Nr. 83, S. 1-7）。その将軍は、一九四六年八月二九日に死刑を宣告され、処刑された。それについて、ブラウンリー［Brownlie］、Use of Force, S. 181f.が、「中国の法廷は、『平和に対する犯罪』の行為者の範囲を、ニュルンベルクの軍事法廷よりもかなり広く理解した」という適確な指示を伴って、報告している。

(152) Smith, S. 73を参照せよ。

(153) パル、Tokyo Judgment II, S. 929による。

(154) Tokyo Judgment I, S. 136ff., 195-300.

(155) Tokyo Judgment I, S. 301-325.

(156) Tokyo Judgment I, S. 348-384.

(157) 一九二一年以来東京帝国大学教授であった高柳賢三は、総括弁護を述べた。彼は、かつて、ハーヴァード、シカゴ、ロンドンのミドル・テンプルで学び、アングロ・アメリカ法についての日本における指導的な精通者であった。彼は、二つの大弁論を書物（『極東裁判所と国際法――極東国際軍事裁判所における弁護――』東京、一九四八年）として刊行した。詳細については、Minear, S. 40ff., 50ff.。

(158) Tokyo Judgment I, S. 28.

(159) „Tokyo Judgment"の版において、「多数判決」は一～四六六ページに、「個別意見」は四六九～一一四八ページに載っている。訴訟手続きの開始のさいに出席していた九人の裁判官は、既に個別意見の断念を申し合わせていた。インドの裁判官パルが審理開始の一四日後の五月一七日に（フィリッピンの裁判官ハラニーヨは一九四六年六月三日にやっと）到着した後で、彼は、即座に、「自分は、この申し合わせに拘束されないと感じ、個別意見への権利を留保する」と明言した。それでもって、全員が断念するという根拠は、崩壊した（Röling, Tokyo Judgment I, S. XVI）。その訴訟手続きのそれ以外の特徴は、さしあたり在職していたアメリカの裁判官のヒギンズが、一九四六年六月二四日に辞職し、一九四六年七月二二日に、クレーマー将軍に代えられた（Röling, a.a.O.）ことである。――裁判の環境を、被告人たちの家族やレーリング裁判官やパル裁判官と接触のあった女性ピアニストで音楽学者のハーリッヒ‐シュナイダー［Eta Harich-Schneider］が明らかにしている（Charaktere und Katastrophen, Berlin 1978, S. 304-321）。

(160) Tokyo Judgment I, S. 475。ほぼ同時に、ケンプナー［Kempner］は、「攻撃戦争弾劾の場合に、かつては、いかなる人間も、単なる市民や軍人の責任を問うことを考えなかったし考えつかなかった」(Die Gegenwart, 3. Jg., Nr. 19, 一九四八年一〇月一日、S. 9/10)と書いている。一九四五―五〇年に行われたドイツ軍人に対するおよそ三万のソ連邦の見せ掛け裁判において、最高刑（二五年の強制労働）の判決は、なるほど規則的でも体系的でもなかったが、しかししばしば、ソ連邦内におけるドイツ国防軍の構成員であるということに依拠されていた。それゆえに、個々の戦争犯罪が攻撃戦争への参加から推論された。シュレーダー[Schroeder]およびフィンケ[Fincke]を参照せよ。また Stalins Willkürjustiz gegen die deutschen Kriegsgefangenen, hrsg. v. Günther Wagenlehner, Bonn 1933, S. 48ff., 72ff., 87ff.所収の事件報告を参照せよ。

(161) 先述の編者による註解(161)に引用された国防軍における兵役に関する連邦通常裁判所の判決（一九六四年）およびヴェトナムにおける兵役に関する最高裁判所の判決（一九六七年）を見よ。一九六八年六月二五日の第八次刑法改正法律のドイツの立法者（BGBL. I, S. 741）は、法問題への解答について極めて確信が持てなかったので、ドイツの立法者は、攻撃戦争の準備と攻撃戦争への唆しのみを罰しうると宣言した（§§80, 80 a StGB）が、しかし、攻撃戦争の遂行そのものを罰しうるとは宣言しなかった。なぜならば、その場合には、単なる軍人も攻撃戦争を理由として処罰されるかもしれないことをドイツの立法者は恐れたからである。その法律の原文は、すべて、ドイツの立法者の輝かしい行為とは見なされなかった。例えば、シュレーダーの批判、Juristenzeitung 24 (1969), S. 41ff.。ヴィルムス［Willms］Leipziger Kommentar, Bd. 4, Berlin 1988, Art. 80 vor Erl. 1を参照せよ。

(162) 先述の編者による註解(151)。

(163) 先述の編者による註解(134)を見よ。

(164) Tokyo Judgment I, S. 490。ダーム［Dahm］S. 59 FN 147が「ベルナールは、彼の不合意を、『法律なければ犯罪も刑罰もなし』という原則の違反でもって基礎づけた」と述べているのは、間違っている。ベルナールは、むしろ、判決と運命を共にしようと思わなかった。なぜならば、被告人たちは部分的に自己の立場を弁護できなかったからであり、また、法廷内部の意思形成は瑕疵があった、すなわち「それへの違反が多くの文明国民において全面的な裁判手続きの無効をもたらすところの、非常に主要な諸原理は、……大事にされなかった」(Tokyo Judgment I, S. 494-496) からである。

(165) Tokyo Judgment I, S. 507f.、アメリカノ［Americano］、New Foundation of International Law, New York 1947, S. 38f.を指示して。ハラニーヨは、極東国際軍事裁判所の刑罰を寛大であると思ったただ一人の裁判官であった。すなわち、「犯された犯罪の重大さに対して、あまりにも寛大であり、模範的でなく、抑止的でなく、釣り合っていない」と (S. 514)。

(166) Tokyo Judgment II, S. 1045-1059.

(167) Tokyo Judgment II, S. 1059.

(168) 上記の(138)を参照せよ。――レーリング（一九〇六―一九八五）は、まず、ユトレヒト大学の刑事学の私講師で、一九四一

～四六年に、ミデルビルハ［Middelburg］とユトレヒトの州裁判所の裁判官であった。一九四九～五三年に、オランダの上告裁判所の裁判官、一九四九～六二年に、グローニンゲン大学で刑法の教授、一九五七年以来、国際法の教授。一九五一～五七年に、国連総会のオランダ代表団のメンバーであった。

(169)　グレーヴェ［Grewe］、Machtprojektionen, S. 538。この特徴づけは、„Deutschland — Japan — Historische Kontakte“, hrsg. von. J. Kreiner, Bonn 1984, S. 285-300所収の、„Die Besiegten nach dem Kriege: Japanisch-deutsche Parallelen und Divergenzen“という講演にみられる。グレーヴェは、FS Doehring S. 234においても、個別意見と彼の結論を参照するよう指示した。そして、自己の回顧（(112)）においてもう一度パルのことを想起した（上述書S. 36）。一一人の裁判官のうち、パルだけが、「国際法協会」の会員だった。Minear, S. 75ff., 86――他の裁判官たちの法律家としての軽歴の指摘とともに――を見よ。パルは、国連総会によって設置されて一九五一年に「人類の平和と安全に対する犯罪についての法典」の最初の草案を世に問うた、「国際法委員会」の一員でもあった(Pal, Crimes, S. IIIff., United Nations, International Law Commission. Document A/CN. 4/48 v. 30. Juli 1951)。

　パル（一八八六―一九六七）は、一九一一年に、カルカッタ大学で、数学教授。一九二三年に、法学教授（彼は、とくに、法史の刊行によって有名になった）。一九四一年に、カルカッタ高等法院の裁判官。一九四四年に、カルカッタ大学学長。親交のあったネール首相によって極東国際軍事裁判所〔の判事〕に指名された。

(170)　極めて詳細な業績であるBrownlie, Use of Force, 1963さえ、一つの文章だけでしかその個別意見に触れていない（S. 173 m. FN 4 u. 5)。一九七一年に初めて刊行された、アメリカの政治学者マイニアのVictors' Justiceという書物は、完全に別であることはもちろんである。ドイツの著作においては、――グレーヴェを例外として――Hoffmann, S. 91だけが、パルの個別意見を評価したように思われる。六年後に、家永三郎は、そのインドの裁判官に対して、イデオロギー的偏見を非難した。それに対して、マイニアは、パルの並々ならぬ勇気を証明した。Japan Interpreter 11 (1977), S. 263ff., 271ff.を参照せよ。パルは、東アジアにおけるヨーロッパ列強やアメリカ合衆国の存在を極めて批判的に考察した。このことは、彼の政治的な母国に由来するので、ガンジーやネールの仲間内では驚くべきことではない。とくに、広島と長崎の核兵器による破壊は、パルを憤慨させた。一九五三年にカルカッタでの彼の個別意見の刊行に、その殲滅の帰結についての二〇葉の写真を添付した。しかし、彼の一〇名の同僚裁判官たちが日本や日本の被告人たちに対してはっきりした偏見をあまり抱かなかったと仮定するならば、それは、たしかにナイーヴと解すべきだろう。

(171) The International Military Tribunal for the Far East — Dissentient Judgment, Calcatta 1953。この業績は、ドイツの図書館では極めて希にしか見出すことができないので、パルの反対意見は、容易に入手可能な,,Tokyo Judgment"に従って引用される。パルは、このテーマを、体系的に、自己のタゴール講義,,Crimes in International Relations", University of Calcatta, 1955へ取り入れた。

(172) カルカッタ版による数字。大判の,,Tokyo Judgment"においては、その個別意見は、五〇〇ページを占めている。いわゆる予備的法律問題はS. 527-627。

(173) Tokyo Judgment II, S. 547.

(174) Tokyo Judgment II, S. 547ff.。クウィンシー・ライトの関連するテーゼとの論争において。

(175) Tokyo Judgment II, S. 550.

(176) Tokyo Judgment II, S. 551-567.

(177) Tokyo Judgment II, S. 580f.

(178) Tokyo Judgment II, S. 581-596.

(179) Tokyo Judgment II, S. 596-605.

(180) Tokyo Judgment II, S. 605.

(181) 一九四八年四月七日のG・クラウス［Krauss］への書簡。

(182) Tokyo Judgment II, S. 607-612——彼の意見の第二部,,What is, ,Aggressive War'?"（Tokyo Judgment II, S. 607-627は、まずIndian Law Review IV, 1950, S. 99-142で刊行された。

(183) Tokyo Judgment II, S. 614.

(184) 先述のシュミット、「鑑定書」編者による註解(89)—(95)を見よ。

(185) Tokyo Judgment II, S. 616.

(186) Tokyo Judgment II, S. 616ff.

(187) Tokyo Judgment II, S. 618.

(188) アメリカ合衆国上院第七七議会第一会期外交委員会での審問。先述の編者による註解(106)。

(189) Tokyo Judgment II, S. 629-655（第三部　証拠および訴訟手続きに関する規則）。

(190) 意見を異にする裁判官たちの意見についても、時折、報告されたが、しかし、短い引用によってだけであった。例えば、Dahm, S. 59。またベルベル [Berber]、Lehrbuch des Völkerrechts, Bd. 2, München 1962/1969, S. 261。また、ソーン [Sohn] (Hrsg.)、Cases on United Nations Law, 1. Aufl. Brooklyn 1956, 898ff., 947-967 (Pal) における判決ならびに少数意見からの抜粋。

(191) 例えば、ワーツェル [Woetzel]、とくにS. 122ff.。Jung, S. 137ff.。研究報告は、常に、確かでなく完全でもない。国際法の著作は集められ吟味されたが、刑法の著作はそうでなかったのである。今日まで、Jescheck, Die Verantwortlichkeit der Staatsorgane nach Völkerstrafrecht という大学教授資格取得論文による一三のニュルンベルク判決の刑法上の評価は、時代遅れにならず、その正確さにおいて凌駕されていない。

(192) グリュック [Glueck]、The Nuremberg Trial and Aggressive War, New York 1946, S. 42f.。クウィンシー・ライト、AJIL 42, 1948, S. 405-414。その他の立証は、Woetzel, S. 167 m. FN 46において。グリュックの場合、一九四五年のロンドン会議におけるアメリカ代表団の助言者としての彼の役割もまた、憲章について、一つの役割を演じたかもしれない。――戦争中からずっと、公式的および半公式的な委員会、実務家、学者たちは、いかにドイツ人たちを処罰するかという問題に従事していた。イェシェックの報告S. 126ff., 131ff. を見よ。その報告から、例えばラウターパハトのような著名な法律家たちも、いかに彼等の見解を、彼等の政府の目標や世論の願望に合わせているかが明らかになる。法律家たちが適応の心構えがあるということ――職業病――は、戦争の間、当然のことながら、とくに増大した。適応の心構えがあるということは、オポチュニズムとは理解されず、敵を屈服させるための郷土戦線への貢献と理解された。戦争の興奮という大渦巻きのなかで冷静な頭脳を保ったあの著者たちは、ますます尊敬すべきである。イェシェックの場合における例S. 137ff. を見よ。

(193) ホフマン [Hoffmann]、S. 142 FN 8 und 9における立証。この論証については、既述(129)以下を見よ。

(194) Kelsen, International Law Quarterly, 1947, S. 153ff.; Finch, AJIL 41, 1947, S. 20, 34ff.。その他の立証は、Woetzel, S. 168 m. FN 48。ドイツの議論においては、とりわけ、「法的安定性――正義」という古くからの対概念でもって行われた。この場合、確かに、ロンドン憲章や攻撃戦争は、前面には現れず、戦争犯罪ならびに人道に対する犯罪――この二つの犯罪は、ドイツの裁判所によっても一九五三年まで管理理事会法律第一〇号に基づいて断罪されねばならなかった――による処罰が前面に現れていた。Tutorow, S. 376-379 (Nr. 3548-3579) の文献リスト、および Jung, S. 153ff. を参照せよ。

(195) 一九八二年においてもなお、Willis, S. 175は、引き続きこの考えである。ジャクソンとマンソン [Menthon] の冒頭陳述において、かかる信仰は、多大のパトスでもって形成された。IMT II, S. 183, V, S. 480を参照せよ。

(196) AJIL 42, 1948, S. 414.その一年前に、クウィンシー・ライトは、「ニュルンベルク裁判の法」というテーマでもって詳しく、取り組んでいた(AJIL 41 (1947), S. 38-72)。

(197) ボーチャード[Borchard]、International Law and International Organization: AJIL 41, 1947, S. 106-108。シック[Schick]、The Nuremberg Trial and the International Law of the Future (上述書、S. 770, 784)。同人、The Nuremberg Trial and the Development of an International Criminal Law: Juridical Review 59(1947), S. 192-207。さらに、国際軍事裁判所の裁判の期間中、アメリカの国際法学者ポッター[Potter]、(New York Times, 一九四六年六月二日)とイギリスの国際法学者H・A・スミス[Smith]、(Free Europe, 一九四六年六月)は、ロンドン憲章を鋭く批判した。ヤールライス[Jahrreiss]、S. 208註を参照せよ。

(198) モーガン、The Great Assize: An Examination of the Law of the Nuremberg Trials, London 1948。モーム子爵、U.N.O. and War Crimes, London 1951, S. 39ff. ほか各所で。同様にハンキー卿の後書きS. 110ff.。このイギリスのモノグラフは、批判の徹底さと鋭利さにおいて、合衆国においてそれまで知られていた批判をはるかに越えていた。

(199) Nürnberg als Rechtsfrage. 一九四六年一〇月二六日と一一月二九日の「シュトゥットガルトの私的研究会」で講演。一九四七年一一月にシュトゥットガルトのKlett-Verlagより五〇〇〇部、合衆国許可で刊行、S. 7ff., 54ff.。「平和に対する犯罪」については、とくにS. 32-51。一九四五年以来、賠償のための国家委員ならびにヴュルテンベルクの司法省での部局長であったキュスター[Küster]は、副報告者およびジャクソンの立場を擁護しつつ、なかんずく、„Erfahrungen in der deutschen Wiedergutmachung“ (Tübingen 1967)を刊行した。

(200) Krüger, Das Janusgesicht der Nürnberger Prozesse: Die Gegenwart, 3. Jg., Nr. 17 (一九四八年九月一日)、S. 11-16。この寄稿論文によって引き起こされたケンプナーとグレーヴェとの論争へ、私はさらに立ち入るだろう。Wahl, Grundfragen der Nürnberger Prozesse. (ハイデルベルク大学の教授講演の範囲内で一九四七年三月一二日に行われた講演。Aus Leben und Forschung der Universität 1947/48, Schriften der Universität Heidelberg, Heft 4, Berlin 1950, S. 76ff., 81ff.所収)。Schaetzel, Der Friede mit dem Aggressor, FS Laun, Hamburg 1953, S. 327ff.。Kaufmann, Das „Verbrechen gegen den Frieden“ (1957), Ges. Schriften, Bd. 2, Göttingen 1960, S. 446-464。Berber((190)), S. 252ff.。二人の有名なニュルンベルクの弁護人が数年後に回顧的に、本質的な批判点を要約した。すなわち、クラウス[Kraus]、The Nuremberg Trials of the Major

War Criminals: Reflections after Seventeen Years: De Paul Law Review 13(1964), S. 233-247。クランツビューラー [Kranzbühler]„Nuremberg Eighteen Years Afterwards: ebd., 14 (1965), S.333-347。

(201) Tutorow, S. 328-341 (Nr. 3155-3287) を参照せよ。ケルゼンの „Will the Judgement in the Nuremberg Trial constitute a Precedent in International Law?“: International Law Quarterly 1 (1947), S. 153-171が、出発点になった。イギリスの指導的な刑法の教科書において、ニュルンベルクと東京における攻撃戦争を理由とした有罪判決を拒否することが、極めて鋭利に述べられた。すなわち、ウィリアムズ [Williams]、1. Aufl., S. 437; 2. Aufl. 1961, S. 577/78。その著者は、「いかなる被告人も、平和に対する犯罪を理由としてだけで、有罪とされなかった」という推定でもって、事後法の禁止という聖化された法伝統との断絶について、自己および自己の読者を慰めた。しかし、まさに、ヘスの場合 (IMT XXII, S. 600-603) は、ヒトラーの支配の特性や「総統の代理人」という実際の地位の特性についての完全に盲目的なかつ法的に不十分な基礎づけ――「両者の間の関係は、ヘスは攻撃計画について既にその成立の際に知っていたに違いない」(S. 602) という基礎づけ――でもって、平和に対する犯罪を理由としてだけで有罪とされたのだった。ウィリアムズの誤りは、しばしば見出すことができ、また、「平和に対する犯罪」を理由としたニュルンベルクの有罪判決について書き、そして、だからそのことを本来よく知っていたに違いなかったところの著者、例えばマーフィ [Murphy]、――ギンズバーグス [Ginsburgs]／クドリアフチェフ [Kudriavtsev] ((203))、S. 153所収――にもしばしば見出すことができる。

(202) 一九九三年四月一〇日の “The Spectator”, S. 31。テイラーの Nuremberg Trials, 1993についての詳細な書評において。

(203) 例えば、ニュルンベルク四〇周年記念式典に際してのソ連邦とアメリカ合衆国の法律家会議。Ginsburgs/Kudriavtsev (Ed.), The Nuremberg Trial and International Law, Dordrecht 1990, S. 1の記録。その時にアフガニスタンへのソ連邦の攻撃が荒れ狂っていたにも拘らず、いかに厚かましくソ連邦の法律家たちがソ連邦の平和愛好的体質とニュルンベルク諸原則へのソ連邦の信奉を賛美したかが、強い印象を与えている。かかる自己演出において、彼等は、アメリカの仲間たちから終始妨げられなかった。

(204) Le Procès de Nuremberg ―― Consequences et actualisation. Actes du colloque international université libre de Bruxelles am 27. März 1987, Brüssel 1988, S. 10.

(205) この概念を、クランツビューラーが、FS E. Kaufmann, S. 219とHistorische Prozesse, S. 23において使用した。

(206) 「決議 (Resolution) 九五」、GAOR〔United Nations Official Records of the General Assembly〕, I, 2, Resolutions (A/

64/Add. 1), S. 188。

(207) 決議九五については、デーリンク〔Doehring〕、Beiträge zur Konfliktforschung 16, 1986, S. 81が強調している。Grewe, FS Doehring, S. 236。フローヴァイン〔Frowein〕は、当然のことながら、その決議に拘束力が欠けていることを「自明の理」と呼んだ（ZAÖRV 36 (1976), S. 149）。しかし、国際連合の実践においては、再三、決議は、「国際法」が存在していることの証拠と呼ばれる。例えば、国際法委員会によって述べられた「ニュルンベルク諸原則」についての第六委員会における討議を参照せよ。YBILC 1951 II, S. 44ff. 所収。それについては、後述(213)以下でも。

(208) ベルンハルト〔Bernhardt〕、ZAÖRuV 36 (1976), S. 50ff. (66)、フローヴァイン同書、S. 152。エイクハースト〔Akehurst〕、BYIL 47 (1974/75), S. 51f., 広範な立証を伴って。国際司法裁判所もまた、「総会決議への国家の同意は、決議に記録された規則の効力の承認として解釈できる」と、一九八六年六月二七日のニカラグア判決において強調した。「友好関係」決議に関して、ICJ Reports 1986, S. 13 (100)を参照せよ。

(209) 一九四七年一一月二一日の決議、Doc. A/504, GAOR, 2nd Sess. Item No. 117。一部は国際連合によって、一部は「国際刑法協会」によって、行われたふたつの法律作業をめぐる努力を、バッシオウニ〔Bassiouni〕、A Draft International Criminal Code and Draft Statute for an International Criminal Tribunal, Dordrecht 1987, S. 1-77が描いている。

(210) YBILC〔Yearbook of the International Law Commission〕1950 II, S. 374。ソーン〔Sohn〕、S. 970-977によって復刻ならびに註解。

(211) それについては、ブラジル代表アマド〔Amado〕が、一九五〇年一一月二日の第六委員会で報告した。A/C. 6/SR 231 No 73-79。

(212) YBILC 1950 II, S. 374 FN 3――セル（一八七八―一九六一）は、ニュルンベルク判決によって、「国際法において、人間は、第一次的な法主体である」という、自己の大々的に基礎づけられたアウトサイダー理論が証明されたと思った.彼は、この見解を国際連合からいわば公的に承認してもらいたかった。しかし、このことは、他のメンバーには、極端なことであった。彼の業績"Précis de droit des gens" (Bd. I, 1932, Bd. II, 1934)について、シュミットは、詳細に意見を述べていた(Die Wendung zum diskriminierenden Kriegsbegriff, 1938, S. 8ff.)。

(213) 一九五〇年一一月二日～一三日、A/C. 6/SR 231-238; Yearbook of the International Law Commission 1951 II, S. 45-57所収の寄稿論文の要約。

(214) A/C. 6/SR 232, No. 54-77.

(215) A/C. 6/SR 232, No. 135-140. ソ連邦の代表モローゾフ［Morozov］は、公憤に駆られるのを感じた。すなわち「このような所説を述べることによって、そのオランダの代表は、ナチズムに対する闘争に自己の生命を捧げた人々の記憶を侮辱し、また人民のために死んだ英雄たちに恥辱を与えた」（SR 234, No. 82, S. 157）と。

(216) A/C. 6/SR 233, No. 5, S. 143.

(217) ロバーツ［Roberts］（南アフリカ）、A/C. 6/SR 237, No. 25, S. 181。既にティラード［Tirado］（メキシコ）、SR 233, S. 145、新たにSR 237, S. 28, S. 182も同様。スルタン［Sultan］（エジプト）、SR 234, S. 155。ブンゲ［Bunge］（アルゼンチン）、SR 235, S. 165f.。ロボ［Lobo］（パキスタン）、SR 236, S. 173、そして詳しくは、SR 238, No. 34, S. 190。

(218) Bunge, SR 235, S. 165f.

(219) A/C. 6/SR 236, No. 34, S. 172.

(220) Yearbook of the International Law Commission 1951 II, S. 45.

(221) International Law, Bd. II, S. 531.

(222) 次のものを参照せよ。フェレンツ［Ferencz］、II, S. 84-88. Sohn, S. 983-990. Pal, Crimes, S. Vff.。

(223) 攻撃の定義についてのソ連邦の決議案は、Sohn, S. 850-852に復刻されている。それにメンク［Menk］、立証を伴ったS. 109f.。

(224) 集団安全保障をめぐる努力についての諸政府の態度ならびに国際連合事務総長の包括的な報告が、国際連盟において既にあった。Ferencz, II, S. 89-186を参照せよ。

(225) Yearbook of the International Law Commission 1954 II, S. 112-122、報告者スピロプーロスの註解と提案を伴って。

(226) 一九四八年一二月九日の「ジェノサイド」の防止及び処罰に関する条約の二条が既に規定していた五つの行為変化類型が重要であった。それは、一九五四年八月九日の法律によって二二〇条aとしてドイツの刑法典へ挿入された（BGBl. II S. 729)。

(227) その態度は、Ferencz II, S. 97-111において完全に復刻されている。スピロプーロスは、かかる考慮に同調した。Yearbook of the International Law Commission 1954 II, S. 121.

(228) Bassiouni, S. 7.

(229) 一九五二年一二月二〇日の決議。Ferencz, II, S. 186におけるテキスト。

(230) その成立史は、Ferencz II, S. 79-601によって記録された。

(231) Ferencz II, S. 579, 592. 一九七〇年の「友好関係」決議と実質的に同一の表現であるとして、合衆国には首謀者を個人的に処罰することを全く含んでいないことが分かっていたということを、そのアメリカ代表は、おそらく気がつかなかった。それについては、以下の(233)で。

(232) Ferencz II, S. 577, 584.

(233) 国際法委員会の草案における違法行為［Delikt］と犯罪［Verbrechen］との区別（Yearbook of the International Law Commission 1980 II 2, S. 30ff.）。すなわち、「あの禁止されている攻撃のような」［such as that prohibiting aggression］国際法に対するとくに重大な違反が「国際的な罪」［international crimes］として示されている。この区別が既に実現したか否かについては、疑わしい。Verdross./Simma, §1263を参照せよ。しかし、この区別は、責任のある政治家を個人的に処罰することと関わらなかった。Grewe, FS Doehring, S. 243 m. Anm. 47.

(234) 「国際連合憲章にしたがった諸国家間の友好関係と協力に関する国際法の諸原則の宣言」Res. Nr. 2625（XXV）, YBUN 1970, S. 789（790）.

(235) ローゼンストック［Rosenstock］、AJIL 65（1971）、広範な立証を伴ったS. 713, 718, における叙述。ドーナ［Dohna］伯爵、Die Grundprinzipien des Völkerrechts über die freundschaftlichen Beziehungen und die Zusammenarbeit zwischen den Staaten, Berlin 1973, S. 99ff.。

(236) Rosenstock, 前掲書。Dohna（(235)）, S. 100.

(237) ドーナは、このような刑法の存在を否定したが、もっともである。S. 101f.

(238) その決議に詳細に取り組んでいるエーレル［Oehler］、S. 616ff.（Rz.〔欄外番号〕1011ff.）は、その決議に拘束力のない推薦という性格だけを認めた。Menk, 広範な立証を伴ったS. 111も同様。

(239) Ferencz II, S. 42.

(240) Ferencz II, S. 551において。

(241) Ferencz II, S. 587において。

(242) 上述(231)をみよ。

(243) Ferencz II, S. 42において。

(244) それについては、以下の(253)のところを参照せよ。

(245) Oehler, S. 619から。

(246) 先述の編者による註解(101)と(102)および同じ個所での立証。

(247) International Conference, S. 303, 306, 308f.

(248) International Conference, S. 84.

(249) International Conference, S. 389.

(250) International Conference, S. 395.

(251) 例えば、ザイドル［Seidl］（上述(56)）、S. 199ff.。今やとくに、Taylor, Nuremberg trials, S. 193, 490ほか各所で。

(252) International Conference, S. 306.

(253) Yearbook of the International Law Commission 1984 II 1, S. 89-100; 1987 II S. 1-10; 1988 II S. 197-204; 1989 II S. 81-100. 最終草案の日付は、一九九一年七月一二日であり、一九九一年四月二九日から七月一九日までの国際法委員会の第四三会期の報告に提出された。国連総会公式記録、第四六会期、付録 No. 10 (A/46/10), S. 238ff.。

(254) Yearbook of the International Law Commission 1984 II 1, S. 90, 94f.

(255) 一九九一年草案の一六条および一七条。ティアムは、合衆国に対するニカラグアの事件における一九八六年六月二七日の国際司法裁判所の有名な判決をも引用する（Yearbook of the International Law Commission 1988 II 1, S. 199f. を参照せよ）。

(256) 国際法委員会においては、詳細に述べられた。報告（(253)）、No. 70-105, S. 202-213を参照せよ。

(257) 上述(229)以下をみよ。

(258) International Conference, S. 99（一九四五年六月二九日）。上述(148)をみよ。

(259) このいわゆる世界司法については、Oehler, S. 519ff. (Rz. 844ff.) を見よ。ドイツの刑法典は、とりわけ国際条約に基づく構成要件を、六条に列挙した。

(260) 国際法委員会報告［Report ILC］、一九九一年四月二九日〜七月一九日、国連総会公式記録［G.A. Off. Rec.］、第四六会期、付録 No. 10 (A/46/10), No. 106-165, S. 214-234。

(261) 国際法委員会報告、一九九二年五月四日〜七月一四日、国連総会公式記録、第四七会期、付録No. 10 (A/47/10), No. 393-557, S. 143-196。さらに、一九九二年五月二〇日のティアムの報告、総会 A/CN. 4/442。

(262) A/47/10, No. 395-401, S. 144-146.

(263) 同書、No. 492-502, S. 180-183。

(264) 一九九三年二月二二日のS/Res.〔安保理決議〕/808 (1993)。一九九三年五月二五日のS/Res./827 (1993)。

(265) 一九九三年五月三日のS/25704。

(266) 一条九項については、S/25704, No. 34, 35。

(267) 二条一一項については、S/25704, No. 42。四条一三項については、No. 47。

(268) 一九九三年七月一九日の「国際刑事裁判所規約草案についての作業部会の改定報告」A/CN. 4/L. 490、およびADD. 1.を、ボン大学ならびに国際法委員会とその作業部会のメンバーである同学の士トームスハト［Tomuschat］が、親切に、私に渡してくれた。

(269) A/CN. 4/L. 490, P. 28.

(270) A/CN. 4/L. 490, P. 29.

(271) Yearbook of the International Law Commission 1987 II 1, S. 7.

(272) 国連人権宣言の法的拘束力の問題については、ゲック［Geck］、ZAÖRV 38 (1978), S. 182ff.が詳しい。このしばしば述べられる問題については、最近では、マルタンソン［Mårtenson］、(Eide, S. 21ff.所収) が詳しい。

(273) 一九五二年八月七日のドイツの条約法、BGBl. II S. 685。ヨーロッパ人権条約は、現在二五のヨーロッパの国家によって批准され、一九五三年に発効した。

(274) 一九七三年一一月一五日のドイツの条約法、BGBl. II S. 1534。その規約を、一一四の国家が批准し、一九九二年には、アメリカ合衆国も批准した（マリ［Marie］、International Instruments Relating to Human Rights: Human Rights Law Journal, Vol. 14, 1993, S. 62)。

(275) Yearbook of the International Law Commission 1987 II 1, S. 6. ——〔本文に引用されている一九八七年草案は、"Nothing in this article shall prejudice the trial and punishment of any person for any act or ommission which, at the time when it was committed, was criminal according to the general principles of law recognized by the community of nations." であるのに対して、〕一九九一年草案は、すくなくとも字句内容において、その原型から離れている。すなわち、"Nothing in this article shall preclude the trial and punishment of anyone for any act which , at the time when it was committed, was

criminal in accordance with international law or domestic law applicable in conformity with international law" (Art. 10 Abs. 2). これらの文言が相違するか否か、またどの点で相違するかは、ここでは、詳しく追究できない。

(276) 一九七八年七月一八日以後発効。締約国は、中南米の二四カ国である。九条は、次のようにいう。「何人も、実行の時に適用すべき法によれば罰することができなかったなんらかの作為または不作為のために有罪とされてはならない。罰し得る行為が行われた時において威嚇を予告されていた刑罰よりも厳しい刑罰を科されてはならない。もしも処罰に値いする行為の後に、法律が軽い刑罰を科すことを規定したときは、有責の人は、このことがプラスにならなければならない」("Europäische Grundrechte-Zeitschrift" 1980. S. 435からの訳)。

(277) 原文は、ÖZöRV〔Österreichische Zeitschrift für öffentliches Recht und Völkerrecht〕, Suppl. 6: New Perspectives in Conceptions of International Law, Wien 1983, S. 247ff.〔Jahrbuch für Afrikanisches Recht, Bd. 2 [1981], S. 243ff. からの訳〕。アメリカおよびアフリカの人権条約のドイツ語によるテキストは、ジムマ〔Simma〕／ファステンラート〔Fastenrath〕、Menschenrechte, ihr internationaler Schutz, 2. Aufl., München 1985, S. 367ff., 390ff. においても存する。

(278) 一九五二年、国連人権委員会の第八会議において。ボシュエ〔Bossuyt〕、S. 331。ノーヴァク〔Nowak〕、Art. 15 Rz. 17。

(279) 次のものを参照せよ。ラティ〔Raimo Lathi〕、Eide, Art. 11 Erl. II, S. 177所収。既述のパルシュ〔Partsch〕、S. 405/06。

(280) Lathi, 上掲書 Erl. VI, S. 182所収。

(281) 市民的および政治的権利に関する国際規約の一五条の成立史を、Bossuyt, S. 321ff., 330ff. が体系的に記録している。

(282) Bossuyt, S. 331.

(283) Bossuyt, S. 331.

(284) Bossuyt, S. 331/32.

(285) 上述の(138)を見よ。

(286) 市民的および政治的権利に関する国際規約一五条一項の第三文は、ヨーロッパ人権条約七条一項においてはまだ欠けている。

(287) この規定〔上述(275)で訳者引用の「一九八七年草案」と同一〕は、字句内容においていくらか相違するが、ヨーロッパ人権条約七条二項 "This Article shall not prejudice the trial and punishment of any person for any act or ommission which, at the time when it was commited, was criminal according to the general principles of law recognized by civilised

nations.”と意味的に同じである。

(288) 第六会議。フィリピンの提議。Bossuyt, S. 326を見よ。

(289) Partsch, S. 406-408は、ヴェングラー［Wengler］やヨーロッパ人権条約についての一九五二年のデンマーク下院での論議を指摘している。ウィリアムズ［Williams］は、遠慮することなく、その条項を、一九三五年六月二八日の刑法典二条の新草案と等置する。すなわち、「ナチのイデオロギーを表現するこの法は、今、廃止される」（一二八条）。

(290) その成立史および„penal“と„criminal“との間の相違は、学問的な論争において、評価されないままであった。その論争は、刑法学においては、ヨーロッパ人権条約七条二項は、処罰を厳しくする規範のみを許すのか遡及効をもった処罰を基礎づける規範を許すのかどうかの問題を巡って行われたのだが。イェシェック［Jescheck］、S. 241を見よ。

(291) Partsch, S. 245f.

(292) Partsch, S. 405f.。フローヴァイン［Frowein］／ポイケルト［Peukert］、Art. 7 Rz. 8。

(293) Partsch, S. 407.

(294) Travaux préparatoires, Bd. III, S. 262。一九六一年九月一八日の決定 1028/61 (Yearbook of the European Convention on Human Rights IV (1960/61), S. 325 (336) 所収）において、ヨーロッパ人権委員会によってまさに言葉どおりに引用されて。

(295) 敵への協力を訴追することを、セラン［Sérant］、Die politischen Säuberungen in Westeuropa, Oldenburg 1966が描いている。最近の概観および研究状態は、ヘンケ［Henke］とヴォラー［Woller］（編集）の論集 Politische Säuberung in Europa, München 1991において。例えば、処罰措置は、フランスにおいては、一九五一年から一九五八年までの間に公布された四つの法律によって終結された。クヴァーリチュ、Der Staat 31 (1992), S. 402を参照せよ。

(296) 一九五七年七月二〇日の決定268/57、Yearbook of the European Convention on Human Rights I (1955/56/57), S. 239-41。一九五八年六月九日の決定214/56、前掲書、Bd. II (1958/59), S. 214 (227)。一九六一年九月一八日の決定1028/61、前掲書、IV, S. 325 (336)。—— Partsch, S. 407は、批判しているが、もっともである。Frowein/Peukert, Art. 7 Rz. 8立証を伴って。

(297) BGBl. 1954 II S. 14.

(298) The Problem of International Criminal Law. Current Legal Problems 3 (1950), S. 263ff.; Partsch, S. 405.

(299) Nowak, Art. 15 Rz. 19によれば、遡及効をもった国内法律だけが、例外規定の特権を享受するが、遡及効をもった国際刑法、とくに国際条約法によって基礎づけられた刑法は、禁じられることになっている(欄外番号19)。ヨーロッパ人権条約七条二項および市民的および政治的権利に関する国際規約の一五条二項によって、遡及効をもった国際刑法を正当化する成立史にかんがみて、かかる限定は、理解できない。

(300) ダイク [van Dijk]／フーフ [van Hoof]、S. 366f.。

(301) 一九五一年一月一二日発効、一〇七の加盟国のうち、一九九二年にボスニア－ヘルツェゴビナとクロアチアが批准した（マリ [Marie]（274)、S. 64)。ドイツの条約法律は、BGBl, 1954 II S. 730。

(302) Nowak, Art. 15 Rz. 19.

(303) van Dijk/van Hoof, S. 367脚注866及び867で。

(304) 一九七六年七月一八日発効。原文は、例えば、Human Rights, A Compilation of International Instruments, ed. United Nations, New York 1988, S. 69-76所収。

(305) 上述(253)を見よ。

(306) 一九九三年までに協定に加盟した九四カ国を、Marie (274), S. 69は、列挙している。

(307) 「国際法委員会」において提議された。すなわち、加盟しなかった国家もこの構成要件を「犯罪」と見なしたので、「アパルトヘイト」は、慣習国際法により、「人類の平和と安全に対する犯罪」であると。Report ILC, 一九九二年五月四日～七月二四日、Suppl. No. 10 (A/47/10), No. 70を参照せよ。

(308) Bossuyt, S. 331を見よ。

(309) 上述(143)以下を参照せよ。

(310) 国際法委員会のリポーターのティアムが展望したものについては、彼は、サンホセ規約の九条やバンジュル憲章の七条IIをも、「人類の平和と安全に対する犯罪についての法典草案」の八条の手本の一部にする（YBILC 1987 II, S. 7)。

(311) 一九四九年のドイツ連邦共和国の基本法二六条一項第二文の規則の施行において、一九六八年、攻撃戦争の準備および攻撃戦争「煽動」についての八〇条および八〇条aの規定は、刑法典へ挿入された（BGBl 1968 I S. 741)。攻撃戦争の遂行そのものは、予想できる行為者の範囲を明確にできないように思われたので、罰せられなかった。この問題については、先述の編者による註解(161)および(161)を。

(312) 一九六八年一月一二日のドイツ民主主義共和国の新しい刑法典（ドイツ民主主義共和国官報第一部S. 1）においては、ドイツ民主主義共和国刑法典八五条以下。それについては、シュレーダー［Schroeder］、Juristenzeitung 24 (1969), S. 44。

(313) シェンケ［Schönke］／エーゼル［Eser］、Strafgesetzbuch, 24. Aufl., München 1991, §1 Rz. 8ff.。

(314) Williams, §§130-135.

(315) 一九九三年五月三日のS/25704および一九九三年五月二五日のS/Res./827。上述の(264)を見よ。

(316) 上述の(234)。

(317) 上述の(230)。

(318) 国際司法裁判所規程三八条一項b。その問題については、多くの文献と共に、エイクハースト［Akehurst］、BYIL 47 (1974/75), S. 1ff.。ベルンハルト［Bernhard］、ZAÖRV 36 (1976), S. 50, 61ff.。同人、EPIL I (1992), S. 898ff.。

(319) プフタ［Puchta］、Das Gewohnheitsrecht, Erlangen 1828 und 1837。新版 Darmstade 1965。パル、Tokyo Judgement II, S. 570f.。

(320) グリュック［Glueck］、The Nuremberg Trial and Aggressive War, New York 1946。一九四四年にニュー・ヨークで公刊された彼の書物„War Criminals"においては、ハーヴァードのこの刑法学者は、このような慣習法を明確に否定していた。それについては、パル、Tokyo Judgement II, S. 567ff. とS. 584ff. および上述(192)が詳しい。

(321) Akehurst, BYIL 47 (1974/75), S. 12ff.; Bernhard, ZAÖRV 36 (1976), 広範な立証を伴ってS. 67。

(322) ブラウンリーは、次のように記述した時、多分そう思っている。すなわち、ロンドン合意が、合衆国、イギリス、フランス、ソ連邦、ならびにそれ以外の一九の国家によって署名され、そして国連総会が、一九四六年一二月一一日に「ニュルンベルク裁判所憲章および裁判所判決によって認められた国際法の諸原則」を認めると公言したことを理由として、ロンドン憲章の六条は「それ以来、普遍的な国際法を意味するようになった」と記述した時（S. 562）。ブラウンリーは、この場合、すでに以前に述べたのだがそれ以上には基礎づけなかった自己の見解に従っている（Use of Force, S. 192）。第三者の犠牲においての諸条約による慣習法の成立問題を、Akehurst, BYIL 47 (1974/75), S. 44f. が述べている。

(323) トームスハト［Tomuschat］、Archiv des Völkerrechts 21 (1983), S. 289, 294。デーリング［Doehring］、Völkerrechtliche Beurteilung des Kriegsverbrecherprozesses von Nürnberg, Beiträge zur Konfliktforschung 16 (1986), S. 75-84。ダヴィド［Eric David］、Le Procès de Nuremberg（(204)）, S. 160ff. 所収。グレーヴェ［Grewe］、FS Doehring, S. 229-249。デーヴィ

ドソン［Davidson］の信頼できて公正なモノグラフ、The Nuremberg Fallacy. Wars and War Crimes since World War II (1973)が詳しい。

(324) 上述(49)を見よ。

(325) EPIL I (1992), S. 875.――一九九三年に刊行されたアメリカの研究グループ World Priorities Inc. (WPI)の調査によれば、第二次世界大戦の終結以後、二三一四万人の死者――そのうちの九二パーセントが発展途上国におけるもの――をもたらした一四九の戦争があった（一九九三年一一月一一日の"Die Welt", Nr. 264, S. 1)。一国ないし数国の政府が関与し、毎年少なくとも一〇〇〇人が死亡するような武力衝突のみを数えるとしても、かかる戦争の一部は、「内戦」として特徴づけることができよう。

(326) 一九五〇年六月二五日と二七日および七月七日のS/Res/82, 83および84 (1950)。

(327) ハンガリー問題については、一九五六年一一月四日～一〇日のGA/Res/1004-1008 (ES-II)。アフガニスタン問題については、一九八〇年一一月二〇日のGA/Res/35/37 (1980)。一九六八年八月二〇日二一日のチェコスロバキア社会主義共和国へのワルシャワ条約機構軍の進駐［Einmarsch］による国連憲章違反（「武力干渉」）を、安全保障理事会は、確定できなかった。多くの国家によって提出された決議は、ソ連邦の（一〇五回目の）拒否権行使によって挫折した。以下のものを参照せよ。AdG 1968, 14148ff.; Davidson, S. 227-270.

(328) 一九五六年一一月二日のGA/Res/997 (ES-I)。デーヴィドソン、S. 32-60は、スエズ運河を巡る闘争についての自己の叙述を、「ヘスやザイドルを弁護した法律家は、スエズ危機が弱まった時、ニュルンベルクで確立された新しい法と一致する平和に対する犯罪でイーデンを裁くようにどのような計画が行なわれているかについて尋ねるべく、チャーチルへ電報を打った」という注釈抜きの「後書き」で終わらせている。

(329) 一九七四年七月二〇日のS/Res/353 (1974)。一九七四年七月二三日のS/Res/354 (1974)。一九七四年八月一四日のS/Res/357 (1974)。一九七四年八月一五日のS/Res/358 (1974)。これらの決議はすべて、国連憲章三九条に言及することなく、国連憲章四〇条（暫定措置）の枠内で発せられた。一九七四年八月一六日のS/Res/360 (1974)は、多少はっきりと、しかしまたトルコを具体的に有罪と判決することなく記している。

(330) 一九八一年六月一九日のS/Res/487 (1981)。一九八一年一一月一三日のGA/Res/36/27も見よ。

(331) 一九八二年六月六日のS/Res/509 (1982)。

(332) 一九七六年三月三一日のS/Res/387 (1976)。一九七八年五月六日のS/Res/428 (1978)。結局、一九八五年六月二〇日、九月二〇日、一〇月七日、一二月六日のS/Res/567, 571, 574, 577 (1985)、および一九八七年一一月二五日のS/Res/602 (1987) と一九八七年一二月二二日のS/Res/606 (1987)。

(333) 一九八四年一〇月四日のS/Res/573 (1984)。

(334) 一九八二年四月九日のS/Res/502 (1982)。

(335) 一九九〇年八月二日のS/Res/660 (1990)。

(336) 一九九〇年一一月二九日のS/Res/678 (1990)、アメリカ指導下の国際的な派遣軍〔＝多国籍軍〕による実施。法的な分類や評価については、メンク [Menk]、S. 149ff., 156ff. を見よ。

(337) AdG 1986, 29797。証拠は、イプセン [Knut Ipsen]、§57 Rz 35。

(338) この規定の実際的な問題を、明快な仕方で、ヴェングラー [Wengler]、Das völkerrechtliche Gewaltverbot, Berlin 1967が、明示し解説した。この規定の事実上の有効性は、すぐに批判的に評価された。すなわち、フランク [Franck]、Who killed Art. 2 (4)? or: Changing Norms Governing the Use of Force by States: AJIL 64 (1970), S. 809ff.。

(339) クウェートの奪還および停戦後にも、戦闘行為に参加した国家のどの政府も、イラクの国家首長サダム・フセインを攻撃戦争を理由として裁判にかけることを要求しなかった。ドイツの外務大臣ゲンシャーがこのような要求を行った時、世界の世論はまったく反応しなかった。世界の世論が困ったことだと感じていたのは、あきらかであった (AdG 1991, 35399 ff.。一九九一年一〇月一八日のFAZ-Magazin, Heft 607, S. 134/135)。

(340) 上述の(209)以下参照。

(341) 上述の(234)以下参照。

(342) ニカラグァ事件における国際司法裁判所の判決、ICJ-Reports 1986, S. 99ff., Nr. 188-190参照。

(343) Bernhard, ZAÖRuV 36 (1976), S. 67f.

(344) Grewe, FS Doehring, S. 243も同様。

(345) Verdross/Simma, 576.

(346) Verdross/Simma, §§1262ff.。グエン・コック・ディン [Nguyen Quoc Dinh]／ディエ [Dailler]／ペレ [Pellet]、Droit International Public, 4. Aufl., Paris 1992, S. 618ff.。Ipsen, §38 Rz. 32で。キミニッヒ [Kimminich]、Einführung in das

Völkerrecht, 4. Aufl., München 1990, 14. 4, S.489ff.。ザイドル-ホーエンフェルデルン［Seidl-Hohenveldern］、Völkerrecht, 7 Aufl., Köln 1992, Nr. 1877-1884。六〇年代においては、報告は、もっと詳細であった。例えば、シュヴァルツェンベルガー［Schwarzenberger］、International Law, Bd. II: The Law of Armed Conflict, London 1968, S. 524ff.を参照せよ。厖大な脚註のあるWengler, S. 540ff.や現在再び公刊されたオッペンハイム［Oppenheim］のInternational Law, Bd. I（ジェニングス［Jennings］とウォッツ［Watts］による改訂、9. Aufl., London 1992, §148）を参照せよ。——ブラウンリーの少数意見については、S. 562、上述(322)。

(347) 例えば、スターク［Starke］、Introduction to International Law 10. Aufl., London 1989。ショー［Shaw］、International Law, 3. Aufl., Cambridge 1991。

(348) S/Res./827 (1993). 上述(264)を参照せよ。

(349) A/C. 6/SR 236, No. 34, S. 172。上述(219)を見よ。

(350) YBILC 1987 II 1, S. 7。上述(271)で。

(351) 最近、エーター［Oeter］、ZAÖRV 53 (1993), S. 1-48によって根本的に明らかにされた。

(352) David((323)), S. 160ff.を参照せよ。デーヴィドソン［Davidson］、S. 61ff., 160ff.は、例えば、アルジェリア（一九五四—一九六二）とインドシナ（一九四六—一九五四）におけるゲリラの闘争と制圧とを述べている。フランスの裁判所は、国内刑法によれば刑事訴追は時効のために不可能であったので、人類に対する犯罪の国際法上の構成要件を例外なしに、すなわちレガイ［Legay］、トゥヴィエ［Touvier］、バルビー［Barbie］に対する三つの手続きにおいて、適用していた。Nguyen Quoc Dinh/Daillier/Pellet((346)), S. 625における立証を参照せよ。偶然でなく、その際、第二次世界大戦の遺産が、それゆえに敵への協力者やドイツ人——彼等にはロンドン憲章六条が適用さるべきなので——の刑事訴追が、重要であった（最高裁判所、一九九二年一一月二七日の判決、Semaine Juridique, JCP II, 1993, Nr. 21977)。これに対して、一九五二—五四年のインドシナにおけるフランス人の人道犯罪は、枢軸国のために行われたのではなかったということだった。したがって、ロンドン憲章は、該当せず、一九六六年のフランスの法律によって特赦された（最高裁判所、一九九三年四月一日の判決、Bulletin Criminel, 1993, Nr. 143)。ベトミンのために政治委員ならびに収容所長の協力者として、「再教育」に抵抗したフランスの同胞を餓死させたことをインドシナにおけるかつての捕虜団体から非難されたフランス国民ブダレル［Boudarel］が問題になっていたのだった。

(353) Schmitt, Der Nomos der Erde, S. 60-67. Grewe, Epochen, S. 181-193.

(354) Tutorow, S. 430-446 (Nr. 4246-4457) を参照せよ。

(355) Taylor, Vietnam, S. 152（ドイツ語版 S. 175）。

(356) Jescheck, S. 411-413を見よ。

(357) 多くの叙述のうち、テイラーの Vietnam, S. 122ff.（ドイツ語版 S. 141ff.）の正確な描写が、もっとも入手可能である。"My Lai" という場所表示は、テイラーによれば、アメリカ軍の地図表示の誤りが原因であった。その場所は Son My と呼ばれ、犯罪は、My Lai という比較的広い場所の一部においてではなく、Binh Dong と Xom Lang という村落において起こったのである（Taylor, Vietnam, S. 122＝ドイツ語版 S. 142）。常規を逸した規律のない軍隊の行動様式が、ドイツの「特別行動隊」(Einsatzgruppen) ならびにポーランドやソ連邦において体系的に計画され冷静に遂行されたジェノサイド犯罪と等置されてはならないことは、自明である。

(358) Grewe, FS Doehring, S. 247.

(359) Taylor, Vietnam, S. 129, 155（ドイツ語版 S. 148, 178）。上官たちに対する手続きや彼等への刑罰の免除については、Taylor, S. 165ff.（ドイツ語版 S. 192ff.）を見よ。

(360) Ipsen, §38 Rz. 26. Grewe, FS Doehring, S. 247も同様。ドイツと日本の将軍や大臣に対するアメリカの戦争犯罪人裁判におけるその他の判決を指摘して、Taylor, Vietnam, S. 159ff., 175ff.（ドイツ語版 S. 192ff., 203ff.）が詳しい。

(361) フリードマン [Friedman] II, S. 1708ff.。Ipsen, §38 Rz. 26を見よ。

(362) IMT XXII, S. 526. Wilhelmstraßen-Prozeß, S. 5, ＝Trials XIV, S. 322. 上述(116)以下を見よ。

(363) Taylor, Vietnam, S. 156（ドイツ語版 S. 179/80）、Toth v. Quarles, 350 U.S. 11 (1955) を指示して。

(364) Taylor, Vietnam, S.216 Anm. 2（ドイツ語版 S. 249 Anm. 2）。

(365) 一般的刑法において属地主義を厳格に適用すること、および合衆国法において軍事裁判権を現役軍人へ限定することについては、エーレル [Oehler]、S. 169ff. (Rn 178-183) および S. 399 (Rn. 606) を見よ。

(366) A/C. 6/SR 238, No. 12, S. 188.

(367) Taylor, Vietnam, S. 154ff.（ドイツ語版 S. 177ff.）。

(368) シュヴェングラー [Schwengler]、S. 303ff. が詳しい。Quaritsch, FS H.-J. Arndt, 広範な立証を伴って S. 245ff.。

(369) 個々の点については、ウルバン [Urban]、War in Afghanistan, 2 Aufl. London 1990。ポーリー [Pohly]、Krieg und

Widerstand in Afghanistan. Ursachen, Verlauf und Folgen seit 1978, Berlin 1991, S. 261ff.、とくにS. 276。

(370) ウェルズ［Wells］、War Crimes and Laws of War, Boston 1984, S. 104f。

(371) Taylor, Vietnam, S. 150ff.（ドイツ語版S. 173ff.）。テイラーは、「捕虜にしたヴェトコンを殺害することは、毎日の『殺害率』の更新のために広まった。それゆえに、ダフィは、単に偶然かつ単独に、戦争裁判権というからくりへと陥ってしまった」という適切な推定でもって、この呆れるほどに寛大な処罰を、理由づけた。個々の連合国軍人——たとえば不時着したパイロット——を、一般市民、警察官、軍構成員によって殺害したというこれと比較できる場合において、ドイツの行為者や共犯者たちは、通例は——それに該当する一四の戦争犯罪人裁判のうちの一一において——死刑に処せられた（Un-Law Reports Bd. I Nr. 3, 7, 8; III Nr. 15, 16, 17, 18; IV Nr. 23; V Nr. 29; XI Nr. 66, 68, 71）。三つの訴訟手続においてだけ、自由刑が宣告された。Bd. III Nr. 14（二度の終身刑）。XIV Nr. 86（過剰防衛を理由として一〇年）。行為者が一五歳の「ヒトラー・ユーゲントの団員」であったXI Nr. 67における単に八年の自由刑は、この枠にはまっていない。

(372) AdG 1974, 18984.

(373) テイラーは、自分の国民たちがニュルンベルクの教訓を学ばなかったということを、悲劇と名付けた（Vietnam, S. 207, ドイツ語版S. 241）。しかしむしろ、「ニュルンベルク」と検察官としての自己の活動とでもって、国際法の新しい時代が始まったと彼が信じたということが、テイラーの個人的悲劇なのである。

(374) Quaritsch, Der Staat 31（1992）, S. 389ff. 広範な立証を伴って。——アンダーソンヴィルの南部諸州軍捕虜収容所長のヘンリー・ウィルツに対して一八六五年一〇月二四日に下された死刑判決は、すでに一九一八年に、それから再び一九四五年以後に、新しいユニバーサルな発展のための先例として見なされた。しかし、それでもって、国家間戦争からでなく、内戦から生じてきたアメリカの法伝統のみが価値を認められた。捕虜収容所長が問題になる限りにおいてのみ、ウィルツの裁判手続きは先例として適している。少なくともコモン・ローが事件に対応する原則に従ってだが。ウィルツ事件については、上述註解（33）を見よ。

(375) 二二八～二三〇条の文言は、先述編者による註解（1）。文献は、編者による註解（2）。

(376) 上述(264)を見よ。

(377) S/Res./827（1993）, S. 1.

(378) 一九九二年一〇月六日のRes./780。

(379) ホルヴェーク［Hollweg］、Juristenzeitung 1993, S. 988 FN 67。一九九三年一一月一七日に、ハーグの法廷の一一人の裁判官が宣誓した時、オランダの調査リーダーのカルスホーフェン［Kalshofen］は、被告人やその犯罪について報告した。合衆国の元国務長官イーグルバーガーは、戦争犯罪人および人道犯罪人と推定されるものの自己のリストにおいて、セルヴィア大統領ミロセヴィッチおよびボスニアのセルヴィア人指導者カラージッチを、主要被告人として扱った（一九九三年一一月一六日の"Die Welt" S. 5）。法廷に欠席しているものに対する処罰手続きは禁じられ、また特に名指しされたほとんどすべての行為者たちがかれらの郷土のセルヴィアにおいて民族的英雄として認められていたということを別としても、かかる言明は、起訴にとって十分でない。

(380) Hollweg、上述書、S. 989。

(381) フィッシュ［Fisch］、Krieg und Frieden im Friedensvertrag, Stuttgart 1979, S. 57ff.。Quaritsch, Der Staat 31 (1992), S. 394-418.

(382) 上述(219)を参照せよ。

(383) Les Six Livres de la Republique V 6, Paris 1576/1583, S. 799.

(384) フーバー［Huber］、Deutsche Verfassungsgeschichte VII, S. 22ff. を見よ。ならびに広範な立証は、先述編者による註解(24)～(28)。

(385) ワイマール憲法一一二条三項。平和条約の優位（ワイマール憲法一七八条二項第二文）ゆえに、この原則は、勝者の引き渡し要求に対して、表明に過ぎなかった。この特色を、一九四九年のドイツ基本法の一六条二項第一文（「いかなるドイツ人も外国に引き渡されることは許されない」）が、一九五五年の占領体制の終結まで持ち続けた。

(386) バッシオウニ［Bassiouni］、S. 1-20は、最近数十年の諸提案についての概括を含んでいる。国際法委員会の最新草案の日付は、一九九三年七月一九日である。上述(268)を見よ。一九九三年五月二五日の「国際法廷」についての安全保障理事会の規約（S/Res./827）は、一九九一年一月一日以後に旧ユーゴスラヴィア領内で犯された戦争犯罪と人道犯罪の訴追についてのみ適用される。上述(264)を見よ。

(387) Trials IX, S. 401. 上述(100)を見よ。

(388) Davidson, S. 296.

(389) このように、主義的にイスラエルに友好的な新聞"Die Welt"の一九九三年七月三一日／八月一日のNr. 176は、（適切に）

報道した。

(390) International Conference, S. 306.

(391) 原文は、Grewe, Fontes III 2, S. 947。

(392) 議定書一一～一五条。「攻撃国家が領土を損傷されないことあるいは政治的に独立していることは、いかなる場合にも、……制裁の適用により侵害され［てはなら］ない」（一五条）という限定があるにもかかわらず、諸国家は、当時、この議定書を受諾しようとしなかった。

(393) 先述編者による註解(59)以下。

(394) 「侵略の定義」決議の二条および三条。一九九一年法典草案一五条。

(395) Das Janusgesicht der Nürnberger Prozesse: 一九四八年九月一日の Die Gegenwart 3 (1948), Nr. 17, S. 11ff. (14)。

(396) Ein Janusgesicht?: 一九四八年一〇月一日の Die Gegenwart 3 (1948), Nr. 19, S. 9ff.。

(397) Strafbarkeit des Angriffskrieges: 一九四九年一月一五日の Die Gegenwart 4 (1949), Nr. 2, S. 13-17。

(398) Der Friede mit dem Aggressor, FS R. Laun, Hamburg 1953, S. 327-340.

(399) Tokyo Judgment I, S. 35-384.

(400) Tokyo Judgment II, S. 667-950.

(401) Tokyo Judgment II, S. 938.

(402) クラウス［Kraus］／レーディガー［Rödiger］、I, S. 279-299 (297)。フランス語の原文は、Kraus/Rödiger II, S. 1243-1253。

(403) Kraus/Rödiger I, S. 299-311. 付録 S. 311-432。

(404) 次のものを参照せよ。例えば、一方においては、F・フィッシャー［Fritz Fischer］、Der Griff nach der Weltmacht, 3. Aufl., Düsseldorf 1964。他方においては、ポソニー［Possony］、S. 186ff. 218ff.。フェルツレ［Hölzle］、Der Geheimnisverrat und der Kriegsausbruch 1914, Göttingen 1973。同人、Die Selbstentmachtung Europas, Göttingen 1985。

(405) 上述のテーマへのニュルンベルク裁判からの詳細は、クニーリエム［Knieriem］、S. 173ff., 195ff.。

(406) 例えば、Possony, S. 149。Smith, S. 156, 327。第一次世界大戦後の戦争責任の議論において、その問題それ自身は、比較的しばしば述べられた。一方的な党派性という疑いがないハンブルクの国際法学者メンデルスゾーン－バルトルディ［Mendels-

sohn-Bartholdy]——彼は、クリミア戦争・ボーア戦争、米西戦争を「責任問題」に基いて研究した(Ächtung des Angriffskriegs: Die Gesellschaft, Jg. 1, 1924, S. 531, 536ff.)——によって。

(407) 次のものを参照せよ。ツトロフ［Tutorow］の文献目録およびドイツではあまり知られていないリード［Read］博士の業績 Atrocity Propaganda 1914-1919, New Haven/London 1941、再刊 New York 1972。

(408) 一九一九年六月一六日の通牒、第六六会議、第一会期。

(409) 上述(95)（ジャクソン）および(151)以下（日本）で。

(410) クランツビューラーは、彼の二つの出版物において、裁判経過にとって極めて重要なこの審議に言及した(Rückblick, S. 24; Historische Prozesse, S. 34)。私は、ここでは補足的に、クランツビューラーが一九四五年一一月二五日に手書きで作成し一九四六年一一月五日にタイプライターで表現した、この会議についてのメモに依拠した。この経過の補足的な詳細な叙述については、クランツビューラー博士は、私に、一九九三年一一月二日に、上記のメモのコピーを親切にも送ってくれた。

(411) クランツビューラーの一九九三年一一月二日の書簡。

(412) Smith, S. 98f., 彼は、しかしその他の点では、一九四五年一一月二四日の審議の内容については、まったく伝えていない。

(413) The Works, Bd. 2, S. 136. 先述編者による註解(134)を見よ。

(414) BYIL 17, S. 133.

(415) 一九四五年六月六日の Report to the President. International Conference, S. 52所収。

(416) Historische Prozesse, S. 35,「組織犯罪」に限定することを指示して。

(417) ジャクソン、IMT II, S. 120（一九四五年一一月二一日）。VIII, S. 390（一九四六年二月二八日）。マクスウェル＝ファイフ、IMT XXII, S. 195（一九四六年八月二八日）。この二人の検察官は、彼等によって起訴された組織を「犯罪的」であると有罪宣告することがますます重要であると、強調した。

(418) Morgenthau-Diary (Germany), Vol. I, United States Senate, Washington 1967, S. 443に復刻されている。

(419) ヤスパース、Die Schuldfrage, Heidelberg 1946の影響が強い。彼は、ドイツの「集団責任」のテーゼ、また「一つの民族全体を賤民民族にする」(S. 45) という当時周知であった連合国の目標、と根本的に取り組んだ。個々人の刑事的責任およびナチス体制を許容したドイツ人の政治的責任のほかに、彼は、そのシステムを支持し「手伝った」人たちの道徳的責任を認めた。彼は、ナチスのシステムに対してまったく抵抗しなかったすべてのドイツ人たちを、形而上学的に責任あるものと見なした (S.

44ff., 67ff.)。

(420) ドイツの文献による。フィッシュ［Fisch］、Reparationen nach dem Zweiten Weltkrieg, München 1992, S. 233ff. を見よ。

(421) Quaritsch, Der Staat 31(1992), S. 519, 526-552における概観を参照せよ。

(422) シュミットの鑑定書S. 27/28（編者による註解(38)を伴っている）における引用を見よ。

(423) 先述編者による註解(44)を見よ。

(424) そのことを、とりわけ、クランツビューラーが強調した（Rückblick, S. 22ff.）。彼は、その裁判の雰囲気を、直接に――すなわち、国際軍事裁判所裁判ならびにクルップやフリックに対するニュルンベルク裁判ならびにザールの工業家レヒリングに対するフランスの軍事法廷での弁護人として――知っていた。レヒリング裁判において、ザール地域におけるフランスの利害関係の引継ぎ関心にかんがみて、その裁判の政治的目的は明白であった。ニュルンベルクの工業裁判における起訴状のそれと関連する章句を、Knieriem, S. 536ff. が呈示した。

(425) T・シュヴァルツ［Schwartz］、Vierteljahresschrift für Zeitgeschichte 38 (1990), S. 183（(26)とともに）。軍政府の秘密アンケートを指摘している。この現象の説明については、Quaritsch, FS H. -J. Arndt, S. 252ff.。

(426) 詳細および文献は、Jescheck, S. 13-15。ブッシャー［Buscher］、The US War Crimes Trial Program in Germany 1946-1955, New York 1989, S. 91ff.。

(427) そのことは、現在、おそらく共通の見解である。Schwartz (425), S. 376および Quaritsch, FS H.-J. Arndt, S. 252/53における立証。個人としての行為者だけでなく、彼等とともにむしろ同時に彼等の集団が起訴され有罪とされたということを、アメリカの検察官の一人ケンプナーがドイツの左翼のアカデミックな代表者たちにおいて見出した持続的な関心と賛美とが証明している。すなわち、そのものたちは、――日本でも同じことが起こったのだが――ブルジョア的エリートの復帰を今日なお依然として嘆いているのである。FS Robert Kempner "Gegen Barbarai", Hrsg. R. Eisfeld u. I. Müller, Frankfurt 1989の何人かの執筆者の寄稿論文を参照せよ。

(428) Schwartz, ((425)), S. 376ff. を参照せよ。

(429) イェーガー［Jäger］、Verbrechen unter totalitärer Herrschaft――Studien zur nationalsozialistischen Gewaltkriminalität, Olten 1967。リュッケール［Rückerl］、NS-Verbrechen vor Gericht, Heidelberg 1982。一九九〇年末までに、

ドイツの刑事法廷は、ナチの犯罪に六四八七の有罪判決を宣告した（シュトライム［Streim］、Chr. Hoffmann, S. 24所収）。

(430) ICJ Rep. 1973, S. 328.

(431) ICJ Rep. 1973, S. 347.

(432) シールズ・デレザート［Christiane Shields Delessert］、Release and Repatriation of Prisoners of War at the End of Active Hostilities. Schweizer Studien zum Internationalen Recht 5, Zürich 1977, S. 126 FN 1。

(433)「地政学的」であるということは、五つの国家のうちの二つ――シナはかなり長い中断の後に、ロシアは中断することなく――が安全保障理事会においてその地位を保持したからである。その二つの国家は、――「中華民国」から「人民共和国」になったし、ロシアは制度的にソ連邦を相続した――政治的には基本的に新しく体制づくりをしたにもかかわらず。

(434) 一九八九／九〇年のドイツの再統一は、ほとんどすべてのヨーロッパの隣接諸国において、ドイツに対する不安と嫌悪を、もっぱらもたらした。それが、政治階級の代表者たち、工業家たち、マスメディアのところにおいて、それゆえに政治的に有力な大物たちのところにおいて、常に極めて強力に、あるいは、一般に明確に、現れたことは興味深い。その代表的なものが、一九九三年秋に現れた率直な女性宰相サッチャーの回想録（Downing Street No. 10 ―― Die Erinnerungen, Düsseldorf 1993, S. 1094ff.）である。「彼女は、他の人が考えていたことを、正直に表明した」（一九九三年一一月四日の連邦議会の調査委員会でのコール首相［一九九三年一一月五日の "Die Welt", S. 3］）。そのほかにさらに、主としてドイツの著述家によって発表された重要な論集での報告、調査、態度表明、すなわち、Die häßlichen Deutschen? Deutschland im Spiegel der westlichen und östlichen Nachbarn, hrsg. v. Günther Trautmann, Wissenschaftliche Buchgesellschaft, Darmstadt 1991がある。

訳者あとがき

本書におけるシュミットの「鑑定書」（本訳書一頁〜九四頁）については、編者であるクヴァーリチュによって詳細な「註解」と「あとがき」が本書においてなされているし、私自身も、かって本書についての内容紹介をしたことがあるので（山梨大学教育学部研究報告第四六号）、ここでは、題名の「攻撃戦争というインターナショナル法上の犯罪………」という訳語を中心に説明をし、翻訳についての理解を得たいと思う。

㈠　「攻撃」は、Angriff の訳であるが、現在のわが国での支配的な見解に従えば、「侵略」と訳すべきだったろう。じっさい、この用語は、わが国では、国際連盟規約以来、長らく法律上の訳語としても定着している。しかし、この言葉は、日本語では「侵し掠める」の意味である。それに対して、英語の aggression は、国際法上は、次第にマイナスの意味を持つようになったとはいえ、「侵し掠める」の意味ではなく、もっぱら、「挑発を受けないのに行う攻撃」（unprovoked attack）と説明されたり、「防御以外の目的のために行う」（ショットウエル構想二条）、「仲裁裁判等のあらかじめ規定されている手続きを厳守せずに戦争に訴える」（国際連盟規約一二条）ことと理解されてきた。最近でも、一九七四年一二月一四日の国連総会の「侵略の定義に関する決議」もまた、これまでと同様に依然として具体性に乏しいが、「一国による他国の主権、領土保全もしくは政治的独立に対する、または国際連合憲章と両立しないその他の方法による武力の行使」「憲章違反の武力の先制的行使」と定義されているように、aggression の定義は、不明確であり多義的に理解されている。とくに日本語の「侵し掠める」の意味は、それとはだいぶ異っており、それゆえ「侵略」という用語は、誤解を生じやすい。このため、佐藤和男教授は、aggression を、「侵略」と訳すのは誤訳であり、「侵攻」と訳すのが良いと主張されているが、もっともである。

じっさい、「侵略」という日本語は、歴史認識と深くかかわる言葉であり、しかも、最近では、日本のかっての戦争に関する中国政府の政治的意図の濃厚な発言やそれに触発される国内の論議を見るにつけ、現在の私には、「侵略」という言葉を少なくとも法律上の学術用語として使用することは避けたい気持ちが強い。

ともあれ、私が本訳書において、「侵略」でも「侵攻」でもなく、「攻撃」という訳語を採用したのは、(1)英語には、事実的な意味が強いattackという用語のほかにも、次第にマイナスの意味を持つようになったaggressionという用語があるのに対して、ドイツ語は、Angriffという用語だけであり、(2)しかも、シュミットの場合、彼は、十九世紀にヨーロッパ主権国家間の均衡のもとに確立された伝統的な国際法の立場に立ち、戦争は国家にとって当然の権利であると考えている。そして、「攻撃あるいは防御は、絶対的な道徳的な概念ではなくて、状況に規定された経過なのである」(36ページ)という彼の主張に良く示されているように、攻撃は防御と対句であって、価値中立的な概念である。さらには、「正しい攻撃戦争」の存在さえ主張しており、それゆえ、Angriffは、まったくマイナスの意味を持たないのである。

なお、クヴァーリチュの「註解」や「あとがき」の部分には、Angriffと関連のある言葉が、いくつか引用あるいは使用されている。これらの中には、戦勝国側の立場に立って使用されたものも多いようで、必ずしも適切であるとは思えないものもあるが、訳にあたっては、その原語の意味にできる限り忠実な訳語を選んだ。参考までに、原語、原書のページ数、使用例と訳語を列挙する。

Einfall (102) 註解(68) 一九二五年一〇月のロカルノ協定二条「侵入」。

einrücken (172) 一九四〇年七月の、赤軍のバルト諸国への「進入」。(231) 一九九三年七月の、イスラエル軍の南レバノンへの「進入」。

Expansion (173) 一九二八年以来の、中国に対する日本の「膨脹」。

Eintritt (173) 一九四五年八月の、日本に対するソ連邦の戦争への「突入」。

Überraschungsangriff (173) 一九四一年一二月七日の、真珠湾への日本の「奇襲攻撃」。

eindringen（179）　一九四二年一月の、オランダ植民地への日本軍の「侵入」。

Einsatz（192）　一九七四年の、「侵略の定義に関する決議」三条に列挙されている侵入、アタック、爆撃、封鎖など武力の「出撃」。

Ausgriff（221）　一五世紀以来の、ヨーロッパの海外への「進出」。

Eroberung（241）　第一次世界大戦について、その戦勝国が、それをドイツの「征服」戦争であると非難した（シュミットの「鑑定書」（56）では、一九三五～六年のイタリアによるエチオピアの「征服」）。

Einmarsch（216）（327）　一九六八年八月の、チェコスロバキアへのワルシャワ条約機構軍の「進駐」（シュミットの「鑑定書」（31）では、一九一四年の中立国ベルギーへのドイツの「進駐」）。

（二）「インターナショナル法」を国際法と訳さなかったのは、上述のように、伝統的な国際法の立場に立ったシュミットの理論や概念においては、Völkerrecht と internationales Recht とは区別されているからである。すなわち、前者は一九世紀ヨーロッパにおける主権国家を中心主体とした伝統的な国際法であるのに対して、後者は非国家的な主体を容認し、普遍性を理想とする現代の国際法であり、本書において展開されたシュミットの理論的立場を強調して言えば、戦間期におけるアメリカ合衆国——とくにその世論——の動向に強く影響を受けた国際法である。それゆえ、本訳書においては、両者を区別し、題名についても、目障りなことを覚悟の上、このような題名にした次第である。

（三）「鑑定書」においても、戦争の違法化、犯罪化、刑罰化、放棄等と関連する言葉がしばしば使われているが、本訳書では、次のように訳した。

Abschaffung（32）「廃止」

Verhütung（33）「防止」

Verbot（37）「禁止」

Beseitigung　(41)「廃絶」
Ächtung　(42)「法的保護の停止」または「弾劾」（ケロッグ規約は、Kriegsächtungspakt とも云われる）
Acht und Bann　(42)「追放」
Kondemnierung　(43)「非難」
Verzicht　(44)「断念」

以上のようなシュミットの理論的立場から、彼は、戦争違法化の動きは進みつつあったものの、攻撃戦争の犯罪化や刑罰化、国際刑法上での指導者責任や個人責任、平和に対する罪の成立は、一九三九年の時点においては認められず、一九四五年の段階でそれを適用するのは「法律なければ犯罪も刑罰もなし」という原則に違反すると主張する。とくに、この「鑑定書」の目的が経済人であるフリックを弁護するものであったので、個人には自己の政府への忠誠義務があり、また、個々の特定の戦争については、正不正を決定できるのは政府であり、そのため、個人に不服従義務を負わせることは困難であると主張するのである。

また、クヴァーリチュは、「あとがき」において、ニュルンベルクと東京の両裁判、また国際連合における様々な経過、さらには現在大問題になっている旧ユーゴスラヴィアにおける戦争犯罪や国際法廷の問題を検討し、一九五〇年以後、攻撃戦争に関して個人の刑法的責任が問われることはなく、上記の二つの裁判だけでしか行われなかったのであり、結局、攻撃戦争に関する裁判は、攻撃の定義やその具体的な確定が困難であるということも一因かもしれないが、なによりも、法的正義よりも様々な政治的目的のために利用される危険性が強いことを指摘している。すなわち、ニュルンベルクと東京だけでしか行なわれなかったこの二つの裁判の政治的目的の一つは、攻撃戦争を犯罪化し刑罰化し、「国際法廷」という権威を利用して、ドイツと日本の政治的道徳的な資格を剝奪し、勝利者たちの既得の秩序や利益を将来のために保障することであり、その裁判成就のためには、敗者に対するフリーハンドの確保、すなわち、無条件降伏と占領、その実現の重要な手段として原爆投下が必要であったと結論づけるのである。

本訳書の出版にあたっては、クヴァーリチュ教授への仲介、連絡等さまざまなご努力をいただいた大阪国際大学の古賀敬太教授、翻訳に際してお教えいただいた山梨大学の八木博教授、今義博教授、そして、困難をきわめた出版問題を解決してくださった長尾龍一教授、出版についてご協力をいただいた信山社の村岡侖衛氏をはじめ多くの方々にお世話になった。あらためて、感謝申し上げる次第である。

一九九九年八月

新田 邦夫

カール・シュミット

1888年　プレッテンベルク生れ。
1921年以来，グライフスヴァルト，ボン，ベルリン商科大学，ケルンの諸大学を経て，1933〜45年ベルリン大学教授。
公法，政治学，政治思想など幅広い分野で活躍したが，1925年頃より，国際法や国際政治の分野でも多くの業績を発表。1933年のナチスの政権獲得とともに，一時期その支持者となった。彼の理論や概念はきわめて鋭利かつ多彩であり，おまけに審美主義的傾向も強い。そのため，その理解は容易でなく，毀誉褒貶が著しい。本書の編者クヴァーリチュは，シュミットを，カトリック，エタティスト，ナショナリストと特徴づけている。
1985年４月７日　プレッテンベルクで死去。

ヘルムート・クヴァーリチュ

1930年　ハンブルク生れ。

哲学，神学，法学を学ぶ。

1965年６月24日，公法ならびに教会法の大学教授資格取得。

1968年以来，雑誌Staatの共同編集者。

1972年以来最近まで，シュパイヤー行政学院教授。

シュミットに関する主要業績は
編書　Complexio Oppositorum ―― Über Carl Schmitt (1988)〔初宿正典・古賀敬太編訳『カール・シュミットの遺産』風行社(1993)〕。

著書　Positionen und Begriffe Carl Schmitts (1989)〔宮本盛太郎・初宿正典・古賀敬太編訳『カール・シュミットの立場と概念』風行社（1992)〕。

新田 邦夫

1930年　東京生れ。
東京大学大学院法学政治学研究科政治専門課程博士課程卒業（法学博士)。
山梨大学名誉教授。
主要論文　「カール・シュミットの政治理論」(「国家学会雑誌第84巻第３・４号〜第７・８号，1971年)。
翻訳　カール・シュミット「パルチザンの理論」(福村出版，1972年，ちくま学芸文庫，1995年)，カール・シュミット「大地のノモス」(福村出版，1976年)。

人名索引

［太字人名＝引用文献あり　太字ページ数＝略歴あり］

Abendroth, Wolfgang　アーベントロート　(112)
Addison, Lord　アディソン　(114)
Ahrens, Georg　アーレンス　(98), (112)
Akehurst, Michael　エイクハースト　(186), (214), (215)
Altmann, Rüdiger　アルトマン　(133)
Amado　アマド　(187)
Amelio, Chiesa d'　アメリオ　(97)
Americano, Jorge　アメリカーノ　(176)
Anderson, George L.　アンダソン　(157)
Anschütz, Gerhard　アンシュッツ　(90)
Aristoteles　アリストテレス　(245)

Baker, Ray Stannard　ベーカー　(98), (112)
Barbie, Klaus　バルビー　(220)
Barnes, Harry Elmer　バーンズ　(98)
Bartels, Klaus　バルテルス　(106)
Bartmann, Ferdinand　バルトマン　(142)
Bartolus　バルトルス　(93)
Bassiouni, Cherif　バッシオウニ　(186), (190), (230)
Becker, Helmut　ベッカー　(140)
Beling, Ernst　ベーリング　(197)
Bellot, Hugh H.C.　ベロット　(55), (113), (164)
Bendersky, Joseph W.　ベンダースキー　(132)
Benesch, Eduard　ベネシュ　(**100**)
Berber, Friedrich　ベルベル　(92), (93), (95), (98), (111), (113), (118), (181), (183)
Berger, Gottlob　ベルガー　(139)
Bernard, Henri　ベルナール　(175)
Bernhardt, Rudolf　ベルンハルト　(186), (214), (218)
Berning, Wilhelm　ベルニンク　(133)
Bethmann Hollweg, Theobald von　ベートマン・ホルヴェーク　(24), (64), (**92**), (116)
Bilfinger, Carl　ヴィルフィンガー　(105), (132), (133)
Binding, Karl L.　ビンディング　(162)
Birke, Adolf　ビルケ　(121)
Blackstone, Sir William　ブラックストン　(36), (101), (165), (168)
Boberach, Heinz　ボベラッハ　(154)
Bodin, Jean　ボダン　(229)
Bohle, Ernst W.　ボーレ　(139)
Bohnert, Joachim　ボーネルト　(89)
Bonilla　ボニリャ　(115)
Borah, William Edgar　ボラー　(42), (45), (55), (106), (107)
Borchard, Edwin　ボーチャード　(47), (90), (109), (110), (183)
Bossuyt, Marc J.　ボシュエ　(204)-(206), (211)
Botha, Louis　ボータ　(115)
Boudarel, Georges　ブダレル　(221)
Bougin, Simon　ブガン　(126)
Bourgery, A.　ブルジュリィ　(88)
Briand, J. Aristide　ブリアン　(46), (99), (**104**), (105), (107)
Brière, Yves de la　ブリエル　(102)
Brierly, James L.　ブリアリー　(165)
Brill, Hascal R.　ブリル　(21)
Brinkmann, Carl　ブリンクマン　(98), (112)
Britchard, R. John　ブリチャード　(171)
Brownlie, Ian　ブラウンリー　(167),

(171), (177), (215), (219)
Bruegel, Johann Wolfgang ブリューゲル (86)
Bruns, Viktor ブルンス (132)
Büchner, Karl ビュヒナー (104)
Bülow, Friedrich von ビューロー (130)
Bunge ブンゲ (188)
Burke, Edmund バーク (115), (175), (239), (240)
Burkhard, Odilo ブルクハルト (128), (130), (138)
Burnett, Philip Mason バーネット (96)-(98)
Buscher, Frank M. ブッシャー (163), (243)
Butler, Nicholas Murray バトラー (107), (113)

Caldecote, Lord コールデコット (114)
Calker, Fritz van カルカー (150)
Calley, William キャリー (221), (222), (226)
Carstens, Karl カルステンス (143)
Cäsar, Gajus Julius カエサル (87)
Cecil, Lord Robert セシル (39), (101), (102), (194)
Chamberlain, Arthur Neville チェンバリン (103)
Chamberlain, Sir Joseph Austen チェンバリン (34), (37), (41), (42), (101), (**103**), (104)
Chiang Kai-shek 蔣介石 (180)
Churchill, Sir Winston チャーチル (86), (216)
Ciano, Graf Galeazzo チアーノ (113)
Cicero, Marcus Tullius キケロ (103)
Clausewitz, Carl von クラウゼヴィッツ (107)
Clay, Lucius D. クレイ (127)
Clemenceau, Georges クレマンソー (95), (98), (115)
Coing, Helmut コーイング (169)
Coke, Sir Edward コーク (20), (90)
Cole, George D.H. コール (79), (**120**), (121), (152)
Conrad, G.B. コンラッド (145)
Corbett, Sir Julian コルベー (54), (113)
Cortius, Gottlieb コルティウス (86), (87)
Cramer, M.C. クレーマー (174)
Current, Richard N. カレント (105)

Dahm, Georg ダーム (151), (168), (175), (181)
Daillier, Patrick ディエ (219), (220)
Danaher ダナハー (110)
Dannecker, Gerhard ダンネッカー (89)
Darré, Richard Walter ダレ (139)
David, Donald デーヴィッド (94)
David, Eric ダヴィド (215), (220)
Davidson, Eugene デーヴィドソン (112), (215), (216), (220), (231)
Davies, Lord デーヴィス (114)
Delbrück, Hans デルブリュック (235)
Delbrück, Jost デルブリュック (112)
Demandt, Alexander デマント (104)
Demartial, Georges ドゥマルティアル (98), (102)
Descamps, Baron Eduard-Eugène-François デカム (55)
Dewall, Wolf von デバル (104)
Dickmann, Fritz ディックマン (92), (94)-(96)
Dietrich, Otto ディートリヒ (139)
Dijk, Pieter van ダイク (209)
Dix, Rudolf ディクス (**142**), (238), (239)
Dodd, William E. ドッド (98), (112)
Doehring, Karl デーリンク (186), (215)
Dohna, Graf Bernt zu ドーナ (192)

Dönitz, Karl デーニッツ (112), (137), (155)
Dorn, Walter L. ドーン (137)
Drake, Sir Francis ドレーク (221)
Duffy, James ダフィ (225), (226)
Duguit, Léon デュギ (119)
Dulles, John Foster ダレス (28), (29), (**95**)-(98)
Dumas, Jacques デュマ (165)

Eagleburger, Lawrence イーグルバーガー (228)
Eden, Antony イーデン (216)
Ehlers, Wilhelm エーラース (87)
Eide, Asbjorn アイデ (202), (204)
Eisfeld, Rainer アイスフェルト (243)
Elliott, Robert エリオット (226)
Erdmannsdorf, Otto von エルトマンスドルフ (139)
Eser, Albin エーゼル (213)
Exner, Franz エクスナー (144)

Fastenrath, Ulrich ファステンラート (203)
Ferencz, Benjamin B. フェレンツ (100)-(102), (104), (109), (113), (189), (190), (191), (193), (194)
Ferrell, Robert A. フェレル (99), (105), (107)
Feuerbach, Paul J.A. van フォイエルバッハ (19), (89), (168)
Finch, George A. フィンチ (95), (159), (163), (178), (182)
Fincke, Martin フィンケ (174)
Fisch, Jörg フィッシュ (85), (228), (241)
Fischer Williams, Sir John フィッシャー・ウィリアムス卿 (108), (115), (149), (175), (239), (240)
Fischer, Fritz フィッシャー (236)
Fitzmaurice, Sir Gerald フィッモーリス (188)
Flick, Friedrich フリック (**125**)-(127), (129), (130), (137), (138), (141)-(144), (152), (242)
Flick, Otto Ernst フリック (128)
Foch, Ferdinand フォシュ (92)
Frahme, Karl Heinrich フラーメ (118)
Franck, Thomas フランク (217)
Freytagh-Loringhoven, Axel von フライターフ・ロリングホーフェン (89), (126)
Frick, Wilhelm フリック (137)
Friedman, Leon フリードマン (94), (155), (223)
Frowein, Jochen A. フローヴァイン (186), (207), (208)
Funk, Walter フンク (137)

Gandhi, Mahatma ガンディー (177)
Geck, Wilhelm Karl ゲック (202)
Genscher, Hans-Dietrich ゲンシャー (217)
George, Lloyd ゲオルゲ (95), (96), (98), (115)
Gerhart, Eugene C. ゲーハート (91)
Ginsburgs, George ギンズバーグス (184)
Glueck, Sheldon グリュック (178), (182), (214)
Göring, Hermann ゲーリング (137)
Götz, Volkmar ゲッツ (87)
Greiser, Arthur グライゼル (139)
Grewe, Wilhelm グレーヴェ (85), (86), (93), (100), (102), (104), (105), (107)-(109), (116), (117), (136), (137), (146), (147), (159), (160), (163), (176), (177), (183), (186), (191), (215), (218), (221), (222), (232), (234)
Gros, André グロ (94), (155), (163)
Groß, Erich グロース (146)
Gründgens, Gustaf グリュントゲンス (133)

Gründler, Gerhard　グリュントラー (128)
Gunzenhäuser, Max　グンツェンホイザー　(93), (95)

Hahnenfeld, Günter　ハーネンフェルト (153), (155)
Haile Selassie　ハイレ・セラシェ　(57), (113)
Halifax, Edward F.L.W.　ハリファックス　(56), (57), (113), (114)
Hall, William E.　ホール　(177)
Haller, Walter　ハラー　(120)
Hankey, Lord Maurice P.　ハンキー卿 (156), (183)
Harich-Schneider, Eta　ハーリッヒ・シュナイダー　(174)
Hauriou, Maurice　オーリュウ　(75), (119)
Henke, Klaus-Dietmar　ヘンケ　(207)
Hertz, Wilhelm G.　ヘルツ　(102)
Heß, Rudolf　ヘス　(137), (172), (216)
Heuston, R.F.　ヒューストン　(214)
Higgins, John B.　ヒギンズ　(174)
Hindenburg, Paul von　ヒンデンブルク (92)
Hitler, Adolf　ヒトラー　(18), (50), (65)-(67), (80), (81)
Hobbes, Thomas　ホッブス　(119), (120), (152)
Hofacker, Wilhelm　ホーフアッカー (117)
Hoffmann, Christa　ホフマン　(154), (244)
Hoffmann, Gerhard　ホフマン　(162), (166), (168), (182)
Hogan, Brian　ホーガン　(116)
Höhn, Reinhard　ヘーン　(132)
Höhne, Heinz　ヘーネ　(133)
Hollweg, Carsten　ホルヴェーク　(228)
Holmes, Oliver W.　ホームズ　(76)
Hölzle, Erwin　フェルツレ　(236)
Hoof, Godefridus J.H. van　フーフ (209)
Höpfner, Matthias　ヘプナー　(162)
Horwitz, Solis　ホーウィッツ　(171)
Hosius, Carolus　ホジウス　(87)
Hostius, Lucius　ホスティウス　(91)
Housman, Alfred E.　ハウスマン　(87)
Huber, Ernst Rudolf　フーバー　(86), (93), (95)-(97), (109), (230)
Hudson, Manley O.　ハドソン　(163), (178), (187)
Hughes, William M.　ヒューズ　(96)
Hugueney, Louis　ユグニー　(155)
Hull, Cordell　ハル　(172)
Hurst, Cecil　ハースト　(102)
Husain, Saddam　フセイン　(217), (246)
Hüsmert, Ernst　ヒュスメルト　(130)

Ienaga, Saburo　家永三郎　(177)
Ihn, Max　イーン　(128)
Ipsen, Hans Peter　イプセン　(120)
Ipsen, Knut　イプセン　(171), (217), (219), (222), (223)
Iredell, James　アーデル　(120)
Ireland, Gordon　アイアランド　(171)

Jäckh, Ernst　イエク　(99)
Jackson, Robert H.　ジャクソン　(23), (**90**), (91), (94), (111), (126), (127), (143), (155), (156), (158), (162), (163), (177), (179), (183), (195), (196), (212), (232), (238)-(241)
Jäger), (Herbert　イェーガー　(244)
Jahrreiss, Hermann　ヤールライス (**142**)-(144), (183)
Jaranilla, Delfin　ハラニーヨ　(174)-(176)
Jaspers, Karl　ヤスベルス　(241)
Jennings, Robert　ジェニングス　(219)
Jescheck, Hans-Heinrich　イェシェック (110), (141), (151), (155), (159), (165),

(167), (181), (182), (206), (214), (221), (243)
Jestaedt, Rudolf イェシュテット (133)
Jodl, Alfred ヨードル (137), (144)
Jung, Susanne ユング (125)-(127), (138), (159), (166), (181), (182)

Kaiser, Joseph H. カイザー (145)
Kaletsch, Konrad カレッチュ (127), (128), (130), (131), (136), (138)
Kalshofen, Frits カルスホーフェン (228)
Kant, Immanuel カント (75), (119), (228), (245)
Karadzic, Radovan カラージッチ (228)
Kaufmann, Erich カウフマン (88), (94), (95), (159), (163), (167), (183)
Keenan, Joseph B. キーナン (156), (241)
Keitel, Wilhelm カイテル (137)
Kellogg, Frank B. ケロッグ (45), (104)
Kelsen, Hans (ケルゼン (159), (163), (177), (178), (182), (184)
Kempner, Robert M.W. ケンプナー (116), (174), (183), (234), (243)
Kendziora, Johanna ケンツィオラ (67), (116)
Keppler, Wilhelm ケップラー (139)
Kerst, Rolf ケルスト (146)
Keynes, John Maynard ケーンズ (97)
Kimminich, Otto キミニッヒ (219)
Kipp, Theodor キップ (101)
Klein, Eckart クライン (102)
Knieriem, August v. クニーリエム (88, 91), (138), (139), (155), (156), (161), (236), (242)
Koch, Justus コッホ (144)
Kohl, Helmut コール (247)
Körner, Paul ケルナー (139), (144)
Krakau, Knud クラカウ (90), (108), (118)
Kranzbühler, Otto クランツビューラー (**128**), (130), (138)-(140), (156), (184), (238), (239), (242)
Kraus, Herbert クラウス (93), (94), (**131**), (138), (183), (235)
Krauss, Günther クラウス (179)
Kreiner, Josef クライナー (176)
Krüger, Herbert クリューガー (183), (234)
Krupp von Bohlen und Halbach, Alfried クルップ (128), (142), (143), (152), (163), (242)
Kudriavtsev Vladimir N. クドリアフチェフ (184)
Kunz, Josef L. クンツ (15), (118)
Küster, Otto キュスター (183)

Laelius ラエリウス (103), (104)
Lage, William Potter レイジ (47), (109)
Lamb, Richard ラム (184)
Lammers, Hans Heinrich ランメルス (139)
Lansing, Robert ランシング (26), (28)-(31), (93)-(95), (102), (115), (163), (178)
Larnaude, Fernand ラルノート (93)
Laski, Harold Joseph ラスキ (120)
Lately, William レイトリー (113)
Lathi, Raimo ラティ (204)
Lauterpacht, Hersch ラウターパクト (77), (149), (179), (182)
Lautz, Ernst ラウツ (168)
Lawrence, Sir Geoffrey ローレンス (177), (238)-(240)
Lederer, Ivo J. レーデラー (93), (96), (97)
Legay レガイ (220)
Levinson, Salmon Oliver レーヴィンソン (42, 55), (**106**)

Lewald, Walter　レーヴァルト　(146), (147)
Lewinski, Georg-Dieter von　レヴィンスキー　(129)
Lewinski, Karl von　レヴィンスキー　(129)
Ley, Robert　ライ　(94)
Liebs, Detlef　リープス　(89), (92)
Liepmann, Moritz　リープマン　(71), (117)
Lippmann, Walter　リップマン　(158)
Litwinow, Maksim M.　リトヴィーノフ　(39), (102)
Lobo　ロボ　(188)
Locke, John　ロック　(20), (22), (90)
Loewenstein, Karl　レーヴェンシュタイン　(144), (145)
Lortz, Joseph Adam　ロルツ　(145)
Lubbe, Marinus van der　ルッベ　(18), (89)
Lucanus, Marcus Annaeus　ルカヌス　(87), (88)
Luck, Georg　ルック　(87)
Ludendorff, Erich　ルーデンドルフ　(92)
Lysen, Arnoldus　リザン　(104), (108)

MacArthur, Douglas　マッカーサー　(171)
MacDonald, James Ramsey　マクドナルド　(103)
MacIntosh, Douglas Clyde　マキントッシュ　(77)
Maktos　マクトス　(224)
Mandelstam, André M.　マンドゥルスタン　(105), (107), (108)
Mander MP　マンダー　(113)
Mangoldt, Hermann von　マンゴールト　(92), (115), (**131**), (148)
Manikowski, Arnim v.　マニコフスキー　(128)
Manley, Elizabeth　マンリ　(151)
Manton　マントン　(77)
Mao Tse-tung　毛沢東　(180)
Marie, Jean-Bernard　マリ　(202), (209), (210)
Marshall, John　マーシャル　(75), (119)
Mårtenson, Jan　マルタンソン　(202)
Maschke, Günter　マシュケ　(105), (116), (120), (136)
Maser, Werner　マーゼル　(128)
Maugham, Frederic Herbert　モーム　(156), (183)
Maunz, Theodor　マウンツ　(132)
Max, Prinz von Baden　マックス　(95)
Maxwell-Fyfe, Sir David　マクスウェル-ファイフ　(94), (169), (170), (195), (198), (239)
Mayer, Arno J.　マイヤー　(96)
McNair, Arnold　マクネア　(149)
McPherson, James M.　マクファーソン　(94)
Mecklenburg, Frank　メクレンブルク　(145)
Medina, Ernest　メディナ　(221), (222)
Meissner, Otto　マイスナー　(139)
Mendelssohn-Bartholdy, Albrecht　メンデルスゾーン-バルトルディ　(235), (237)
Menk, Thomas M.　メンク　(189), (193), (217)
Menthon, François de　マンソン　(158), (183)
Michels, Robert　ミヘルス　(67), (116)
Milch, Erhard　ミルヒ　(242)
Miller, David Hunter　ミラー　(32), (94), (99), (101), (102), (105)
Milosevic, Slobodan　ミロセヴィッチ　(228)
Minear, Richard H.　マイニア　(156), (171), (173), (177)
Molesworth, William　モールスワース　(120)
Moltrecht, Horst　モルトレヒト　(166)

Montesquieu, Charles de Secondat モンテスキュー (22)
Montgelas, Graf Max モンジェラ (235)
Morgan, John Hartman モーガン (183)
Morozov モローゾフ (188)
Morrison, Charles Clayton モリソン (104)
Mosler, Hermann モスラー (167)
Motta, Giuseppe モッタ (58), (114), (115)
Müller, Ingo ミュラー (243)
Mullins, Claude ミュラン (86)
Munters ムンタース (57)
Murphy, John F. マーフィ (184)

Napoleon ナポレオン (64), (80), (115)
Naucke, Wolfgang ナウケ (89), (168), (169)
Nehru, Pandit ネール (177)
Neurath, Konstantin Frhr. von ノイラート (137)
Nevins, Allen ネヴィンス (94)
Nguyen Quoc, Dinh グェン・コック・ディン (219), (220)
Niemeyer, Theodor ニーマイアー (85), (86)
Nikitschenko, Jola T. ニキチェンコ (195)
Nixon, Richard ニクソン (222)
Nowak, Manfred ノーヴァク (204), (209)
Nussbaum, Arthur ヌスバウム (111), (117)

Oakeshott, William オークショット (120)
Oehler, Dietrich エーレル (155), (161), (193), (194), (199), (224)
Oeter, Stefan エーター (220)
Ogger, Günter オッガー (125), (130)
Oppenheim, Lassa F.L. オッペンハイム (115), (177, 219)
Orlando, Vittorio Emanuele オルランド (95)

Pal, Radhabinod パル (106), (156), (159), (163), (172), (174), (176)-(181), (183), (189), (214), (234), (235)
Pareto, Vilfredo パレート (67), (116)
Partsch, Karl Joseph パルシュ (170), (204), (206)-(208)
Paulus, Iulius パウルス (89), (92)
Pella, Vespasian V. ペラ (55), (165)
Pellet, Allain ペレ (219), (220)
Perth, Lord パース (113)
Peters, Hans ペーテルス (143)
Peters, Karl ペーテルス (132)
Peukert, Wolfgang ポイケルト (207), (208)
Phillimore, Robert フィリモア (102)
Philus フィルス (103), (104)
Piccigallo, Philip R. ピッチガロ (155), (156), (171)
Pleiger, Paul プライガー (139), (144)
Plutarch プルタルコス (91)
Pohle, Wolfgang ポーレ (130)
Pohly, Michael ポーリー (225)
Politis, Nicolas ポリティス (39), (52), (53), (55), (71), (93), (100), (102), (110), (111), (113), (117), (165)
Pollock, Sir Ernest ポロック (93)
Pompejus, Gnaeus P. Magnus ポンペイウス (87)
Ponchont, M. ポンチョント (88)
Popitz, Johannes ポーピッツ (152)
Poppendick, Helmut ポッペンディック (154)
Possony, Stephan Thomas ポソニー (236), (237)
Potter, B. Pitman ポッター (183)
Powers, Leon W. パワーズ (141)
Pradelle, Albert Geouffre de la プラデ

ーユ (93)
Ptolemäus XIII. プトレマイオス (87)
Puchta, Georg プフタ (214)
Puttkammer, Ellinor von プットカムマー (86)

Quaritsch, Helmut クヴァーリチュ (86), (88), (111), (121), (132), (133), (154), (207), (225), (227), (228), (241), (243)
Quirin キリン (161)

Rabin, Yitzhak ラビン (231), (232)
Radin ラディン (163)
Raeder, Erich レーダー (112), (137)
Raiser, Ludwig ライザー (146)
Randall, J.G. ランダル (94)
Rasenack, Christian ラゼナック (129)
Ratz, Paul ラッツ (165), (166)
Read, James Morgan リード (237)
Rebentisch, Dieter レーベンティッシュ (116)
Reichhelm, Konrad ライヒヘルム (102)
Renton, W. Alexander ラントン (113)
Ribbentrop, Joachim von リッベントロープ (94), (137)
Riley, Walter Lee ライリ (171)
Ritter, Karl リッター (139)
Ritterbusch, Paul リッターブッシュ (131)
Roberts ロバーツ (188)
Röchling, Hermann レヒリング (128), (139), (242)
Rödiger, Gustav レーディガー (93), (94), (235)
Rogge, Heinrich ロッゲ (102)
Rolin-Jaequemyns, Edouard ロラン-ジァクマン (93)
Röling, Bert V.A. レーリング (156), (171), (174), (176), (188), (189), (215), (219), (228)
Roosevelt, Franklin D. ローズベルト (86), (98), (107), (108), (161), (240)
Rosenbaum, Eduard ローゼンバウム (146)
Rosenberg, Alfred ローゼンバーグ (137)
Rosenstock, Robert ローゼンストック (192)
Ross, Robert Ernest ロス (111)
Roth, Karlheinz ロート (127), (137)
Rothenberger, Curt ローテンベルガー (168)
Rothstein, Andrew ロススタイン (162)
Rückerl, Adalbert リュッケール (244)
Russell, William Oldnall ラッセル (111)
Rüter, Christiaan F. リューター (171)

Sakai, Takashi 酒井 隆 (171)
Salin, Edgar ザーリン (97)
Sarre, Friedrich Carl ザレ (145)
Sauer, Wilhelm ザウアー (146)
Sayre, Francis B. セイヤー (155)
Scelle, Georges セル (149), (187)
Schacht, Hjalmar シャハト (131), (142)
Schaetzel, Walter シェッツェル (183), (234)
Scheidemann, Philipp シャイデマン (92)
Schellenberg, Walter シェレンベルク (139)
Schelling, Friedrich W. シェリング (99)
Schick, Franz B. シック (183)
Schindler, Dietrich シンドラー (58), (114)
Schindler jun., Dietrich シンドラー (114)
Schlegelberger, Franz シュレーゲルベ

ルガー (168)
Schlepple, Eberhard シュレプレ (111), (165), (168)
Schlieker, Willy A. シュリーカー (128)
Schlochauer, Hans-Jürgen シュロハウエル (112)
Schlüter, Ferdinand シュリューター (109)
Schmidt, Walter シュミット (125), (127), (129), (130)
Schmitt, Anima シュミット (147)
Schmitt, Duška シュミット (129), (145)
Schmitz, Hermann シュミッツ (142)
Schneider, Christian シュナイダー (142)
Schneider, Hans シュナイダー (87), (125), (**126**), (129), (145)
Schnur, Roman シュヌール (119), (145)
Schöbener, Burkhard シェベナー (137)
Schönke, Adolf シェンケ (213)
Schreiber, Hans Ludwig シュライバー (89)
Schroeder, Friedrich-Christian シュレーダー (174), (175), (212)
Schücking, Walter シュッキング (93), (101), (108)
Schuller, Wolfgang シュラー (91), (154)
Schwabe, Klaus シュヴァーベ (96)
Schwartz, Michael シュヴァルツ (225)
Schwartz, Thomas シュヴァルツ (243)
Schwarzenberger, Georg シュバルツェンベルガー (189), (208), (219)
Schwendemann, Karl シュヴェンデマン (112)
Schwengler, Walter シュヴェングラー (85), (86), (92), (115), (225)
Schwerin von Krosigk, Johann L. シュヴェリーン・フォン・クロージク (139)
Schwimmer シュヴィンマー (76)
Scott, James Brown スコット (28), (32), (72), (93)-(95), (98), (115), (117), (152), (163), (178)
Seidl, Alfred ザイドル (142), (143), (195), (216)
Seidl-Hohenveldern, Ignaz ザイドル-ホーエンフェルデルン (219)
Sérant, Paul セラン (207)
Seyß-Inquart, Arthur ザイス-インクヴァルト (137)
Shaw, Malcolm N. ショー (219)
Shields Delessert, Christiane シールヅ・デレザート (245)
Shotwell, James Thomson ショットウェル (32), (34), (98), (99), (101), (105)-(107), (194), (196)
Siebenhaar, Hermann ジーベンハール (111)
Siebert, Wolfgang ジーベルト (132)
Simma, Bruno ジムマ (93), (191), (203), (218)
Smith, Bradley F. スミス (90), (112), (128), (143), (144), (155), (157), (161), (172), (237), (239)
Smith, H.A. スミス (183)
Smith, John C. スミス (116)
Smuts, Jan Christiaan スマッツ (115)
Snyder, Orvil C. スナイダー (166)
Sohn, Louis B. ソーン (181), (187), (189)
Sombart, Nicolaus ゾンバルト (116)
Sorel, Georges ソレル (67)
Spiropoulos, Jean スピロプーロス (108), (186), (189), (190)
Stalin, Josef スターリン (86)
Stand, Anni シュタント (129), (130), (134)
Starke, Joseph G. スターク (219)

Stein, Torsten シュタイン (111)
Steinmetz, Willibald スタインメッツ (121)
Stiefel, Ernst C. シュティーフェル (145)
Stimson, Henry Lewis スティムソン (46), (47), (106), (**108**)-(110), (112), (158), (160), (164), (181)
Stödter, Rolf シュテーテル (146), (159)
Stone, Harlan Fiske ストーン (162)
Stoner, John E. ストナー (106)
Stosch, Albrecht von シュトシュ (86), (92)
Streicher, Julius シュトライハー (94)
Streim, Alfred シュトライム (154), (244)
Stresemann, Gustav シュトレーゼマン (103), (104)
Strupp, Karl シュトルップ (85), (86), (105), (108), (112)
Stuckart, Wilhelm シュトゥカルト (139)
Sultan スルタン (188)

Takayanagi, Kenzo 高柳 賢三 (156), (173)
Tardieu, André タルデュ (93)
Taylor, Telford テイラー (88), (119), (128), (139), (143), (157), (184), (195), (221)-(227)
Thatcher, Margaret サッチャー (247)
Thiam, Doudou ティアム (196), (198), (201), (211), (220)
Thieme, Hans ティーメ (146)
Thorpe, Francis Newton ソープ (90)
Tilitzki, Christian ティリィッキ (132), (150)
Tillmanns, Karl ティルマン (128), (129)
Tirado, Ortiz ティラード (188)
Togo 東郷茂徳 (171)
Tommissen, Piet トミッセン (116), (130), (134), (145)-(147), (149)
Tomuschat, Christian トームスハト (200), (215)
Touvier, Paul トゥヴィエ (220)
Trainin, Aron Naumowitsch トライニン (162), (163), (170), (172), (178)
Trautmann, Günther トラウトマン (247)
Tribe, Laurence H. トライブ (120)
Trifterer, Otto トリフテラー (151), (166), (168), (214)
Truman, Harry Spencer トルーマン (91), (108), (126)
Tutorow, Norman E. ツトロフ (92), (154), (155), (162), (171), (182), (184), (221), (237)

Ulpianus, Domitius ウルピアヌス (89), (92)
Urban, Mark ウルバン (225)

Vabres, Henri Donnedieu de ドゥ・ヴァーブル (143), (155), (161), (165), (166)
Varaut, Jean-Marc バロー (116)
Veesenmayer, Edmund フェーゼンマイヤー (139)
Verdross, Alfred フェアドロス (16), (93), (115), (191), (218), (219)
Vietsch, Eberhard von ビーチュ (92)
Vishinski, A.Y. ヴィシンスキー (162)
Vitoria, Francisco de ヴィトリア (72), (103), (117), (152)

Wacht, Manfred ヴァハト (87)
Wagenlehner, Günther ヴァーゲンレーナー (174)
Wagner, Hans ヴァーグナー (90)
Wahl, Eduard ヴァール (158), (**163**), (183)

Waksberg, Arkadi ヴァクスベルク (163)
Watts, Arthur ウォッ (219)
Webb, Sir William ウェッブ (156), (174), (175)
Weber, Hellmuth v. ヴェーバー (164), (165)
Weber, Max ヴェーバー (67), (92), (235)
Weber, Werner ヴェーバー (87), (133)
Wegner, Arthur ヴェーグナー (71), (117)
Wehberg, Hans ヴェーベルク (43), (71), (**100**), (101), (104)-(108), (117), (174), (175), (196)
Weizsäcker, Ernst von ヴァイツゼッカー (139), (140), (157), (215)
Wells, Donald A. ヴェルズ (225)
Wember, Heiner ヴェムバー (154)
Wengler, Wilhelm ヴェングラー (167), (206), (217), (219)
Westlake, John ウェストレイク (61), (115)
Whitton, John B. ウイットン (74), (118)
Wilhelm (dt. Kronprinz) ヴィルヘルム (230)
Wilhelm II. (dt. Kaiser) ヴィルヘルム二世 (13), (24-26), (29), (55), (62), (64), (72), (92), (169), (236), (237), (241)
Williams, Glanville L. ウィリアムズ (151), (155), (184), (206), (213)
Willing, Willi ウィリング (133)
Willis, James F. ウィリス (68), (86), (92), (93), (95), (96), (116), (158), (165)
Willms, Günther ヴィルムス (175)
Wilson, Woodrow ウィルソン (29)-(32), (42), (53), (73), (94)-(98), (102), (112)
Windscheid, Bernhard ヴィントシャイト (101)
Winstanley, Lilian ウィンスタンリ (147)
Wirz, Henry ウィルツ (26), (94), (227)
Woetzel, Robert K. ワーツェル (181), (182)
Wolfram von Wolmar, Wolfgang ヴォルフラム・フォン・ヴォルマール (128)
Wolgast, Ernst ヴォルガスト (114)
Woller, Hans ヴォラー (207)
Woolridge, Frank ウールリッジ (102)
Wörmann, Ernst ヴェルマン (139), (157), (215)
Wright, Herbert ライト (110)
Wright, Quincy ライト (90), (104), (108), (112), (117), (159), (177)-(179), (182), (183)
Wright, Sir Robert A. ライト卿 (178)
Würzburger, Eugen ヴュルツブルガー (97)

Yamashita, Tomoyuki 山下奉文 (155), (222)

Zaide, Sonia M. ザイデ (171)
Zarjevski, Yefime ザジェヴスキー (113)
Zechlin, Egmont ツェヒリン (117)
Ziegler, Konrad ツィーグラー (91)

引用文献およびその略語

Bassiouni	*Cherif Bassiouni*, A Draft International Criminal Code and Draft Statute for an International Criminal Tribunal, Dordrecht 1987.
Berber	Das Diktat von Versailles, 2 Bde. Veröffentlichungen des Deutschen Instituts für außenpolitische Forschung, hrsg. v. Fritz Berber, Essen 1939.
Bossuyt	*Marc J. Bossuyt*, Guide to the "Travaux Préparatoires" of the International Covenant on Civil and Political Rights, Dordrecht 1987.
Brownlie	*Ian Brownlie*, Principles of Public International Law, 4. Aufl., Oxford 1990.
Brownlie, Use of Force	*Ian Brownlie*, International Law and the Use of Force by States, Oxford UP, London 1963, Neudr. 1968.
Burnett	*Philip Mason Burnett*, Reparation at the Paris Peace Conference—From the Standpoint of the American Delegation, 2 Bde., New York 1940.
Dahm	*Georg Dahm*, Zur Problematik des Völkerstrafrechts, Göttingen 1956.
Davidson	*Eugene Davidson*, The Nuremberg Fallacy. Wars and War Crimes since World War II, New York 1973.
van Dijk/van Hoof	*P. van Dijk/G.J.H. van Hoof*, Theory and Practice of the European Convention on Human Rights, 2. Aufl., Deventer 1990.
Eide	*Asbjorn Eide* u.a., The Universal Declaration of Human Rights: A Commentary, Oslo 1992.
Ferencz	*Benjamin Ferencz*, Defining International Aggression—The Search for World Peace—A Documentary History and Analyses, 2 Bde., New York 1975.
Ferrell	*Robert A. Ferrell*, Peace in their Time. The Origins of the Kellogg-Briand Pact, New Haven: Yale University Press, 1952.
Friedman	Leon, Friedman (Ed.), The Law of War. A Documentary History, 2. Bde., New York 1972.

Frowein/Peukert	*Jochen Abr. Frowein/ Wolfgang Peukert*, Europäische Menschenrechts-Konvention. EMRK-Kommentar, Kehl 1985.
Grewe, Epochen	*Wilhelm G. Grewe*, Epochen der Völkerrechtsgeschichte, 2. Aufl., Baden-Baden 1988.
Grewe, FS Doehring	*Wilhelm G. Grewe*, Rückblick auf Nürnberg. Staat und Völkerrechtsordnung. FS für Karl Doehring, hrsg. von K.Hailbronner /G.Ress /T.Stein, (Beiträge zum ausländischen öffentlichen Recht und Völkerrecht, Bd. 98), Berlin 1989.
Grewe, Fontes	*Wilhelm G. Grewe*, Fontes Historiae Juris Gentium —Quellen zur Geschichte des Völkerrechts, hrsg. v. Wilhelm G. Grewe, Bd. 3, Teil 1 und 2, 1815-1945, Berlin 1992.
Grewe, Machtprojektionen	*Wilhelm G. Grewe*, Machtprojektionen und Rechtsschranken. Essays aus vier Jahrzehnten über Verfassungen, politische Systeme und internationale Strukturen, Baden-Baden 1991.
Gunzenhäuser	*Max Gunzenhäuser*, Die Pariser Friedenskonferenz 1919 und die Friedensverträge 1919-1920. Literaturbericht und Bibliographie, Stuttgart 1970.
Hoffmann, Chr.	*Christa Hoffmann*, Stunden Null? Vergangenheitsbewältigung in Deutschland 1945 und 1989, Bonn 1992.
Hoffmann	*Gerhard Hoffmann*, Strafrechtliche Verantwortung im Völkerrecht. Zum gegenwärtigen Stand des völkerrechtlichen Strafrechts, Frankfurt 1962.
Huber, Dokumente	*Ernst Rudolf Huber*, Dokumente zur deutschen Verfassungsgeschichte, Bd. 3, 3. Aufl., Stuttgart 1990.
Huber, Verfassungsgeschichte	*Ernst Rudolf Huber*, Deutsche Verfassungsgeschichte seit 1789, Stuttgart, Bd. 5, 1978/92, Bd. 6, 1981, Bd. 7, 1984.
International Conference	Report of Robert H. Jackson, United States Representative to the International Conference on Military Trials, Department of State, Publication 3080, Washington 1949.
Ipsen, K.	*Knut Ipsen*, Völkerrecht, 3. Aufl., München 1990.
Jahrreiss	*Hermann Jahrreiss*, Mensch und Staat, Köln 1957.
Jescheck	*Hans-Heinrich Jescheck*, Die Verantwortlichkeit der Staatsorgane nach Völkerstrafrecht—Eine Studie zu den Nürnberger Prozessen, Bonn 1952.

Jung	*Susanne Jung*, Die Rechtsprobleme der Nümberger Prozesse, dargestellt am Verfahren gegen Friedrich Flick, Tübingen 1992.
Kaufmann	*Erich Kaufmann*, Gesammelte Schriften, Bd. II: Der Staat in der Rechtsgemeinschaft der Völker—Vom Ersten Weltkriege bis zum Wiederaufbau nach dem Zweiten Weltkriege, Göttingen 1960.
v. Knieriem	*August v. Knieriem*, Nürnberg—Rechtliche und menschliche Probleme, Stuttgart 1953.
Kommissionsbericht	La Documentation internationale. La Paix de Versailles, Vol. III: Responsabilités des auteurs de la Guerre et Sanctions, Paris 1930.
Krakau	*Knud Krakau*, Missionsbewußtsein und Völkerrechtsdoktrin in den Vereinigten Staaten von Amerika. Abhandlungen der Forschungsstelle für Völkerrecht und Ausländisches Öffentliches Recht der Universität Hamburg, Bd. 14, Frankfurt/M. 1967.
Kranzbühler, FS Kaufmann	*Otto Kranzbühler*, Nürnberg als Rechtsproblem. Festgabe für Erich Kaufmann, Stuttgart 1950, S. 219 ff.
Kranzbühler, Historische Strafprozesse	*Otto Kranzbühler*, Wert oder Unwert historischer Strafprozesse—erörtert am Nürnberger Beispiel, in: Möglichkeiten und Grenzen für die Bewältigung historischer und politischer Schuld in Strafprozessen. Studien und Berichte der Katholischen Akademie in Bayern, Heft 19, Würzburg 1962, S. 13-36.
Kranzbühler, Rückblick	*Otto Kranzbühler*, Rückblick auf Nürnberg, Hamburg 1949.
Lederer	The Versailles Settlement—Was it Foredoomed to Failure?, ed. Ivo J. Lederer, Boston 1960.
Liebs	*Detlef Liebs*, Lateinische Rechtsregeln und Rechtssprichwörter, 3. Aufl., München 1983.
Lysen	*Arnoldus Lysen*, Le Pacte Kellogg. Documents concernant le Traité Multilatéral Contre la Guerre, Leyde 1928.
Mandelstam	*André N. Mandelstam*, L'interprétation du pacte Briand-Kellogg par les gouvernments et les parlements des états signataires, Paris 1934.

Mangoldt	*Hermann v. Mangoldt*, Das Kriegsverbrechen und seine Verfolgung in Vergangenheit und Gegenwart. Jahrbuch für Internationales und Ausländisches Öffentliches Recht, Bd. II/III 1948, S. 283 ff.
Maser	*Werner Maser*, Nümberg—Tribunal der Sieger, Düsseldorf 1977.
Menk	*Thomas Michael Menk*, Gewalt für den Frieden—Die Idee der kollektiven Sicherheit und die Pathognomie des Krieges im 20. Jahrhundert, Berlin 1992.
Minear	*Richard H. Minear*, Victors' Justice, The Tokyo War Crimes Trial, Princeton U.P., N.J. 1971.
Naucke	*Wolfgang Naucke*, Die Mißachtung des strafrechtlichen Rückwirkungsverbots 1933-1945. Zum Problem der Bewertung strafrechtlicher Entwicklungen als "unhaltbar", in: Europäisches Rechtsdenken in Geschichte und Gegenwart, FS H. Coing, hrsg. v. Norbert Horn, Bd. 1, München 1982, S. 225 ff.
Nowak	*Manfred Nowak*, UNO-Pakt über bürgerliche und politische Rechte und Fakultativprotokoll. CCRP-Kommentar, Kehl 1989.
Oehler	*Dietrich Oehler*, Internationales Strafrecht, 2. Aufl., Köln 1983.
Pal, Crimes	*Radhabinod Pal*, Crimes in International Relations. University of Calcutta, 1955.
Partsch	*Karl Joseph Partsch*, Die Rechte und Freiheiten der europäischen Menschenrechtskonvention, in: Bettermann/Nipperdey/Scheuner (Hrsg.), Die Grundrech-Bd. I 1, Berlin 1966, S. 235 ff.
Piccigallo	*Philip R. Piccigallo*, The Japanese on Trial. Allied War Crimes Operations in the East, 1945-1951, Austin 1979.
Possony	*Stephan Thomas Possony*, Zur Bewältigung der Kriegasschuldfrage, Köln 1968.
Quaritsch, FS H.J. Arndt	*Helmut Quaritsch*, Apokryphe Amnestien, in: Politische Lageanalyse. FS für H.-J. Arndt, Hrsg. Volker Beismann u. Markus Josef Klein, Bruchsal 1993, S. 241-257.
Quaritsch, Positionen und Begriffe	*Helmut Quaritsch*, Positionen und Begriffe Carl Schmitts, 2. Aufl., Berlin 1991.

Schlepple	*Eberhard Schlepple*, Das Verbrechen gegen den Frieden und seine Bestrafung unter besonderer Berücksichtigung des Grundsatzes "nulla poena sine lege". Diss. jur. 1949, Frankfurt 1983.
Schmitt, Glossarium	*Carl Schmitt*, Glossarium. Aufzeichnungen der Jahre 1947-1951, hrsg. v. Eberhard Frhr. v. Medem, Berlin 1991.
Schmitt, Nomos der Erde	*Carl Schmitt*, Der Nomos der Erde im Völkerrecht des Jus Publicum Europaeum, Köln 1950, Neudruck Berlin 1988.
Schmitt, Positionen und Begriffe	*Carl Schmitt*, Positionen und Begriffe im Kampf mit Weimar — Genf — Versailles 1923-1939, Berlin 1940, Neudr. Berlin 1988.
Schmitt, Verfassungsrechtliche Aufsätze	*Carl Schmitt*, Verfassungsrechtliche Aufsätze aus den Jahren 1924-1954. Materialien zur einer Verfassungslehre, Berlin 1958, Neudr. 1985.
Schwengler	*Walter Schwengler*, Völkerrecht, Versailler Vertrag und Auslieferungsfrage—Die Strafverfolgung wegen Kriegsverbrechen als Problem des Friedensschlusses 1919/20. Beiträge zur Militär-und Kriegsgeschichte, hrsg. v. Militärgeschichtlichen Forschungsamt, Bd. 24, Stuttgart 1982.
Smith	*Bradley F. Smith*, Der Jahrhundertprozeß, Frankfurt 1977.
Sohn	Louis B. Sohn (Hrsg.), Cases on United Nations Law, 1. Aufl., Brooklyn 1956.
Strupp	*Karl Strupp*, Der Kellogg-Pakt im Rahmen des Kriegsvorbeugungsrechts. Frankfurter Abhandlungen zum Kriegsverhütungsrecht, hrsg. v. Friedrich Giese und Karl Strupp, Heft 9, Leipzig 1928.
Taylor, Nuremberg Trials	*Telford Taylor*, The Anatomy of the Nuremberg Trials A Personal Memoir, London 1993.
Taylor, Vietnam	*Telford Taylor*, Nuremberg and Vietnam: an American Tragedy, Chicago 1970, dt.: Nürnberg und Vietnam Eine amerikanische Tragödie, München 1971.
Tokyo Judgment	The Tokyo Judgment. The International Military Tribunal for the Far East, Judgment und Opinions, 2 Bde., ed. Bert V.A. Röling und Christiaan F. Rüter, Amsterdam 1977.

Tommissen	*Piet Tommissen*, Schmittiana II. Eclectica, 19. Jg., Nr. 79-80, Economische Hogeschool Sint-Aloysius, Brüssel 1990.
Trials	Trials of War Criminals before the Nuremberg Military Tribunals under Control Council Law No. 10. Vol. I-XV. Washington D.C., United States Government Printing Office, 1950-1953.
Trifterer	*Otto Trifterer*, Dogmatische Untersuchungen zur Entwicklung des materiellen Völkerstrafrechts seit Nürnber, Diss jur. Freiburg 1962, Freiburg 1966.
Tutorow	Norman E. Tutorow (Ed.), War Crimes, War Criminals, and War Crimes Trials. Bibliography, New York 1986.
UN-Law Reports	Law Reports of Trials of War Criminals, selected and prepared by the United Nations War Crimes Commission, Vol. I-XV, London 1947-1949.
Verdross/Simma	*Alfred Verdross/Bruno Simma*, Universelles Völkerrecht—Theorie und Praxis, 3. Aufl., Berlin 1984.
Wehberg, Ächtung	*Hans Wehberg*, Die Ächtung des Krieges, Berlin 1930.
Weißbuch	Deutsches Reich. Weißbücher des Auswärtigen Amts: Materialien zum Kriegsächtungspakt, 3. Ausg. Berlin 1929.
Wengler	*Wilhelm Wengler*, Völkerrecht, 2 Teile, Berlin 1964.
Wilhelmstraßen-Prozeß	Das Urteil im Wilhelmstraßen-Prozeß, hrsg. v. Robert W. Kempner und Carl Haensel, Schwäbisch Gmünd 1950.
Williams	*Glanville L. Williams*, Criminal Law—The General Part, 1. Aufl., London 1953, 2. Aufl. 1961.
Willis	*James F. Willis*, Prologue to Nuremberg. The Politics and Diplomacy of Punishing War Criminals of the First World War, Westport 1982.
Woetzel	*Robert K. Woetzel*, The Nuremberg Trials in International Law, New York 1962.

略語表

Abs	Absatz〔項〕
a.F.	alte Fassung〔旧稿本〕
ADAP	Akten zur Deutschen Auswärtigen Politik〔ドイツ対外政策記録〕
AdG	(Keesings) Archiv der Gegenwart〔現代公文書館〕
AJIL	American Journal of International Law, published by the American Society of International Law〔アメリカ国際法ジャーナル〕
Art.	Artikel〔条〕
BGBl.	Bundesgesetzblatt〔連邦官報〕
BVerfGE	Entscheidungen des dt. Bundesverfassungsgerichts〔ドイツ連邦憲法裁判所判例集〕
BYIL	The British Year Book of International Law〔イギリス国際法年報〕
DDP	Deutsche Demokratische Partei〔ドイツ民主党〕
DNB	Deutsches Nachrichtenbüro〔(ナチ時代の) ドイツ通信社〕
DÖV	Die öffentliche Verwaltung—Zeitschrift für öffentliches Recht und Verwaltungswissenschaft〔公行政—公法と行政科学の雑誌〕
Draft Code	Draft Code of Offences (Crimes) against the Peace and Security of Mankind〔人類の平和と安全に対する犯罪（罪）についての法典草案〕
EGStGB	Einführungsgesetz zum dt. Strafgesetzbuch〔ドイツ刑法典の施行法〕
EMRK	Europäische Menschenrechts-Konvention〔ヨーロッパ人権条約〕
EPIL	Rudolf Bernhardt (Hrsg.), Encyclopedia of Public International Law, 1981 ff.〔ベルンハルト編、国際公法辞典〕
FS	Festschrift〔記念論文集〕
GG	Grundgesetz der Bundesrepublik Deutschland von 1949〔1949年のドイツ連邦共和国基本法〕
HLKO	Haager Landkriegsordnung (1907)〔ハーグ陸戦規則〕
Hrsg.	Herausgeber, herausgegeben〔編者、編集〕
ICJ Rep.	International Court of Justice. Reports of Judgments, Advisory Opinions and Orders〔国際司法裁判所。判決、勧告的意見、命令についての報告〕
IGH	Internationaler Gerichtshof〔国際司法裁判所〕
ILA	International Law Association〔国際法協会〕
ILC	International Law Commission (VN)〔国際法委員会〕
IMT	International Military Tribunal (Nürnberg)〔国際軍事裁判所〕

IMT I ff.	Der Prozeß gegen die Hauptkriegsverbrecher vor dem Internationalen Militärgerichtshof Nürnberg. 42 Bde., Nürnberg 1947-1949〔ニュルンベルク国際軍事裁判所における主要戦争犯罪人に対する裁判〕
IMTFE	International Military Tribunal for the Far East (Tokyo)〔極東国際軍事裁判所〕
IPbürgR	Internationaler Pakt über bürgerliche und politische Rechte〔市民的および政治的権利に関する国際規約〕
JIR	Jahrbuch für Internationales und Ausländisches Öffentliches Recht〔国際法ならびに外国公法の年報〕
KRD	Kontrollratsdirektive〔管理理事会指令〕
KRG	Kontrollratsgesetz〔管理理事会法律〕
MdR	Mitglied des dt. Reichstags〔ドイツ・ライヒ議会の議員〕
NJW	Neue Juristische Wochenschrift〔新法律週報〕
NS	Nationalsozialismus〔ナチズム〕
nullum crimen	nullum crimen, nulla poena sine lege (praevia): kein Verbrechen, keine Strafe ohne (vorangegangenes) Gesetz〔法律なければ犯罪も刑罰もなし〕
OMGUS	Office of Military Government for Germany, United States〔対ドイツ・アメリカ軍政部〕
RdC	Recueil de Cours〔法廷集〕
RGBl.	Reichsgesetzblatt〔ライヒ官報〕
RMinWEV	Reichsministerium für Wissenschaft, Erziehung und Volksbildung〔(帝国) 学術教育省〕
RW 265	Nachlaß Carl Schmitt, Hauptstaatsarchiv des Landes Nordrhein-Westfalen, Düsseldorf〔カール・シュミット遺稿、ノルトライン・ヴェストファーレン州デュッセルドルフ国立中央公文書館〕
SHAEF	Supreme Headquarters Allied Expeditionary Forces〔連合国巡遣軍最高司令部〕
StGB	Strafgesetzbuch〔刑法典〕
StIGH	Ständiger Internationaler Gerichtshof〔常設国際司法裁判所〕
VN	Vereinte Nationen (UNO)〔国際連合〕
WRV	Weimarer Reichsverfassung＝Verfassung des Deutschen Reichs von 1919〔ワイマール憲法〕
YBUN	United Nations Yearbook〔国際連合年報〕
ZAÖRV	Zeitschrift für ausländisches öffentliches Recht und Völkerrecht.〔外国公法ならびに国際法雑誌〕
ZgStW	Zeitschrift für die gesamte Staatswissenschaft〔総合国家科学雑誌〕

カール・シュミット 著　ヘルムート・クヴァーリチュ 編
新田邦夫 訳

攻撃戦争論

2000年1月30日　初版第1刷発行

発行者
袖 山 貴＝村岡侖衛
発行所
信山社出版株式会社
113-0033 東京都文京区本郷6-2-9-102
TEL 03-3818-1019　FAX 03-3818-0344

印刷・勝美印刷　製本・渋谷文泉閣

ISBN 4-7972-5066-6 C 3032